U1018292

中国藏军

●廖　立著

中国文史出版社

图书在版编目（CIP）数据

中国藏军/廖立著. —北京：中国文史出版社，2009.5
ISBN 978-7-5034-2400-7

Ⅰ.中… Ⅱ.廖… Ⅲ.军事史—研究—西藏 Ⅳ.E289.75

中国版本图书馆 CIP 数据核字（2009）第 054069 号

责任编辑：梁志安

出版发行：**中国文史出版社**
网　　址：www.wenshipress.com
社　　址：北京市西城区太平桥大街 23 号　邮编：100811
电　　话：010-66173572　（发行部）
传　　真：010-66192703
录　　排：北京步步赢图文制作中心
印　　装：北京华正印刷有限公司
经　　销：全国新华书店
开　　本：787×1092　1/16
印　　张：25.5　字数：350 千字
印　　数：30000 册
版　　次：2009 年 5 月北京第 1 版
印　　次：2009 年 5 月第 1 次印刷
定　　价：42.00 元

文史版图书，版权所有，侵权必究。
文史版图书，印装错误可与发行部联系退换。

本书献给维护祖国统一、民族团结、反对分裂，

为西藏和平解放事业作出贡献的人们

建軍西藏
鞏固國防
是光榮而偉大的
任務

朱德

精細研究藏族同胞物質
的思想的具體生活情況切
實執行共同綱領民族
政策

解放西藏進軍之前

劉伯承敬題 一九五十年
二月十九日

接受与完成党所给予的最艰苦的任务，是每个共产党员每个革命军人无上的光荣。

邓小平

一九五〇年二月七日

▶1951年5月23日，西藏和平解放协议和中国人民解放军进驻西藏若干规定在北京签订。图为毛泽东主席宴请西藏地方全权代表阿沛·阿旺晋美（左一）。班禅额尔德尼·确吉坚赞（右三）作陪。

▶1950年2月，刘伯承（右一）、邓小平（左一）、张际春（中）指挥了祖国大陆的最后一个战役，即昌都战役。图为刘伯承、邓小平、张际春等首长研究解放西藏部署的问题。

▶1952年2月，西藏军区张国华司令员，代表中央军委庄严地给西藏地方部队第一警卫团，第二、第四、第五代本步兵团，第六代本炮兵团授国旗。

▶1952年2月，中国人民解放军第五十三师部分机关、分队及一五四团团直和二营共约1600人驻防江孜；一五四团一营及西北独立支队一部约600人驻防日喀则。图为驻日喀则藏军第五代本团列队欢迎中国人民解放军。

目 录
Contents

前　言

记得20世纪八九十年代，我几乎每年都带着一批年轻有为的学者进藏，风尘仆仆地从一个县到另一个县，进行人类学的野外考察。按我们专业的要求，了解和考察一个社区首先必须熟悉当地的历史背景。为此，我们一般先要去县档案馆查阅有关的历史资料。有趣的是，每次翻阅档案卷宗时，我都能发现一些早年解放军进藏时收集、整理、编撰的地方概况和历史人物的珍贵资料。这些资料内容丰富而翔实，除了介绍一个地方的面积、人口、民俗、历史等基本情况外，还有当时当地村落或部落的民兵武装情况，包括他们的枪支、马匹、和土司头人小传等。每次看到这些具有重要文献价值和学术价值的第一手资料，我们自然爱不释手，同时从内心里不由自主地特别敬佩这些不曾留下姓名的解放军作者：不但解放了我们辽阔的藏区，而且冒着生命危险深入藏区各地进行辛勤的调查研究，为我们后人研究藏区社会历史留下如此之多的宝贵资料，而他们自己却一生默默无闻。《中国藏军》的作者廖立就是一个在西藏生活了整整13年的解放军学者，他把自己人生最美好的青春献给了为部队编写史料、研究藏军的课题。虽然“从职业上看，他并非学者，也非史学家，”学术上因没有经过长期的科班学习，研究难免有不够规范和完善的地方，但他的课题成果确实是国内第一部比较系统研究或专门研究藏军的专著，可以说填补了中国藏学研究的一个空白，来自军队的同志也认为这部书同时也填补了中国军事史学的一个空白。不过，最令我感动的还是作者曾作为一名年轻的军人在西藏戍边13年，把人生最珍贵的青春岁月献给了抢救、调查、挖掘、整理、编写藏军史料的平凡工作，直到他转业地方后作为一名普普通通的人事工作者，任东西南北风雨多变，甘于在灯红酒绿的城市喧嚣中寂寞探索，一心咬定“中国藏军”这座青山不放松，执著地利用业余时间研究藏军的史料近20年，这的确难能可贵啊！

我从事涉藏研究近30年，偶尔也零星翻阅过一些研究藏族军事组织的论文或文章。按传统的说法，藏军是原西藏及其他藏区地方武装部队的简称，既包括自唐代吐蕃以来的古代藏族地方武装，也包括1792年经清朝乾隆皇帝批准成立并列入《钦定藏内善后章程》的原西藏地方政府的正规军，也就是本书所说的“代本军”。同时还包括元代和清代在藏区驻扎的军队和征战中临时调集或征集的地方民兵武装和寺院武装等。因此，我认为“中国藏军”是指历史上驻扎在中国西藏及其他藏区的藏族武装部队，总体上可以分为原地方政府有军事建制的正规军和地方民兵武装两大类。《中国藏军》一书突出了对原西藏地方政府正规军即“代本”军的调查和研究，而且特别强调了这些不同历史时期和不同地区的藏族武装都是中国的，故有“中国藏军”之称。应该说言之有理，论之有据。因为连中国小学生也都知道，中国人民由56个已经公开识别的民族构成的，中国的各民族包括少数民族历史上为中国统一大国的建立和各民族的团结作出了重大贡献。因此各民族的军事史自然是中国军事史的重要组成部分，历史上各民族的军事武装自然是中国军事武装不可分割的一部分。翻阅各种版本的中国通史，其中必然包括西藏历史，因为西藏自古以来就是中国的一部分，那么历史上无论吐蕃的军队还是原西藏地方政府的军队也自然是中国的少数民族军队。

我国学术研究的方针是百花齐放、百家争鸣，不同的学术观点和看法自然是众说纷纭，莫衷一是，因此，对于藏军在历史上的功与过必然会有各种评价。我们是马克思主义藏学工作者，因此我们今天回顾不同历史时期和不同地方的藏族武装，自然习惯用辩证历史唯物主义的哲学观点进行分析，这也可以叫做一分为二的分析方法。我们应当肯定，藏军在历史上不同时期为抗击外族和外国的入侵或扩张，为巩固国防，保卫祖国边疆、维护西藏的社会秩序，为保卫藏民族传统文化和人民的生命财产等方面曾建立过不朽的功勋。尤其是在大家所熟知的1887年至1904年抗击英帝国主义入侵的战役中，藏军包括临时调集的藏族地方民兵武装进行了英勇的战斗，作出了重大的牺牲，包括流血牺牲。虽然他们面对着用现代手枪、来复枪、大炮等武器武装的英国正规军，不可避免地打了败仗，但他们面对武装到牙齿的英国皇家军队，狭路相逢，敢于亮剑，英勇不屈，浴血战斗的英雄事迹流芳百世，迄今被人传诵，受人敬仰。今天耸立在西藏江孜镇的抗英纪念碑和电影《红河谷》都是后人对他们事迹的记忆和赞颂。就连当年亲自带英军入侵西藏的弗朗西斯·荣赫鹏后来回忆这段往事时也不得不承认：战场好像有两股巨大的精神力量在对抗，一边是经过严格训练并用现代化武器武装的英国正规军，另一边是试图用诅咒战胜英军入侵的喇嘛，“三个喇嘛坐在我对面的藏族营地诅咒了一周”，喇嘛们相信他们拥有伤害英军的精神力量。荣赫鹏固然是把它当作笑话来回忆，但我看来三个喇嘛面对英军入侵者的屠刀，敢于面对面念咒经，就是今天我们说的亮剑精神，是爱国的精神力量。同样，拿着刀矛和石块等原始武器的藏军敢于与拿着洋枪洋炮的入侵者你死我活地拼杀，这种精神，就是亮剑精神，是爱国精神。

再说，早在唐代吐蕃“自大唐初已有胜兵数十万”（《通典》卷190边防六），这支军队划分为左、中、右三翼，外加一个支翼共四翼，藏文称为“卫如”（dBu-Ru）、“约如”（gYo-Ru）、“耶如”（gYas-Ru）、“如拉”（Ru-Lag），在吐蕃武力扩张的鼎盛时期，又把苏毗和象雄也各编为一翼，共计六翼（Ru）。各翼还有被称成为“董德”（sDong-sDe）意为“千户”的军事建制。从藏文的“如”和“德”等名称来看，当时的军队实为军民混合的武装，男人前方打仗，家属随军游牧，全家、全部落的大队人马跟随军队迁徙并提供后勤保障。就是这样一支在我们今天看来很原始的军队，却曾经打遍了青藏高原，为吐蕃王朝的统一事业立下了汗马功劳，今天甘、青、川一带还有自称是吐蕃军队后裔的藏族部落和村民。

然而这支军队毕竟是在封建农奴制社会制度中诞生，作为原西藏地方政府的御用工具，必然扮演西藏三大领主镇压农奴的打手和工具等不光彩的角色。在历史的某些阶段甚至成为西藏少数分裂分子分裂祖国统一和破坏民族团结的武装力量。直到西藏解放后，1952年藏军的一部分正式编入了人民解放军序列，成为人民的军队和国防武装的一部分。中国藏军是一个值得研究的课题，不同的学术观点和看法可以百家争鸣，希望研究能够健康、深入地发展。

中共中央统战部

中国藏学研究中心副总干事

格　勒

2009年3月于北京

序　一

军事问题是政治、经济、文化、宗教、艺术问题的核心，当社会矛盾发展到尖锐化时，首当解决的方法便是军事手段。

58年前，原国民政府驻西藏办事处处长陈锡璋曾断言：西藏历史遗留问题，纯属我们“自己家里的事，将来自己会有办法解决的”。

摆在我面前的《中国藏军》一书，坚持马克思辩证唯物主义和历史唯物主义的观点，秉承尊重历史、客观公正、资政育人的原则，根据大量的历史资料，求证了“藏军”的属性，勘正了“藏军”被认为是“殖民主义和封建农奴主豢养下的，迫害奴役西藏人民的反动工具”之误解。该书以真实事件为依据，以维护祖国统一、反对民族分裂为主线，叙述了清朝乾隆皇帝之外侄福康安将军组建“藏军”的始因，陈述“藏军”成立后，作为国家军队参加了五次反侵略征战。即：平息尼泊尔叛乱、收复阿里、江浙宁波抗英和隆吐山抗英和江孜保卫战。肯定了“藏军”在不同历史时期为祖国统一、保卫西藏边陲所作出的贡献，着重理清了中国清朝政府、国民政府，特别是中华人民共和国政府对西藏政务、军事的管理，从行政及军队的隶属关系上，以无可辩驳的史实阐述了西藏是中国领土不可分割的一部分。

应当说，《中国藏军》是当今藏学研究热点中的热点，也是国际国内唯一专门研究“藏军”的专著。这本书的问世，既填补了中国军事史学的空白，也解决了长期以来藏学研究的瓶颈问题。据我所知，有关西藏军事史，国际国内尚无一部系统的论著。西藏和平解放以来，党和国家高度重视藏学研究工作，在宗教、藏医、文化、历史的研究上都取得了丰硕成果，为中央对西藏地域和其他藏区的工作提供了重要依据。然而，从军事史学的角度来论证西藏是中国不可分割的神圣领土，并进行科学严谨、详细的论证，《中国藏军》是我看到的第一部专著。

早在20多年前，我任西藏自治区党委书记时，中央就要求对“藏军”问题展开专题调查，对此，我是知晓的。任务下达后，具体是谁在做，我不清楚。三年后，我收到《藏军起义投诚及改编》这本小册子，看到《解放军报》和中国新闻社等有关媒体关于藏军史料已经完成的报道，当时甚感欣慰。但是，其成型的文稿，我近年才看到，并且从作者来信中得知，当初参加这次“藏军”调查的调研组长，竟是我老部队的一位小战友，甚是可喜。

记得1950年2月19日我们进军西藏前，刘伯承元帅告诉我们：要“精细研究藏族同胞物质的、思想的、具体生活情况，切实贯彻执行共同纲领民族政策。”20多年的在藏工作经历，我也是遵循这一指示去做的。作为昌都战役的当事者和参与“藏军”改编的见证人，我对“藏军”虽然有些了解。然而有些问题我也拿不准：藏军有清朝时的辫子；藏军实行品位制；藏军的训练教官是汉族人；“代本”级军官由清朝皇帝任免；藏军第二团叫“母亲代本”，又叫“汉式部队”……这些疑问向我们昭示着一个重大的学术命题：这支藏式部队的前身，应该是中国清朝政府成立的一支正规国家边防军！事实上，许多资料证明，它在清政府时期，作为国家军队，参加了反击廓尔喀侵略、江孜抗英等一系列戍边作战，我国历史文献中记载了“代本军”参加的这些重大事件，但清朝政府成立“代本军”的批文在那里？廖立同志解读了两份文献，真是功夫不负有心人。

“藏军”经历了酋长制、辅助军事预备制、正规编伍制、分理制，并经过改良、改编，一度成为国家武装力量的一部分。我要说明的一个重要问题是，“藏军”不是纯粹意义上的地方武装，它曾是清朝、中华人民共和国国家武装力量的组成部分。虽然这支队伍与清朝中央派出的部队作过战，抗击过人民解放军进藏，还在后来参加了叛乱，但它曾经是国家的边防军，担负过西南边疆“镇边抚乱”任务，这是不争的事实！还原这样一个重大历史史实，有助于我们研究解决藏学热点问题中的“敏感性与复杂性”问题，从根本上清除“藏独分裂分子”的荒谬之说（即：自古独立说、满蒙非中国说、供施关系说、民国时期独立说）。国外研究藏学据说是炙热红火，其中不可取的是，一些研究都在为制造西藏分裂提供依据，企图否认中国对西藏的主权，试图从文化和宗教的问题上寻求答案。如：夏格巴所写的《西藏政治史》便是采取为我所用的手法，肆意歪曲历史，为他所谓的“西藏独立”服务，而对于西藏与祖国关系的发展和西藏属于中国领土主权的历史事实，尤其政治中的核心军事问题，他则一概加以剔除或避而不提。

藏学军事研究是中国藏学研究的一个分支，我国历朝历代的文献都有记载，特别是西藏热点问题、重大历史变革问题，都记入了清朝时的军机处、理藩院、蒙藏委员会和中华人民共和国外交部、中央统战部等文献档案中。因此，只有中国才有资格谈西藏主权问题。任何否定中国对西藏主权的观点，都是缺乏历史依据的。当今研究藏学军事史的现实意义，旨在反对分裂、捍卫国家统一、维护民族团结、构建和谐社会。纵观《拉萨条约》成为废纸，西姆拉会议破产，中国政府拿出的有力证据就是“中国藏军”的属性问题，从而结束了宗主国与主权国之争。西藏属于中国神圣领土不可分割的一部分，这是任何国家、任何组织和任何个人都无法篡改的历史。

由于历史的原因和极“左”思潮的干扰，藏学军事研究形成了“敏感性与复杂性”的瓶颈难点。我认为深化西藏军事史研究，便是开启“敏感性与复杂性”问题的钥匙。这是因为，军队本身就是一个国家主权的象征，弄清楚“藏军”的性质、职责、义务、编制及装备粮饷、军械供应、将士升擢等规定，就会使我们清楚地、正确地认识这支军队的属性。这些纲领性重要文献，早在1792年（乾隆五十七年）就明确无误地写进了清朝法典《钦定藏内善后章程》二十九条中。因此我们毫不含糊地说，“藏军”是清朝清军体制中的一支正规民族戍边部队！为此，我们应当理直气壮地说，围绕“藏军”所发生的一系列重大历史事件，纯属是我们的家事、国事、民族内政之事；承认这支军队的兴衰与荣辱，无疑对于今天全面贯彻落实科学发展观，维护国家统一，维护民族团结，维护藏区的发展稳定，构建和谐西藏都大有裨益。

中共西藏自治区原第一书记、原西藏军区第一政委

阴法唐

2009年2月于北京

序　二

军队是政治集团为准备和实施战争而建立的正规的武装组织，是一个国家主权的重要组成部分，派驻地方军队是国家主权的体现。从元朝以来，西藏归属于中央王朝的直接管理下，接受了中央对西藏的行政管辖和军事管理。在元代，中央派遣蒙古军队驻扎于卫藏地区，有效地维护了元朝中央政府在西藏地方的统治，此为中央驻藏军队之首。从广义上来讲，中央驻藏军队也是藏军的一个组成部分。目前学术界一般认为，藏军系对古代及近现代历史上西藏地方武装力量的简称，存在狭义、广义之分，狭义可指西藏地方的正规军，广义上除包括西藏地方的正规军外，还可包括元代以后驻扎于西藏的军队以及临时调集的民兵、僧兵等武装力量。藏军的历史，也是西藏地方史、西藏地方与中央关系史、中国军事史的重要组成部分，研究之具有重要的学术意义和现实意义。

目前，中国军事史的研究著述可谓汗牛充栋，然而对于藏军的专门研究，除了一些论文之外，至今未有系统研究藏军的专著。最近，廖立同志编写的《中国藏军》一书，全面阐述了历朝历代西藏地方军队情况及其沿革，并以政治为核心、以军事问题为切入点，证实西藏历来是伟大祖国的神圣领土，这是一部反映西藏藏军史的力作。此外，本书的编写过程反映了中国共产党高度重视军事史料的编撰和征集的工作过程，体现了老一辈无产阶级革命家、党史、军史、地方史专家学者尊重历史，实事求是，客观公正，以惠后人的修史原则，昭示了我党我军在民族统一战线工作中，维护国家统一、民族团结、反对分裂的强大威力。可以说，《中国藏军》的问世，既填补了中国军事史学的空白，也填补了长期以来藏学研究的缺失之处。

该书问世，颇有一番曲折。藏军的课题研究始于1984年中办发〔1984〕17号文件、成都军区政群联字〔1985〕8号文件，当时，廖立同志奉命参加了这次抢救调查、编写史料的挖掘和整理工作。20多年过去了，当年见证并参与“藏军”起义投诚及改编的同志绝大多数已经去世，他们曾经期盼这一史料浮现史学界，把一生中默默无闻、辛勤研究的军史调研成果奉献给祖国，终究因故而未能如愿。廖立同志转业地方后，仍然执著地深入研究“藏军”问题，查阅了大量的藏文、古汉文、英文文史档案材料，求证了“藏军”的建制是清朝政府的一支民族边防正规军。从职业上看，他并非学者，也非史学家，他先是一名军人，后是一名普通的人事工作者，在这种孜孜不倦的精神引领下，10多年来，他肩负着老一辈党史、军史、地方史前辈们的嘱托和期望，不辱使命、怀着赤诚与执著担负着这个课题的研究，并倡导把历史与现实结合起来研究，把普遍性问题与重点问题结合起来研究，期望澄清史学界对“藏军”的一些误解，其治学精神令人赞叹。这种站在历史发展的高度，站在民族团结的高度，从新的视角来审视重大历史史实的方法值得我们倡导的。

《中国藏军》向广大读者展现的是藏军数百年的发展史，体现了西藏人民同祖国各族人民的亲缘关系。可以说，藏军的发展史也是西藏地方与中央关系的发展史。西藏地方的军事力量起源很早，约从公元前3世纪开始，西藏就进入了文明时代。此时西藏高原分布着若干个小邦，先是玛桑九兄弟当政，尔后演变成25个小邦，接着是12个小邦，后来又发展成40个小邦，这些政权均建立有为数不多的军队，彼此展开混战。公元7世纪初，居于雅砻河谷的悉补野部落首领松赞干布统一了西藏高原各邦，定都拉萨，建立吐蕃王朝。同时，松赞干布开始致力于政权建设，建立了完备的、以赞普为中心、高度集权的政治和军事机构，青藏高原上第一支强大军队建立起来。在此后200多年的时间里，吐蕃赞普以吐蕃本土为根据地，采取了大规模的军事征掠和领土扩张活动，多次与唐朝发生大规模战争，其势力最强盛时东接唐朝，南及印度地区，北出天山，甚至越过帕米尔高原，直抵中亚的阿姆河流域一带。吐蕃的军队空前强大。

蒙古兴起后，窝阔台（元太宗）即位，将甘、青藏族地区划给他的次子阔端作为封地。公元1239年（窝阔台汗十一年），阔端派多达那波率军西征入藏，“从青海一直攻到藏北”。这次军事行动促成了藏区持续400年分裂割据混乱局面的终结，为“凉州会谈”提供了前提条件，西藏也在此后不久归于中央的正式管辖。此后，元朝的宣政院宣布“棠释教僧徒及吐蕃之境而隶治之。遇吐蕃有事，则为分院往镇，亦别有印。如大征伐，则会枢府议。其用人则自为选。其为选则为军民通摄，僧俗并用。”可见，宣政院下辖藏族地区各级行政机关长官，遇有藏区地方变化，则由中央命令宣政院领军出征，西藏军事归于中央管理。元代还在西藏地方设“乌斯藏纳里速古鲁孙等三路宣慰使司都元帅府”，负责对前后藏派驻的蒙古军队管理。另外，还增设了一种“玛甲姆”，即兵站，用它专门为军事行动提供方便。在明代西藏地方与内地形成了密不可分的政治与经济关系，进行了茶马贸易，中央在西藏设立了“乌斯藏行都指挥使司”、“俄力思军民元帅府”等管理机构，但无具体的驻军管理体制。

在清代，1792年（乾隆五十七年），清朝政府首次将藏军明确写进了清朝法典《钦定藏内善后章程》。“藏军”成为清朝清军体制中一支正规部队。该章程写道：“以前，前后藏都没有正规军队，用时临时征调，不仅缺乏作战能力，并且造扰人民，为害很大。这次呈请大皇帝批准，成立三千名正规军队：前、后藏各驻一千名，江孜驻五百名，定日驻五百名，以上兵员由各主要地区征调，每五百名兵员委一代本管理。以前西藏只有五个代本职位，这次增加兵额，应依新增人数，增加代本名额。前藏代本即由驻拉萨游击都司统辖，日喀则、江孜、定日各地代本，由日喀则游击都司统辖。所有征调的兵员，应填造两份名册，一份递交驻藏大臣衙门，一份存噶厦。以后如果发生缺额，即依名册补充。以上兵员统为达赖喇嘛和班禅额尔德尼的警卫。”《钦定藏内善后章程》的颁布，体现了中央政府对西藏拥有绝对的军事管理权。

民国期间，在十三世达赖喇嘛执政时，西藏地方遵循“师夷长技”的基本思路，以引进、学习西方先进军事技术作为基本目标，加强了藏军的正规化建设，使藏军的军事素质和战斗能力得到了较大程度的提高，使西藏历史上出现了前所未有的近代化军队。然而政教合一的封建农奴制决定了藏军改革主要限于表面上，从作战能力上来讲，它仍是一支相当落后的军队。1950年9月中国人民解放军进军西藏，原地方政府中的亲英分子，派藏军阻挠，结果大部分藏军在昌都战役中被歼，部分起义藏军被改编成中国人民解放军，驻守昌都。1959年3月，藏军其他各部，除少数人员未参加叛乱外，绝大部分参加武装叛乱的藏军被全部解除武装。

《中国藏军》一书便是展现以上历史的一个画卷，它从地域政治，统治阶级内部权力制衡，解密了一些人民内部矛盾中的重大事件处理细节，旨在证明，西藏是中国不可分割的组成部分。尤其是本书披露了藏军从1792年由清朝乾隆皇帝批准成立，至1970年经中央军委撤销建制，前后178年的重大历史事实。陈述了福康安将军组建中国藏军的缘由，以及藏军在平息尼泊尔叛乱、收复阿里、隆吐山抗英、江孜保卫战中的英勇表现，歌颂了一大批民族义士，为巩固祖国西南边防、维护祖国领土完整建立了不朽功勋，更使得本书读来感慨万千，而今嘱为序，聊以为之。

中国社会科学院

中国边疆史地域研究中心主任

厉　声

2008年12月于北京

自叙

许多同事问我，为什么要去研究西藏地方民族代本军这样一个既冷门，又陌生的学科？我的回答是，作为一名军人，我在西藏生活了整整13年，对那片故土，我有太多的情结。在我的记忆里，戍边13年的军旅生涯，催生了我从幼稚到成熟，丰富了阅历，增长了知识，拓宽了视野，是军队把我从一名战士铸就成一名大学生，是军旅生涯培养了我强烈的责任心和事业感。我常常引以为自豪，值得骄傲的是，我曾在世界屋脊生活过，青春年华在这里度过。虽然现今我离开西藏已近20年，但回眸往事，总感觉到有一种长久挥之不去的依依眷恋，于是热爱产生兴趣，兴趣促进执著，这也许就是我自发自觉研究西藏军事史，撰写《中国藏军》的动因，研究古代西藏军人的目的。

本书回答了世人关注的几个问题。一、藏军是地方部队，还是国家戍边部队？文献证明，藏军在清朝乾隆五十七年（1792年）至道光二十五年（1845年）间，藏军“代本”编制部队，曾是清朝吃皇粮的国家正规军队。但鸦片战争后，国家财力紧张，藏军改由西藏地方供银，成为西藏地方治安部队。因此，史学上将藏军定性为殖民主义豢养下的农奴主迫害奴役西藏劳动人民的反动工具，这一说法是不全面的。二、藏军改编成中国人民解放军了吗？我的回答是肯定的。西藏和平解放后，按照《中央人民政府和西藏地方政府关于和平解放西藏办法的协议》第八条，藏军改编成为国防武装力量之一部，从1952年开始，藏军第九代本（团）编入了人民解放军序列，成为了国防武装的一部分。但是，国家对藏军其他代本（团）着手改编时，由于受少数分裂分子干扰，改编工作并不彻底。三、阿沛·阿旺晋美是位民族英雄，是他的义举，带领西藏人民走出了泥潭、摆脱了苦难，见到了光明，获得了新生。西藏人民今天能够过上好日子，有这位百岁老人的巨大功劳，他的的确确是中国历史上的民族英雄，我为他在史书上的未定性而感叹！四、西藏问题纯粹是我们国家的内政问题，无须拿到国际上去研讨。这个原因很简单，自己的家务事，干吗要别人来掺和，说三道四。据说，世界藏学研究会秘书长是位法国人，国际上研究西藏历史文化的话语权，通行两种语言，英语和藏语，这是一种悲哀。中华民族自己的历史，我认为用自己的母语说，这样更有说服力，更自豪。

西藏问题很敏感、也很复杂。我以为：只要我们把西藏军事历史研究透了，把历史问题与现实问题结合起来，就抓住了要领和实质，就不难得出结论。我认为，按照国际法准则，军队是国家主权的象征，军队是国家机器的重要组成部分这一定义，深化研究藏军属性这个课题，便是开启"敏感性与复杂性"问题的钥匙！现以铁的事实说明，我国自元代以来就对西藏的政务实施了管理，特别是在军事管理上，从不懈怠。700多年来，我国一直对西藏行使主权。

有人说达赖和班禅都有卫队，指挥过他的卫队参与过政教权力和派系之争。民国期间，在十三世达赖喇嘛执政时，西藏地方遵循"师夷长技"的基本思路，以引进、学习西方先进军事技术作为基本目标，加强了藏军的正规化建设，使藏军的军事素质和战斗能力得到了较大程度的提高，使西藏历史上出现了前所未有的近代化军队。达赖喇嘛在藏军改良中起着主要作用。对于这点，客观上并不足以说明达赖和班禅是这支军队的缔造者和拥有者，达赖和班禅只有使用权，没有所有权。在中国历史上，没有哪条章程，哪份文献证明达赖曾经创建过藏军。现就藏军的范围、属性及成立等问题逐一诠释。

藏军的范围界定

藏军是我们平常习惯性的称谓，它的全称是西藏地方民族军。【引自中央军事档案馆文档材料，成都军区司令部，卷宗ch2号全宗1959年《藏军基本情况介绍》】不过我认为，这种提法并不科学，它的确切定义应该是——中国西藏民族代本军，简称中国藏军，也可称中国西藏军事武装部队。它有两种含义，从广义上讲，是指中国元朝以后历代驻扎西藏的军队；从狭义的层面上讲，专指清代西藏地方民族代本武装。本书着重论述西藏地方民族代本军问题。

有关西藏地方民族代本军的范围问题，历来是个模糊的概念。学术界普遍认为：藏军系指公元1792年农历十二月，根据清朝政府《钦定藏内善后章程》二十九条规定，仿照清朝绿营兵（汉族兵制）的制度组建的一支西藏地方的常备军，并把它的范围局限于西藏地域，没有驻守过边防。因此，它是西藏地方部队，不属于清朝正规军之列。我

▶源于唐、元、明、清中期的藏军，直至1950年10月前仍可见这种装备的藏军，俗称为“土兵”或民兵。

的观点是，藏军曾是中国清朝国防武装的一部分，在1792年至1846年之间是清朝政府的正规军；藏军也曾是中华人民共和国武装力量的一部分，在1952年至1970年间，中国人民解放军中还保留着藏军第九代本（团）编制。因此，我认为藏军不只是单纯的地方军。为了界定藏军的范围，现就清朝乾隆皇帝批准成立后的藏军情况，直至西藏解放前夕，

西藏主要几种兵制的藏民族兵员介绍如下：

一、古代藏王卫队。藏王卫队最早可追溯自唐代文成公主卫队及松赞干布卫队。元代时忽必烈之子阔端派大将多达那波统领大军进藏后，忽必烈设立了元帅和统领之职，（藏语为“雅索赤巴”），元帅和统领都有卫队，军事元帅统领以大部落为中心，根据各中小部落特点，可组织骑兵和步兵，设指挥官茹钦（藏语为“措顶”）四名，元、明至清初期卫队分别担任藏王、驻藏大臣、达赖喇嘛、班禅及摄政噶伦警卫，军事指挥归驻军元帅，军械粮饷隶属中央调配。清朝乾隆十三年（公元1748年），乾隆皇帝根据西藏情况，废藏王制（第巴）设“代本”之职。在原有卫队之中增设一名代本，并规定了代本的职责和义务，代本为从四品级武官，职级品位相当于骁骑校，护卫驻藏大臣、达赖、班禅和噶伦警卫及相关礼仪祭祀。这种护卫队又叫降觉马噶（汉人训练的部队），主要负责此项任务是藏军第一代本和藏军第六代本。

二、戍边部队。阿玛马噶（母亲代本）系指清乾隆皇帝批准成立的正规部队，创建这支部队的人，是清乾隆的外侄福康安大学士（大将军）。并在乾隆五十七年（1792年）经过乾隆钦定，清军机处给予了编制定额、规定了相关职责和任务。主要任务是负责对日喀则、定日、阿里地区的防务，镇守边关要隘，押解粮饷、呈递关文、协同清军执行军务等，分别隶属日喀则、拉萨游击都司指挥，直属清军机处调配。主要负责此项任务的是藏军第二代本和藏军第三代本、第四代本、第五代本、第七代本、第八代本。

三、江孜教练部队。仲扎马噶（贵族子弟部队）系指江孜英人筹办的西藏贵族子弟军事训练部，1915年后，十三世达赖为推行新政，在英人柏尔的建议下筹办了江孜贵族子弟军事训练部，其训练出的学员大部分编入了藏军第九代本和藏军第十代本、第十一代本、第十二代本、第十三代本、第十四代本、第十五代本、第十六代本、第十七代本。

四、民兵乡土武装。森巴军（系西藏阿里地区蒙古族部落一支系）原系清军蒙古八旗多罗郡王驻拉达克部队。清乾隆时将其整编，并令其蒙古族军人解甲归田退回青海，康区游牧。1841年（道光二十一年），经过阿里战争后，由于森巴人勇悍善战，这些降藏军人被清政府赏赐给地方领主或土司头人做奴隶或护卫，因这部分人系森巴人后代，人们习惯称之为森巴军。

森巴军人经过清政府多次精减后，解甲退役成为当地居民，因保留着屯兵习武之惯例，成为了土司或头人的家丁和护卫。我把这种军事组织称其为酋长式的军事组织，它的特点是，平时住在家里，遇战争时统一由宗本下令编队参加作战，相当于我们现在的民兵预备役组织。因属私人武装，故武器相当落后，大部分使用刀矛和鸟铳。我在1986年调研藏军时，还在云南、青海、西康与西藏的周边，及西藏的阿里、三十九族、昌都等地区，从文献中也查到过这种民兵代本组织。

以上四种军事组织，都有一个核心称谓叫“代本”。我认为，自清代《钦定章程》颁布后，凡是在藏内或藏区周边的以“代本”编伍的部队，都可将其纳入中国藏军这一范畴（西北、西南的藏族土司，土屯武装，如：甘卓尼土司、鲁土司、青海祁土司、金川土屯兵等民族兵员虽然也属藏族兵员，但它隶属清朝满蒙八旗军制，汉绿营兵军制中也有藏民族兵员，而它不属于本文讨论的代本军制）。

藏军的属性考证

据《卫藏通志》记载，西藏戍边的军队将士分别由汉、蒙、满、藏、回、鲜卑族等民族兵员组成，其中以藏民族为主的军制，我们知之甚少，多数人并不了解其属性。现就“代本”一词的产生，探究它的属性。我国是一个多民族国家，藏汉文属同一语系。“代本”一词，汉文文献中最早出现在1751年（乾隆十六年）三月，策楞、班第等人起奏经乾隆批准的《酌定西藏善后章程》十三条中。“代”，藏语意译为弓箭；“本”，是官的意思。元、明、清代，西藏军人几乎全是骑兵，故藏语译意为戴弓箭的长官。满语为骁骑校。汉语有营团之意。200多年来，在汉语中一直把“代本”视作为官名，其实它是军队的编制序列。

例如：藏语中的代本、汝本、甲本、定本、脚本及总代本，译成汉语就是：团长、营长、连长、排长、班长及司令之意。这种以代本军制为特征的地方部队，我都将其纳入我国国防武装，表述为中国西藏地方民族代本军。为什么我要在西藏地方民族代本军之前冠以“中国”二字呢？为的是表明，它曾是清代中央政府设立的国防武装之一部。

纵观西藏问题热点丛书，迄今仍没有一部全面论述西藏军事史实的书籍。多少年来，尚无人论证藏族“代本”军队曾经也是中华民族的军队。而事实上，在我们共和国武装力量中，中国共产党除了领导过“新疆民族师”、“内蒙古骑兵四师”、“回民支队”外，还领导过西藏地方民族代本军。它的全称是——中国人民解放军西藏军区昌都警备区第九代本步兵团。这些史实鲜为人知，被封存在国家的档案馆中，从未向世人公开过。直到20多年前，当我们翻开历史尘封的档案，才惊奇地发现军事史上这样一个重大秘密。

据当初我采访的老首长回忆，1950年，当我人民解放军第十八军进军西藏时，阻止他们的竟是一群看似军人又非军人的藏民，身着古装，留着长辫，以至于在侦察中，把这些军人误认为是“土兵”或“民兵”，结果吃了藏军第三代本（团）两次亏。中国人民解放军第十八军五十二师师长吴忠直骂这个牟霞“代本”太诡。事后我们才明白，十八军的对手竟是一批训练有素的清朝乾隆皇帝外侄福康安成立的正规建制部队。这个结论，是我们当初老首长意想不到的。

为了进一步解读中国藏军的属性，我认为有必要了解两个关键词，即：“金珠玛米”和“降觉马噶”。“金珠玛米”的汉语意思是解放军，藏语本意是砸碎锁链的人；“降觉马噶”藏语意为汉人所训练的部队，又叫母亲代本，汉语意为藏军第二代本（团）。初次接触这些词时，我并不了解这些词的特殊含义，当我进一步深化研究时，才懂得了它深层次的意义。记得有一次我在拉萨北郊采访藏军第二代本（团）一位藏兵时，他很热情地接待我们，他用一个银碗给我盛了一碗酥油茶，倒茶前，他从怀中取出一个陈旧黑兮兮的碗来，吐了一口唾沫在碗中，从地上抓了一把泥沙，使劲地在碗中搓揉，然后用围裙揩尽泥土，原来竟是一个发亮的银碗。他说，这个碗是他的清军汉族教官送给他的，我含着感激和真诚咽下了这碗茶。我临走时，他唱了这么一首歌："你是藏族培养的官，我是汉族训练的兵。同在山间饮一水，金珠玛米是玛噶。"当时我并不十分理解歌词中的深刻含义，待我弄清阿玛马噶代本，系指1792年（乾隆五十七年），乾隆皇帝命令福康安创建的藏族代本军叫母亲代本时，我才恍然大悟。藏军第二代本藏语为降觉玛噶（意为汉人所训练的部队），又名阿玛马噶（意为母亲代本），当时在藏军中担任教官的全是驻藏的四川清军（汉人）。可见，这位藏军老兵的歌词中寄寓了多么深刻崇高的爱国思想境界，是他的这种可贵精神一直激励我执著地收集资料。大量史料证明：这支藏民族武装，无论是从编制、操典、口令、服装、军衔上，还是职责、义务上，100多年来基本没有发生重大变化。对照清朝政府治藏的重要文献《酌定西藏善后章程》十三条、《钦定藏内善后章程》二十九条，我们不难发现，即使西藏在民国统治处于与中央关系松弛时期，整个藏军体制仍然是清制的法典。口令"左右左"，清式长辫，顶戴花翎，蒙古帽，品位制等等。查遍中外所有资料，没有一个外国人指挥统领过这支军队。虽说团以上军官曾在英办学校受过训，但并没触及整个藏军清朝钦定的军事体制。正如成都军区政治部李玉主任在审稿会上所讲："据原敌工情报部的老同志回忆，藏军是清朝乾隆皇帝批准成立的，参加了四次抗英作战，在藏军中服役的教官和统帅都是满人和汉人，这就说明这支军队是中国的，西藏是中国的，民族是团结的。"首长这一席话，道出了藏军的属性，也指出了当今史学界误认为藏军系殖民主义者和农奴主豢养下的反动军队观点的不全面！

藏军两度成为国家武装力量的一部分

藏军曾是吃皇粮的国家戍边军队。我有六条论据：一、代本级武官由皇帝任命，品级从四品，比汉官高半个品级，所有五品级官员均由清军机处报皇帝任命。二、汉藏军队统一由驻藏游击都司统辖，隶属中央驻西藏大臣指挥。三、虎玺调配西藏一切军队，驻藏大臣为中央理藩院、兵部官员，可遵旨发布令牌。四、军械统一由朝廷配备，教官和军事训练由皇帝亲自过问。五、粮饷由中央协饷，外遇或西藏遭重大变故，中央派员处理。六、外交事务概由中央处理。《英外交部秘密活动记录》1034号卷中记载："张荫棠以达赖、班禅签制册封，番地驻扎军队，历代驻藏大臣奉旨从政，大学士福康安成立藏军，番兵由驻藏大臣操练"等大量事实，证明西藏历来是中国领土不可分割的一部分，迫使英国承认中国对西藏拥有主权。我认为，作为中国清朝政府代表的张荫棠，驳斥英国谈判代表的目的很明确，藏军也是清军的一部分，是吃皇粮的国家戍边军队，所以清朝对西藏的军事和政务管理上，不存在什么"宗主权"的问题，而是拥有绝对的主权！清政府认为，英国炮制的《拉萨条约》是刺刀下威逼出来的单边协议，它"侵我主权，我自有权不认！"该秘密记录中还谈道："1904年11月16日慈禧太后生日那天，中国清朝政府向英方提出强烈抗议，慈禧太后宣谕：'任何国家与西藏签订的条约，没有大清国加盖的印玺，一律无效！'"西姆拉会议之所以破产，这与庆亲王奕劻、唐绍仪、张荫棠的严正交涉是分不开的。中国清朝政府为什么能挫败英国人的诡辩，其有力的证据就是，藏军是朝廷的戍边部队。

▶清朝调动西藏军队的虎玺，此为调兵遣将用的兵虎，引自中国藏学信息网公布的西藏文物考古图片。

藏军曾经编入了中国人民解放军。1951年《中央人民政府和西藏地方政府关于和平解放西藏办法的协议》签订后，按照《协议》第八条规定，"西藏军队逐步改编为人民解放军，成为中华人民共和国国防武装的一部分"。藏军着手改编，其实早在协议签订之前三个月，藏军第九代本就整编成为中国人民解放军的一部分。1955年至1958年间，中共中央军委和国防部先后授予四位藏军司令中将、少将军衔；有10名“代本”团长授大校、上校、中校军衔。最后一支“代本”团撤销是在1970年，它的全称是中国人民解放军西藏军区昌都警备区第九代本步兵团。这足以说明它是中华人民共和国国防武装力量的一部分。

藏军在清政府乾隆至道光年间及在中华人民共和国国防武装中存在过。清朝中期藏军一度曾经担任过戍边保疆的任务，据成都军区文献记载：藏军成立于1792年（乾隆五十七年）十一月，由清朝大学士福康安将军平定吉都催岁金（尼王）入侵西藏的廓尔喀（尼泊尔）之后，奏呈乾隆皇帝批准成立的一支清军“代本”制正规军队。至1846年（道光二十六年）清驻藏大臣琦善，改旧制为藏汉分理，将藏军六个代本3000名士兵交给噶厦政府（西藏地方政府）直接管辖，变为地方治安部队。藏军“代本”制部队于1792年（乾隆五十七年）十二月完成组建，撤销建制时间为中华人民共和国“文革”中期（1970年4月）。藏军从诞生到衰亡，前后共经历了清朝、民国、中华人民共和国三个历史阶段，历时178年。中国藏军“代本”团建制，在中国人民解放军中曾有过编制，成为国防武装力量的一部分，这是不容置疑的事实，它是我国民族军史上跨度最大，经历时间最长的一支藏民族“代本”制军队。那么，清朝政府有没有成立这支军队的批文呢？

清朝乾隆成立藏军的批文

要说明“代本”军制是否为国家军队的问题，必须具备两项要素，一是机构设置，二是职责义务。具备这样的要件后，这个单位才有可能纳入国家财政预算列入国防开支。根据我从事人事编制工作多年的经验，国家政府要增设一个机构，必须明确其职责义务、编制定额、升迁奖惩、管理权限等相关行文规定。同样，作为清军中成立的“代本”军也应该具有这种法律性文献。

一、《酌定西藏善后章程》和《钦定藏内善后章程》是成立西藏地方代本军的重要依据。《酌定西藏善后章程》中明确：代本的职责为护卫达赖喇嘛，办理兵马的从四品级大员。兼负维护地方治安，防范卡隘、呈递文书的官员之职。代本一职在当时责任重大，代本的任命由驻藏大臣会同达赖喇嘛商议拣选放心的人，请旨造册送到兵部，奏请颁发任命书，遇有缺出（自然减员病故、老死、阵亡、退休、退役、革职、调任等），由驻藏大臣参奏，报兵部革除后，原颁之敕书，一体撤回缴部。当时的代本编有八个佐领，授为固山达名色，与此职务相当的另有八名满汉军人授为骁骑校，俱照例给以顶戴，递相管束，俱归驻藏钦差大臣统辖。每佐领带兵10名，共80名，驻藏以备差遣，并护卫达赖喇嘛。一切公务差遣，俱由驻藏大臣商明达赖喇嘛施行。但这份文件并没有将代本军，编制在清朝正规军中。直至乾隆五十七年（1792年农历十二月）《钦定藏内善后章程》出现，我们才看到了涉及藏族正规军成立的编制条款。“以前，前后藏都没有正规军队，用时临时征调，不仅缺乏作战能力，并且造扰人民，为害很大。这次呈请大皇帝批准，成立3000名正规军队：前、后藏各驻1000名，江孜驻500名，定日驻500名，以上兵员由各主要地区征调，每500名兵员委一代本管理。以前西藏只有五个代本职位，这次增加兵额，应依新增人数，增加代本名额。前藏代本即由驻拉萨游击都司统辖，日喀则、江孜、定日各地代本，由日喀则游击都司统辖。所有征调的兵员，应填造两份名册，一份递交驻藏大臣衙门，一份存噶厦。以后如果发生缺额，即依名册补充。以上兵员统为达赖喇嘛和班禅额尔德尼的警卫。”

二、代本的升迁奖惩和待遇。“代奔”（代本）的官衔品级，在清乾隆五十六年（1791年）前均为世袭制，福康安认为这种靠名分和富贵来承袭官位，极不利于部队正规化建设，因此他建议，此次代本军的成立必须规范化、正规化。兵员定额，升迁制度，粮饷待遇必须按照清制定律来建军，这一奏请在《钦定藏内善后章程》中得到了体现：“关于军官的职位，按照这次的编制，代本以下设十二个如本，每一如本管二百五十名兵员，如本以下设二十四名甲本，每一甲本管一百二十五名兵员，甲本以下设五名定本，每一定本管二十五名兵员。以上人员由驻藏大臣和达赖喇嘛挑选年轻有为者充任，并发给执照。代本出缺时，由如本中升补；如本出缺时，从甲本中升补，以下类推。贵族出身的军职人员，也要从定本、甲本中逐级提升，不得任意升迁。按照旧例：平民只能升任定本，不能上升，今后应依照其学识技能及战功逐级升迁，不得歧视。如有违犯军纪的事情发生，即予严惩。”“以前征调兵丁，不发粮饷武器，系由各兵丁自备，一旦用完，即行潜逃。今后每年每人应发粮食二石五斗，总共为七千五百石。上述粮食仅靠前、后藏的田赋收入不够支付，故以沙玛尔巴、仲巴呼图克图的

▶图为1792～1915年西藏江孜戍边部队的着装。

田产，以及丹津班珠尔之子目居索南班党所呈缴的五个庄园，总共收入青稞三千一百七十石，作为补充。如还不够支付，即将沙玛尔巴桑坚班的什物尽行变卖，以补不足，这样每年就可收入青稞千五百石，用以发给各兵员应发的粮饷。另外受征调的兵员，由达赖喇嘛发给减免差役的执照，这样便可使各兵员知道对他们的照顾，以增进他们的

战斗情绪。各代本因为已经有了达赖喇嘛拨给他们的庄园，就无需另发薪饷。各如本每年应发三十六两银子，各甲本二十两，各定本十四两八钱，总共两千六百两银子，由藏政府交给驻藏大臣，分春秋两季发给。兵员的粮饷也分春秋两季发给，由甲本和代本负责，不得短少。”

三、代本军是清军中的精锐部队。我从《钦定藏内善后章程》中发现，此次代本军的创建，所配备的武器是相当精良的，这在冷兵器时代中的清军中是不多见的。藏军有一半的军人使用火枪（装备有亨利—马梯尼、斯涅德等各种类型的线膛步枪。定本以上军官配有膛步枪，士兵十分之三使用弓箭，十分之二使用刀矛、藤牌），并配备了十四门新式武器“劈山大炮”。可见清朝政府对这支代本军相当重视，完全按照精锐部队来打造。如钦定章程中规定：“十分之五用火枪，十分之三用弓箭，十分之二用刀矛。前后藏各寺院如有剩余武器，给价予以收买，其用费由前被没收的沙玛巴牧场收入的酥油价值五百五十两中开支。弓箭、火药由政府每年派人前往太昭及边坝制造。各兵丁还要经常操演。每年操演军队所需之弹药，由噶厦派员携带驻藏大臣衙门之公文，前去工布地方制造，运至拉萨发给部队。以前，后藏番兵没有火炮，现从新造十四门火炮中调两门给后藏，以便在本军队操演时试验射击，其余都交给达赖喇嘛。按章程核定编制三千一百六十二名藏军、三千四百五十名清军分驻拉萨、日喀则、江孜、定日。”可以说，《钦定藏内善后章程》二十九条中，有关于成立藏族正规军队的条款：其中有2/3条款，涉及兵员编制，将士升擢制度，军械粮饷供给，教官训练和校阅操典、外交、警卫、驻防地等相关条款。因此，我认为，《钦定藏内善后章程》就是乾隆皇帝创建中国藏军的批件。“钦定”是什么意思？我想，这是很明确的。而且这支军队是受中央派驻西藏大臣指挥，因此，我认为它不是单纯意义上的西藏地方政府军队。

四、我国军事文献档案有记载。《清高宗·本纪六》中记载：“乾隆五十七年（1792年），农历十二月庚午，定唐古忒番兵训练事宜”。试问，一个地方军事组织的训练，值得乾隆皇帝亲自过问吗？只有一个合理的解释，那就是清朝政府的第三军制“代本”团的建立，才会使皇帝如此重视！《清史稿·列传·第一百一七·福康安》记载："乾隆五十七年（1792年），康安上书善后十八事，昭允之，'尔等撤军后，必当妥立章程'"。我认为，藏军（代本）若是地方军队就拿不到皇帝那里去议事，也不会交吏部、户部、理蕃院、军机处审议。只有一个理由，它涉及清朝西南边疆的重大决策，是清朝以蒙满民族为主的"八旗军"、以汉回民族为主的"绿营兵"之外，又创建的一支骁勇善战的，以藏民族为主的"代本军"。这些文献向我们昭示了一个铁的事实，藏军是"吃皇粮"的军队。它的职责既有戍边又有镇乱的双重任务，藏军作为国家军队，体现了国家治藏的主权。所以，这么重要的议题必须列入朝廷审议！有关藏军成立这件事项虽属清朝机密，应列入清军机处审议，但我从《清高宗·本纪》中得知，乾隆批件未交军机处审议，上曰："行该部（门）知道"。这就是清朝乾隆五十七年（1792年）经兵部、户部、吏部尚书、协办大学士福康安起草，经乾隆批准的《钦定藏内善后章程》二十九条。而且我们从图中藏军代本级军官着装显示，代本为从四品级武官，身穿黄缎子官服和马褂、腰间系缀银丝、金丝缎镶边的罩裙，头戴顶花翎官帽和玉翠垂耳的金耳环，脚着红色朝靴。在等级森严的封建王朝中，能身着黄缎子官服和马褂的武官，说明朝廷对西藏的重视，换句话说，清朝是在加强对西藏主权的管理。

▶图为藏军第九代本排以上军官与解放军五十二师副政委苗丕一合影，摄于1951年。详见《中国人民解放军历史资料图片集》之六。

综上所述：我之所以要在“西藏地方民族代本军”前面冠以中国，这就是我要释疑解惑的关键！有关中国藏军这一提法，有专家学者提出商榷，理由是“中国西藏”对外译文有并列之意，极易犯“政治性倾向”错误。我认为：中国北京、中国四川、中国香港，中国台湾……学汉语的都知道这种语法是汉语的定语前置关系，其中省略了一个“的”字。我用汉语写史，自然用的是汉语语法。并且这一提法有依据，其一，详见于中国新闻社1988年2月22日《中国藏军的秘密被揭开》一文经中央办公厅、中央统战部审校后的提法；其二，经中国军事科学院战史部研究员王贵先生和原十八军老首长及见证藏军的200多位当事者的倡议，在1986年至1989年的几次审稿会上探讨的。我阅读了藏军若干文献资料后，针对问题的许多玄机和疑案，经过反复推论，才把这个冠名推出。“中国藏军”这个提法，其深刻含义就是要说明一个核心问题，西藏历来属于中国。

藏军问题是中国的内政

研究藏军，我始终遵循这样一个原则：军队是国家主权的象征，军队是国家机器的重要组成部分，从这一定义去探究它的属性。香港、澳门回归，我国并没改变其社会意识形态制度，但，就国家主权问题必须在这个地方驻扎军队，正如邓小平所说，香港回归我们要驻军，这是个主权问题，我们绝不含糊！那么，西藏问题的核心在哪呢？我认为归根结缔就是军队问题。我国自元代以来，历代中央都在西藏驻扎军队，对西藏行使着绝对主权，实施保卫边疆、镇摄内乱。因此，西藏历史问题纯属中国的内政。

中国西藏地方民族代本军的建立，在中国历史上有着不可磨灭的作用，在清代抗击英殖民主义者侵略、维护国家统一、反对分裂方面作出过贡献，建立过功勋，其作用是值得肯定的。中国清代藏军从成立到藏汉部队分理期间，藏军共参加了五次抗击外夷的征战，它分别是平息尼泊尔叛乱（1792年）、收复阿里（1840年）、江浙宁波抗英

(1841年)、隆吐山抗英(1888年)和江孜保卫战(1904年)。这支民族代本清军部队，为保卫中华民族不被欺辱而战的反帝国主义侵略的英雄业绩是值得肯定的，而且在中华人民共和国时期，藏军也是编入了人民解放军序列中的，曾经参加了对印自卫反击作战，这些是值得我们永远铭记和载入历史的。尽管它在1959年参加了叛乱，但它曾是国家边防部队，担负过西南边疆“镇边抚乱”的任务，这是不争的事实！还原这样一个重大历史史实，有助于我们研究解决藏学热点问题中的“敏感性与复杂性”的问题，从根本上铲除“藏独分裂分子”的荒谬之说。

今天我给藏军作史传，并不回避藏军在中华人民共和国时期所做的一些坏事，如：阻止人民解放军进驻西藏，破坏改编协议、阻挠民主改革、参加分裂祖国的叛乱活动，这些丑行一并录入，让世人警记，搞分裂是没有出路的，背叛祖国的行为注定是要受天谴的！

廖　立

2009年2月于四川乐山

第一章
唐、元、明至清中期的西藏军事情况

唐代西藏军制与文成公主卫队

西藏在唐朝时称吐蕃，元朝时称乌斯藏纳里速古鲁孙【乌斯指前藏，藏指后藏，纳里速古鲁孙指阿里三围】，清代称唐古忒，民国始称西藏，1965年正式建立自治区。自1240年（太宗十二年）元太宗窝阔台之子阔端，派大将多达那波统领大军进入西藏，经“凉州会晤”后，西藏正式纳入中国版图，至今已有769年的历史。

唐朝西藏军制。据史料记载：西藏最早的军队是酋长式的军事组织，这种军事组织见于松赞干布统一西藏以后的公元7世纪。那时，松赞干布为了扩展自己的势力，巩固自己的统治，在唐朝军事文化的影响下，由他建立了第一支由藏族人组成的酋长式的军事组织，641年（贞观十五年），唐太宗李世民之女文成公主（李雁儿？–680）进藏，嫁松赞干布。649年（贞观二十三年）五月太子李治继位，文成公主夫婿回朝探亲。唐高宗授予松赞干布为驸马都尉，西海郡王，并

▶公元649年，唐高宗授松赞干布为驸马都尉，西海郡王，统率西藏军队最高将帅的亲军称号。

选调了2000名有特长的军士组成公主卫队（据唐书记载：松赞干布上书谢恩，“天子初即位，若臣下有不忠之心者，当勤兵赴国除讨。”当时，公主陪嫁的能工巧匠及仆人总计人数是5500人，唐蕃和亲通婚，从血缘上奠定了今后民族统一的基础），并留在拉萨。松赞干布（约617–650）为了体现“舅甥二主，商议社稷如一，结立大和盟约，永无渝替！神人俱以证知，世世代代，使其称赞”的理念，根据文成公主的建议，将自己的卫队，依照唐朝汉制军队进行了编组，筹建了吐蕃国与唐王朝相似的军队雏形。全藏设五个如钦（头领），下设分如（分头领）十个，每分如辖四千出兵户，另加卫队一千户，每个分如设如本（营）二名。但当时的军队无系统训练和固定编制，一般以如钦为军事领袖，平时住在家里，外遇时由部落头领统一发令集中赴战。统一后的西藏，战时可征集兵力达40万人之多，军队已形成代本制雏形。松赞干布在重新统一吐蕃王朝之后，为了进一步加强与巩固政权，使之更加繁荣、昌盛、强大，于是他利用与唐联姻这一有利条件，尽最大的努力，建立集中的统治机构，制定严密的制度，积极果断地对吐蕃的政治、军事、经济、文化等方面进行了一系列的重大改革。

政治制度方面：长期以来因氏族制的残余，传统习惯以及部落间的界限等因素，吐蕃王朝虽称统一，而实际上并未建立起政令统一的强大集中的王权，这种政体极不利于吐蕃社会的发展。同时，有鉴于以前父王被害和大贵族的分裂叛乱，也是因为没有有效地控制地方贵族势力，从松赞干布遂依照唐朝的官制，建置了一套严密的统治机构，进一步加强和集中了王权。吐蕃从第十七世赞普起，设立了大相，作为赞普的辅臣。从松赞干布起，将中央高级官吏分为两类：第一类为大相，称为大论；又设副相一人，称为小论；另设兵马都元帅正副各一人，执掌兵权。第二类为宰相僚属，其中有内大相一人，掌管国内事务，整事大相一人，管司法诉讼；另有外交、财政等官。“诸官之中，大相最尊”，“事无大小，必出于宰相，便宜从事”，而居万人之上，一人之下。松赞干布能知人善任，协助他管理行政事务的最著名的四贤臣有吞弥·桑布扎、禄东赞（即噶尔·东赞）、支·赛当汝恭顿和娘·赤桑扬顿，他们为吐蕃王朝建政初期立下了功勋。

松赞干布制定了“十善法律”，共计20条。如孝敬父母，敦睦亲族，敬事长上，帮助邻里，报答慈仁，尊敬高德，以圣哲为模范，酬德报恩，斗秤公平，不用伪度量衡，与众和谐，说话温雅，酒食知量，心性忠直，虔信佛、法、僧三宝等；有的是保护私有制财产和维护贵族阶级利益的条文，如追回偷盗者赃物并补罚八倍赔偿，及时还债，不得抨击种姓高贵者，应受其教诲。除之还有杀人者偿命，斗争者罚金，奸淫者断肢、并流放异地，诳语者割舌等等。总之，它反映了统治者以佛教的戒律为准绳，为人们规定了行为规范标准，对社会秩序和国家的安定，对生产的发展具有重要意义。

为严格等级制度并区别官阶之高低，松赞干布还仿效唐朝典章，规定了官阶品位制度，即向各级官员颁发了不同质料制成的章饰（又叫“告身”），凡分六等：第一等是瑟瑟（翡翠），二等是金，三等是银镀金，四等是银，五等为熟铜，末等为铁。臂章钉在方圆三寸的粗毛布上，悬于臂前，以别贵贱。王朝还建立了奖惩升迁制度，凡官吏建立功勋者可获奖赏提升，失职犯罪者定受惩罚，或撤职或判刑不等。

▶649年，松赞干布在文成公主建议下建立了第一支由藏族人组成的酋长式的军事组织，依照汉制军队进行了编组。左图为公主卫队汉族侍卫长。松赞干布在唐朝军事文化的影响下，依照汉制军队将自己的军队进行编组。右图为藏族五大如钦（军事头领）之一“卫茹”。

军事制度方面：松赞干布洞悉贵族、领主及部落酋长拥兵自重是导致分裂、有碍统一的病根，也是父亲朗日松赞统而复裂的血的教训。于是他按照唐朝府兵制度，并结合了吐蕃地区的特点，建立了一套严密的军事制度。

据藏文史籍《五部遗教》、《贤者喜宴》等记载，松赞干布将吐蕃分为千个“茹”（藏语“部”的意思，它是吐蕃的大军事区和行政区），即“卫茹”（即中茹）辖以逻些（拉萨）为中心的雅鲁藏布江北之地；“约茹”（左茹）辖以雅砻河谷为中心的江南之地；“叶茹”（右茹）辖雅鲁藏布江上游南北之地；“藏茹”（后茹）辖雅鲁藏布江中游南北之地。每茹又分上下两个分茹，共八个分茹，其中除“卫茹”只设七个千户府和一个下千户府外，其余三个茹各设八个千户府和一个下千户府，合计共有31个千户府和四个下千户府。每个分茹设大将一人，副将一人，判官一人统管。每个千户府有兵约万人上下，由百户长、千户长、万户长统帅。这些官员既是军队的统帅，又是地方行政的最高长官，同时也是大小领主。故千户府可谓军政合一的组织。各分茹的马匹和旗帜以不同的颜色相区别，目的是一目了然该支茹的武装，以便调遣。另外，茹的编制设有元帅和副元帅，但不常置，征伐时由吐蕃王朝临时委派，位与王朝宰相平列，直接听命于赞普。改编后的千茹兵力总计40.24万人，这与《新唐书·吐蕃传》中吐蕃“胜兵数十万”的记载相吻合。各茹的元帅、副元帅以及掌握兵权的万户长、千户长等大将，松赞干布规定这些官员都必须经由国王大相任命，根据其功过实行奖惩。所有士兵都按名登记造册，由政府掌管，不得更改扩充；吐蕃王国所有军队调动必须以赞普下发的金箭为凭。军队出兵征战时，又另派监军对元帅、万户长、千户长等进行监督。此外，松赞干布又从每茹抽调一千户为禁军，守卫赞普牙帐。这支禁军由赞普亲自掌握，足以对付地方军队的势力。有这些严密的军事制度保证，他就能够有效地控制和指挥军队。松赞干布还建立了戍边制度，每年必亲自率兵巡边一次。军事上的强盛，巩固了吐蕃的统一和安定，也使经济和文化日益繁荣。

元朝统一西藏后的军政管理

元朝西藏军制。元朝将西藏正式纳入中国版图后，实行了军政管理，元朝派驻西藏的军政长官称宣慰使，驻军长官称元帅，元朝在西藏地区成立的地方军政机构——“宣慰使司都元帅府”，隶属于元中央宣政院。宣慰使司下面辖有管理民政的13个万户府、千户所等。所有机构和官职的名称都是元朝中央规定的。元朝在西藏与青海驻有军队，由阔端王子及其后裔率军驻守西藏地区的东部边缘，逢西藏有事，即可就近入藏，以尽镇戍边疆的职责。1290年（至元二十七年），一名万户长叛乱，元朝中央派遣这位王子率军入藏平息。根据史料初步统计，元朝一代委任的西藏军政长官，驻军长官，正三品以上的就达200人之多。其中有首任管理西藏的最高行政机构总制院院使蒙古族一品大员桑哥，一品大员藏族八思巴、正三品本勤（处理日常事务的官员）释加桑波，驻军元帅多达那波、达鲁花赤等。最后一任元帅为管招兀即尔，班竹尔藏卜。元帅的职责为统率在西藏的蒙古驻军。但忽必烈为了加强对西藏地方的管理，又在元帅之上设立了“乌斯藏纳里速古鲁孙等三路宣慰使司都元帅府”，二品军政长官五名。司都元帅府下设正三品官“乌斯藏等处转运元帅”一名。由他们分别管理驻藏军队和专门管理驿站及兵站。

▶图为忽必烈授藏族八思巴国师，一品大员，创立蒙古文字，这是他用过的头盔。

西藏远离内地，山高路远，气候恶劣，交通极为不便，虽说西藏地大物博，资源丰富，但受自然条件限制从未开发，历来经济上不能自给，一切开支，大部分依靠中央“协饷”。为了保障在藏军队的军需供给，巩固西南边防、设立驿站和兵站至关重要。元朝忽必烈派门达为首的一批官员实施，以后历代对之有所改进和发展。仅元朝一代，1287年（至元二十四年），已在西藏沿途设立了31个玛甲姆（兵站）；朵堆（指甘肃、青海上部）七个，朵麦（指甘肃、青海下部）九个，前藏四个，后藏七个，阿里地区四个。兵站下设若干分站，仅从甘肃武威到西藏日喀则间的分站就有70多个。清朝政府统治时期，又在西藏沿途增设300多个兵站，并在打箭炉（现康定）铸造兵器，为在藏驻军提供军械，并以打箭炉作为屯兵大本营，督催运解粮饷及调派官兵的后方基地。

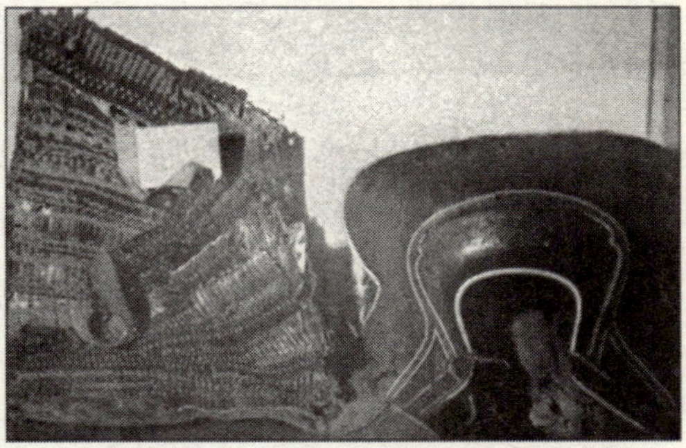

▶图为八思巴的马鞍和战袍。

元代时，蒙古驻军前藏1000名，后藏1000名，阿里地区2000名，战时可在西藏命令各大头领，征集藏族兵员6.4万余名。平时藏族兵员主要管理兵马、驿站、兵站、要隘、负责达赖喇嘛和地方领主的警卫，蒙藏军队统一由“乌斯藏纳里速古鲁孙等三路宣慰使司都元帅府”统领。

元朝统一西藏后，西藏藏族军人并没有单独建制，直到清乾隆时期，西藏才有正式的藏族军人建制部队。1915年，藏军虽然在武器装备，操典上仿效英国和印度，但组织管理体制仍依照元制和清典。

明朝至清朝中期的西藏军制

明朝洪武二年（1369年），朱元璋曾招降元代旧官管招兀即尔为“乌斯藏都指挥同知”，统领在藏蒙古驻军。委以管招兀即尔，班竹尔藏卜为驻军元帅，以后又委以班竹尔藏卜为乌斯藏都指挥使，将西藏原三个“宣慰使司都元帅府”，改为“乌斯藏卫指挥使司”和“朵甘卫指挥使司”。明朝中央对元代的官职名称、品秩，大都保留原状。在今西藏中部和东部分别设立“乌斯藏行都指挥使司”与“朵甘行都指挥使司”，隶属于陕西行都指挥使司，相当于行省级军区机构，兼理民政。西藏西部阿里另设置“俄力思军民元帅府”。这些机构的负责官员均由中央任命。明朝第三个皇帝明成祖（1403~1424年在位），以西藏佛教和政治合为一体，大小派别各踞一方，为有利于治理，给西藏各地宗教领袖封以“法王”、“王”、“灌顶国师”等名号。王位的继承必须经皇帝批准，遣使册封，新王才能即位。按照明代朝廷的规定，每年元旦，法王必须遣使或亲自来京参加朝贺典礼，呈递贺表贡物。对于入贡期限、来京人数、所取路途、沿途各地供应，都有具体规定。至今西藏有的喇嘛寺内还保存着当年必须朝拜的皇帝万岁牌。达赖喇嘛和班禅喇嘛两大活佛系统属于藏传佛教格鲁派。格鲁派在明代兴起，三世达赖喇嘛本是格鲁派的一个寺院的住持。明朝中央特别开例，准予他入贡，1587年（万历十五年）封赐他以“朵儿只唱”名号。明朝的军事体制与元朝的军事体制无根本变异。直至清乾隆时，西藏驻军体制才发生重大变革。

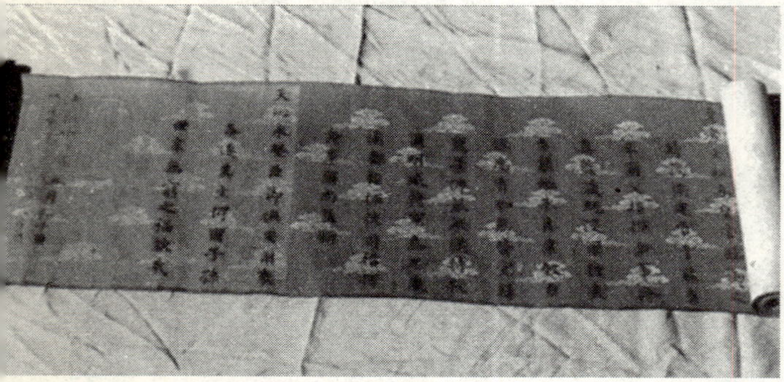

▶明成祖招降元朝旧官，管招兀即尔、班竹尔藏卜为西藏地方首领，驻守西藏边防的册文。

清世祖顺治十年（1653年），爱新觉罗·福临册封五世达赖，正式确定达赖喇嘛（满语意译为“知识的海洋”，汉语为“博学者”）的封号和政治地位，并命令固始汗派兵平息西藏各地叛乱，遣返大部分蒙古骑兵，令其退回青海游牧，留驻部分兵力，驻扎在西藏日喀则、拉萨等地。【蒙古族是仅次于汉族在西藏服役守边保国的军人。直至藏军撤销前还能从服饰上找到印记。】1713年（康熙五十二年），康熙帝册封五世班禅罗桑益喜为“班禅额尔德尼”（满语为“学识丰富的智者”汉语为“大学者”）的封号，要班禅协助驻藏大臣拉藏汗管理西藏地方事务。清雍正五年（1727年），雍正在西藏设正、副大臣二人，第一任驻藏大臣是副都统玛拉，帮办大学士僧格，同时在拉萨、日喀则留驻川陕清兵2000人，归驻藏大臣指挥，“以资镇慑”，防止西藏内变反清。又在昌都留驻滇军1000人作为“声援”，命令驻藏大臣每年带兵出防腾格里海（藏北的南木错湖），防止准噶尔部落（克什米尔）入侵。以后，为了加强西藏防务，解决兵员不足，令颇罗鼐训练藏族骑兵万人，步兵1.5万人。1732年（雍正十年），雍正皇帝告诉军机处大臣：“西藏驻扎弁兵，本为防护唐古忒，以防准噶尔贼夷侵犯，迩来贼夷大败，唐古忒兵亦较前气壮。今藏中无事，兵丁多集，米谷钱粮，虽给自内地，而唐古忒人等不免解送之劳。”根据雍正帝这一指示，清军机处遂将颇罗鼐训练的藏军1.7万人缩减到2000人，且规定三年一换。被缩减的藏族兵员成了各地领主和藏族官员的私家护卫。

有关清代军制问题，将在后面详细介绍。这里讲一个十分有趣的事，1951年10月，原西藏地方噶伦，和平解放西藏协议签订的全权代表阿沛·阿旺晋美在向达赖汇报协议签订情况时，因为到北京谈判时天气较热，他索性铰掉长辫，可回到拉萨时要按规矩行清朝礼仪，没有辫子是不行的。西藏礼仪规定：凡四品以上的官员要见达赖，头上必须都扎一个小鬏鬏，上面有个金嘎乌，身后有长辫。原西藏自治区教育厅厅长他新回忆说，当时他们找来理发师，在阿沛·阿旺晋美头发上接上黑丝线，梳成发结后才去见达赖喇嘛。更为有趣的是，1955年，中国人民解放军实行军衔制，而藏军纳入人民解放军后仍然实行品级制。改编后的藏军身后仍拖着清军的长辫。

傅清遇害及驻军叛乱发生的经过

康熙、雍正和乾隆年间，西藏地方上层统治集团内部之间多次发生内讧。乾隆十五年（1750年）藏王珠尔默特·那木札勒发动了兵变，杀害了钦差大臣和驻藏大臣，七世达赖下令逮捕了凶手。清朝政府通过这次“镇乱”，对西藏地方军政事务进行了改革。傅清是西藏清朝以来57位驻藏大臣中，唯一被害的中央级官员，傅清、傅恒都是孝贤皇后的兄弟，乾隆皇帝的舅子。因此他的遇害，直接导致了藏王制度的废除和达赖的参政意识的提高。有关西藏藏王制的废除，在清史文献和国民政府蒙委会出版的《驻藏大臣考》及牙含章所著《达赖喇嘛传》中都有比较详细的记载。

颇罗鼐为医治战争创伤，安定社会秩序，解决生产凋敝、民不聊生、经济拮据的困窘，增强地方自身的防御作战能力等，做了许多有益的事情。颇罗鼐在清朝乾隆皇帝的授意下，在拉萨北郊兴建了扎什兵营，分期操练了由骑兵1万人、步兵1.5万人组成的藏军。自此，西藏有了一支兵械较齐备，且训练有素的军队，于西藏通往准噶尔部各条道路上“严设卡隘，准噶尔自是不敢窥藏”，维护了西藏边境之安宁。他还整顿驿站，保证政令文书的传递。他按照乾隆皇帝的安排接待准噶尔部经清朝批准派来的熬茶礼佛的使团，受到清朝的嘉奖。

西藏驻军元帅“多罗郡王”颇罗鼐于乾隆十二年（1747年）逝世，乾隆命颇罗鼐的儿子珠尔墨特·那木札勒继承“郡王”爵，继续总管全藏事务。但珠尔墨特·那木札勒年幼，未必能够服众，为此乾隆皇帝极不放心。他认为：西藏驻军元帅兼任藏王势必造成军政合一而“拥兵自重”，这种藏王制度的弊端，是清廷十分担忧的，唯恐地方势力雄霸一方、危及中央政权。于是乾隆皇帝决定采取削弱藏王军政过于集中的政策，废除藏王制度。他特命传谕进藏的钦差大臣傅清“逐处留心访查，此际众人意见情形，及珠尔墨特·那木札勒袭爵办事后，各处人心输服与否，一一体访具折奏闻。”

珠尔墨特·那木扎勒是颇罗鼐的次子，曾长期带兵驻防藏北达木、腾格里湖地方，1734年（雍正十二年）清廷封其为札萨克头等台吉。1746年（乾隆十一年），清廷正式确认他作为颇罗鼐王位和未来权力的继承人，并于1747年（乾隆十二年）成为全藏的领袖人物。在父亲颇罗鼐的荫佑以及清廷的扶持下，珠尔默特·那木札勒终于得到了其父生前所拥有的权势与地位。但他并不满足，他既不要达赖喇嘛的掣肘，也不想受驻藏大臣的节制，而是希望独当一面、雄长一方。珠尔墨特·那木札勒继任“郡王”后，并未与中央保持一致，极力反对中央派驻大臣，与中央派驻西藏的大臣纪山发生了尖锐的对立，他找寻借口，攻击污蔑驻藏大臣纪山昏庸无能、擅权专横，拒绝接受驻藏大臣节制，并与七世达赖也产生矛盾。其实在珠尔默特·那木扎勒袭位之前，颇罗鼐系统的政治势力与达赖喇嘛代表的宗教势力之间便一直存在着尖锐的矛盾，在颇罗鼐晚年，达赖喇嘛便曾以诅咒方式对颇罗鼐进行过压制。珠尔默特·那木扎勒袭位后政教双方的矛盾进一步激化，珠尔默特·那木扎勒不仅拒绝达赖为其父颇罗鼐吊奠诵经，并于袭位后的次年，借口拉萨流行天花病而"奉劝"达赖离开拉萨，达赖迁宫时所用的哈达、锦缎与年俸均在克扣之列。对于清廷，珠尔默特·那木扎勒首先诱使乾隆撤走了拉萨驻军的五分之四，使驻藏大臣徒有其名，无法行使任何权威，接下来又提出对云南中甸地区的管理权归属问题。清廷对珠尔默特·那木扎勒的种种异动产生警觉，派傅清大臣到西藏协助年老的驻藏大臣纪山。经过近三年的试探，珠尔墨特·那木扎勒终于在乾隆十五年（1750年）发动了叛乱。他先派人谋杀了忠于清廷的兄长珠尔墨特·策布登及其儿子彭措旺波，又派自己的儿子达尔扎策凌接管阿里。1750年7月，他又从工布调运大批武器弹药和1500名藏军前往拉萨，封锁了与内地的邮路，武装叛乱一触即发。

清乾隆皇帝收到珠尔墨特·那木札勒上奏纪山的奏文，认为反对纪山是一种对抗行为，实际上就是反对清朝政府在藏派驻大臣，这一上奏是乾隆帝决不容许的。其实乾隆皇帝早对这藏王制心有不悦，一心想剪除这种制度。于是在给傅清进藏中的指示中作出预测："倘珠尔墨特·那木札勒不愿派大臣驻藏，藉端设计，以陷纪山，断不可忽略，以致堕其术中。"（引自《驻藏大臣考》）乾隆十四年（1749年），原任驻藏大臣纪山上奏："珠尔墨特·那木札勒性情乖张，又有疑忌达赖之心，日后恐生事端，请将伊兄珠尔墨特·策布登移取来藏，协同办事，以分其权，将达赖喇嘛移至泰宁安住"，乾隆皇帝看了这个报告后"责其不应显露形迹"。果然不出乾隆所料，乾隆十五年（1750年），珠尔墨特·那木札勒采取"先发制人"的办法，派人赴阿里将他的大哥毒死，逐走了兄子珠尔墨特·旺札勒，并吞了阿里地区。之后又诬陷后藏噶伦第巴布隆赞等，"抄没其家，戳辱颇罗鼐旧人殆尽"。乾隆皇帝接此报告后，又密谕驻藏大臣："珠尔墨特·那木札勒年幼躁急，性好生事，外貌虽依纪山教导，其实纪山转被欺蒙亦未可知，使伊本无生事之心，伊兄实行进兵来藏，是特其兄弟间互相侵犯，办事尚易；若伊兄并无此事，而伊造谣诬陷，藉端生事，则伊即为不可存留之人，速宜办理。……此事傅清务须沿途留心细访，……如有见闻，即行具奏。"

当时的四川总督策楞和副都统班第等也报告："珠尔墨特·那木札勒自立名号，潜遣其心腹坚赞札喜等通准噶尔（现克什米尔），称策旺多尔吉·那木札勒（准噶尔酋长）为汗，且求其发兵至拉达克地方，以为声援。幸值准夷内溃，所遣使人回藏被获，得其逆书并馈献诸物"，于是乾隆帝下密旨："珠尔墨特·那木札勒乖戾诡谲，留之终必生事，或乘伊与兄构兵，令四川总督策楞等带兵助战为名，相机杀戮；或俟明年章嘉呼图克图赴藏熬茶，遣川督带兵护送至彼，俟间歼除。二者孰为利便，傅清至藏可察看情形，熟筹具奏。"（引自牙含章《达赖喇嘛传》）

傅清到拉萨和驻藏大臣拉卜敦秘密商量后，随即采取了先发制人的办法，将珠尔墨特·那木札勒叫到驻藏大臣衙门的楼上，"以梧击其首，立毙"。傅清和拉卜敦二人也被护卫珠尔墨特·那木札勒的部下所杀，于是西藏在短时期内陷于混乱状态。此事发生经过，后来傅清的侄儿福康安，为他所写的双忠祠碑文记得十分详细，现摘录如下：

"傅公讳清，为康安世父，乾隆十五年公以都统奉命驻藏，左都御史拉卜敦副之。时珠尔墨特·那木札勒袭其父颇罗鼐郡王封，专藏事，多不法，公裁之，横如故。公廉其叛有迹，密疏请便宜从事，以绝后患。奏入，上以公孤悬绝域，未可轻举，命都统班第代拉公，将名正其罪以中国法。旨未至而反谋益急，广布私人，凡驻藏大臣一举动，辄侦逻之，禁邮递不得通，潜结准噶尔为外援，藏中有异己者，将尽逐之，势且延及达赖喇嘛，为雄长一方之计，公如坐待其变，事发而公必死，诱而诛之，其羽翼已成，众寡不敌，而公亦死，均之死也，毋宁变速而祸小。遂与拉公定密计，以十月十三日告其党罗布·

藏达什曰：‘召藏王来，有旨令议事’。珠尔墨特·那木札勒以公势孤，闻召不疑，亦不设备，公与拉公登楼待之，止其众于楼下，随上者四五人，公见之颜色不动如平时，引入卧室，阖户急掣佩刀砍之，中胫而仆，从者竞前，以梧击其首，立毙。罗布·藏达什在室门外闻格斗声，知祸发，抉窗跳越，告其婿第巴喇布坦等，号召贼众，须臾至，枪炮竞发，环攻之，墙高而固，不能入，贼乃积薪楼下，烈焰四起，楼焚，贼遂攀援而登，公手刃数贼，力竭自刎以殉，拉公亦在其中激战创死。”

强化中央集权乾隆以分其势

在珠尔墨特·那木札勒叛乱之前，清廷对西藏一直都采取驻兵镇守的政策。此前，驻防西藏的藏北三十九族和达木蒙古八旗官兵大约有3000名，另有辅助清军的藏族弁兵2000人。驻军元帅不仅掌握军事权力，而且通过邮路和兵站这些军控人员，也掌握了大量的物资分配权，造成了藏王兼理西藏政教的党争。政权与教权的争执清廷其实早就已经有所察觉，并开始产生了设立驻藏办事大臣的设想。此次叛乱爆发之后，清廷遂派遣内阁学士僧格与副都统马喇二人为驻藏办事大臣，以钦差大臣的身份前往拉萨督办西藏事务，并增派两千兵马供驻藏大臣调遣，这为后来驻藏大臣制度的正式建立确定了保障机制。【清廷的驻藏大臣最初设有两人，后改为办事大臣一人、帮办大臣一人，均由满、蒙重臣充任。驻藏大臣的衙署设在拉萨，通称“驻藏大臣衙门”，其属员有：理藩院司员一人，理藩院笔贴式一人，后藏及阿里、察木多（昌都）粮务各一员，藏语、廓尔喀（尼泊尔）语翻译各两员，另有游击、都司、守备、千总、把总等下属武官。】

乾隆十五年（1750年），兵部尚书傅清及驻藏大臣纪山被珠尔默特·那木札勒手下谋害以后，七世达赖格桑嘉措（1708–1757）一改在重大事件中的暧昧态度，表现出了积极参政的决心，即命令公班智达代理藏王，将杀害驻藏大臣之凶手罗布·藏达什等人捕获。因七世达赖格桑嘉措在此次平叛中表现突出，1751年（乾隆十六年）受清政府命掌管西藏地方政权，此为西藏政教合一制度的开端。

十二月，副都统班第到藏，即将叛乱经过报告乾隆皇帝，乾隆又命四川总督策楞率兵一部入藏，处理西藏善后。策楞等人抵藏后，乾隆皇帝指示："此为措置唐古忒一大机会也，若经理得宜，自可永远宁谧，否则久复别生事端，珠尔墨特·那木札勒敢怀逆志，由于地广兵强，事权专一，嗣后唐古忒应多立头目，以分其势，尔等其详议善后事宜，来一劳永逸计。"

策楞、班第等人根据乾隆皇帝这一指示，经过全面地研究以后，于乾隆十六年（1751年）三月，提出了《酌定西藏善后章程》十三条，拟对西藏军事政务进行整顿。这个奏章得到乾隆皇帝的完全同意。未交军机大臣审议，即下旨："览奏俱悉，着照所定，行该部知道。"驻藏大臣策楞，副都统班第根据西藏的具体情况，按他们所拟的善后章程，首先将珠尔默特·那木札勒的同党捕杀了多人，将藏王颇罗鼐训练的藏军2.5万余名缩减至2000名，设立代本四名（后藏三名，阿里地区一名），筹建了代本制军队，并规定了代本为保护达赖喇嘛及办理兵马事务的从四品官，在阿里地区增设代本一名，以削弱驻军元帅军权过于集中的弊端。

收编藏北三十九族和达木蒙古八旗

藏北三十九族和达木蒙古八旗原归珠尔默特·那木札勒管治，这次叛乱发生后，清军机处收编了藏北三十九族和达木蒙古八旗，划归驻藏大臣直接管辖。没收了珠尔默特·那木札勒的全部财产，以弥补驻藏兵力之不足和用于军费开支。宣布废除第巴（藏王）制，以后西藏不再设置第巴（藏王），政务由噶厦管理，直接受达赖喇嘛与驻藏大臣的领导，噶厦内部设噶伦四人，规定三俗一僧，地位平等，使其四人互相牵制，僧俗互相牵制，事权不能专于一人。在新的西藏政治格局中，驻藏办事大臣作为钦差大臣监督藏政，而地方政权则由清朝册封的四名噶伦掌握，西藏噶厦的人选推选出来后，经清廷任命后组成噶厦。

从这时开始，西藏噶厦由四位噶伦组成的做法才成为定制。这四人都不再是独当一面的地方豪强，而成为驻藏大臣的法定下属。达赖喇嘛的崇高地位依旧，但其权力只限于宗教事务。

成立译仓（军机处）。为了处理西藏军务，清政府在拉萨成立译仓（军机处），内设四大仲译，均为僧官，噶厦之一切政务公文，非经译仓（军机处）审核不得上行下达，以削弱和牵制噶厦之权力。又在布达拉宫设立僧官学校，训练各寺僧人，派出各宗替代俗官担任宗本、谷本，（相当于现在的市、县、乡镇长）或在噶厦所属各勒空（机关）中任职。所有这些措施，抬高了喇嘛，削弱了贵族，造成喇嘛和贵族之间的均势，使其互相牵制，不能“为乱”。乾隆帝又下令，禁止西藏任何官民，今后不得再与准噶尔蒙古信使来往。并命班第继续留任驻藏大臣之职，纳穆札尔继任驻藏帮办大臣。

▶图为清朝在拉萨成立的译仓（军机处）。

《酌定西藏善后章程》中的代本军制

《酌定西藏善后章程》十三条中首次提出了“代奔”，（即本文中所说的代本）这个军事武官的设置，文中规定代本为四品官员（实际为从四品，根据清吏部规定骁骑校与代本品级相当）。但是，此时的藏军仅是达赖和班禅的卫队，领主和头人的差役。这一时期的藏军编为八个佐领，头目名号称宰桑，或称台吉。乾隆认为，颇罗鼐、珠尔默特·那木札勒混行加给职衔行，于体制亦有不符，应酌定将现有之头目八人，均授为固山达名色，属下仍选择八人授为佐领，再选八人授为骁骑校，俱照例给以顶戴，递相管束，俱归驻藏钦差大臣统辖。每佐领派人10名，共80名，驻藏以备差遣，并护卫达赖喇嘛。这种体制，按照现行的军事体制比照，相当于我们现在的地方公安警察或民兵组织，其职责是维护治安并实施护卫，并且初步提出了藏军的建军思想和原则。

《酌定西藏善后章程》十三条中明确规定，代本的职责义务是：守边关卡隘、押运粮草、军械、担任达赖喇嘛和驻藏大臣及噶伦的警卫。代本犯错可和噶伦一样免去死罪。清朝政府为什么要确立“代本制”呢？其根本原因就是防止内乱。意在加强对驻藏大臣和达赖喇嘛的护卫，解决军权大于政权的弊端，使其相互制衡不得为乱。《酌定西藏善后章程》是清朝政府整顿西藏军政事务比较系统的第一个重要文献，它有三个目的：一是提高和巩固达赖喇嘛的地位与职权；二是强调驻藏大臣与达赖喇嘛地位平等；三是规定了藏军代本的职责和义务。

第二章
乾隆镇乱抚边与福康安创建代本军

廓尔喀王侵犯西藏的缘由

遗产分割导致尼王作乱。1788年（乾隆五十三年），中国西藏与廓尔喀之间发生了一件大事。什么事呢？这就是清乾隆年间著名的平定廓尔喀战役。当时，在我国后藏边境有个叫聂拉木的地方，它是尼泊尔与中国西藏地方进行商贸的一个口岸。尼泊尔（原清朝附属国，清史称廓尔喀，都城阳布——现称加德满都）系位于喜马拉雅山南麓的内陆山国，北邻中国西藏，其余三面与印度、锡金接壤。中国与尼泊尔自古以来有着悠久的友好关系。乾隆初年，巴勒布（阳布、库库穆、叶楞三部，藏语称之为巴勒布）的三个土邦（叶楞、雅木布、库库穆）之间互相争夺，交恶不已，驻藏大臣奕禄派当时主持噶伦事务的贝勒颇罗鼐（即多罗郡王）前往调停，宣扬乾隆皇帝的威德。三个土邦和好相处，并共同向清廷进贡。

18世纪中叶，英国殖民势力开始向我国西藏藩属进行蚕食扩张，廓尔喀土邦日益强大，吞并了这三个土邦，推翻了原先的马拉王朝，建立起新的廓尔喀王朝。由于廓尔喀王崇尚武力，对外扩张，把原先的中国西藏与尼泊尔的友好睦邻关系，视为敌对紧张关系所代替。1788年，英东印度公司即利用中国西藏与廓尔喀矛盾的这一时机，积极招募训练廓尔喀士兵，支援枪械积极怂恿尼王出兵，受英人的怂恿和枪械的支持，导致藏廓战争的导火索从这个口岸点燃。杨揆在《廓尔喀纳降纪事》中记叙“犬牙壤地莫相侵”的诗句所概括的历史内容，就是指发生于1788年“西藏与廓尔喀因边贸械斗而交战”的史实。【杨揆：清未著名边塞诗人，乾隆二十七年（1762年）生，病故于嘉庆九年（1804年）。南巡召试举人，曾担任《四库全书》分撰，官至二品，四川布政使，著有《桐华馆卫藏诗稿》、撰序文《平定廓尔喀功德林碑赞》。】在这一年交战前夕，西藏政府所派出的税官，增加了对尼泊尔人的课税数目。这一增税，立即引起尼泊尔商人的强烈不满，尼商与税官发生械斗，他们杀死西藏税官，并将关卡焚毁。尼泊尔王乘机派出尼军头目苏尔巴达布出兵西藏，以维护尼商利益为借口，占领了西藏的济咙、聂拉木、宗喀等三个地方，驻扎在山口守隘藏兵遇到尼军进犯，点燃烽火台狼烟报警，然后策马飞奔向日喀则清军汇报。驻日喀则游击都司急令驻藏官兵迅速阻击。

一个尼泊尔王为什么有如此胆量，敢与清朝政府作对？我从文献中查出了尼王侵犯西藏的真正原因：廓尔喀入侵西藏，与噶玛噶举派红帽十世活佛沙玛尔巴（却朱嘉措）的挑唆有直接关联。到底是什么原因促使他敢犯上作乱，这还得从八年前六世班禅巴丹益西在北京圆寂说起。缘起可追溯到1780年（乾隆四十五年）六世班禅赴内地觐见祝嘏事（为乾隆皇帝七十做寿）。当时，乾隆皇帝对班禅首次朝觐予以了热烈的欢迎，赏赐了大量的珍贵物品和金银。仅据清廷军机处两份档案所载，七月二十一日乾隆帝于避暑山庄首次接见六世班禅时，“赏三十两重金曼达一个、三十两重银曼达一个、金座磁把碗一件、金盒一件、金碟一件、金香炉一件、玻璃碗十件、玻璃盘十件、玻璃瓶十件、瓷碗十件、磁盘十件、瓷瓶十件、玉鞍一副、哈达五百方”。“奉旨加赏：由内务府交出黄金五百两（系第二次追加赏赐）、绣珠九龙袍一件、大卷八尺边幅丝缎九匹、经一份、绣佛像三轴、经衣二件、铁镀金钵一件、仿古螭鹿金樽一对、嵌松石金盒五件、青玉盖碗一件、铜绦丝珐琅把碗二件、雕漆圆盒一对，鼻烟四瓶、洋花缎二十匹、海龙皮九张、黑狐皮九张、黑豹皮九张、银鼠皮一千张、灰鼠皮一千张、羊皮一千张。”四天后，第一次筵宴，乾隆皇帝又赏班禅额尔德尼，嵌东海珍珠等衣一份（计八件，珠十八颗）、各色缎五十匹、哈达二十方、玻璃碗十件、玻璃盘十件、玻璃瓶十件、金五百两、银一万两、头等雕鞍一副，并加赏黄缂丝锦上添花龙袍料一件。在皇帝厚赏的带动下，王公大臣对六世班禅的赠馈亦甚多。

1780年（乾隆四十五年），六世班禅巴丹益西在北京病逝，六世班禅圆寂后，皇帝的专门赏赉和王公大臣敬献的大量赙仪，以及收取蒙古各地的布施，据统计价值“总计不下百余万”两银。然而，这批财物都被六世班禅同父异母之兄，代管扎什伦布寺的仲巴呼图克图——罗桑金巴据为私有，他竟以教派不同为由，未分给六世班禅之弟沙玛尔巴。于是沙玛尔巴一怒之下，借朝塔之名，前往尼泊尔，煽动廓尔喀王入侵后藏，抢劫扎什伦布寺。

二哥仲巴呼图克图的私心，促使小弟沙玛尔巴潜赴尼泊尔，与姐夫尼王密谋夺回这笔财产。这一年的秋天，尼泊尔王坐在殿上，侍卫报：“沙玛尔巴活佛求见”。沙玛尔巴告之尼泊尔王“我大哥赴京，乾隆皇帝和王公大臣给他很多金银，大哥病故，二哥仲巴呼图克图把他据为私有，你作为姐夫难道也不管一管，现藏内兵力空虚，扎什伦布寺毫无防范，寺内金银很多，我们可以去把它抢回来”。尼泊尔王诡秘地说“此事要从长计议”。（藏民族遗产继承传男不传女，引自《西藏风土志》。）

八年后，尼泊尔王乘西藏所派税官，增加对尼泊尔商人的课税数目，借口“盐掺杂质”、“妄增课税”，引起尼泊尔商人强烈不满发生械斗为由，在英人的纵容和枪械支持下，派尼军头目苏尔巴达布出兵西藏，侵占了聂拉木、宗喀、济咙等地方。

乾隆皇帝接到烽火专报，特别命令自己的御前侍卫巴忠为钦差大臣，授令理藩院侍郎“驰驿赴藏查办”赴藏主持用兵。即派成都将军鄂辉、副都统佛智、四川提督成德、总兵官穆克登阿等人率满汉土屯各营官兵3000人，由康定出发；又命四川总督李世杰驻扎康定，督催运解粮饷及调派官兵事务；又派布政使王站柱、按察使和琳（后任兵部尚书、西藏驻藏大臣）在成都筹办起运军饷火药、分派各兵站粮草兵员事务。1788年（乾隆五十三年）冬，清军集中拉萨。尼泊尔王闻讯，即通过班禅的小弟沙玛尔巴（红帽活佛）请求讲和。达赖喇嘛、仲巴呼图克图和噶伦班第达、庆麟、雅满泰等同意私下与廓尔喀和解。西藏地方政府派出噶伦丹津班珠尔同往边境谈判，即廓尔喀方面答允退还所占地方，由西藏噶厦（西藏地方）每年向廓尔喀交纳元宝300锭，作为聂拉木、济咙宗、宗喀宗三地的赎金，廓尔喀退兵。驻藏大臣和噶厦代表答允给廓尔喀方面每年元宝300锭（折合白银9600两）作为赔偿，为期三年，并写了一张字据。此事八世达赖和噶厦并不同意。乾隆五十四年（1789年）初，巴忠派总兵官穆克登阿日夜兼程奔赴藏廓边境之时，西藏地方政府和廓尔喀已达成并签订协议，此事巴忠、雅满泰等隐瞒实情并没上报。为了平息事态，巴忠、鄂辉、成德等反而赞同，《西藏图考》评价此事为“巴忠等人调停贿和，未交一兵而縻饷百万。作出了将就了事，贪功邀赏”的决定。

作为钦差大臣的巴忠，当时向乾隆皇帝报告：“已将聂拉木、宗喀、济咙等地方次第收复，”并报拟将聂拉木第巴（藏王）发往烟瘴地方充军，日喀则宗本、济咙第巴（藏王）各枷号一月，“奏凯班师”……【摘自《西藏大臣考》，及牙含章所著《达赖喇嘛传》】

巴忠隐患与鄂辉成德违令

巴忠议和虽然平息了事态，但却给西藏地方政府留下了隐患。三年后，即乾隆五十六年（1791年）六月，廓尔喀人以藏方应按约定期限付银为由，出兵千余，再次侵略西藏，夺占聂拉木。八月初，尼军向西藏发动进攻。一路由济咙进入，围攻宗喀通拉山卡，遇到川清军教官陈谟、潘占魁等率400名藏兵顽强抵抗，尼军久攻不下后，退回济咙。一路由乌咙入侵，滋扰定结。不久，入侵聂拉木的尼军逐渐增至千余人，抢占定日。济仲喇嘛噶冲带领藏兵退守胁噶尔，八月二十日，西藏地方派出噶伦丹津·班珠尔和代本宇妥，作为西藏地方官员和边塞驻军代表，前去边境与廓尔喀人谈判。同日，尼王拿着驻藏大臣和噶厦代表答允给廓尔喀方面每年元宝300锭，为期三年的赔偿字据，要西藏方面兑付。西藏地方噶伦丹津·班珠尔和代本宇妥二人，以此事当时八世达赖和噶厦并没有同意为由拒绝了尼王。哪知廓尔喀王以接待为名要诈，将谈判代表掳到廓尔喀境内扣为人质。此次尼王摆出一副“来者不善，善者不来”的姿态，拉开架式，将他上万名军队分为两路夹击围攻日喀则，把他的怨气直接对准他的二哥仲巴呼图克图，实施武装抢劫。

乾隆五十六年（1791年）八月二十一日，尼军开始攻打扎什伦布寺，年仅11岁的七世班禅丹贝尼玛移居拉萨。当时主持扎什伦布寺六世班禅的哥哥仲巴呼图克图和札萨喇嘛闻讯妹夫来抢财宝后，急忙于头天晚上带了贵重金银器物先期逃走。留守的济仲喇嘛面对尼军的进犯，慌忙占卜问卦，最后得出逃走的结论。他还与札仓的堪布一道对大家说“决不能与贼决战”，致使当地僧俗官民纷纷逃避，只剩下驻防日喀则清军都司汉军120人固守日喀则宗山城堡，他们坚守了17昼夜，进行顽强殊死的保卫，终因弹尽粮绝，最后战斗仅剩守城伤兵王刚、宗本塘迈。尼军攻入城堡后，宗本塘迈、汉兵王刚被俘。尼军攻占日喀则扎什伦布寺后，掠夺了大批金银财宝，将扎什伦布寺所有财物、金银、粮食洗劫一空，其中有贵重的康熙帝册封五世班禅的金册12页，后藏大批牛羊被掠。为此，全藏大震，驻藏大臣庆麟、八世达赖闻讯，派专人八百里加急火速策马（轮换）飞奔向清廷告急。

九月，另一路尼军3000余人由兴萨开进，夺占定结。面对尼军的疯狂入侵，十月十二日，都司严廷良率藏兵、汉军及蒙古达木兵700余名，连打三仗，于十一月初收复定结。

十月，朝廷接到十万火急奏报。乾隆皇帝看到军机处送来的奏折，感到十分气愤，龙颜大怒，这尼泊尔还真了得！居然把老祖宗册封班禅的金册也抢了去。是月，乾隆皇帝命黑龙江将军都尔嘉在索伦（鄂伦春、鄂温克）、达呼尔（今达斡尔）兵丁内挑选1000人，齐赴京师。此时的巴忠正在避暑山庄护驾，得知后藏又出大乱，未等乾隆下令追查事因，便在家中畏罪自杀。四川总督鄂辉、成都将军成德等借此机会把罪责全部推给巴忠一人，仍骗得朝廷信任，得令率领清川军（汉）4000人进剿。由打箭炉（即康定）前往西藏，进剿抗御入侵者。

可是两个月过去了，鄂辉和成德领兵才兵抵打箭炉，是出于对高寒极地作战的胆怯？还是惮于用兵太少或后勤保障的难度？此时总督鄂辉借故身体虚弱，不适西域气候，成德将军又纳妾新婚，上奏按程缓进，并以粮草不足，气候恶劣行军困难等理由告知清廷。乾隆对此次用兵十分关切，下诏询问鄂辉和成德领兵到了什么地方，臣下说已抵达打箭炉。乾隆皇帝十分恼怒地说："知二人并行不悖，着令嘉勇公福康安为大将军，超勇公海蓝察为参赞大臣，派满洲骁勇善战的索伦兵2000人，从西宁出发进藏，派金川土屯兵（羌藏）5000人，清川（汉）兵3000人，从康定出发，并藏内官兵3000人，迅速开往前线。"次日，乾隆皇帝又命令四川总督孙士毅负责由四川到昌都的粮饷的筹划和运输，驻藏大臣和琳负责由昌都到前后藏的粮饷转运，青海总督惠龄负责由后藏到尼泊尔前线的转运和供给，将办事不力的鄂辉、成德二人革职处分，鉴于他们两人根据福康安命令新造大炮有功，加以上次他俩几次领兵到过西藏，熟悉地理、人文等情况，乾隆仍命他俩"军前效力，戴罪立功"。

这次边蕃动乱，引发了清朝政府对西藏的第五次用兵。乾隆皇帝痛下决心，拟将西藏政务和军事进行一次彻底整顿，派遣清朝从一品大学士一等嘉勇公福康安为大将军，对西藏边藩尼王进行慑服。清乾隆进行的这场征剿廓尔喀的战争，前后持续一年有余，战争直接动用兵力1.8万多名。其中有能征善战的索伦兵，有黑龙江将军都尔嘉在索伦（今鄂伦春、鄂温克）、达呼尔（今达斡尔）的兵丁，超勇公海蓝察为参赞大臣，满洲骁勇善战的索伦兵，有四川总督鄂辉、成都将军率领的金川土屯兵，清驻藏川（汉）兵和藏内官兵。据统计，当时奉调进藏的将军、总督等大员就有六七人，领兵勇将多至数百

▶图为廓尔喀战役中的藏军代本。

名，动员民夫竟数以十万计。以动用物力而论，各地调拨军饷先后共计600余万两，仅西藏筹粮就在10万石以上。达赖和班禅为配合清军作战，分别在拉萨大昭寺、日喀则扎什仑布寺为出征的藏族步骑兵摸顶祝福。西藏摄政王，商上（分管财粮的机关）动员了上万名藏族青壮年男女民工支前。

福康安临危受命平定骚乱

巴忠畏罪自杀，鄂辉和成德办事不力，乾隆不得不动用他的王牌，命令其外侄福康安率大军务必40天火速到达拉萨。清史载有乾隆当着众大臣诏谓：“康安（福康安）能克阳布，俘拉特·纳巴都尔、巴都尔萨，当酬以王爵……”【阳布，即廓尔喀都城；现尼泊尔首都——加德满都。拉特·纳巴都尔等，其人名也。】

平定廓尔喀（尼泊尔）的这场征战，是清朝政府反侵略战争的光辉一页。打出了国威，也打出了军威。这场战役，打得非常漂亮，打败了拥有洋枪洋炮英式武装，号称“山地之旅廓尔喀勇士”不可战胜的神话。福康安在这次战斗中，亲临绝域，冒雨步战，手足胼胝，七战七捷，迫使尼泊尔王无条件投降。有关战役过程，清代史料和西藏地方文献均有记载。《清史稿·高宗本纪六》记载：“乾隆五十六年十一月，高宗命福康安为将军，仍以海蓝察为参赞大臣，督师讨之。……”这是清朝政府规模最大的一次御外镇乱的反侵略战役。

福康安将军昼夜兼程如期赶到了拉萨，开始了平定廓尔喀骚乱。“在拉萨冲赛康兵营，福康安大将传令：‘我军主力从日喀则经宗喀、济咙、直向廓尔喀腹地进攻，令成德带兵一部向聂拉木进攻，作为配合，令阿沛仁青带领藏族骑兵从帕克里向宗木进攻，收复被廓尔喀人占据宗木之地，’同时又传檄布派信使通知鲁克巴（现今的不丹）、锡金、印度王，要他们出兵助战，起到牵制作用。”（引自《达赖喇嘛传》）

1792年（乾隆五十七年）春，福康安率主力从第里浪古进兵，五月攻克擦木，十五日攻克藏尼边境上的热索桥，成德等一部也同时收复聂拉木，攻克木萨桥。至此，侵略西藏的尼军全部逐出西藏。清军和藏族骑兵、步兵进抵廓尔喀边界。阿沛仁青率领的藏族骑兵阻断尼军后路，活捉尼军大头目咱玛达·阿尔曾萨野。

此时的加德满都，廓尔喀（尼泊尔）王拉纳·巴哈都尔获知大将咱玛达·阿尔曾萨野被擒，慌忙命尼军释放汉兵王刚、宗本塘迈，以求交换尼军头目，并请带上他的求和信派吏求见福康安将军。福康安严词拒绝，派人接回被俘的汉兵王刚、宗本塘迈，把信撕掉说“同贼寇凶顽，没有讲和的余地”，命令都统台斐英阿、副都统阿满泰、侍卫墨尔根保和英贵传令直捣尼泊尔王贼巢。清军抵达布鲁调卡，尼兵凭河据守。雨夜，清军将士扎筏渡河，焚毁尼军木楼碉堡五座，大军直向加德满都前进，尼军在噶勒垃堆补木顽强拒守，尼军占据山口有利地形，清军都统台斐英阿、副都统阿满泰、御前侍卫墨尔根保和英贵等将领反复攻打山口，激战数日，不幸相继阵亡，清军死伤近千人，血流成河，终于攻下山口。经过这一场血战之后，福康安命令清军逼近加德满都，廓尔喀（尼泊尔）首都。满、藏、汉、回、蒙军队义无反顾，直捣贼巢，看到清军即将打到自己的老巢，廓（尼）王拉纳·巴哈都尔于七月八日，又派大头人向福康安将军帐前乞降，并加送从前西藏与廓尔喀订立之条约（即西藏允给廓尔喀三年内赔偿白银900锭的文据），送回了从前在扎什伦布抢掠的贵重物品，内有康熙册封五世班禅的金册12页。尼王还下令将沙玛尔巴毒死，送交来沙玛尔巴的尸骨。福康安仍不答应，命大军向廓尔喀境内纵深挺进，直捣阳布（加德满都），直至迫使廓王彻底认罪无条件投降，交出全部财物和人质。

乾隆五十七年（1792年）七月二十五日廓尔喀王呈禀彻底认罪，交出了所抢掠财物和人质，输诚纳贡。杨揆在诗中写到了这一史事，他记叙：这年秋天，我随征剿大军凯旋至后藏时，见到扎什伦布寺掠窃之物，“钞掠归人尤感激，佛天重见泪盈襟”。并在《扎什伦布》诗中吟咏：“虚无不动庄严相，钞盗偏空布施金。过眼前尘还恐怖，护持终仗帝恩深。”诗中加注了“前藏噶伦丹津·班珠尔，于济咙被掠而去，至是始归。”

痛失副将的福康安原计划是要攻占加德满都的，但廓尔喀王已彻底放弃抵抗，上表求和之诚，将丹津·班珠尔、宇妥等人放回，又将沙玛尔巴的妻子策旺拉昌及其女儿策旺产珠献给清军，并提出“此后永远不敢侵犯边界，不敢如上次投诚又有反复，……兹特派办事噶箕第乌达特塔巴进京……恭赍表文，代躬叩见大皇帝天颜，并虔备乐工及训象、番马，并方物等件，……嗣后恳请五年一贡，每次派噶箕一名，恭赍进京”。鉴于以上情况，加之后勤保障、气候条件等原因，这时福康安才决定撤军。

清军攻抵加德满都附近时，已届深秋，福康安向乾隆皇帝提出：“藏地边界雪泽最早，如宗喀通拉山等处，常年八九月间即已大雪封山，今年节气变更较早，已交秋令十余日，总须赶封山以前藏事撤兵，不能久稽时日。”乾隆皇帝接此报告后乃指示福康安：“即可趁畏惧哀恳，传旨允准，将其紧要头人带回进京瞻见，具表纳贡，虽系下策，但为气候所限，亦不得不如此办理。”清军之所以未能按原定计划攻占加德满都，除了福康安所奏的气候外，还有一个很大的困难是运输和给养的问题。

西藏路途遥远，羊肠小道，崎岖山路。所谓道路，只能走人畜。有的地方可以说得“自寻出路”。较窄的河流上有木桥或索桥，较宽的河流则需乘牛皮船。福康安仅从成都到拉萨就要走5000多里。这比在四川只走栈道的木板要复杂、困难、惊险得多。这与李白惊嘘的“蜀道之难”的栈道，不仅相比甚微，而且其里程也不过是它的零头。据现国家测绘局统计：西藏平均海拔在4000~7000米以上的山峰有50多座，仅8000米以上的山峰就有11座，许多路段在雪线以上。有一首早已流传的西藏民谣，形容那里一年四季的交通状况说：“正二三，雪封山；四五六，淋破头；七八九，正好走；十冬腊，学狗爬。”而福康安率兵进军的时间正是在农历三月，可见当时行军之难可想而知。况且沿途人烟稀少。行百里不见一人是常有的事。“千山鸟飞尽，万径人踪灭”。在那无车道，要动用战车大炮去平定廓尔喀，我一直思考着一个神奇的谜题，福康安是怎样把新造的14门大炮从打箭炉（康定）运到拉萨的！

气候恶劣是不利福康安进兵的又一困扰。空气稀薄，西藏空气含氧量仅占内陆盆地的三分之一，因此初到高原的人会感到呼吸困难，心动加速，口干舌燥，头痛头昏。因为高寒，西藏不少山上终年积雪，年平均气温很低。风大、水冰、雹多。在藏区有许多地段，借宿无处，做饭无柴，并且吃夹生饭的事常有（因西藏气压低，水在80℃就达到沸点，手伸入其中都不会烫伤）。紫外线很强，可晒得人脸上直蜕皮。有关此次行军的难度，随军幕僚杨揆（相当于现今随军记者）在这次征战中，对西藏的许多地方作了深刻描述，不少诗作中记载了行路之难，如写寒冷的有：“冻云压岭烘不化，漫空五色堆琉璃”，“严霜封马毛如胶”，“征人下马色死灰，重裘压肌如纸薄”；写风的有“石飞风力健”，“狂飙一倒吹，万牛尽回首”；写路况的有：“行旅惨不前，十步九颠覆，勇上未盈尺，陡落千丈溜”，“拄杖三叹息，谁为收惊魂！”我们可以从杨揆的诗中了解到平定尼泊尔这次战役历史原貌和这场征战的艰辛！

根据《卫藏通志》记载，自济咙至廓尔喀境内约700里的道路，系行走于喜马拉雅山腰，牲畜根本不能驮载，完全依靠人力背运。这次征讨过程中，虽然清军在后藏集中了民夫万余人担任背运，但廓尔喀人在撤退之时，沿途实行清野空舍，清军深入廓境益深，则给养军火补给越加困难，这也是当时迅速撤兵的一个重要因素。

清乾隆五十七年（1792年）农历八月二十八日，福康安接受了廓尔喀国王的投降，停止进兵。廓王即派大臣携大批牛、羊、猪、米、酒、果前来慰劳清军。九月初四，清军全部由廓尔喀境内撤出，退回济咙。大军凯旋，福康安立纪功碑于大昭寺前，命杨揆作纪功碑文，碑文成，杨揆并赋一绝：“玉勒雕鞍金僕姑，纷纷名姓上麟图，他年倘有词人到，能访寒陵片石无。”【金僕姑：箭名。《左传》庄公十一年，公以金僕姑射南宫长万。】

乾隆皇帝全面整饬西藏事务

此次廓尔喀犯藏，也不完全归罪于尼方，西藏政教体制上也暴露出许多弊端。驻军元帅拥兵自重，暗杀驻藏大臣，边藩两次受到英殖民统治者的侵扰，驻藏大臣能力太弱，摄政王专权、达赖年幼等等问题突出。一是西藏地方政府的极端腐朽性，内讧纷争不息而又没有能力防止外来的侵略；二是地方政治体制仍不够健全，驻藏大臣与达赖、班禅以及噶厦之间的相互关系及职权范围，并不十分明确，其他各项政治、军事、财政、宗教、外事制度等也存在不少弊端。针对这种情况，清政府决心大力整顿，改革西藏的政治与宗教制度。其实乾隆早有整饬之意，乾隆五十七年（1792年）乾隆在八月二十七日，给福康安的指示中说："向来大臣内才堪办事之人，多留京供职，其从前派往驻藏办事，多系中材谨饬之员，该大臣等前往居住，不过迁延岁月，冀图班满回京，是以藏中诸事，任听达赖喇嘛及噶伦等率意径行，大臣等不但不能照管，亦并不预闻，是驻藏大臣竟成虚设。嗣后藏中诸事，皆当隶驻藏大臣管束料理，……不得仍前任听达赖喇嘛、噶伦等专擅"。十一月，福康安给乾隆皇帝奏请推荐随军出征的工部尚书和琳为驻藏大臣，并在其奏折内说明："嗣后驻藏大臣督办藏内事务，应与达赖喇嘛，分系属员，事无大小，均应禀驻藏大臣办理，以肃纪纲。至札什伦布诸务，现因班禅额尔德尼年幼，系岁本堪布代管，凡遇一切公事，亦令一体禀知驻藏大臣办理，……庶卫藏事权归一。"乾隆皇帝应允并指示驻藏大臣："对于达赖喇嘛，不可过于崇奉，俾擅事权；亦不可轻露轻忽，致失众望，务须留心体察，处置得宜。尔等撤军后，必当妥立章程"。于是，杨揆在福康安等人的授意下，起草处理西藏善后十八项意见。【《清史稿·列传·第一百一十七·福康安》中记载："乾隆五十七年，康安上书善后十八事"。】

福康安根据乾隆帝指示，在经过扎什伦布寺时，即向七世班禅表示："藏内办事之人，不知计虑深远，一切章程未能周妥，若不革除积弊，终非经久之策，俟至前藏时，会同驻藏大臣逐一筹议，兴利除弊，请大皇帝训示，俟奏定后，再当寄知班禅额尔德尼，谕后藏僧俗人等一一奉行，永远遵守。”福康安到拉萨后又向八世达赖强白嘉措提出：“此次官兵远来剿贼，全为保护卫藏僧俗起见，今贼匪输诚服罪，固可永无反复，惟藏中事务向来毫无制度，达赖喇嘛惟知坐静安禅，不能深知外事，噶伦等随时任意舞弊，有事又不能抵御，必当更定一切章程，俾知遵守，今蒙大皇帝训谕周详，逐加指示，交本大将军等详细筹议，以期经久无弊，藏番永资乐利，达赖喇嘛既知感戴圣恩，将来定议时自当敬谨遵依办理，倘或狃于积习，则撤兵后大皇帝即将驻藏大臣及官兵等概行撤回，以后纵遇有事故，天朝亦不复管理，祸福利害，孰重孰轻，惟听自择。”八世达赖强白嘉措当即答称：“卫藏诸事上烦大皇帝天心，立定法制，垂之久远，我及僧番众感切难言，何敢稍有违拗，将来立定章程，惟有同驻藏大臣督率噶伦及番众等警谨遵照，事事实力奉行，自必于藏地大有裨益，我亦受益无穷。”【引自《卫藏通志》】

福康安创建中国藏军的历史意义

《钦定藏内善后章程》体现了清朝政府强化中央集权，镇慑内乱，安定边疆，维护国家主权，捍卫国家统一，是清朝中央政府总结元朝以来历代王朝对西藏治理的经验，行使对西藏完全主权而制定的一部重要的法律文献。研究它，具有重大的历史意义和现实意义，章程中明确了代本军为国家正规军。它标志着中国清朝军队又增设了一支以藏民族为主的国防武装，为巩固西南边防，防御外敌入侵，镇慑内乱，安定西藏社会秩序起到了良好的作用。

一、避免劳师远役，解决兵员不足的问题。由于先前驻扎西藏戍边的将士几乎是满、汉、回、蒙、鲜卑族等民族兵员。他们长期生长在平原，初到高原面临着水土不服，高寒缺氧，紫外线照射，缺乏维生素，风沙等一系列极地生存条件的困扰。多少年来，清军将士和官员不得不三五年轮换一次，非战斗减员相当严重。说来也蹊跷，这次活捉特纳巴尔、巴都尔·萨野的人，不是清兵，也不是汉兵，却是藏兵头领阿沛仁青代本。有关阿沛仁青的资料，我无法考证，但正是他率领藏兵抄后路将尼军头目活捉的。清军通过这次进剿廓尔喀犯藏，福康安大将军对骁勇善战的唐古忒士兵十分赞赏，尤其是对阿沛仁青这样的将领备加欣赏，由此引发他的感叹，能否将骁勇善战的藏兵，经过正规训练组建成一支军队，担任西藏戍边任务。一来节俭军饷粮秣之困，二来又解决了兵员高原极地生存条件的问题。他发现在此战斗中，藏军（代本）虽然是辅助清军作战，但阿沛仁青所率领的藏族骑兵神速地阻断了尼军后路，活捉尼军大头目咱玛达·阿尔曾萨野，迫使尼军侵藏部队全部被歼。福康安发现番兵（藏族军士）特点为，高原生长，多数出身于农牧民，生活以食牛羊酥油等而体健力强，能吃苦耐劳；行军作战中一切常用品均装于怀内，多数不住帐篷，利用野外凸凹、洞穴、树林遮蔽物露营，吃饭无定时，简易地形熟悉，单兵技能较好，擅长骑射。进攻时，往往凭自身地形道路熟悉，运动速度快，施以奔袭为其惯用战法，再者偷袭围困，诱敌入伏等战法亦长使用。防御时，多凭险要地形、河流、森林、峡谷、悬崖等设伏，放置滚木、石块，以火力杀伤敌人。这在冷兵器时代，有这样良好素质的军人，是这位身经百战的清军统帅求之不得的人才。而清军在攻打尼军在噶勒拉堆补木山口时，尼军占据山口有利地形顽强拒守，清军都统台斐英阿、副都统阿满泰、御前侍卫墨尔根保和墨尔英贵等将领反复攻打山口，激战数日，不幸相继阵亡，清军死伤近千人，血流成河，终于攻下山口。从这次战斗的艰难困苦和血的教训中，福康安深知，没有良好身体素质的军人是无法适应高寒极地生存的，何况是军人戍边！

藏兵在高原作战的神勇，颇得福康安赏识，此藏军成为正规军后，川番兵（藏兵）头领刘正祥、王保等也分别委以藏军代本职衔。这里需特别提请大家注意的是，福康安在对待阿沛仁青的封赏问题上，对阿沛仁青的提拔可以说是破格的，奖励（将侍女赐给了他）也是独特的。1792年（乾隆五十七年）十一月，一支以藏民族为主的军队在拉萨组建。驻藏大臣和琳宣读命令，颁布代本的免死牌，并和达赖、班禅、西藏官员、驻藏官员一道校点藏军。在拉萨龙王潭树功德林碑，记载这次平定尼泊尔侵犯勇士们的功绩。

二、镇慑内乱，抵御外侵，乾隆亲自参加创建代本军议事。西藏驻军历朝历代为中央派驻，西藏本地的藏族军人在此之前是辅助军制，相当于现今地方民兵组织，并未纳入朝廷吃皇粮。虽然乾隆十六年（1751年）三月提出的“酌定西藏善后章程”十三条，对西藏军事政务进行了整顿，提高和巩固了达赖喇嘛的地位与职权；强调了驻藏大臣与达赖喇嘛地位平等；规定了藏军代本的职责和义务，藏军代本也列入了清朝武官从四品级衔，但其待遇、着装、驻防地、武器、升擢、奖惩制度等均未明确，充其量算作现行的一种常备预备役组织。

平定廓尔喀后，清军增加了国防力量的配备，扩充了“代本”军制。众所周知，清军中有以蒙满为主的“八旗军”，也有以汉回为主的“绿营兵”，然而我认为，还有一种军制被许多学者忽略，这就是清军“代本制”军团的成立。西藏原有藏兵1600人，台站兵1300人，四川番兵1200人。这些藏族兵员通过廓尔喀战役的洗礼，具备了良好的军人素质，成为了极地高寒作战戍边的勇士。福康安认为，能将这支部队纳入国家边防武装的有生力量，对保卫西藏意义重大。《清史稿·列传·正史第一百一十七》中记载：“乾隆五十七年，康安上书善后十八事，乾隆昭允：尔等撤军后，必当妥立章程”。因此福康安在奏请乾隆皇帝的十八项措施中，重点谈到了组建代本军制的问题。“习成事、除刁民、抗外侵、速邮政、保皇权”被福康安列为重要的上奏内容。镇慑内乱，抵御外侵是福康安创建代本军的核心内容。

藏族军人是否编入了国家边防军序列这一史实，我从《清高宗本纪》中找出印证，并从《钦定藏内善后章程》中得到核实。福康安向乾隆皇帝呈报的内容都围绕着一个核心，创建“代本军”问题。其中与军队有关的内容，在整个《钦定藏内善后章程》二十九条中占了几乎2/3。为了体现清朝扶持佛教，藏族兵员还有一个特殊任务，即担任达赖和班禅额尔德尼的警卫。有关组建藏军问题，乾隆亲自参加了讨论。《清高宗本纪六》中记载：乾隆五十七年“十二月庚午，定唐古忒番兵训练事宜。”这说明乾隆是高度重视藏军组建的，就连藏军的训练也要亲自过问。为此，我认为福康安与达赖、班禅及管理西藏商上（分管财粮的机关）后勤事务的呼图克图共同商议的内容，就是创建中国清制第三军制“代本”军团的报告。由于福康安十分重视国家边防建设，中国历史上的第一支以藏族武装为主体的“代本”制军队，经乾隆钦定写进了《钦定藏内善后章程》二十九条，给予了编制定额，并明确了职责和义务——镇乱抚边。

《钦定藏内善后章程》不仅是经乾隆批准的治理西藏的重要文件，也是福康安创建中国清朝第三军制“代本”军团重要的批文。由此，创建藏军成为福康安一生中的闪光亮点。乾隆称赞他（得以钜功），给予了中国历朝以来首次给予大臣的天下颁昭。

三、福康安创建代本军具有深远的历史意义和现实意义。这次藏军的整编，纳入国防体制，配属的武器是相当精良的，完全是按清军精锐部队来创建的。与其他清军建制部队相比，除了福康安的部队外，很少见到游击都司这级（军队师级单位）有配备大炮和火枪的，可是在藏军中有50%的军人使用了火枪，并配备14门新式火炮（俗称劈山大炮）。为此我们可以说福康安奠定了西藏从冷兵器向热兵器的过渡基础。

▶图为1792年福康安创建的“中国藏军”，中国清朝政府第三军制部队。

西藏藏族正规军成立后，由原来主要防御藏北的准廓尔（克什米尔）及西南的廓尔喀（尼泊尔）侵犯，由驻防羊八井、黑河一线及定日、聂拉木改驻以定日、江孜为主要防区，防止英、印军队入侵。因江孜、定日为进入西藏腹心的要道地区，故清朝政府派重兵把守。克隆、聂拉木等地则以巡视而不驻兵。藏军驻拉萨、日喀则各1000名，以防西藏内变反清。

福康安创建的中国藏军“代本”部队，成为中国历史上的第一支藏族代本武装。福康安的军事改革不仅为后世军事改良提供了法律依据，也确保了西南边疆86年的太平。研究它，具有重要的历史意义和现实意义。

藏军品级职衔迁擢及待遇。藏军纳入正规军后，代本级军官的地位得到了提高，待遇与清军中的骁骑校相同。代本身穿黄缎子官服和马褂、腰间系缀银丝、金丝缎镶边的罩裙，头戴顶花翎官帽和玉翠垂耳的金耳环，脚着红色朝靴。如本身穿紫袍和棕色红马褂，头戴顶花翎官帽，戴耳环并梳相应的发式。甲本身穿紫色长袍和棕色马褂蓝色

▶图为西藏地方政府三品级以上文武官员，摄于1923年。

罩裙，头戴海螺顶帽，脚着绒面黑鞋，也戴耳环和梳相应的头饰，各级军官腰挂佩刀、弓箭。士兵身穿紫色氆氇长袍，腰扎绸缎紫带，上罩青布马褂，下系黑色绒罩裙，头上托着清式发辫、头戴蒙古帽，脚着长皮鞋靴。福康安创建的代本军，是按照西藏文武官员的品级、名额和升补手续来确定的，从四品以上由皇帝任免，五品以下由地方根据劳绩造册申报中央审批。最高一级藏族官员有噶伦四名、代本六

名，由中央任命。噶伦、代本的年俸由中央供给。藏军具体的品位设置是：总代本或马基为三品，副总代本或副马基为四品，代本为从四品，汝本为五品，甲本为六品，定本为七品，“华达”为八品、“墨加”为九品。品位制的实施从元朝统一西藏就开始，一直沿用至西藏解放后。

藏军符号及等级区分。藏军旗是以狮子一对作为标志，意为护卫政教（驻藏大臣和达赖）之师。藏军各代本士兵的帽子或左臂上均佩戴该代本的符号，用油布或铜质银质漆成圆形符号，印上有×××号等字样，如嘎328号，嘎字代表一代本，328号是某个士兵代号，以藏文字母顺序，区分各代本，但一般场合不佩戴符号，仅于节日集会时候戴。藏军各级军官均有代表其等级的符号。1915年（民国四年）藏军司令部成立后，代本服装的肩上戴一黄色底板，代本肩上四个“十”，如本为三个“十”，甲本为两个“十”，协俄为一个“十”，但不常戴。藏军士兵常服为黄色氆氇带有十字花边的藏服，各级军官服装无规定。但一代本士兵于节日或者有集会时均穿黄色粗呢英式陆军士兵衣服式样，代本、马基（司令）着装英国皇家陆军将领衣服，平时均与平民无异。各代本整队外出时，代本常不入列，骑马自去目的地，各级军官按其职位站在各级部队之前，甲本以上均配有马匹和指挥刀，部队行动指挥口令的下达一般均由“华达”负责，甲本一般不参加指挥。新兵入伍时，由马基康发给由羊毛做成的手环，上盖马基康（司令部）之官印，以示正式入伍，退伍时交还马基康。

▶图为藏军第二代本每日10～12点钟的列队操练。

藏军的生活制度及军事素养。藏军生活制度基本上为：每日晨点火炮三响，接着吹长号以作起居信号。各分驻单位闻讯敲鼓，尔后做饭，上午10～12点钟列队操练。下午5～6点钟由各代本中的格更（教员）一人，领导全体士兵，念颂卓玛经（救度佛母破敌法）三遍，作为军队的精神支柱。官兵信仰宗教，深奉教义，故藏军在执行各种任务时，均与宗教结合，官兵思想完全仰仗神权统治。藏军至成立后，是按照清朝驻藏川军绿营兵的体制进行相似训练，教练大部分由清川军中汉官担任，并由驻藏大臣当于巡查之便亲自校阅，对纯熟者酌加奖赏，并记名以备拔擢。藏军检阅设在拉萨市北郊，每年集结比武一次，届时由驻藏大臣和西藏地方政府的噶伦等要员亲自校阅。官员按品位、职位高低在观礼台就座，清钦差大臣至场时，噶厦众官和教练官员均肃立，按朝廷清军规格行军礼，然后入座、献茶、就餐等仪式。一阵鞭炮、锣鼓、军乐之后操练开始，先是长矛和大刀比武，接着骑马射箭，过后就是火炮打靶，向用牛毛裹着的石靶子轰击，最后由操点官员给胜者献挂哈达、发奖旗。

清代时，藏军的生活来源，武器装备，一切军费开支，均仰仗清朝政府“协饷”。代本发庄田一份，如本照清驻藏川兵军官月饷每人每年给银三十六两，甲本照战兵之列给银二十两，定本照守兵给银十四两八钱。根据乾隆五十七年（1792年）《钦定藏内善后章程》二十九条，第五、第六、第七条规定：藏军供给由商上事务将沙玛尔巴、仲巴呼图克图的田产和丹津班珠尔之子目居·索南班觉所呈缴的五个庄园的粮食作为补充，并将沙玛尔巴桑坚班的什物变卖充公，用以发给兵员应发的粮饷。其后因驻防地发生轮换，前藏代本改发年俸藏银六百两，后藏代本藏银五百两。

清道光年间驻藏大臣琦善将藏军由国防军改为西藏地方部队后，西藏地方政府曾规定，代本以上军官均须由贵族出身的人担任，平民出身的最高只能到如本。因而导致官兵之间的生活待遇极为悬殊。定本的薪水为士兵的两倍，甲本为士兵的三倍，如本为士兵的五倍，并且部队的服装每三年才发一套做军服的氆氇。除一代本的服装由政府发给外，其他代本由出兵户发给，驻拉萨、日喀则的藏军时常可着统一服装，其他代本则军民不分。

1919年（民国八年）后藏军的训练方式、列队、口令均仿效英、印军队，各代本军官大部分在江孜英办兵营受训过，服装也改为英式服装，但大多数士兵仍穿着藏式服装。1952年，藏军改穿米黄色藏服，1956年换成中国人民解放军服装。

西藏礼仪规定，代本到连队检查，连队应放礼炮三响以示接送，到营部检查，全体官兵列队迎送。噶伦和马基以上的官员到部队视察，部队按官职品位的大小，逐增加礼炮数目，外加吉夏（长号）、军乐等迎送。如单个官兵遇见上级军官，则应回避，或脱帽、弯腰、伸舌头以示敬礼。

藏军的军事特点及其他。藏军在军事行动上，执行区域作战、侦察、驻防等任务，全凭抽签决定，谁抽着什么就执行什么任务。在战术动作上无论攻防战，还是阻击战，既不讲究队形，也不善组织火力，更无作业动作，士兵各自寻找目标，利用地形、地物掩护射击，且不轻易发起攻击。退却时以吹号、打一排子弹为记号。在行宿间极不肃静，而且常带有家属乱叫乱喊，到处生火做茶，行动极易知察。

在战术指挥上，战术思想落后，不善于判断情况。攻防时，不知利用改变地形或破坏道路桥梁阻止对方前进，行宿均不重视侧后戒备，战时无小哨。营以上军官指挥位置距离部队很远，既不能观察情况，又不能掌握部队，单听战报，胜则前进，败则早窜。在技术上除善骑射外，投弹、刺杀、土工作业等技术低劣，甚至没有，部队无作业工具，刺刀很少，作战时仅有石头垒成的简陋工事，用手即可推倒。

部队指挥机构简单，且无军事地图，一切事务均由主官一人处理，无专业通信侦察部队和人员【1949年7月，西藏在昌都与拉萨间装设两用无线电话，收发官商电报，由英人福克斯、福特经办，并在印度雇用技术人员九名，但在其他各地部队的通信联络，仍用骑马传递】。藏军怕夜战，怕迂回、怕包围，夜间一战即乱，组织能力差。战斗的初期如受挫，一败再败，缺少反击能力，但单个士兵较勇敢，有时打麻雀战。

藏军兵役制度。西藏兵役制度在清乾隆五十七年（1792年）前，是按三丁抽一，五丁抽二的办法征兵的，喇嘛牧民免征。士兵食用衣物由各该士兵家庭负担，后因多数士兵生活无着，于乾隆五十七年（1792年）大学士福安康时改为耕地面积之多少作派兵之标准，凡有耕地八港者（每港为一牛一日所能耕种之地约30～60克种子不等，一克相当于汉制计量单位一担或一百市斤）即出兵一人。如实行你拿制（累进制），则凡有耕地十六港者应出兵三人。如实行击拿制（连续累进），则凡有耕地三十二港者应出兵七人。其兵役区是：进驻防区域后，拣挑其精壮入伍，所有新兵入伍皆由达赖喇嘛发给执照免其家人充当乌拉徭役，如有事故革退，仍将执照缴回支差。民国元年（1912年）十三世达赖改兵役制度为马港制，前藏每二港地征兵一名，后藏四港地征兵一名。被征户如系贫民无力出兵者，需雇人顶替，雇费为100～200块大洋不等，贵族可派佃户出兵，减少其差役。如有士兵逃亡仍要出兵重派新兵，枪械如有遗失损坏均由出兵户负责赔偿。西藏地方政府规定：英式卡通步枪赔价75秤藏银（250大洋），卡任步枪为60秤（200大洋），并打300个皮鞭。在紧急时18～60岁的都须入伍，征兵一般都由各庄园代办，而富有者则将兵役转移于贫民身上，且藏军中服兵役没有年限，致使贫穷的人终身服兵役，甚至几辈当兵者也常见到。

正规军的征兵区为：一代本征集区为前藏500名，每二港地出兵一名，三年后又由后藏出兵500名，每四港地出兵一名，依次三年轮换。二代本征集区为前藏每港地出兵一名。三代本征集区为日喀则地区，每四港出兵一名。四代本征集区为江孜，每四港出兵一名，五代本征集区为定日地区每四港地出一兵，六代本则以八个差（即政府的支差户）出一兵。

在紧急情况下，西藏地方政府可临时下令各地按户派兵组成民兵代本，如1943年（民国三十二年），因拒绝修筑中印公路，认为情况紧张，即在阿里地区征集预备役兵进行备战。

1949年（民国三十八年），摄政王达扎为了阻止人民解放军进军西藏，西藏地方政府曾在硕般多、洛隆宗、边坝等地征兵组成民兵代本，又在西藏全区贵族富商者中征兵组成仲札马噶（十四代本），但实际上被雇佣的全是一般平民子弟，未见贵族及富有者当兵。

第三章
代本军的四次反侵略作战

阿里自卫反击战

阿里战争是藏军成立后，单独进行的一次抗击英帝国主义侵略的战役，清史称为阿里战争。1841年（道光二十一年），英帝国主义的势力已伸到印度的西北部。他们扶植森巴人头人倭色尔入侵拉达克地区，勾结当地头人答朗堪携英国授予的铜炮，向我国阿里地区发动了进攻。英国人为何要支持森巴军队入侵阿里地区？这还得从头说起。1600年（万历二十八年），英殖民主义者在印度成立了东印度公司，从事商业经济掠夺。1757年（乾隆二十二年），英国打败印度孟加拉后，整个印度沦为英国殖民地。【按照英人的北侵计划，到1849年，英国才征服印度全境，值此印度成为英国在东方殖民体系中政治、经济中心和向亚洲进行侵略的战略基地。因此，阿里战争的实质，是我国一次反殖民统治的正义之战】。

清道光二十一年（1841年），西藏阿里地区发生战争。当时阿里的西面有一个部落叫拉达克，这个地方本是西藏的属地，归达赖喇嘛管辖。据《西藏图考》记载："后为西藏界外野番森巴侵占其地，走唐古忒求救，驻藏大臣拒之弗纳，拉达克怨，反投森巴，诱之寇唐古忒，欲复茫丘纳山西故地"。

1838年（道光十八年），森巴军（原古藏王卫队）大举进攻拉达克。当时负责守护拉达克边界的噶本萨普·扎西旺秋父子等与森巴军队进行了英勇的战斗，但由于武器装备差而失败，结果拉达克全境都被森巴军占领，每年需向古拉屋森双国王交纳9000个银币的战争赔款。五年后，森巴将军哇杂尔·苏罗瓦尔得寸进尺，又领兵到拉达克，另立拉达克王，组成森巴和拉达克联军进犯阿里。联军从北路首先攻破日土，驻防阿里的藏军第五代本团500名士兵进行了顽强阻击，终因敌强我弱，弹尽粮绝，援兵未能赶到而告失守。森巴和拉达克联军占领了阿里的如妥、噶达克、达巴、补仁、杂仁等五个宗（县），阿里地区全部失陷。

森巴人侵入阿里地区以后，焚烧劫掠无所不至，并占据了芒人域的补人寨，森巴人逐步侵入到马法木错南岸，准备进一步侵取阿里地区。当时国内正值鸦片战争期间，清朝政府无兵派往西藏，只能将藏军派往前线单独作战。西藏驻藏大臣调派了噶伦才丹多吉和代本比喜，率领藏军第二、第三代本团1300人，前往阿里进行反攻。清朝政府对这场战争极为重视，特命驻藏大臣将存放在拉萨武器库房的12门劈山大炮交给藏军使用，“以资攻剿”。由于森巴人勇悍善战，战争伊始藏军未能取胜，噶厦（西藏地方政府）又抽派前、后藏民兵500人，前往增援。

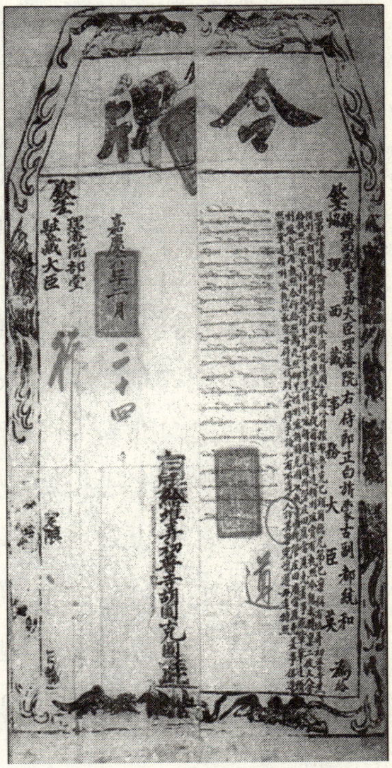

▶图为清嘉庆皇帝授予英和为总理西藏事务大臣、理藩院右侍郎、正白旗蒙古副都统、协理西藏事务大臣，驻藏大臣、理藩院部堂令牌。

据藏文史料记载，1842年，即藏历第十四饶迥水虎年，克什米尔国王古拉屋森双派出8000骑兵进犯西藏。驻守阿里的藏军进行了英勇的抵抗。在森巴和拉达克联军开始进攻阿里时，阿里噶本派人向拉萨方面报告，驻藏大臣得知后，即命西藏地方政府派后藏代本壁喜哇和前藏代本索康巴·塔林才旦率兵驰援。在普兰达拉喀，藏军杀死了据守城堡的50名森巴军后，占领了城堡。但是，由于藏军武器装备差，初战失败。当时藏军扎营于低洼处，被森巴军乘机引水灌淹。藏军将领壁喜、索康及兵士50余人被俘。于是驻藏大臣再次命令西藏地方政府和阿里地方的人民积极配合藏军驰援阿里。征调兵员组成了3000人的藏军，任命噶伦才旦多吉为统帅，尽快开赴阿里。此时哇杂尔·苏罗瓦尔集中优势兵力向普兰达拉喀城堡发起了进攻。城堡中的藏军凭险固守，寸土不让。一日，在马法木湖南岸，时值寒冬，天降大雪，森巴军不耐严寒，行动困难。西藏军队乘机反攻，藏军冲出城堡，杀入森巴军营。在双方混战中，哇杂尔垂死挣扎，十分凶狠，藏军将领米玛认出他就是匪首，于是舍生忘死冲向前去，一矛刺中其胸膛，森巴军失去指挥，大败而去。此次征战，森巴军头人倭色尔在炮火中炸死，森巴军千人被俘虏，阿里全部失地，被藏军收复。

据《卫藏通志》记载：道光二十二年（1842年）冬，阿里地区降大雪，雪深数尺，森巴军不耐寒冷，藏军乘冰天雪地利用森巴人不敢外出的有利条件，以12门劈山大炮和连环枪进行反击，森巴军大败，大头目倭色尔（森巴军头领）在炮火中阵亡，森巴军被藏军杀死200余人，俘虏800余人，并把森巴军一直追到西藏与拉达克边境，阿里失地全部收复。

森巴人经此次战役失败后即与西藏议和谈判，议定西藏和拉达克间仍维持旧有边地各守本土，并按照旧例西藏每年派政府商队到拉达克。拉达克每年派人到藏献供礼品，拉达克商人可到噶尔、日土等地贸易。西藏的商人也可以到拉达克贸易，双方维持以往的信任关系。并将侵占的拉达克地方完全退出，管辖权交给拉达克酋长治理。

这次战役粉碎了英国侵略者的扩张阴谋，保卫了祖国西南边疆。清廷对在这场战斗中的有功人员实施了奖励，给予帕巴拉·索朗杰布二品台吉头衔的提升。理由是他奉命留在拉萨负责军需补给和运输事宜，办事有条不紊，卓有成效，并在看管阿里多格拉和拉达克的俘虏方面，对战役取胜做出了成绩。为此达赖喇嘛也设宴款待了在反击森巴侵略者中的有功将领。

近年来，有关考古专家在阿里地区拉扎县古格遗址旁边发现了一个干尸洞。干尸洞坐落于一岩壁之下，深几十米，洞中堆满无头干尸，洞的前沿是军士，其次是妇女，紧挨着的是儿童，最尽头是喇嘛。有人认为这是古格国王朝时期征战死亡的“武士”，距今已有一千多年。我个人认为：这种说法没有翔实依据。无论从尸体没有完全腐败和衣着服饰纤维韧性程度上看，还是从藏民族殡葬风俗上考证，死者都不应该是古格国王朝时代的藏族武士。确切点说，应该是一个家族或者一个部落首领族人遭致满门抄斩。我认为，有两种说法比较接近史实。一是发生在乾隆十五年（1750年），阿里地区的“藏王”珠尔墨特·那木札勒之乱。他为了保全自己独揽大权，采取了“先发制人”的手段，派手下人赴阿里将他的大哥毒死，逐走了兄子珠尔墨特·旺札勒，并吞了阿里地区。之后又诬陷后藏噶伦第巴（藏王）布隆赞等，“抄没其家，戳辱颇罗鼐旧人殆尽”，根据史实，死者应是蒙古人，藏王珠尔墨特·那木札勒大哥及其父辈的家人。二是发生在本节叙述的阿里战争中，被藏军斩去头颅请功以后，杀死弃于洞中的森巴人。两次大的杀戮距今只有二三百年。

江浙宁波镇海阻击战

清军“代本”制的建立，确保了西南边疆近50年的太平，英殖民势力扩张得到了有效的遏制。因此英国把侵华的矛头指向了我国沿海地区。1840年（道光二十年），中英鸦片战争爆发（1840年6月至1842年8月），清政府紧急征调军队的参战令牌到达西藏，在到达藏区的第一站，四川阿坝汶川。土司索衍自告奋勇，将骁勇善战的羌藏民族将士组成远征军，开赴抗英前线。1841年（道光二十一年），由藏军第六代本军团组建的2000人的“虎头军”开赴了江苏浙江沿海参战，虎头军每次战斗冲锋在前，几经鏖战，藏军将士血染疆场，全部壮烈牺牲。当地群众为了纪念他们，将每人的辫子剪下，修筑了“辫子坟”以寄哀思。

中国藏军代本制建立48年后，即1840年（道光二十年）六月，应清政府紧急征调命令，驻康藏清制藏军代本团参加了中英鸦片战争。【藏军“代本制”，当时属清朝军机处统一调配的部队，按照现今的说法，属于野战军序列。代本制是根据川绿营兵制藏羌民族兵员组建的，西藏代本团移交地方管理是在1846年后，故不存在地域的歧义。为什么清朝政府不调西藏狮子代本军而调动羌藏民族为主的虎头代本军呢？一是战况紧急，来不及再往藏内传递。二是本来大小金川、嘉绒等地就属清代本军的原创地，他是藏军第六代本作为“声援西藏”的驻防地，再说虎玺就是军令，因此我将其归入藏军代本制军队。】

清几十年的太平盛世，军士武器装备十分落后，加之士兵缺乏实战的洗礼，尽管清军官兵作战英勇，但仍然无法阻挡英军的猖狂进攻。

▶图中藏军右手执战旗，左手臂上方为中国藏军第六代本团佩饰标志，下图为清代藏军恰当马噶代本军制番号。

战争开始后不久，英军一路北上，先后攻陷了舟山、宁波、定海等地，随后又占据了吴淞口，逼近南京城，清朝南北交通命脉——京杭大运河面临着被切断的危险。情况危急之下，清政府迅速从全国各地调集兵马，仓促应战，当时清军仅凭着大刀长矛、土炮火枪等冷兵器与英国军队的钢枪铜炮，坚甲利舰展开海岸阻击战，无法阻止英军的进攻。到1840年（道光二十年）底，清政府的调兵令传到了远离交战前线的藏族聚居区——四川嘉绒（今阿坝州）汶川县三江乡土司索衔的手中。面对国家危难，就任过藏军第六代本（团长）的索衔当即决定，派瓦寺土司守备哈克里，会同大金土司阿木穰等人，招募周边邻区藏族青壮年，将藏军第六代本团扩编为四个团共计2000人，以守备哈克里、阿木穰为主力团，开赴东南沿海卫国保家，既然有虎玺令牌，索衔决定以虎头服饰作为军服，以示正统。早在清朝乾隆五十七年前（1792年），瓦寺地区的藏族土司千总刘正祥、王保等人，曾率藏兵协助清军抵抗廓尔喀（今尼泊尔）对西藏的侵略。在清军总督福康安的统一指挥下，瓦寺藏军“七战七捷，杀敌四千，收复后藏”。在那场战斗中，许多藏兵为国捐躯。平定尼泊尔叛乱、中国藏军成立后，福康安将军和驻藏大臣和琳商定将刘正祥、王保呈报以藏军第六代本（炮兵团长）的职衔。其兵员征调可在三十九族、甘孜、色擦等地招募。现今，英国侵略者的隆隆炮声回荡在祖国边疆的危急时刻，藏军第六代本团将士们的后代，决心承继父辈再次作好了为保卫国家而牺牲的准备。

1841年（道光二十一年）十一月，2000名藏族远征军在松潘一带集结完毕，准备出征。四乡八里的父老为这些勇士举行了盛大的壮行仪式，喇嘛们祈求神佛的保佑，乡亲们献上洁白的哈达。藏军将士们跨在高头战马上，头戴虎皮帽，身着藏袍，个个显得精神抖擞，踏上了保卫国家的万里征程。

就在藏军出征前几天，道光皇帝的侄子、清军统帅钦差大臣奕经也从京师率部出发。深信佛教的他虽然不懂军事，但他的一番战前动员却激励了全军将士的志气。他认为英国人是盘腿，不适应步战，只要用长矛一扫其腿就会掀翻敌军，他以为掀翻敌军后，英人的枪弹只能向上发射，这时就能发挥我短兵器的作用。他对部下说，武器没了怎么办，用拳脚，手脚伤残怎么办，用嘴咬，以我泱泱大国众人之口唾沫也能将英人淹死。我求神卜卦过，此次御敌必获全胜！以如今战术观点看来，他靠算命指挥作战未免可笑，但他这种面对强敌表现出的大义凛然、不屈不挠的民族气节还是值得肯定的。

1842年（道光二十二年）二月，奕经率军队抵达杭州。各地增援前线的兵勇也陆续赶到。就在等待藏族援军到来之时，奕经听人说杭州西湖关帝庙卜卦最灵，就去求了一签。这支签上写道：“不遇虎头人一唤，全家谁敢保平安”。奕经百思不得其解。三天后，哈克里和阿木穰率藏族远征军千里迢迢赶来后，奕经恍然大悟。

藏军经过三个月的长途跋涉到达杭州，奕经惊喜地发现，藏兵们头戴虎皮帽，正好与签中的“虎”字相应验。奕经天真地认为，只要按签上所示，让两支戴着虎皮帽的藏兵打头阵，定可保清军旗开得胜。

于是，他不顾双方悬殊的武器装备，竟命令部下强攻英军，收回宁波和镇海。经过一番“深思熟虑”，奕经将进攻的时间选在1842年（道光二十二年）农历三月十日四更时分。奕经之所以把日期定在此时，是因为这天是难得的“四寅期”，即虎年虎月虎日虎时。他又任命属虎的总兵段永福为大将，这样就凑足了“五虎”，此次反攻也被称作“五虎扑羊”之计，“羊”即指洋人。奕经认为，“五虎扑羊”之计再加上头戴虎皮帽骁勇善战的藏族军人为先锋，清军自然会大获全胜。

血战宁波，“虎头”藏军成破城先锋。奕经“五虎扑羊”的作战方法固然可笑，但哈克里和阿木穰率领的藏军确实英勇顽强。每次发起进攻前，他们总是主动要求打头阵，不甘落在别的队伍后面，在作战中，他们更是表现勇猛，视死如归。

按照战役部署，由阿木穰率领的百余名藏族士兵负责攻打宁波城的西门。战斗打响后，在城里内应的配合下，藏军擒杀了城门口的英军哨兵，打开城门，随后清军大部队迅速攻入城中。

攻入宁波城后，清军大队人马直奔英军指挥部。据史料记载，英军指挥部的所在地“门坚墙高”，进攻士兵无法攀登。英军用优势火力射击，将装备上处于绝对劣势的清军击退到宁波城狭窄的街道里。随即，英军又爬上临街的屋顶，对准拥挤在街心的清军进行射击。清军冒着弹雨发起强攻，但清军火力太弱，始终无法前进。不久，英军拉来了大炮轰击，清军伤亡惨重，阿木穰和他率领的百余名藏族士兵全部为国捐躯。

事后，曾有英国军官记载：“他们的尸体厚厚地乱摊在四旁，据说他们曾经决定不战胜即战死。他们的帽子都是用老虎皮制的。”从英国军官的记述中可以肯定：这些英勇捐躯的将士，正是前面所提到的藏军第六代本团官兵。

两战镇海，藏军肉搏战中重创英军。在宁波反击战打响的同时，由哈克里率领的另一队藏军来到了镇海附近，作为清军将领朱贵的先头部队，他们的任务是夺取招宝山上的要塞威远城。由于人生地不熟，藏军在进军时迷了路。当他们赶到时，正遇到从镇海城败退下来的清军。两军随后合为一路，向招宝山发起了进攻。

攻山战斗开始后，哈克里率领藏族士兵冲上陡峭的台阶，杀向招宝山上的威远城。藏军敏若猿猴，在英军的枪林弹雨中闪转腾挪，攻入威远城。山上的英军拼命用大炮向下射击，但命中率极低，没有对藏兵造成什么威胁。就在英军抵挡不住，准备四散逃命时，停泊在江中的英国军舰从背后向藏军开炮，腹背受敌的藏军为保存实力，不得不撤退到慈溪大宝山进行防御。

三月十五日，英军从宁波出动近2000人前后夹击驻守在大宝山的清军。朱贵率领包括藏军在内的500多名清兵英勇抵抗。战斗中，朱贵手舞战旗，指挥部队作战，不幸被英军的炮弹炸断了右臂，他忍着剧痛改用左手指挥战斗，最后被英军子弹击中，壮烈殉国。他的儿子朱昭南继续指挥战斗，也在这场战斗中阵亡。

经过10多个小时的激烈战斗，清军已弹尽粮绝。眼见英军冲上了阵地，哈克里从腰间抽出战刀，与冲上来的敌人展开了肉搏战。在混战中，他身中数枪，倒在了阵地上。战后，损失惨重的英国人仍心有余悸，承认“自入中国来，此战创伤最深”。

由于在大宝山之战中英军伤亡惨重，故不敢再次进攻，慈溪县城才得以保全。当地百姓为纪念清军的功绩，募捐建立了“交节祠”，祭奠为国捐躯的清军官兵。阿木穰、哈克里等藏族勇士的英名，也被安置在祠中祭祀。这些为保卫祖国而牺牲的藏族官兵的辫子，被当地乡民剪下后送回了故乡嘉绒（今四川省阿坝州汶川县的三江乡），人们在那里修建了一座“辫子坟”，以缅怀这些为祖国捐躯的勇士们。他们的英雄事迹也一代一代流传至今。

隆吐山界碑争夺战

第一次鸦片战争结束后，中国向英国赔款2100万银元，这一结果导致清朝政府军费十分紧张，无力供养西藏边防部队的军费开支。1846年（道光二十六年）底，清军机处及驻藏大臣琦善将西藏军队实行“藏汉分理”，即：西藏代本制部队移交西藏地方管理，汉族绿营兵仍隶属清廷。原属中央直属的“代本军”军费拨款改由西藏地方供银，原川“绿营兵”满汉部队仍由朝廷供给，史称“藏汉分理”。第二次鸦片战争清朝财力军力大损，八国联军打开了中国国门，至此，第二次鸦片战争结束。中国再次损失了大量主权和领土，签订了一系列不平等条约，又是割地又是赔款，其中，开放通商、鸦片贸易合法化、华工出国及允许外国人前往内地传教，都使中国的社会矛盾更趋激化，向半殖民地道路又前进了一步。经过第二次鸦片战争，外国资本主义的侵略势力由东南沿海进入中国内地，并日益扩展，外国公使驻京加强了对清政府的影响和控制，中国社会进一步半殖民地化。清军在历时四年的抗击英法联军的战争中最终失败，其原因是多方面的。首先是政治上的腐败无能，实行对内镇压、对外妥协求和的政策。其次是清军武器装备落后、作战方法笨拙也是导致失败的重要原因。第二次鸦片战争时期，英法侵略军已装备了当时世界上最先进的武器（如发射圆锥形弹丸的线膛后装步枪、线膛后装火炮以及便于浅水航行的蒸汽炮艇等），而清军的装备却仍停留在第一次鸦片战争时期的水平（仍是鸟枪、抬枪和发射球形弹丸的前装炮及冷兵器），加之炮台构筑仍是露天式的，经不起侵略军炮火的轰击。作战方法上，英法联军注意水陆协同作战，以强大炮火掩护陆军登陆，陆上战斗采取散兵战术，而清军则故步自封，墨守成规，忽视陆地纵深设防，各部队缺少步兵与炮兵协同战术，所以一败再败，此后英军开始向中国西藏进行试探性攻击，试图把他们垂涎已久的西藏纳入其战略目标。

藏军主动与英军交战。清光绪五年（1879年），英国根据《中英烟台条约》中的附加规定，派出“马加国摄政义奥斯、图凯来赖”等人，拟由青海入藏“游历”，并由北京行文驻藏大臣松桂，通知西藏地方政府，要西藏方面拣派汉藏牟兵前往照护。（此时，拉萨只有1000名清军，驻藏大臣松桂认为汉军可以调配，而3000名藏军已移交地方，因此调派藏兵需要与西藏地方商议，随即把行文通知了噶厦。）噶厦接到洋人入藏“考察”的咨文以后，庚即召开了前后藏僧俗头人讨论，会议一致反对洋人入藏，并写出了会议纪要，由达赖、班禅二人领衔，转呈给驻藏大臣，并要求转奏清朝皇帝。全文如下：

“掌办商上事务通善济咙呼图克图，恭奉达赖喇嘛、班禅额尔德尼率领阖藏众呼图克图、三大寺堪布、新旧佛公、台吉、僧俗番官、军民人等，公具切实甘结，恳请钦差驻藏办事大臣代为奏咨事。复查洋人入藏游历一案，屡接驻藏大臣译文，内称立定条约准其入藏，奏明之件，万无更改，各国到时，汉番一体照护，勿滋事端等因，并面奉屡次凯切晓谕，遂将藏中向无洋人来过，并习教不同，恐于佛地有碍，阖藏僧俗大众苦衷，恳求驻藏大臣代为咨报矣。而两藏（指前后藏）世世仰蒙皇上天恩，振兴黄教，保护法地，何能仰报高厚鸿慈于万一，岂敢执意抗违不遵？惟查洋人之性，实非善良之辈，侮灭佛教，欺哄愚人，实为冰炭，断难相处，兹据阖藏僧俗共立誓词，不准入藏，出具切结，从此世世不顾生死，永远不准入境，如有来者，各路派兵阻挡，善言劝阻，相安无事，如或逞强，即以唐古忒之从，拼命相敌，谅在上天神佛庇佑佛地，大皇帝恩护佛教，断不致被其欺压而遭不幸也！谨将阖藏僧俗官民大众公议苦衷伤心情形，出具切实甘结，特求驻藏大臣代为奏咨，切望圣恩无疆，以救阖藏众生之生命也。谨呈。达赖喇嘛、班禅额尔德尼及从呼图克图、噶布伦、上下南北康藏各属百姓等公同出具公禀图记。”

两次鸦片战争，中国满汉军队大败，中国官员形成主战、主和两派。驻藏大臣松桂在西藏上下一致反对洋人入藏的坚决态度面前，面对西藏僧俗官员拒不执行洋人入藏考察的态度，感到十分为难，急忙向光绪帝报告：“乃该商上固执梗顽愚见，以从论之偏，有违圣明之旨，……所有商上渎禀不遵缘由，具实参奏，奴才镇抚无方，呼应不灵，请旨一并从重治罪，并请另行精明能干大员来藏，以期办理得宜，商上或可遵循，不致任意违抗，实为国家边疆幸甚。”于是他采取了保留意见的态度，提出辞职。

清朝政府接到上述西藏公禀和驻藏大臣的奏折以后，也感到事情非常棘手，乃密旨四川总督，设法阻挡洋人入藏，但英人不肯轻易罢休，据四川总督丁宝桢奏牍载："该洋员急俗进藏，臣以藏中情形，现据驻藏松桂来咨，以阖藏番从人等，已联名具禀，出具图片，仍欲拦阻该洋员前进，将来如果入藏肇衅就在目前，必须设法劝阻，能得其改道前赴印度，方为妥善，惟其坚忍成性，不肯遽行迁就"。

西藏地方政府认为英人以"游历"、"通商"为名，实际上是派遣侵略分子刺探、收集我方军政情报，测绘山川、道路，为武装侵略西藏提供军事资料。介于朝廷默许了奏折，有了驻藏大臣、四川总督及众多的汉藏守军的支持，那么英人以"游历"、"通商"进藏是万万不能答应的，为此达赖、班禅承诺，倘若引起不良后果，朝廷怪责下来，概由我们承担责任。由此西藏地方主动发布了不准外国人擅自进入西藏境内的法令，以达赖喇嘛、班禅额尔德尼及从呼图克图、噶布伦、上下南北康藏各属百姓等的名义，向边境各宗谷下达了关于"加强防范，严禁外国人入境；凡可疑分子，一概不准到西藏境内经商、游历、朝山、拜湖……"的命令。从今以后绝不能让英人进入我境一步。西藏地方政府特派堪钦珠杰、代本擦绒·旺久杰布、扎什伦布寺拉章代表、三大寺代表等前往边境视察。视察官员认为，应立即在隆吐山建卡驻军，加强警戒。经报摄政王后，西藏地方政府委派代本莎穷瓦率藏军第二代本团前往隆吐山建卡，并在哨卡供上护法神的神象。委派江洛金·多吉仁增为文武总管，霍康和定日代本德门·顿堆多吉为洛扎、门隅、措那等地边防总管，率领藏军驻守。

驻守帕里、岗巴等关口要塞的汉藏守军送来情报："职等曾先后派人赴边界各关口要隘进行侦察，据附近边民报告，佛教之敌英人为侵略西藏，曾多次派遣侵略分子潜入我边境窥探，测绘地形，对我边境造成极大威胁。职等守土有责，谨据情上报。恳速派得力官员前来，共商对策。"

驻藏大臣、摄政王、噶厦收到情报，经三方磋商后，派清军粮员周溱、藏军代本扎西达杰（多察扎林巴）二人前往查办。二人径赴哲孟雄（锡金），会见哲方官员，嘱其坚守边境，提防英人入侵。英国派驻在哲孟雄的政治助理员怀特，此时早已勾结上哲孟雄王的亲属（管政事的康萨卓尼、管宗教的颇当喇嘛）一起控制了哲孟雄。对西藏官员的口头盟约（严正交涉）置之不理，仍同意英人修路、架桥、建驿站，开辟到西藏的交通。

道路开通后，英国派遣印度政府秘书马科蕾组织了一个“商务代表团”入藏，被西藏守军严词拒绝，英帝乃招雇游民作向导，私自越过隆吐拉山探路，将隆吐至捻纳一段道路中的崎岖狭窄处开宽垫平，藏军前往阻止无效。英军不但不停止其越界筑路，又在廓布修建驿站。西藏地方政府迅速召开全藏会议，制订了《抗英卫教守土神圣誓言书》。号召全藏僧俗人民一致行动，共御外患。参加会议的全体僧俗代表并在《誓言书》上都签了名。

会议决定：一、选派能员，率兵前往边关驻守；二、征调前、后藏、山南、塔工、波密、康区、藏北等地驻军，以大、中寺庙为主组织僧兵；三、视战局发展情况，实行18~60岁的征兵制；四、立即筹集火炮、火枪、弹药、火绳、刀、矛、弓箭、甩飞蝗石鞭等武器；五、成立后勤机构，征集粮草；六、组织民工，运输军需物资；七、下令各地行政官员从速办理，不得延误。

会议拟请甘丹赤巴为首的各大活佛念经发咒；给四大林、上下密院发放布施，向三宝祈祷；并请乃穷、拉姆仓巴乃东法师降神念咒，求神灵护佑。

西藏地方政府派出官员向英国驻哲孟雄行政官员提出：英军越界筑路，侵犯我国西藏领土，这种非法行为应当立即停止。与此同时亚东、帕里、岗巴等地的宗本、欲堆派专差送来紧急报告：英军继续在我边境筑路、修桥，并在廓布设立兵站，增驻军队。鉴于英国北侵的步骤日益加紧，中印边境局势日趋紧张。清廷畏于英国的压力，惧怕藏边发生战事，希图委曲求全，着令军机处侍郎文硕完成“开导”西藏地方政府准许英人进藏游历通商，并设法加强中央政府对藏治理的双重任务。

驻藏大臣文硕驱英遭罢免。1885年（光绪十一年），清朝政府调离松桂，改由文硕为驻藏大臣。驻藏大臣文硕是一位很有血性的满族官员，他通过实地调查，也感到英国居心叵测，因此支持西藏地方政府的抗英主张。他上任后，既支持抗击英人入侵，又要求妥协让步，同时，他努力加强驻藏大臣权力，推行川藏一体计划。西藏地方政府有了文硕的暗中支持，不顾清廷对英妥协退让的政策，再次召开紧急会议。

目睹了两次中国军人抗英悲壮场面的文硕，从内心倒想看看中国“代本军”的作用。为此他支持西藏地方调兵遣将，参加了西藏军事机要会议，会议经过摄政王下令：立即在隆吐山建卡设防，加强警戒。任命了噶伦拉鲁·益西罗布旺秋为前线总指挥。调去驻防曰喀则、江孜及定日的两个代本（阿沛代本、索康代本）统领90名藏军，又动员民兵一部，布置于隆吐山及其以北一带，加强边境防务。

1886年至1887年（光绪十二年至十三年）西藏地方政府两次派藏军在隆吐山建立哨卡设防，并在哨卡旁竖立了西藏的护法神像。这一举动恼怒了英军，他们公然谎称：“隆吐山是英属哲孟雄管辖区”。英驻北京公使华尔森为此向清朝政府提出：“藏人必须立即停止在隆吐山修筑哨卡，撤出驻军；不得阻拦英国商民在西藏境内开设商埠……如不照办，吾人定以武力强行拆毁”。

英国人一面对清朝政府施加压力，强迫其承认“藏兵越界设卡”，英方照会：藏军在隆吐山建立哨卡设防是侵入了锡金境内，并向清廷提出要西藏地方政府限期藏军撤除隆吐山哨卡，否则英军也要在当地驻扎；一面又对达赖喇嘛和西藏地方政府进行讹诈恫吓，借口因藏兵越界在隆吐山设卡，英军也要在该地区筑路、修桥、驻扎军队。于是清政府一再责令西藏地方撤卡撤兵。但西藏地方政府官员和三大寺僧俗一致认为：隆吐山是西藏领土，不在锡金境内，藏军在中国边境设卡，禁止英人进入西藏境内。这是合理合法的，因此拒绝执行清廷的后撤命令。

1887年（光绪十三年）五月，英驻北京公使华尔森再次向北京总理各国事务衙门提出：“中国皇帝如不立即敕令藏军停止入侵哲孟雄，英国政府不得不派兵驱逐藏军。如果总理衙门承认清朝未批准藏军越界侵占他国领土，那么英国政府可考虑延期派兵驱逐藏军”，同时英国在军事上集结2000兵力于隆吐山以南，由格累哈姆将军率领，作好北攻的准备。面对这一严峻形势，清政府所采取的解决方案仍是“英藏之争，必须经过驻藏大臣以和平方式解决，不得用武力抗争”的“藏英和解方案”。

软弱无能的清朝政府终于在英帝的武力威胁下，勒令驻藏大臣文硕强令噶厦政府命令藏军拆毁隆吐山哨卡，撤出驻防藏军，然后与英国谈判解决藏英通商贸易等问题。为此文硕多次上奏，证明隆吐山地区属西藏所辖，应无他议。

光绪十三年（1887年）七月初九驻藏大臣文硕向军机处的奏折中曾说：“洋人在藏通商，其势难图厚利，彼亦非不知之，乃英人蓄志既久，俄人又复生心，以一隅之地，两国争窥，即此察其注意之隐衷，迨非仅为通商而已也，形迹可疑，亦无怪藏番之坚持力拒，盖为保护黄教正宗，保全山灵气，本非毫无情理，似亦未可尽斥而非之。”

1887年（光绪十三年）九月，文硕又致函四川总督刘秉璋，替藏军辩护并无越界筑炮台添兵之事，该函内称：“本大臣至任半年以来，随时稽考，并未闻有筑炮台添兵之事，查唐古忒兵数三千，原有定额，前藏一千兵，除分防瞻对和患病者外，存营九百一十四名，本年秋操校阅，初无短少。其后藏一千兵，定日、江孜各五百名，今据代巡委员理藩院员外郎裕刚节次禀报，亦未见有告病空缺等事，……以此证之，是该番众历次不先生事之说，似尚可信。”

同年十月初七日，文硕又致函总理各国事务衙门，引证帝国主义侵略中国的事实，证明英国对西藏确有入侵的意图，该函内称：

> “藏番以洋人性情阴鸷，行事深险，每以甘言饴饵，日久浸使流毒，屡鉴他处前车，深恐自蹈覆辙，此时若一应允，日久难保不致有伤地脉，甚且碍及佛门教法，此其处心积虑之隐衷也，虽属番愚偏见，顾洋人贪得无厌之心，亦实有难以揣测者，即以通商而论，自道光二十二年南洋五口开办以来，至咸丰十年，推及北洋三口，随又兼及长江，繁阜码头，尽为侵占，华民失业已多，洋商获利不少，如果意存见好，何在藏

地之隅？况藏地土产无多，珍奇无渺，固亦英人所稔知者，而必多方规划，强欲藏众通商，不知是何取意，此而谓其志仅通商，确无他虑，不惟番愚却顾，即文硕亦无把握于其间也。……且迩年之所以遣就英人，导我藏众者，本为边务敌情两无窒碍起见，拒之愈坚，正恐敌情未洽，边计先弛，徒使三百年之藩服，梗化离心，而终无补于时局，不更为失计之甚乎？"

十月十九日，文硕又致函总理各国事务衙门，信内说："窃维通商一事，开导十余年，迄无头绪，叩唐古忒所以始终固执之说，则谓洋人教道不同，性情阴鸷，惟恐受绐，致滋后患，诘其所以顾虑之由，则历举他处覆辙，而述哲孟雄之被害为尤切，先犹以为是藏番诿卸托词近见英人屡以藏番属属哲孟雄交界之隆吐山设卡稽查，指为越界置保卫，弯幻其说，竟曦括隆吐山于大吉岭以内，是其意在蚕食，流露言表，固亦不能尽怪唐古忒前此之鬼蜮蛇螫视之也。"

1887年（光绪十三年）十一月，深谙清廷意图的四川总督刘秉璋致书文硕，要他"务望作速凯切开导，略事以威严"，意思是要压迫藏军撤兵。文硕又复信力辩隆吐山是西藏地方，不能强迫藏军撤兵，信中引证说："昨偶翻昔宗伯和泰庵先生西藏赋注，亦有帕克里俗名帕哩，自帕克里至支木山一带藏猛谷、日纳宗官寨，此内为唐古忒境，此外为哲孟雄境，其东为布鲁克巴境，俗名竹巴云一段，是日热音近两呼，即此亦可概见，而日纳下之宗字，尤为形容确切，盖唐古忒语，见山水分岐合会三角处，皆谓之宗，今考地图，热纳实在在隆吐山南，正与哲猛雄、布鲁克巴三角接壤交界处，据此则唐古忒未增长率越界更为可信，此而欲以英人前次潜修道踟之捻纳山，凭空牵混，藏番安能心服？令其以疆域门户让人，藏番又安肯从事？抑且无理可说，此令撤卡之所以尤难威迫也。"

1887年（光绪十三年）底，英国侵略军头目纳合姆指挥的以廓尔喀人组成的2000多名雇佣军及1000多名脚夫，背运粮秣、武器、弹药在隆吐山附近的绒岭建立了后勤供应中心，在扎绒多桥头侦察地形。面对英军的不断威胁，西藏地方通过译仓（军事机要扩大）会议将这一情况向驻藏大臣文硕禀明，要求清廷慎重考虑对英政策。清朝驻藏大臣文硕被西藏军民誓死保卫祖国边疆不受侵犯的爱国主义行为所感动，他不顾清廷的多次谕诏，也立场坚定地对侵略者的无理要求坚决予以抵制，文硕将西藏摄政王、噶厦、全藏会议的上书向清政府作了汇报。他上奏说：西藏僧俗军民立下宏愿大誓："即使男尽女绝，也绝不能后退半步！"然而，文硕的爱国行为却遭到了卖国投降的清朝廷严厉斥责。在清朝政府主张对外屈服的情况下，同情和支持西藏人民反帝斗争的驻藏大臣文硕，遭到清廷的训责。北京总理衙门的回复是："关于锡金是否属于西藏，必须查明，方能谈判是否侵占他国领地。"

光绪十四年（1888年）二月，清朝政府对文硕支持西藏地方派遣藏军设卡予以申斥："隆吐设卡一事，前经叠谕文硕，令其开导番众，赶紧撤卡，以为保全该番之计，朝廷于此事权衡利害，度势审机，筹之至熟，……文硕于此事筹及军旅，殊属昧于事情，不顾大局。"三月，清朝政府下令，将驻藏大臣文硕予以革职，该命令说："文硕自抵藏后，本应开导番众事宜，并不凛遵谕旨，切实妥办，识见荒谬，不顾大局，已降每时撤令来京，兹复擅将未奉明旨之奏稿密电等件，竟行移咨都察院，殊属胆大妄为，此风断不可长，文硕着即行革职。"就在文硕被革职前夕，西藏地方民族代本军第一次正面抗英战争爆发。

清光绪十四年（1888年）三月二十日（藏历二月初七日），英军约四五百名，开始向隆吐藏军防线进攻，前线驻守藏军将战争情况呈报给噶厦后，转译成汉文向驻藏大臣文硕报告。紧急公文写道："英人于二月初七日午刻，由隆吐山札鲁隘口来攻寨，该孜本当即率众抵御，枪炮互施，相持之际，藏军枪毙黄衣英人一名，其兵随即退下，看其情形，似是英官。是役也，幸叨文殊菩萨大皇帝洪福，藏兵无一伤损。初八清晨，英人由旧路又复来攻，该孜本激励民兵，誓死抵御，战许久，伤毙英兵约有一百余名，收队查点，有甲本（连长）一员，民兵二十余名，下落不明，该仔本仍当加意严防，惟恐兵势尚单，禀请商上再为添拨，以资分布等情。"

过了四天，英军大举进攻，藏军不支，受了惨重损失，撤出隆吐，退到卓马依地方。隆吐山口失守后，文硕革职待新任接替回京。文硕认为，如遵从清政府的旨意，毁卡撤防，不支持西藏人民反抗英帝国主义的侵略，将导致清朝政府与西藏人民发生矛盾，且给敌人可乘之机，助长敌人侵略气焰，后果将不堪设想。文硕说："摄政王、噶厦、全藏会议决定'誓保国土、维护主权，全藏一心，备战抗英'的主张，我完全同意，但如何向皇上启奏，望你们慎重考虑。"噶厦表示，我们坚决执行全藏会议的决定。文硕提出了作战方案：一、运用游击战，不打阵地战；二、打近战、夜战、伏击战；三、宜进不宜退，明退暗不退，迂回敌后，断敌后援；四、我军分散驻扎，不可聚集一隅，以防敌人大炮轰击等等。并且提出：敌人远来深入，后勤供应困难，要设法断其粮道。将我方粮草、牲畜、严密收藏，采取把孤军深入的敌人困死、饿死的战略。

西藏地方政府因驻藏大臣文硕的支持，采取拖延拆除隆吐山哨卡、墙垒工事和驻军的办法应付满清皇帝。同时向英方严正指出：西藏军队在隆吐山建卡设防，纯属中国内政问题，英方无权干涉。关于藏英通商一事，如英方确有诚意，英方应将驻扎在不丹、哲孟雄的全部英印军队限期撤出，西藏方能考虑英方提出的在西藏境内开埠通商问题。

清朝政府得知西藏地方不仅未将隆吐山防军撤退，且积极备战抗英，对文硕大加责怪，于1888年8月，将文硕正式撤职，新任命主和派升泰为驻藏帮办大臣。

清政府将驻藏大臣文硕革职后，对西藏政局产生了不可估量的重大影响，如后来的驻藏大臣张荫棠查办藏事所呈的《清季筹藏奏牍》跋语中所述："文硕巡藏之旨，在抚绥番人使心内向，然后谋共御外侮，故藏军在隆吐设卡，英人借口陈兵威吓，朝廷令文硕命藏军撤卡，文硕极力为之辩护，谓隆吐为藏境，筑卡系自卫，请推诚与英人交涉，章数十上，虽严旨屡责不稍易其宗旨，于是贬文硕职而以升泰代之。文硕于国外形势，殊多隔膜，然保全藏土之苦心，实足多者，深得藏番之爱戴，自文硕去职，达赖喇嘛谓朝中不知用人，无足依赖，遂谋联俄，是则文硕一人关系西藏存亡，而继任者畏葸无能，辄讥其刚愎自用，由此书观之，则功罪大白其各不相掩欤！"张荫棠这一调查为文硕后来被清廷平反昭雪起了很重要的作用。

十三世达赖亲自指挥隆吐之战。文硕被免职后，在新任驻藏大臣未到，边境战事紧张的情况下，十三世达赖亲自指挥了这场抗英战争(此时清政府将代本军移交地方才31年，达赖年仅13岁)，四月中旬，他委派拉鲁·益西罗布旺秋任藏军总代本。受命噶厦下令征调前后藏及康区各地民兵前往增援，由吞米拉丁色和仔卓尼索南坚赞二人率领工布民兵900人，第一批增援，于（藏历）二月十六日出发，开往前线。接着又派彭康色和仔卓尼强巴丹增二人率康区民兵千余人开往前线。之后又续调了波密、硕板多、科曲等地区的民兵数千人，开往增援，总计前后派往前线民兵约万余人。每一批军队在经过拉萨开往前线之时，十三世达赖亲自给每一位战士摸头，并发给经过喇嘛念过咒语的特制白伞盖轮一个，作为护身符。（藏历）二月七日，英军开始向驻守隆吐山的藏军发动进攻。西藏官员多吉仁增等率领藏军、民兵勇敢反击，首战毙伤英军100多人，整个作战先胜后败，由于藏军伤亡很大，遂被迫后撤至亚东、帕里等地。

隆吐山的守卫仔本多吉增指挥阵亡后，达赖又委派噶伦拉鲁·益西罗布旺秋为哲孟雄马噶基巧（后藏总管），负责前线总指挥。又派仔本擦绒为帕里马噶基巧，负责后方运输等事宜，支持前方作战。后来又增派噶伦然巴为帕里马噶基巧，还有三大寺各札仓的负责喇嘛一同前往，加强帕里前线的藏军部署和指挥。并下令三大寺主持，积极组织僧兵，准备必要时也开赴前线。

与此同时，达赖又命令多札堪布、拉惹僧布、客拉半见、参巴噶桑等人，还有念咒喇嘛15人，在布达拉宫秘密念《武经》放咒，诅咒英军失败。又在布达拉宫请乃均降神问卜，乃均说：“事先不应做此事，即已做了就干到底”，于是藏军受神旨意，义无反顾、舍生忘死，抗英决心更加坚定。

当英军越过则里拉山口，深入亚东仁青岗、春丕等地时，哲孟雄王土多朗杰力图促成藏英避免战争，和平协商解决。他发表言论，谴责英帝武装侵略西藏。当时有的哲孟雄人将英军的军情向前线藏军官兵密报。这些在英军中的探子认为：英人虽然对藏军的作战特点进行了研究，他们认为，凭武器、装备，打败藏军毫无疑问。但藏人作战勇猛顽强，擅长掷矛剑刺，近身肉搏，很难对付藏人的匕首；在森林作战，藏人爬树攀枝，捷如猿猴。故英军决定用大炮、机枪进行远距离交火取胜。于是藏军改变战术，白天躲在深林，晚上发动夜袭。

1888年（光绪十四年）六月，藏军3000人向隆吐反攻，企图收复失地，但结果又遭失败。荣赫鹏所著《英国侵略西藏史》中有如下记载："然两月以后，藏人又肆凶焰，以兵三千进攻隆吐我军阵地，旋被击退，再度撤兵。"英军此时不敢轻举妄动，于是紧急增调大炮和新式武器。前线藏军得到这些情报后，白天隐藏在大峡谷密林中，傍晚回到兵营、哨卡内。昼夜戒备，严防敌人的再次入侵。

十月，藏军第三次组织反攻，又被英军打败，退回卓木境内之仁进岗。十三世达赖喇嘛与噶厦指挥的这次战斗从六月打到十月，达赖三次调兵遣将，动员藏军、民兵万余人开赴前线，同入侵英军数次作战，力图收复隆吐山。直到新任大臣升泰执行清廷停战的命令，战斗才结束，这次西藏地方的抗英义举，主要是藏军训练差，作战指挥不当，武器装备落后，最后归于失败，以致隆吐山失陷于英军之手。

这次战役发生在隆吐山口，故名隆吐山之战。荣赫鹏所著《英国侵略西藏史》载：藏军从三"至十月间，彼等三度进兵，逾我边境，一夜之内恰在隆吐上方锡金境内数哩之某处，建一长三哩高三四尺之障壁，其建筑之奇巧如此，盖彼等原以建筑著名者。次日格累谟将军即进攻阵地，将藏军追过哲拉伯拉山峡，连日追过春丕谷，然依照吾人不激怒中国之原则，我军在春丕谷并未逗留一日，立即撤至隆吐。"于是中国西藏民族代本军在隆吐山进行了一次较量。

关于隆吐山的战斗地域，成田安辉所著《西藏通览》中记载："提俄可那岭为拔海一万三千五百五十尺高地，当开战之前一夕，英军斥堠过此，寂无一西藏人，其夜英军屯于那塘附近，去此一英里半，终宵亦毫无声响，万籁皆静，至晓忽见西藏人于其间筑墙以为防卫之计，高与胸齐，长约四五里，英人惊诧为鬼工，数千藏兵营集其内，纵横呼噪，乃英兵一举队前进，开炮轰击，藏人终至大败涂地。"【《西藏通

览》，日本·成田安辉著。】

该书记叙："炮兵被藏人视为最大劲敌，故英军炮弹坠裂藏军中央，全队立乱，溃走不遑，退至春丕平野，如使决意再战，藏人必至全军覆没，幸其碑碑塘之地，有中国官署旗帜高悬，飘飘天际，英人虑伤中国感情，乃弭兵休战，移屯那塘。……其地接近咱利，……附近林木无多，然有松桧等树，可供薪伐，水则有小溪清池，可供饮用，惟登高远瞩，则寒山无语，冻水不流，空色阴沉，天风萧瑟，……安辉经此，见平地有无数巨石堆筑为台，其上皆英人墓，盖战死于此者也。"

隆吐山战况及经过。关于隆吐之战经过，时任驻藏大臣升泰向清廷的奏折中，对此次战斗经过作了如下记载："讵八月十七日，印兵出队，将哲孟雄地土全行收取。十月八日，藏番（军）以捻都拉印兵时来山顶，施放枪炮，实距番（军）营太近，即以夜间分队赴捻都拉两山扎营，连夜修筑战墙，为防守计。十九日天明，洋兵见藏番（军）扼扎两山，以不便于己，遂出队直冲，藏兵力不能支，败回姑布冬曲原营，洋人跟踪来扑，两营失守，狂追逐北，藏番连夜奔逃，以致咱利、亚东、朗热等隘，同日失去，印兵复分股包抄，所有藏营番（军）兵一万数千全行败溃，枪刀器械，锅帐什物，弃置满道。印兵追逐，统带噶伦伊喜·洛布旺曲于二十日败回仁青岗，适遇奴才委弁署江孜守备花翎都司守备萧占先奉饬阻战到彼，正遇该噶布伦狼狈奔逃，伊喜洛布旺曲仓皇面告萧占先云：洋兵火炮甚利，万难抵敌，赶紧迅速同走逃命为是，言语之间，枪声不断，旋踵而至，萧占先回告云：我遵驻藏大臣札饬阻战而来，不料尔等又复多事，以致败北，如果英人力追，势必全军俱没，帕隘不保，我系汉官，究与汝等有别，惟有在此力阻，……倘不能听，亦尽人事。伊喜洛布旺曲见洋兵已近，飞窜逃去，萧占先旋即竖起江孜帆营旗一杆，上书有汉字，印兵远处望见，旋即止，萧占先遣人往告奉委前来阻战之故，印洋统带兵官巴了色优又称萨海者，当云既有汉官应即停战，即约相见，萧占先告以原委，并阻其追杀，英官允诺，始未穷追，面许静候办理，惟云天气已寒，不能久待，务请奴才速办等语。"

在《卫藏通志》中，有关隆吐山战斗也作了详细记载。1888年（藏历）三月二十日，英军头目纳哈姆亲率2000名英军由隆吐山下扎鲁隘口，英军联队突然向藏军防地进攻。藏军奋起抵御，击毙英兵数名，其余随即撤退。第二天清晨，英军又来进攻，藏军坚决予以还击。英军在密集的炮火掩护下，列队向藏军阵地猛冲。当敌人进入藏军埋伏圈后，藏军三团汝本（营长）西瓦、五团甲本（连长）欧珠次仁，同时大吼一声，伏兵手持刀、矛、利斧发出震天动地的怒吼声，冲入敌阵，与敌军展开了激烈的白刃战。打死、打伤英军官兵120余人，将英军击退。藏军第五团甲本欧珠次仁等18名官兵在这次战斗中壮烈牺牲。战斗间隙，藏军在隆吐山前沿挖了两道战壕，准备再次阻止英军进攻。

二十三日，英军头目格兰率领军队大举进攻隆吐山口。藏军为保卫佛教圣业和自己的家园，不怕牺牲，英勇奋战，靠土枪、刀、矛、飞蝗石对抗敌人的洋枪、洋炮。英军武器虽然精良，也未能接近藏军战壕。激战良久，英军不支，有撤退模样。此时，一名藏兵大声呼叫“快拿子弹来!”呼叫声被一个打伤在藏军阵地前的英兵听到，这家伙急忙爬回去告诉了英军。于是英军即刻重新部署，用大炮轰击藏军战壕。藏军在无弹无援的情况下，毫无畏惧，互相激励，敌人扑来，就用石头打，跳出战壕与敌人肉搏，战斗进行得异常惨烈。

在敌人的大炮猛烈轰击下，工事全部被毁，藏军伤亡很大，情况十分危急！就在这时，藏军前线总指挥噶伦拉鲁·益西罗布旺秋亲率一哨人马冲到，一面向敌人开枪射击，一面指挥残部与敌战斗，他周围很多人都倒下了，敌人射来的无数子弹，从他身边飞过，他全然不顾。这时，一枚炮弹落在他的附近，几名卫士中弹下马，他的马倌达杰策马奔来向他大声疾呼：“敌人已经从侧面包围了我们，不能让敌人活捉！请大人快上马突围。”

亚东藏军被迫退到纳塘北面海拔13550英尺高的山坳扎营，以逸待劳，准备再次堵截来犯的英军。英军占领隆吐山后，继续往前推进，其先头部队乘夜幕掩护通过山下，他们见附近毫无动静，遂在距纳塘一英里半的地方驻扎下来。翌日清晨，英军向周围侦察，突然发现他们眼前有高一米多，长四五公里的土石混合筑成的矮墙，墙后埋伏着数千名藏军，顿时感到惊恐。立即用大炮猛轰。藏军无法抵御，分散进入四周森林中隐蔽。

到达纳塘的另一部分英军，遭到藏军第二团和洛隆宗民兵的夜袭，伤亡惨重。天明后，大批英军向驻守纳塘的藏军发起全面进攻。守军奋起迎敌，飞蝗石像雨点般打得英军炮手懵头转向，一时不知向哪里开炮。最后，被藏军打败，狼狈撤退。

纳塘败退的英军与隆吐的主力合并后，攻占了纳塘，英军向四周树林、山谷中开炮，迫使隐蔽的藏军向捻纳东北的亚东、春丕等地转移。

▶图为参加隆吐战役的代本级军官。

藏军指挥官拉鲁·益西罗布旺秋回到拉萨就隆吐、纳塘的失守情况及下一步的作战计划，向噶厦作了详细汇报。第穆摄政王、噶厦立即召开全藏会议，请“乃穷”降神卜卦。卜示：“已着手实施之事，应坚持到底为宜”。于是西藏地方政府决定，委派代本平绕·旺堆多吉和知宾·强巴丹增带领四名僧俗官员分赴工布江达、朱龙、则岗、雪卡四县征兵1200名；从山南乃东、穷结、贡嘎、咯扎、达玛、拉康、生极等地征兵1600名，任命代本、汝本、定本若干人。同时增设后勤机构，负责继续征兵事宜。派汝本拉丁色（以后在二次抗英战争中升任代本）和知宾·索朗江村赴塔工一带征兵；派僧官单增顿珠和拉龙苏杰到康区征兵。下令芒康、左贡、左觉、务、察雅等县行政官员及各领地代理人协同办理，务期完成征兵任务并选拔合格下级军官。

英军攻占隆吐、纳塘之后，增兵、修路，又积极准备继续向藏军腹地进攻，英军佯装和解叫哲孟雄颇当喇嘛和康萨卓尼作为中间人写信给噶厦调和，来信说：“英方屡议商通，藏方坚不应允，故英人派兵入境。为结束藏英武装冲突，我二人愿从中斡旋，建议双方通过商谈，解决争端，请予以考虑。”廓尔喀（尼泊尔）国王也在英人的策动下向西藏地方政府致函：“愿以廓尔喀国王名义，对藏英武装冲突进行调解。”英国公使又向清朝政府保证：“只要藏军不越过边界，英军决不进攻”。这时，英军仍雇用大批人马，加紧修桥、筑路，运输作战物资，积极准备新的武装入侵。英军攻占则利拉山，在要隘筑起工事。英军占领堆那后，将藏军所筑围墙一律拆毁，修建兵营，屯集粮秣，部队增加兵员两千名以上。英军勾结廓尔喀王子果尔则念，将大批郭尔喀士兵以协助英军修桥筑路为名，调驻在被英军侵占的地区。到八月初，英军进抵藏军防地聂土、木拉地方附近，向藏军防地开枪开炮。

八月十八日夜，藏军一部分成若干小队，在聂土木拉修筑工事。十九日拂晓，英军发起攻势，藏军不支，退到廓布，与驻防伺、求两地的藏军汇合后，经孜拉山、亚东朗拉等地，于二十日退至仁青岗。隆吐、纳塘等地失守后，摄政王第穆·赤门绕杰再次任命原守边总管拉鲁·益西罗布旺秋为前线总指挥。派噶伦然巴·扎西达杰、代本阿沛和日喀则卡纳代本、吉雄代本率领藏军开赴前线。派僧俗官员分赴各地征兵、征粮；组织民工运输军用物资。藏军收集溃兵，征调新兵，又有万余人，将其布置在堆那、帕里、上亚东、仁青岗等地，三大寺组织的僧兵作为后援。达赖喇嘛命令多扎堪布等15名喇嘛在布达拉宫求神念经，诅咒英军失败。藏民，家家户户焚香祈祷，求神佛保佑前线将士杀敌得胜，收复失地。

西藏隆吐之战的惨烈程度。日本人成田安辉在其所著的《西藏通览》一书中称：隆吐之战后，我曾到过亚东、隆吐山一线，“吾前经此地时，从仆指旧战场为吾言曰：前年战役，是处死尸累累，所谓流血成川，积骨为山者也，呜呼！当日藏人死伤之巨，由此可以知矣！”关于此次战役，《西藏通览》中有如下的评述：“林东（即隆吐）者，藏英通商中一要区也，高于平地六百余尺，拔出海面一万二千六百十七尺，道路险恶，空气稀薄，人马有登者，数步一休足，藏兵据此为营，然卒见败于英人者，实由武器之恶劣之故，其第一防御栅立于九千六百尺高地上，纯用生竹为壁，顶上石城，防御亦严，英古那哈姆将军督兵攻之，损伤甚少，大破藏人，假使藏人此时稍有普通武器，必不至英人所破也。西藏指挥官称代本，即长官也，小铳称迷达，即火枪也，除火绳索、弓矢、铳、投石之外，别无武器，惟笃信喇嘛咒文及占出有因等事，以为一诵咒文，不惟神人毕助，即枪林弹雨之内，亦可无害，故军士死伤遍地，彼等心中尚谓此次咒文背诵之法或有未善，必可有效，喃喃不已，终不信其败也，英人于阵地上拾视所弃风车，上刻咒文，皆击破敌人杀敌人等语。”

藏军参战，清军面对这些惨状并不是不管，在“勿启争端，驻守原地”的命令下，刚上任的驻藏帮办升泰赶到了江孜。清朝政府驻藏帮办升泰，命江孜守备萧占先率枪营官兵前往仁青岗。萧占先在仁青岗见到了藏军前线总指挥拉鲁·益西罗布旺秋。他对萧占先说：“英军用大炮轰击，我军难以抵挡，不得不撤退。”萧占先说：“我奉驻藏大臣之命，前来阻止英军。我以清朝中央政府官员身份与英军交涉。谅英人会按照条约规定撤回军队。万一他们不撤军，我们奉陪到底。”

拉鲁·益西罗布旺秋率领藏军撤退后，萧占先即竖起书有“萧”字的营旗一杆，英军用望远镜看见，即停止炮击。萧占先派人到英军兵营，说明来意，英军官巴丫色伏约与萧会见。会谈后，英军不仅没有继续追击藏军，表示可以等候举行谈判，于二十二日撤回原地。

英军打败藏军之后，即派人把在春丕避难的哲孟雄国王土朵郎思哄骗回去，囚禁在噶伦堡。另派锡金行政官一人驻到岗都。“其内政外交，咸依英军之指挥以行，虽为保护国，实则已成英国之领土，王不过拥一虚位，作傀儡而已。”（《西藏通览》）另据《西藏六十年大事记》也载：“英人既掠哲地，复拘禁哲部长于噶伦堡，驻重兵于哲境，招印度及廓尔喀之游民，辟地垦荒，廷议以哲事无从挽救，虑梗藏议，谕升泰勿问。”《驻藏大臣考》也载：“先是哲孟雄部长之母递禀乞勿将哲孟雄划出藏境之外，部长既被拘，其母及子仍居春丕，英人假作部长书，取其子赴噶伦堡，部长母坚持不允，乃携其两孙赴升泰营哭诉，乞中朝作主，升泰无以援之，八月哲部长复来书云：当回春丕，情愿弃地，不受洋人折磨，升泰虑为英人借口，复阻返藏。”

升泰求和勘定界址。升泰于十月受命任驻藏，此时战事正在进行，而驻藏大臣有泰（前任驻藏大臣升泰的弟弟）到任理事后决定，大敌当前，清朝光绪皇帝作出了“切勿动武，着驻藏大臣同英方议和”的批语。“先解除战争，再勘定界址”。他认为藏军建卡的隆吐地方不是西藏地方所辖，藏军在隆吐山口设卡是不对的。经过他的一番调查后，他在光绪的奏折中呈述：“始于多年未经调阅之案件堆中，寻出乾隆五十九年前大臣工部尚书和琳、内阁学士和瑛任内所立奏设鄂博原案一卷，注明藏南界址，系在距帕克里三站之雅拉木支两山，设有鄂博，又有春丕、日纳宗两外，上年虽系藏域，因乾隆五十三年廓番用兵，将哲孟雄追过藏曲大河，哲番穷蹙，经过达赖喇嘛将日纳宗地方已赏给哲孟雄管理，原派委员西藏游击张志林原禀，即声称日纳宗不应作为藏界。”

根据上述论据，升泰又在八月十八日给皇帝的奏折中更进一步说：“查藏番（军）自作不靖，肇起兵戈，所有隆吐山南北本皆哲孟雄地方，在英人遂视为保护境内。……藏番（军）既不如知优待边藩，遇有哲孟雄人受欺凌，亦不为之……忽又攘夺哲孟雄之地，以为己有，更扬言哲夷勾结英人商议起兵攻伐，以致哲夷内自不自安，不免勾结，直使英人虽不愿多事而不能，藏番（军）更自速其祸，此又藏印交兵之所由来也。”

同日，升泰又派员向西藏噶厦僧俗官员传话：“告以如恪遵谕旨，即不为背约，将来诸事均可商量，若必好勇斗狠，倘再一败挫，欲求保守现界而不能，即或万一侥幸得胜，试思尔藏番（军）以蕞尔小邦，失去隆吐山关卡，犹思忿争，况印度系属强邻，雄视海滨，纵使偶然失利，又岂能遽罢兵革，恐仇怨愈深，彼此兵事无已，尔等藏军番号现已得到庇荫，不至立见灭亡，亦不免元气大伤，全藏虚耗，尔等宜于熟思。”但西藏地方官员并不赞同升泰的上述观点，极力申辩日纳宗的主权属于西藏，升泰又把这些意见向上奏明：“该番（军）等虽有愧色，总以日纳宗本系藏境，从前虽经赏给，近因哲夷私通英人，应即收回自管，狡辩不已。”八月十八日，全藏僧俗官民又上公禀，向升泰提出“洋人如能撤兵，一切照旧，藏番（军）亦遵旨不敢越界滋事，如洋人必欲据哲孟雄地以为已有，则藏番（军）仍难任彼横行。”九月初十日，升泰在奏折中又怒斥藏军：“奴才查藏番狡险昏顽，实为世所罕有，奴才到任以来，极力开导，恨不能剖心以示，无如该番（军）等别具肺肝，不解度德量力，惟知问卜降神，……更有以此番（军）战败，系因遵旨所误，昧心之言，不堪入耳。”同日另一奏折中又称：“藏番（军）存心至愚而至险，每目（在藏军班排中任教官的清军汉兵汉官）汉官为洋党，开导委员会但据理而谈，则大拂犬羊之性，每以人众挟制我驻藏官兵无多，力不能勒令办理，此历任大臣之所以为该番（军）掩饰百事迁就职是故也。”在这种背景下，升泰认为日纳宗不是西藏的，强令前线藏军统兵官下令藏军后撤。

光绪十四年（1888年）十月二十三日，清朝政府给升泰批示：“藏番（军）此次私犯敌营，又致大败，昏愚顽梗，可为痛恨。……升泰抵藏后布置一切，均尚中肯，目前印藏情况，非该大臣壮志凌云赴边界与英国面议，终难定局，且事机亦万难再缓。据英使华尔森告知总理衙门，有该大臣于十月十二日启程之说，着即禀遵谕旨，熟商妥办，该大臣当勉为其难，竭力开导，绥靖边疆，以副委任。”升泰根据这一指示，即和达赖喇嘛、噶厦磋商，当时西藏方面因为三次战事失败，受了很大损失，亦思得一休息机会，以便医治战争创伤，因此经过大会商量后，同意升泰出面调解，达赖并派噶伦然巴、代理噶伦大喇嘛益喜彭措、代理噶伦奔塘大喇嘛及三大寺代表等人，陪同升泰前往。

1888年（光绪十四年）冬，清廷派升泰赴亚东与英方会谈。光绪十五年（1889年）二月十一日，清朝政府的批示下来，同意升泰意见。批文内称：“哲孟雄与英国定约租地，事属已成，无可挽救，该国本在地版图之外，现在势穷力竭，愿求内附，若照所请办理，英人窥伺已久，必不相让，殊于藏事无益有害，该大臣许其保护而争照旧二字，所见甚是。”清政府此文中的意思是，关于隆吐山的归属问题，要求升泰在谈判中尽量争争面子而已。

光绪十五年（1889年）五月，朝廷授权驻藏大臣升泰赴印订立《藏印条约》。十一月十日，驻藏大臣升泰前往边境调查锡金问题，商讨“撤兵”、“定界”、“通商”三个阶段的会谈。

升泰到达藏印边境之仁进岗地方，当时藏军万余人还驻扎在该地，升泰下令要他们撤退，“该番官（藏军总指挥）等回称，以驻藏大臣尚未与洋官等晤面，事在未定，弗敢遽行撤回，惟有遵谕退扎数十里之灵马坡度地方，以观动静”。升泰于是下达命令说：“除留少数部队驻扎帕里外，其余各部一律撤退。”

十一月十九日，英方派出英国远东情报局局长柏尔为代表与西藏驻藏大臣升泰在哲孟雄境内的纳塘地方会面，西藏方面派出的噶伦及僧俗官员，暂驻在仁进岗，听候消息。

1889年（光绪十五年）底，升泰正式接到清朝政府令其亲赴边界与英国面议的谕旨。他与西藏地方代表磋商后，噶厦派出了大喇嘛本唐·益西彭措、近侍达汗·居美曲觉、索康、孜仲本唐·强巴塔钦、孜哈噶迪等随驻藏大臣升泰前往亚东参与此次谈判。柏尔与升泰见面时，首先提出：“哲孟雄（今称锡金）与英国订约已二十七年，归英国保护”，并提出要求西藏方面赔偿这次战争所损失的费用。升泰理直气壮地向柏尔答复：“哲夷为藏地属藩，从前哲印立约，并未准印督照会，藏军亦未赴印度地方滋事，索费实为无名。”双方经过多次往复争执，其谈判结果，提出了订立印藏条约的初步意见：“查哲孟雄瑜部，藏军本不应该干预其地方事宜，惟在西藏商上，向有年节礼物，及驻藏大臣贺禀而已，其向来是何礼节，均当照旧，则英国向来如何保护，亦可照旧。……又通商一节，开来款内，英人直欲到藏内（指拉萨）贸易，委员等严词以拒，百计辩说，始言退至江孜，仍答以万不能行，刻又意在帕里宗，……奴才坚允未应，英官意甚拂然，……察看英人心不忘藏，……每露于口角之间，诚知拒之过力，祸结难消。”（摘自光绪十四年（1888年）十一月二十三日、十二月初十日升泰给清帝的奏折）

经过长达十个月的磋商，在光绪十六年（1890年）正月，清政府下令驻藏帮办大臣升泰为全权代表赴加尔各答与英印总督兰斯顿举行会晤谈判。电谕升泰：“驻藏帮办大臣升泰作为全权大臣，与大英国所派全权大臣立约画押。”二月二十日，升泰自大吉岭前往加尔各答，会晤印督兰士顿。升泰和西藏地方官员等到达亚东后，住在藏英两军对峙的那塘。他一到前线，立即下令驻防亚东、仁青岗一带的一万多名藏军立即撤退。但是，英国方面不但未撤退一兵一卒，反而在继续增兵。藏军奉命撤退到林玛塘以上数十里的森林里驻扎。升泰又再次严令藏军速撤远一点。并说：“如果英军再来，本大臣自有办法阻止。”川清军江孜守备萧占先派人到英军兵营，说明来意，英军官巴丫色伏约与萧会见、英军停止追击藏军，撤回原地。升泰向英方提出了撤军的要求。巴丫色伏约说“暂时不想考虑关于撤军的问题。如果各种特权在条约上未得到保证以前，英方是决不会撤军的。”于是升泰径直找英方代表柏尔商谈。

在谈判中，英军头目荣赫鹏说：“藏方无理挑衅，越过则利拉山侵占了哲孟雄境内深达十八公里的隆吐山。这一事实说明了西藏人侵占了我们的领地，正因为西藏侵略了哲孟雄，所以我们不得不重新调整同西藏的关系。”“西藏人侵略了我们的属国，”“虽然英国过去说过聂土拉山为分界线，但是战争一旦发生，情况就与前不同了，要以则利拉山为分界线”等等。英国人蛮横地坚持他们的主张，认为没谈判的余地。

升泰面对英方的强词夺理和无理要求，进行了申辩和反驳，“事实上哲孟雄早在1888年以前，仅仅同英国缔结租借大吉岭和在哲孟雄有筑路的协议。哲孟雄大臣具结归属英国是在1888年八月隆吐边地争端战役之后。荣赫鹏将军所说的藏军在隆吐山设卡，侵略了英国的属地是毫无根据的。”虽说这次战争有正义性的一面，但升泰又考虑到藏汉分理后，西藏驻军太少，清军远道而来，远水解不了近渴，况清廷无兵可派，因此底气不足。他又反过来开导噶厦：英人快枪利炮，藏内虽有藏兵，而吾藏军多系民兵，没有经过很好的训练；藏军纪律差，武器落后，本大臣拿什么来抵抗英人，于是清朝政府对英帝采取妥协让步政策。

光绪十六年（1890年）三月初旬，升泰将谈判的结果奏于朝廷，清朝政府同意了他在亚东与英人谈判的结果后批示，他向达赖和噶厦传达了“撤兵”、“定界”、“通商”三条，要西藏方面讨论答复。第穆呼图克图、三大寺及全藏僧俗官员对此次谈判的结果十分不满，遂即联名向升泰递了一张公禀，该会议纪要内称：“……叠谕迅办撤兵、定界、通商三事，我藏番（军）等不敢违旨，业经遵谕撤兵。至于定界，上年本月旧界，嗣因将日纳宗赏与哲孟雄，其隆吐山之格压倾仓地方，实有我藏番（军）百姓的游牧草场，系藏哲旧界。……若通商一事，我藏番（军）实属万难，万不得已，遵谕通商，惟咱利以内洋人断不可来，总求施恩，能在咱利以外，实占恩典。”

光绪十六年二月二十七日（1890年3月17日），升泰在印度加尔各答与英印总督兰斯顿签订了《中英会议藏印条约》八款。这一条约的签订，英国占领了哲孟雄，并以此作为跳板，筹划进藏“通商”。清政府基于“中英敦睦”为理由，同意了英方这一极不合理、强加与人的藏哲分界线。值此清朝从法律文献上断送了哲孟雄（锡金）。此该条约共计八条，要点如下：

“第一条：藏、哲之界，以自布坦交界之支莫挚山起，至廓尔喀边界止，分哲属梯斯塔及近山南流诸小河，藏属莫竹及近山北流诸小河，分水流之一带山顶为界。

第二条：哲孟雄由英国一国保护督理，即为依认其内政外交均应专由英国一国经办。该部长暨官员等，除由英国经理准之事外，概不得与无论何国交涉来往。

第三条：中、英两国互允以第一款所定之界限为准，由两国遵守，并使两边各无犯越之事。

第四条：藏、哲通商，应如何增益便利一事，容后再议，务期彼此均受其益。

第五条：哲孟雄界内游牧一事，彼此言明，俟查明情形后，再为议订。

第六条：印、藏官员因公交涉，如何交移往来一切，彼此言明，俟后再商另订。

第七条：自此条款批准互换之日为始，限以六个月，由中国驻藏大臣、英国印度执政大臣各派员一人，将第四、第五、第六三款言明随后议订各节，兼同会商以期妥协。

第八条：以上条款既定后，此送呈两国批准，随将条款原本在伦敦互换，彼此各执，以昭信守”。

三月十七日签订的《中英会议藏印条约》八款。划定藏哲边界，确定了哲孟雄为英国的保护国；英国强占了西藏的日纳、隆吐、则利拉等地。至于西藏和哲孟雄建立贸易关系、印度和西藏贵族互相往来、藏民在哲孟雄境内放牧等三个问题，英国均推“留待以后再议”。

《藏印条约》是清朝政府在西藏问题上与英帝国主义进行外交斗争的一次重大失败，英国占领了哲孟雄，而英国则连升泰所争的哲藏来往“照旧”一点，都没承认。这一条约订立的结果，打开了英人入藏门户。然而就在此时，沙皇俄国已开始染指西藏，并取得了某些利益，达赖与帝俄的关系逐渐密切，英军怕为重行划界的谈判拖延下去与已不利，在主要目的已达到的情况下，便采取了“其他总是可留待以后解决”的权宜之计。

升泰签订了《藏印条约》以后，即由加尔各答返回西藏，于六月初一日抵达拉萨，六月初二在布达拉宫会见达赖，他将《藏印条约》的内容和订约的经过告诉了达赖，达赖又将该条约抄文发给西藏僧俗大会讨论。升泰认为此次订立《藏印条约》很有“功劳”，自吹自擂，并向清帝保奏出力官员，给以“奖赏”。升泰在奏折中说：“上年藏印勾兵，藏事凡不可问，奴才受任以后，夙夜忧惧，计自到边，历时两载，彼族狡展迁延，事几中变，深幸叠承谕旨，指受机宜，……始得令其就范，从此定界通商固修邻好，当可保藏中或少他故，藏事幸得挽回。”但西藏军民对《藏印条约》有相反的看法，指责升泰媚外卖国，在升泰致光绪帝的（赫德税务司外务顾问）信中，自己也提到这点：“印藏一案，经泰会同噶厦督同委员，用尽心力，始克就绪，本年六月回藏，乃有个别大臣和随带员弁及本藏不肖汉番（军），妄称锡金（即哲孟雄）之地，中国皇上不愿划归英国，系本大臣有意讨好英国，私将锡金划出版图等语。……又春丕地方锡金部长之弟，时有私函勾结藏番，云伊兄弟及部落之人，均仍愿归藏，系本大臣不肯做主云云。……经泰将掌办呼图克图痛加申斥，复饬拿为首之人，刻下始得风平浪息。”

1890年（光绪十六年）三月二十七日，清廷授升泰为驻藏大臣，升泰因这次缓和边事由驻藏帮办大臣“荣升”驻藏大臣，其属员纷纷向他“恭贺”，他说：“为阻止英军，藏军不得进入亚东境界。其先头部队，不准越过帕里一步”。面对升泰的无耻行为，噶厦和全藏会议表示了极大的愤慨，写信给他说：“贵大臣所示，实难照办。这种丧权辱国的旨意，我等难以遵命……”但是升泰顽固地坚持藏英不以发生战争为第一要务，并声称“本大臣愿亲赴前线与英人当面商谈”。以摄政王第穆为首的噶厦和三大寺僧俗官员共同商讨后，再次给升泰进言：“自光绪二年以来，英帝国主义屡次以开放藏英通商为名，以达到武力侵略西藏为实。对此，我全藏广大僧俗人民采取了抵制态度。英人逞强，发动了武装侵略，西藏人民被迫进行反侵略的战争，初战虽遭受挫折，但丝毫没有动摇我全藏军民抗击侵略者的决心。现前线抗英各部仍在顽强战斗，如果贵大臣以皇帝旨意威胁西藏军民放下武器，停止抗敌，任英人宰割，诚恐有失圣朝三百年眷顾深恩。现我等只能命令抗英各部队暂勿结集亚东一隅，着分散部署于外围各重要据点，但绝不能全军撤退。我退敌进，何日可了？前贤曰：‘人无远谋，必有近忧’，万望贵大臣三思，请转奏皇上，助我全藏臣民，抗击外敌，以保边疆，永固国土。”升泰不予采纳。

《藏印条约》中的“划界”、“通商”约定，使英人有了向西藏步步进逼法律上的依据。根据《藏印条约》的规定，在光绪十六年（1890年）九月，英国要求按条约中未尽事宜进行谈判。驻藏大臣接到孟加拉巡抚白礼的来信，催促西藏大臣派出委员和英国委员继续谈判《藏印条约》没有明确解决的第四、第五、第六三款。升泰乃派西藏粮食局务黄绍勋、文案委员张访二人前往大吉岭，与英方委员柏尔继续谈判。

光绪十七年（1891年）十一月，清朝政府再次来电，要升泰再赴大吉岭与柏尔亲自会晤。此时适逢九世班禅曲结尼玛（1883~1937）选定。1892年正月初三日在札什伦布受沙弥戒，并举行坐床典礼，摄政王第穆呼图克图要去札寺给班禅传授沙弥戒（本来应由达赖传授，因当时十三世达赖还没有受过丘比戒，还不够授戒资格，因此由第穆呼图克图代理），光绪帝即令升泰也顺道前往扎什伦布，主持九世班禅坐床典礼。

光绪十八年（1892年）正月十二日，九世班禅坐床受戒诸礼完毕，升泰从日喀则启程前往仁进岗，写信邀请英方代表柏尔来仁进岗会商，英国方面提出了关于通商、交涉、游牧三款的书面意见，其中所提很多条款，西藏代表不能接受。二月二十日，第穆呼图克图给驻藏大臣转交了三大寺和全体僧俗官员的一张公禀，内称："第二条，在亚东地方置买地基，修建房屋，不能遵依，由商上在关卡外修建房屋，与英国商民居住，按日收租，不得短少。第三条，通商五年出进货物概不纳税，请由商上收税，不肯延续五年之久。第四条，应禁各物，如甲噶尔（印度）地方向无盐茶进藏之规，请仍照旧，至军火器械迷醉药等项，并请严禁出入。又续款第二条，日后两国均以亚东设关为无益，或改藏内他处，或别添通商一款所有章程，俱照前开通商各条办理，无论如何誓不依从。亚东设关，不得不勉遵大皇帝谕旨，决无复在藏内他处改关及添设商岸之事。"升泰把西藏方面的意见转告英方代表后，同年六月十八日："中间斡旋"的英人赫德来信称："前呈各款，皆系印度国家念切邦交，再三裁减通融办法，无可增删。"升泰接此信后，一面去信噶厦，要三大寺派代表到仁进岗接受"面谕"，一面还向税务司赫德（中方外事顾问）诉苦："番情冥顽，莫能言状，本大臣前接印度拟约，即已专弁取结，讵理之外，有不敢遽渎贵国者，中间曾略陈梗概，想亦周知矣。本大臣译饬前后数千言，禀结掷还四次，委员摘顶听参，至今迄无定议，现复饬调三大寺堪布，不日将到行营切实面谕，再看如何，此番饬取遵结能否照办，统候到时，再为上陈。"

1892年（光绪十八年）九月，升泰病故在亚东仁青岗。清政府任命奎焕为驻藏大臣，延茂为驻藏帮办大臣。他二人仍依照升泰的原议，继续和英国人进行谈判。中国方面以四川越西营参将何长荣、税务司赫德（英国人）为代表，英国方面是当时英国派驻锡金的行政长柏尔，于1893年（光绪十九年）十月在大吉岭签订了《藏印续约》九条、附约三条。其主要内容："于光绪二十年三月开放亚东为商埠，英国商人可自由往返通商，由印度政府派员驻寓亚东，管理英商贸易事务，凡英国商民在藏境内与藏商民发生商务纠纷；应由中国驻边官员和英国派驻锡金办事官员面商办理；印茶运藏贸易，应纳之税不得超过华茶入英纳税之数；入藏境之英印商民之身家、货物、皆须保护无害。"

藏印条约的续约签订不但没给西藏带来稳定，反而给西藏今后的政局带来了动荡不安，"划界"、"通商"，西藏亚东被开辟为商埠。英印商人可以随意在藏境内贸易，商务纠纷、边界问题更加严峻。此举更为加剧了英人与中国藏军守卡官兵的武装冲突。一场更大规模的抗英战争蓄势爆发。

江孜抗英保卫战

1903年（光绪二十九年）3月13日，英政府来函，要求西藏地方政府派代表去亚东通过谈判解决边界问题。清政府驻藏大臣决定：委派三品知府何光燮、噶厦代表堪仲洛桑赤列、代本（团长）擦绒·旺久杰布、办事员僧官根顿曲培、甲本（连长）旺久次登及随员数人前往亚东。英方荣赫鹏、英驻哲孟雄行政专员怀特玩弄骗局，突然改变了谈判地址，写信要噶厦代表去藏哲（锡金）边界的岗巴商谈划界与通商问题。

噶厦接函，又派人前往岗巴，当噶厦的代表抵岗巴时，荣赫鹏和怀特早已率侵略军占领了岗巴宗。岗巴宗宗本扎色康派人将这一情况禀报扎什伦布寺拉章，扎寺拉章一面将此边情紧急申报噶厦，庚即召开僧俗官员会议，共谋对策。扎寺的扎莎喇嘛建议：为确保扎什伦布寺的庄园一岗巴宗不受侵犯，特派九世班禅大师的代表阿钦堪布卓旺活佛和四品官努岗·索朗旺堆、办事员德强·青普达、吉龙古玛的民兵首领登巴等人前往岗巴与英人交涉退兵问题。

▶图为英军荣赫鹏上校。

驻印总督寇松，命令英国驻克什米尔助理行政官铿守和印度不丹行政官乌金二人，又给达赖喇嘛写信，说："划界"、"通商"这类小事不必通过清朝政府，可直接与西藏官员打交道，我想见达赖喇嘛。达赖喇嘛收到信后断然拒绝，并由噶厦政府退还了；印总督亲自写信，达赖喇嘛看都不看，叫噶厦政府将该信原封不动退还给英驻克什米尔助理行政官，并敦促其退转英国政府。

▶1904年春，第二次藏军与英军的殊死顽强的苦战爆发。图为西藏各地军民和僧兵集结江孜进行抵抗。

在英军驻岗巴宗营地，藏方扎什伦布寺代表对英军说："岗巴地方系扎什伦布寺的一块薄地庄园，倘若你们不撤走，将来被清朝皇帝知晓，追究起来，我们实负罪不起。印藏边界应以双方协商解决为宜，不应诉诸武力！"英国人却蛮横地声称："哲孟雄（锡金）至岗巴地段，我们早已勘察完毕，我军奉命正式在这里驻扎。至于这里是你们的领地，那我们不管，驻与走是我们自己的事情，无需他人过问。"英军不仅丝毫没有和解和撤离的表示，反而在岗巴宗附近的曲登尼玛和贡巴扎仓等处继续拍摄地形、侦察道路。英国军人在屠宰牛羊、制作食品，并对路过英军营地的扎什伦布寺代表说：这些牛羊是出于"友善"，才让驻扎的英国兵向岗巴群众大量采购的。扎什伦布寺代表愤然离开，找到正在该地与英人谈判的驻藏大臣的代表和噶伦。他们将路过岗巴侦察到的情况报告了驻藏大臣派出的代表何光燮知府。

“在岗巴宗城堡，英军有一百三十余人，但他们的后勤条件好、交通方便，随时可调来大批援军和武器弹药，故不宜动武，应充分利用谈判，赢得时间，将日喀则、江孜两地藏兵秘密调到岗巴附近的仁钦则和苦米布防。”藏军代本擦绒·旺久杰布即派专差将这些情报和决策呈报驻藏大臣和噶厦。

这天夜晚，侵略军营地突然燃起了熊熊烈火，火光中，只见敌军驮马带头，步骑押后，匆匆越过界标，撤出藏境。英军为何撤退？当时谁也不明其意。事后才知这是英军为发动第二次侵藏战争所采取的借口，诡称说中国藏军首先动武。在英军侵入岗巴宗期间，他们将岗巴与哲孟雄的边境界标向西藏境内挪动，购买岗巴地区牧民的牲畜2万余头。噶厦政府分析，英军此次行动的用意在于分散藏军驻守边防的兵力，他们入侵的重点不是亚东，而是想通过亚东和帕里这条通道进逼拉萨。

▶图为白居寺战场遗迹。

噶厦政府随即命令江孜藏军汝本（营长）吉普率部开往亚东防守，并通过各种途径探明英军的规模、装备及后援等军事情况，及时禀报噶厦。吉普奉命到了亚东，扎营与英军营地对峙，吉普汝本（营长）在亚东防守期间，多次亲自同英方交涉中方严正立场。英方公然宣称：“有朝一日我们一定要进兵拉萨！”英国“划界”、“通商”受阻，强行动用武力迫使西藏地方签约。西藏驻扎边防的藏军设卡阻拦，于是第二次藏军与英军的殊死顽强的苦战爆发。

1904年（光绪三十年）春，英军刚开到海拔4600多米的高原，时值气候寒冷，一时不能适应，提出愿同藏军代表进行谈判，藏军第一代本——前线总指挥拉丁色和副总指挥郎色林、后藏九世班禅派出的代表——扎什伦布寺拉章的膳食堪布苏康努以及拉萨三大寺（哲蚌寺、色拉寺和噶丹寺）的代表等前去与英军谈判。

谈判前，藏军总指挥对藏军作了军事部署：将定日扎西林巴代本的部队布置在恰鲁庄园和多庆一线；后藏代本门吉林巴部队和然巴所属部队布防于上、下萨木地带；拉丁色代本和朗色林代本的1000多藏军主力部队在春丕（即曲眉仙郭）防守并修巩防御工事。1904年1月15日，英军提出要同藏军军方代表直接进行谈判，前线指挥官同意了英军的要求，让他们派代表前来春丕谈判。

1904年（光绪三十年）4月，英军侵入西藏重镇江孜。当曲眉仙郭藏军前线指挥官拉丁色和朗色林离开阵地接待英军谈判代表时，英军的步、骑、炮兵已偷偷向藏军推进，藏军指战员因缺乏作战经验，竟然没有察觉。在谈判进行之时，藏军已被敌人重重包围了。双方按藏人格斗的规矩进行，其实藏军格斗前要抠食指的做法，英军早已谙知。因此双方不分输赢，接着英军谈判代表声称：“既然要议和，为表示诚意，我军先将子弹退出枪膛，也要求贵军指挥官下令将火枪的点火绳熄灭！”英军指挥官即当场命令将子弹退出一发，殊不知，在一刹那间英军又将子弹推上了膛，藏军代本命令藏军将土枪点火绳全数熄灭。就在火绳熄灭的时候，英军的机枪开始疯狂扫射，英军谈判代表荣赫鹏突然拔出手枪将藏军谈判代表拉丁色代本、朗色林代本、班禅代表苏康努、汝本康萨及三大寺的一名谈判代表全部枪杀。站在远处的拉丁色代本的仆人占堆，一见主人中弹倒地，一声怒吼“我的少爷被人杀了！”拔刀跃步，直冲过去，横劈竖砍，当场杀死英军官兵10余人，自己身中数弹壮烈牺牲。

在谈判场地的另一角，一名汝本（营长）、一名甲本（连长）和一名定本（排长），以及10多名藏兵临危不惧，拔刀奋战，在英军机枪和排枪的扫射下全部阵亡。一时整个谈判场地和藏军阵地上尸体纵横，鲜血遍地。绝大多数藏军官兵和谈代表都束手阵亡在英军屠刀之下。吉普巴和登巴两汝本（营长）也受了重伤，被部下舍死救出阵地。当他们冲出重围到达卡鲁庄园后，急忙派信差向噶厦报告了在曲眉仙郭发生的不幸。同时，向各路藏军发出了通告，要他们快作好御敌的一切战斗准备。藏军官兵疏忽大意，中了敌人诡计，刚接火就被英军杀死500余人；与英军展开肉搏的过程中，又死伤430多人。藏军官兵主力伤亡殆尽，春丕遂告失守。英军又迅速攻占了骨鲁（戛吾），又追杀藏军数百人。紧接着以藏军骨干组成的第二防线，僧军和民兵队伍与英军展开了殊死的抵抗。

杂昌峡谷伏击战重创英军三百三。曲眉仙郭失守后，藏军残部380多人与原防守在萨木、噶拉一带的藏军汇合，撤到康玛地区。驻守骨鲁的2300多名藏军，又在扎西林巴代本（团长）和然巴代本（团长）的率领下，与追击的英军进行了顽强的战斗，扎西林巴代本（团长）和然巴代本（团长）亲自率部乘夜偷袭了英军的营地，打死打伤敌军60余人，缴获了一批武器、弹药，连夜撤回到杂昌附近的多德村，由于兵力悬殊太大，加之武器落后，挡不住，败退下来。英军继续向江孜推进，一路烧杀抢掠，无恶不作，自以为武器精良的英军，在荣赫鹏的率领下继续追击藏军……

▶图为江孜炮台。在这次战斗中，僧兵仁登加措砍死砍伤五名英军后身负重伤，仍将英少尉逼下悬崖。而后被英军炮击阵亡。

杂昌峡谷是通往江孜的必由之路，这里有一条约一公里长的峡谷，悬崖峭壁，深涧急流，藏军决心利用这一天然屏障，阻止英军，保卫江孜。

藏军在杂昌谷地集中了4800多人的兵力，计有哲蚌寺、色拉寺、甘丹寺和后藏的热堆寺僧兵2500人，还有山南和塔工地区的藏兵、民兵2300余人，藏军指挥员是扎西林巴代本、门吉林巴代本、俄龙巴代本、然巴代本、扎什伦布寺拉章的洛桑旦增代本、色拉寺顿尕阿加代本和顿都根堆代本等。僧兵总管有哲蚌寺的桑罗代本、登增朗加代本、色拉寺的哈东曲桑代本，噶丹寺的江孜罗加代本、热堆寺的强巴平措代本等，还有各庄园、寺庙头人。此次的作战部署是：一、东西山头以两个火枪队把守；二、面对英军来路的山口架设土炮，由一支精锐部队把守；三、东山坡准备好滚木、雷石；四、于北谷口埋伏下阻击兵力；五、峡谷中埋伏1200人，视敌情出击。三月二十八日晨，据藏军观察哨侦察，英军已开始向峡谷推进，埋伏在谷底的藏军，严阵以待，一场激烈的阻击战正在这里周密地酝酿着……

午时，英军先头部队30多名骑兵入谷，步兵列队续进，英军初未发觉有埋伏，故大队人马相继缓进。一名无作战经验的藏军新兵过分紧张，滚石滑落而惊动了敌人。敌军便立刻以密集炮火和机枪向峡谷的山头、谷底射击。由于藏军所处地形优越，土枪、土炮、滚木雷石和飞蝗石（藏语称“俄尔多”，一种用牛毛制的抛石子的鞭子，又叫抛石器，可将鸡蛋大小的石子甩一二百米左右，而且命中率较高）一齐向敌人打去，打得英军像热锅上的蚂蚁，团团乱转，无处逃生。进入峡谷之敌全数被歼。谷外之敌立刻停止前进，后撤里许，用重炮轰击峡谷两侧的山头和山坡，英军步兵在大炮的掩护下，从山后和两侧夺取藏军阵地。这时，从山头到河谷地带藏军与英国侵略军展开了肉搏战。从早晨至午后，藏军奋战达六个小时，打死打伤英军280余人。藏军共伤亡150余人，藏军汝本（营长）拉吉、僧兵总指挥桑罗（哲蚌寺僧人）、丹增朗杰、强巴来措（热堆寺僧人）和日喀则甲本多等人，在英军的大炮和机枪及肉搏战中壮烈牺牲。

白居、乃宁、紫金寺雄威刀劈破敌胆。守卫江孜的定日代本（团长）扎西林巴奉命接任江孜前线总指挥，他召集了后藏（卫）加察巴代本、门吉林巴等代本开会，研讨制订了保卫江孜的整个作战方案。命日喀则、定日部队固守紫金寺、乃宁寺和格布西一带防线，由门吉林巴代本负责切断敌军后援要道；与此同时，他召集了各宗（县）、欲（乡）、寺庙的官员、头人召开紧急会议，研究扩大征兵、以充实藏军兵力；请噶厦下令征调各地民兵前来江孜参战，迅速组织起各寺僧军，组成第二防线，将其藏军布置到浪卡子到拉萨一线。

江孜宗、白居寺、乃宁寺、紫金寺及帕拉、江洛庄园、噶西庄园等

▶图为参加江孜抗英的僧军。

官员、执事、头人召开了紧急会议，与会人共同誓约祈祷："为保卫神圣佛法，报答皇上和达赖喇嘛的宏恩圣德，务必同心协力消灭佛教之大敌——英国侵略军，绝不让入侵者生还一兵一卒！"这一决议和誓言，深得民心，很快变成了广大僧俗民众的行动。仅帕拉和噶西等庄园就有150人报名参战，白居寺的仁丁扎仓和古巴色康就有31个喇嘛报名参战，很快组织起了一支460余人的精干突击队投入了战斗。

英军50余名骑兵进到白居寺搜查，该寺堪布罗杰强曲身披袈裟、手捧哈达谦恭出迎，要求英军"尊重藏民信仰，切莫进驻寺院"，以试探其来意。英军不予理睬，一军官带领十几个英兵，悍然进入寺内搜查，未发现有武装人员和喇嘛的敌意行为，便离寺而去。该堪布即将这一情况向藏军战地总指挥扎西林巴代本报告了。扎西林巴代本说："你们这一招很妙，目前我们还未准备好，先别碰硬，今天未出事很好。为消灭佛教之大敌，为了保护好寺院，要把年老幼小的喇嘛分散

转移，妥为安顿，把所有青壮喇嘛都组织起来，把各护法神殿的刀矛等武器集中使用”，“寺院除前面大门外，其他门窗都全部堵死，挑选50名精壮喇嘛日夜守卫，一旦有情况，立即报告。”此时江孜藏军迅速加强了布防，在敌军营地周围的村庄、寺院外挖战壕、构筑工事，增设岗哨，并挑选老练的枪手、炮手，加强扼守日喀则宗政府的兵力，总指挥扎西林巴代本还将新组织起来的突击队安排在江孜前面的甲日加村；抽调一部分精兵加强白居寺的防守……英军面对腹背受敌的困境，不时派出小股兵力，试探其营地周围的藏军阵地的实力，与藏军发生零星小战斗。

乃宁寺战斗。乃宁寺是英军运输线上的一个重要据点。该寺历史悠久，早在藏王赤松德赞时期，堪钦萨多的门生江白桑旺见此地与“圣地多吉丹”相媲美，故建此寺。驻守该地的米林巴代本和民兵首领顿热娃指挥，率领着昌都民兵300余人、塔工精壮僧俗民兵500名。他们在乃宁寺周围筑起了防御工事，控制了寺庙东西两侧山头，东山头守军的任务是堵截敌人；西山头的兵力用以保卫寺庙；驻守寺内和“雪”（寺下面）地的部队的主要任务是封锁敌人的运输线，并伺机打击敌人。

六月，英军为了保证其运输线的畅通，从萨布岗和江路两地出动大批步、骑兵，欲拔掉补给线上这颗钉子，于是从南北两面开始猛烈进攻乃宁寺。该寺围墙坚固，有30名藏兵把守大门，不易攻入，该寺上下两层楼有许多射击孔，土枪能发挥其威力，布置在两山头防军，居高临下，夹击敌人，英军首次进攻，死伤惨重，退下阵去。藏军利用这一间隙，加紧重新部署自卫反击战斗。英军又从东、南两方向乃宁寺发起炮击，步兵80余人，绕道爬上乃宁寺后山头，14名藏兵挥刀冲向爬上山头敌人，在奋勇杀伤数十名敌人后，全部壮烈牺牲在敌人的机枪扫射之下。七个小时后，敌人在后山头以密集的炮火掩护，工兵用炸药将寺院围墙炸开了一个缺口，大批英军涌入寺内，聚集在大殿中的藏军官兵，奋勇冲杀，民兵首领阿达·尼玛举刀一挥，将英军官杂尼萨哈劈成两段，大挫英军锐气。英军第二次进攻被歼120余名；幸存者夺路向萨布岗方向溃逃。

英军急忙调配兵力，命炮兵向寺外的追击英军的藏军进行轰击。炮弹落在追击英军的阿达尼玛、扎巴兄弟身边，工布民兵首领阿达尼玛两兄弟就这样双双献出宝贵生命。阿达尼玛、扎巴是工布地区居木宗富裕人家出身的子弟，在外敌入侵，民族危亡的紧急关头，他们挺身而出，响应噶厦的征召，报名参加了抗英民兵队伍。在出征前阿达尼玛曾勉励乡亲们："值此敌国入侵，佛教危急，民族受辱的时刻，我们谁也不能坐享安乐。好男儿是护佛法，赴国难的时候了，这次从征，誓与侵略军血战到底！"很多青壮年，包括他的亲弟弟，在他的鼓舞下，纷纷报名参加了抗英民兵队伍，奔赴前线。工布阿达尼玛、扎巴率领的这支民兵队伍血染疆场的噩耗传至家乡，乡亲和战友们对他的死感到十分悲伤，特赋歌赞唱：

▶图为工布军阿达·尼玛扎巴在乃宁寺用大刀劈死英军指挥官杂尼撒哈的地方。

阿达的工布军英勇非凡，
英国侵略军胆颤心寒。
他和战友们的鲜血啊！
染红了庄严的乃宁寺石板，
英雄业绩传百世，
壮士丰碑竖万年。

（西藏的节日很多，几乎每月都有节日活动，但以抗英英雄战士命名的节日，却只有一个，即"工布节"，也称林卡节。现工布地区，即西藏自治区林芝县觉木乡。人们通常把藏历十月一日定为"工布节"，工布人在这一天举行一年一度的盛大的跑马、射箭和逛林卡活动，以此节纪念工布阿达尼玛和阿达扎巴两兄弟出征的日子，这一天也是抗击英国侵略者纪念日，以此来缅怀悼念他俩。）

▶图为身穿清朝官服准备参加江孜抗英战斗的宗本及仆人。

保卫白居寺的战斗。在保卫白居寺的激烈战斗中，有位僧兵叫云登加措，他在与英军的多次拼搏较量中，挥刀直冲敌阵，杀得敌人心惊胆战。他一共砍死砍伤了五名英军，身上多处负伤，在与英军少尉的拼斗中，他用负伤的身体将英军逼下悬崖，敌人恼羞成怒，将所有的火炮瞄准了他……英俊年少的云登加措，身材魁梧，臂力超人。他积极踊跃报名参加了僧军。出征前，白居寺的执事赠言道："你素日力大无穷，今日抗击英敌，正是你英雄用武的时候到了，祝愿你英勇杀敌，为民族争光！"老喇嘛和乡亲们给他敬献了哈达。他出征前高歌："我是僧兵云登加措，马上就要出阵战恶魔，尊敬的江孜父老兄弟们啊！

▶图为英军炮击江孜和攻占紫金寺。

我决不辜负您们的嘱托。”云登加措壮烈牺牲时年仅19岁。

英军占领后山头后对同伴说：“这股僧兵真可怕，他们好像有三头六臂，与藏军打了那么多恶仗，还很少遇到如此凶猛的勇士！今后再和藏人交手可得要格外小心！”

在英军密集的炮火下藏军伤亡太大，在弹尽粮绝无援兵的情况下，乃宁寺据点无法坚守，剩下的部分藏军只好撤出。

敌军指挥官杂尼撒哈被工布阿达尼玛扎巴劈死后，敌军曾下半旗致哀数日。当他们得知藏军已撤出该寺的消息，便去到寺内搜寻，终于找到了杂尼撒哈的尸体。英军占领乃宁寺后，出于报复，抢走了寺内所有珍贵的文物和财产，并将寺庙付之一炬。

▶图为侵占紫金寺的英军部分军官。

英军迅速控制了年楚河以南地区，在向江孜宗和白居寺发起猛攻的同时，又出动50余骑兵，经噶西拉木直插紫金寺。

紫金寺战斗。守卫紫金寺的是藏军汝本（营长）孜仲阿旺江白的部队，共有藏军200多人，僧兵30多人。初始，英军攻打紫金寺时，藏军作战非常勇敢，使敌军一时无法攻占。后英军又经过一番充分准备，在六月一天的早晨，英军一部骑兵和大批步兵，从加仲方向迂回到紫金寺北面的噶西拉木地区，另一部敌兵也于同时到达帮玉宠堆和卡热地方，然后集中全力攻占紫金寺后山头。此时，藏军塔工的援兵300民兵和100僧兵也增援赶到该寺，一场紫金寺争夺战打得异常激烈，噶西拉木的敌军突然出现在寺院前发起攻击，后山的敌军也向下压来，敌人以密集的炮火攻打寺院。在紫金寺保卫战中，藏军伤亡僧兵50人，民兵15人。

紫金寺是娘文曲吉、达娃、钦念洛珠和宗喀巴等高僧们居住过的闻名古寺，寺庙不仅规模大，而且建筑雄伟壮观，共有九个扎仓和拥有四十根柱子的大殿；还有九个拉章的楼房和60所僧舍，均毁于英军的炮火之下。寺内所有文物被侵略军洗劫一空，计有：高达四米，小到10厘米的铜制镀金佛像1000多尊；“唐卡”、缎绣佛像、金粉书写的“甘珠尔”（《大藏经》）、蒙古地方和祖国内地以及尼泊尔国出产的各种佛事乐器、金、银、铜质的大小神灯和圣水碗等器皿；有银制“曼扎”、铜制“唢呐”，以及各种缎绣神龛和祭品等。这伙英国强盗甚至连该寺大殿内僧众坐的长垫子也抢走了，致使幸存下来的扎巴（寺院无地位的普通僧人）到处流浪行乞。英军在紫金、江热一带驻扎期间，任意将其战马放在农民庄稼地里糟踏，造成上万亩青稞颗粒无收。

英军将住在孜雪利康扎丁家的女奴佣人10余人强奸，抢夺群众财物，撤离时还将羊群赶走。人们随时都听到受害者凄惨的哭声。那时有歌谣唱道：

江孜地方美如仙境，
如今到处哭叫声声；
聚宝只为乐享太平，
哪料成为镜花水月。

江孜城堡保卫战。英军于四月十日攻下杂昌藏军防线后，又于次日攻占了绍岗。四月十一日侵入江孜，英军因其一时摸不清该地藏军守军虚实，未敢轻举妄动，将其大部分骑兵和步兵及荣赫鹏的指挥部驻扎在江洛林卡一带，将侦察部队和骑兵，分散驻在扎郭村一带的藏军防区附近，不时出动小股部队巡逻侦察。英军还向江孜宗本及附近各寺庙、各庄园的头人发起招降攻势，但却无一人前去应降。紫金寺失守，敌人便集中火力进攻江孜宗，江孜宗是藏军前线指挥部所在地，也是江孜地区最重要的一个据点，能否守住江孜宗，关键在于能否保住制高点山岗后的城堡。江孜宗的保卫战关系到这场抗英战争之成败。所以，必须不惜任何代价守住该据点。为了保卫江孜，原布防在后藏各地的藏军迅速向江孜一带集结；各地爱国的青壮年，纷纷投军，各寺庙僧众也踊跃报名参加僧军；前藏各地的藏军、僧军、民兵也很快向浪卡子、江孜一线靠拢，短时间内保卫江孜的藏军又集中了1.6万余人，一场西藏军民抗英的高潮在江孜掀起。

担任江孜前线防御总指挥的扎西林巴代本，召集后藏（阿里）加察巴代本、门吉林巴代本等开会，研讨制订保卫江孜的作战方案。

藏军总指挥扎西林巴命令：从日喀则、定日以及江孜各兵营选出500名精锐，扼守江孜宗的后山，并令周围各据点：白居寺、加日甲、恰察岗等地的藏军严阵以待，务必不惜一切代价守住各阵地，随时准备迎击敌人。乃宁、紫金失守后，藏军江孜前线指挥部即派信差向噶厦派驻亚德康萨的藏军前线总指挥官宇妥代噶伦告急，禀报乃宁、紫金寺官兵与英军进行殊死决战的情况，以及两寺失守的经过，说明目前江孜处于危急之中，江孜守军决心与敌人血战到底，直至战斗到最后一人，但由于江孜离后方太远，难以及时得到增援，为此，要求总指挥将亚德和绒区的部队调到娘堆和龙玛一带支持。并请噶伦总指挥尽快将此战情禀报噶厦。

▶图为参加江孜保卫战的僧军。

宇妥噶伦得到江孜前线战报后，立即呈报噶厦及驻藏大臣，驻藏大臣有泰竟说："皇上有旨，藏英问题，只能通过和平谈判的方式解决，不能诉诸武力。目前我的身体不太好，待我康复后，亲赴江孜与英人谈判。"

当时前线的局势是：上江孜——紫金一带已经失守，敌军正对江孜城堡发起猛攻。噶厦为了遏止英军气焰，便以十三世达赖喇嘛的名义，派人向英军提出谈判要求，但亦无济于事。江孜城堡阻击战便在孤立无援的恶劣情形下展开。

藏军发现英军在岗珠山架设大炮，如让敌人这一基地建成，将对帕拉庄园构成巨大威胁，故决定拔掉它，结果遭到失败。

驻扎在岗珠山头和江洛林卡两地的英军，在荣赫鹏的指挥下，集中火力猛轰江孜宗城堡和白居寺，江孜城是用大石砌成的城，墙基很宽，甚为牢固，敌人炮轰一天，只损坏了一处墙角。次日，英军又继续向城堡周围的藏军据点炮击，驻江孜宗和江嘎村的藏军奋起反击，但因武器落后，反击失败。江嘎阵地被摧毁，江孜的龙巴代本（团长）也阵亡，帕拉庄园遭焚毁。敌人又向江孜宗发起炮轰，步兵轮番攻城，战斗非常激烈。英军在城堡内反复与藏军进行巷战。藏军为争夺每一个据点，都付出了巨大牺牲。自岗珠山战斗打响后，江孜保卫战全面展开，战斗持续了70多个小时，无数抗英英雄表现出了保卫国家，维护宗教宁死不屈的精神。

四月二十八日，英军炮队从江罗林卡、岗珠山两地猛轰江孜城，60人的突击队，用机关枪和排子枪进行射击，企图从城堡前面攻上江孜后山头。当他们快接近城区时，遭到了守卫在该地的130多名藏兵的阻击。勇士们挥舞大刀冲上前去，杀死、砍伤英军40余名，其余狼狈逃回，藏军有八人受伤。前线指挥官当即给勇士们发了奖，以鼓励士气。

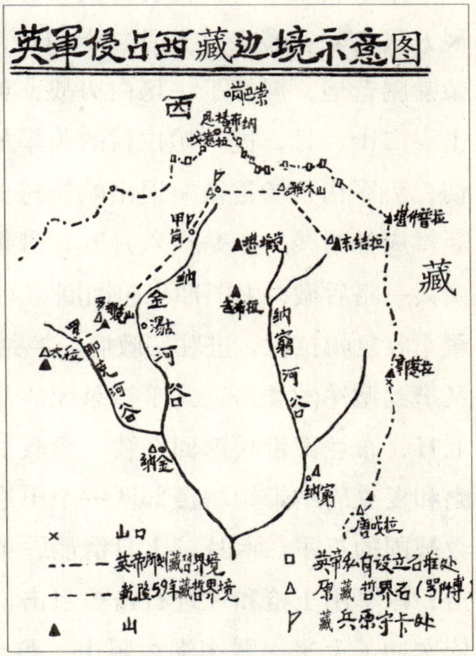

▶英军侵占西藏边境示意图。

英军小股部队攻击失利，仅靠大炮轰击无法占领江孜后山头阵地，于是决定先扫除江孜城堡前面城区和拉则、加日甲这三处的任何一支守军，方可攻占江孜城堡。藏军方面也根据敌军的动向，作了相应的部署，将指挥部从城堡转移到白居寺，如果敌人进攻加日甲和拉则，便可从白居寺出击敌军。

英军从江嘎向拉则发起了进攻，同时又从江洛林卡出动一支小分队，企图攻占城堡前面的城区。

为了搞掉英军这支立足未稳的小分队，藏军组织起了一支150名僧兵的突击队，他们以刀、矛、斧头、石头等武器在火枪队的掩护下，乘着夜幕悄悄向英军指挥部驻地江洛林摸近。刚接近英军营地时，不料一名无经验的僧兵触动了敌人营地铁丝网，被英军哨兵发觉，顿时英军向夜袭的藏军集中扫射，激战良久，藏军无法接近，只好撤退，夜袭未达到目的。

次日，藏北“那仓六部”的骑兵和麻江、尼木，仁布等地1000多民兵奉命前来江孜增援，英军由布兰德中校带领大队进攻，藏军顽强抵抗，英军采取迂回包抄的办法将藏军打败，拆毁围墙。藏军退守浪卡子。

藏军吸取第一次夜袭的教训，对进入江孜的英军江洛林基地再次展开昼夜轮番袭击。五月二十四日，藏军1000多人突然袭击江洛林卡荣赫鹏营地，展开了一场白刃战，英军驻地被藏军包围，昼夜受到攻击。二十六日，进入帕拉村的英军加斯丁大尉被杀死，两名大尉被杀伤，英军伤亡惨重被驱退出帕拉村。荣赫鹏异常恐慌，又深恐藏军切断供应补给线，于是在六月五日带领40名骑兵冲出重围。荣赫鹏带着残兵一路后撤，力图冲出包围圈，不致遭到全军覆灭，急告春丕增援。藏军收复帕拉村，进驻宗政府，控制了整个城区。荣赫鹏逃到康马时，又遭到藏军的袭击，几乎被杀死。几经折腾，侥幸逃到了春丕。六月七日，布兰德带兵返回江孜，营救被包围的英军。六月十三日，荣赫鹏和麦克唐纳带领增援部队一个山炮队、两个步兵大队赶来江孜，解救被围的英军。六月三十日清晨，英军先从江洛和岗珠两地用重炮轰击，藏军用土枪和飞蝗石奋勇阻击。英军分兵两路从拉则和城堡前面依次冲了上来，藏军竭力阻击，整个江孜城处于激战中。不幸的是，几个搬运弹药的藏兵不慎，将一支燃烧着的火绳掉进了弹药库，造成弹药库的爆炸。敌军见藏军确已到了弹尽粮绝之困境，便加紧用重炮轰击。城区藏军不顾一切，仍坚持顽强战斗，用石块、木棍连续和英军展开肉搏，打退了英军的多次进攻。七月六日，英军又从帕拉村、江洛林卡、岗珠山等地向江孜宗政府发动全面攻击，据守宗政府的藏军与英军进行了殊死顽强的抵抗。守卫江孜宗后山的藏军，在一个多月的苦战中，用雷石、滚木、飞蝗石迫使敌人几次后撤。最后在弹尽粮绝的恶劣情况下，守城藏军官兵便索性打开城门，手持长矛、大刀冲出城门与英军展开肉搏，保卫江孜城堡的藏军将士全部壮烈牺牲。

江孜的失守，藏军前线总指挥宇妥认为自己是有一定责任的，他说，上层的指挥是被动的，前线指挥官受英人假和谈之愚弄，初战不力，死于非命。我住在遥远的亚德康萨，不能及时了解战斗情况，痛失战机，以致造成了全军处于被动挨打的局面。加之后勤无保障，危急时无援兵，造成前线的节节失利。为此，他立即调整兵力部署，将尼木的扎雄巴、玉热巴·赤列占堆、旦丁·索朗达吉、达孜娃、多林巴和平措占堆等人分别任命为代本、汝本，命令他们率江布、林噶、麻江、尼木等地1400多名民兵到浪卡子一线布防。同时，以前线总指挥的名义向日喀则、南木林、拉布、加措等地发布文告，征召新兵。指令孜仲阿旺赤列和谷官尼木多噶两人负责征兵后勤保障工作。宇妥代噶伦自己亲赴浪卡子视察防务。途中，他在亚斯地方召集了贡嘎宗、白德欲卡和曲水宗的宗本、欲堆召开紧急会议，布置任务，命令他们在白德十八弯、索尼山口这一带修筑防御工事；命令贡嘎宗本和曲水宗本在岗把拉山顶、山前和山后修筑工事。为了不让一个敌人渡江北上，将加桑渡口和索尼渡口的牛皮船都集中到雅鲁藏布江北岸，并在各渡口构筑、加固防御工事，同时还把贡嘎民兵、曲水民兵的战时指挥权，交给了各宗本（县长），此外，对尼木的扎雄巴、朗通巴、达丁索朗达杰、乌由的热噶赤列和热吉等部，也都安排了具体任务。江孜失守后，守卫在白居寺、加日甲村、恰才岗的藏军撤到年楚河以南地区设防。

驻藏大臣有泰得知藏军仍在顽强作战后，对宇妥代理噶伦的上述做法极为不满，要噶厦立刻将宇妥召回拉萨。宇妥接到噶厦的召书，即给俗官多仲巴和罗杰巴、达孜堆林巴·平措占堆等人作了“要带好队伍、搞好防御”的指示，然后返回拉萨。

在江孜以东约70公里处有座山叫卡若拉山，是江孜到拉萨的必由之路。藏军守军在山坡上修筑了防御工事，又在山的西坡隘口设下两道哨卡，日夜加紧巡逻。

七月七日，哨兵发现从仁热龙方向开来的敌军先头部队有步兵和骑兵。守军立即做好战斗准备，待敌人进入伏击圈后，即行开枪射击。由于工事坚固，敌人数次攻不上来，多有伤亡。英军为扫除向拉萨推进的障碍，摧毁卡若拉藏军据点，经激战数日才攻取。死伤十余人，付出了很大代价。

卡若拉山阵地的失陷，噶厦总指挥宇妥代噶伦被突然调回拉萨，无人指挥全线战斗，以致侵略军从卡若拉口长驱直入西藏腹地的漫长道路上，没有遇到任何阻力。当英军快到曲水渡口时，达赖喇嘛派遣的基巧堪布同噶厦官员一行，拿着盖有达赖喇嘛印章的信件，迎上英军要求谈判，试图以此延缓英军推进拉萨的时间。信中写道：“目前拉萨地区聚集了三大寺成千上万喇嘛，如果英军进入拉萨，极易引起大骚乱，故祈请贵军就地举行“和谈”。达赖喇嘛同时还写信给跟随英军入藏的不丹人仲萨扎萨，其内容是：“您的来信收悉。至于英人提出要立即觐见我本人和九条意见，我无法做主，边界问题事关重大，须全藏大会讨论，并经驻藏大臣转呈清朝中央政府才能予以答复。关于英军急于进驻拉萨之举，我认为目前弊多益少，务以缓进为妥，望转告英方。”奉遣前去与英方商谈的基巧堪布，也以极其委婉的语言，恳求英军不要进军拉萨。英军却断然拒绝道：“我军已来到离拉萨咫尺之地，务必进驻拉萨同达赖喇嘛直接会谈，这是英王的旨意，岂能违抗！倘若西藏方面放弃抵抗，我等将保证各宗、欲、村庄和寺庙安然无恙。”清驻藏大臣对噶厦说：“英军即将到达拉萨，为安全起见，必须马上撤除沿途的所有武装部队作好迎请英军进驻拉萨的一切准备。”

刺刀下签订的拉萨条约。1904年（光绪三十年）7月26日，英军已进抵拉萨市郊曲水桥，达赖喇嘛得此消息后，在布达拉宫日光殿紧急召见噶厦主要僧俗官员，他对噶丹赤巴洛桑坚赞说："我方与英国侵略军已进行过几次谈判，但都毫无成效，逼得我们不得不动用武力予以还击，而我们的这些行动，均已向皇上禀奏过了。我曾恳请皇上：英帝国主义对我西藏实行弱肉强食的政策，藏人实不能忍受，渴望皇上迅速派兵救助，可驻藏大臣有泰说'远水解不了近渴'。我想此次进京禀奏皇上：为什么不给西藏驻扎清军下达抗击的命令。驻藏大臣对我抗击英国侵略军的正义行为给了种种阻挠和刁难，强令撤除浪卡子至拉萨一线的所有武装部队。现在英军即将到拉萨，它将对我政教大业带来什么后果？我心中实无把握。如今，我已决定离藏，先去蒙古，再赴北京觐见皇太后和光绪皇帝。我必须克服一切困难，想尽各种办法，保护佛法和政教宏业，在这一时期内，我决定把所有政教事务托付给您掌管，唯有大活佛您最为称职。当西藏政教面临生死存亡的时刻，您要当机立断，担负起摄政王之重任。"话毕，当场授予他印鉴。达赖喇嘛同时还嘱托他的哥哥朗登·顿珠多吉、诸噶伦、仲孜、僧俗官员、各大寺堪布、全藏会议代表："你们务要同心协力，尽职尽责。关于我的出行，暂且不可告知驻藏大臣。"达赖喇嘛批准了噶伦夏扎、雪康、钦等人告老还乡辞职的要求后，于1904年7月28日天亮前，偕随员及三大寺蒙古热图喇嘛等30余人，秘密离开了拉萨。

▶图为进入拉萨次松塘的英军。

他离开拉萨至那曲，经塔吉洛、科果、巴噶、蔡当、益噶蔡、永仲巴司更、拉玛格更、师苦热、生罗云、加布更巴等地，于1904年（光绪三十年）12月2日上午，到达舒热加丹寺，在卡噶吉尊丹巴旦增旺秋及其夫人等各汗(首领）们的陪同下，前往扎西曲林寺接受迎宴和赠送的金银、珠宝、绸缎等。皇帝和慈禧皇太后得知后，立即派钦差赶来慰问，并同达赖喇嘛详细交谈了有关西藏的抗英局势，并赏赐御书和上等绸缎10卷、白银6000两，以示朝廷对达赖喇嘛之关怀。达赖喇嘛通过钦差大臣向皇上呈递了奏折，并派遣哲蚌寺巴登活佛和库伦索本、库伦洛桑旦增等人随同钦差大臣赴京禀奏。

英军到曲水时，噶厦派去的官员与英军共同商定，其营地应安排在距拉萨稍远的次松塘一带，将英军首领和指挥部工作人员安置在“拉鲁噶蔡”，同时西藏方面应派人前去照料。

1904年（光绪三十年）8月3日，英国侵略军开进拉萨。清朝驻藏大臣有泰携带米、面、牛、羊肉等礼品，亲赴英军营地犒劳侵略军。噶厦按市价供给英军柴草食品，不给予礼仪接待。英军首领荣赫鹏交给清政府驻藏大臣有泰一份由英国人预先拟好的《藏英拉萨条约》（草件），立逼藏方签字，藏方答道：“如此重大问题，有何人敢于轻率署名？”此时，西藏地方政府对有泰抱怨说：“……草约中所提战争赔款一条，更是颠倒是非，明明是英国人自己违背国际公约，派侵略军入侵西藏，极大地破坏了藏人的正常生活，危害人民生命、财产的安全，为何反要我们西藏给英国赔款50万英镑呢？以往的几次缔约均系假借他人之手，绝非出自藏人之意愿，我等实无法对此承担责任！请驻藏大臣阁下将我们的意见转告英方。”对于藏方的拒绝，英方大为不满。为强迫藏人接受这一不平等条约，英国人便拉拢当时尼泊尔驻拉萨代表巴哈都和不丹代表乌金旺杰二人进行劝说活动。荣赫鹏更是肆无忌惮地威胁道：“如果藏方执意不签署十条条约，那就继续诉诸武力！”

9月4日，荣赫鹏突然出动了大批武装人员，杀气腾腾地威胁清政府驻藏大臣有泰，强令噶厦召开三方会议，荣赫鹏认为这次阻挠通商是藏方阻止的，战败后就从藏方开始签字，然而达赖喇嘛却不在，没有印鉴，条约无法生效。在荣赫鹏的威吓挟制下，清驻藏大臣有泰便胆怯地说：“达赖喇嘛离藏前，已将其行权印鉴交给了噶丹赤巴代行，可谓达赖喇嘛在藏之全权代表也。同时，噶伦、全藏会议和三大寺堪布等，均为达赖喇嘛行前之授权者，都必须签字。”面对敌人屠刀，驻藏大臣有泰采取了妥协，他向噶厦和摄政王提出“尽快举行谈判”的要求。摄政王答称："此事事关重大，需经全藏会议讨论才能答复，更何况目前达赖圣师不在拉萨，噶厦无法作出决断！"有泰对这一答复极为恼怒，他说："你这话不要对我说，给荣赫鹏说去！"说罢拂袖而去。藏政府无可奈何，只好照办。就在这次三方会议上，侵略者拿出了他们预先炮制好的藏、英、汉三种文字的不平等条约文本，向会议宣读后，勒令藏方马上承认并签字，藏方被迫在条约上签了字。

▶参加江孜抗英的僧军因刺杀英军被捕。

就在英国侵略军驻留拉萨期间，噶厦与英军首领们正举行谈判的时候，色拉寺一位参加过江孜保卫战的僧人出于义愤，竟将个人生死置之度外，怀揣一把腰刀，只身闯进次松塘英军营地内，一见英军便红了眼，扑上前去猛刺乱砍，当即杀伤英军官一名、士兵数名，但拼杀力尽后被英军捉住实施绞刑，惨遭杀害。事后，英方向驻藏大臣有泰通牒噶厦："如若今后再发生类似事件，由此而产生的一切后果，概由噶厦承担！"色拉寺僧人在次松塘被英军杀害一事，立即引起了广大僧俗人民的极大愤慨，拉萨反英情绪极为高涨。当时街上有很多传单、标语，上面写道："任何人不得去英军营地附近出售肉、菜、柴、草等物！""噶厦的官员无论其职位高低，都不准和英军来往！"张贴的反英标语口号还有诗句："雄鹰展翅次松塘，侵藏鬼子刀下亡。格萨尔勇士今重现，袈裟英杰赴国殇。"

9月11日，荣赫鹏要驻藏大臣有泰画押，并申称条约第九款中的"外国"一词不包括中国。有泰说：条款"要经大清外务部审定同意后我才画押"。英国人对此甚感惊讶，他们觉察到拉萨市民和整个藏民族中蕴藏着强烈的反英情绪，稍加不慎大有一触即发陷入困境之势。此时，拉萨气候日渐转寒，英军似乎感到，如果继续这样拖下去，将对自己不利，于是拿着这份“通商”、“赔款”草约匆匆撤出拉萨。

拉萨条约共有十款，其中的第九款严重损害中国主权，清朝政府愤然不予承认。现将第九款全文引述；1.西藏土地无论何外国皆不准有让卖、租典或别样出脱情事。2.西藏一切事宜无论何外国皆不得干涉。3.无论何外国皆不许派员或派代理人进入藏境。4.无论何项铁路、道路、电线、矿产、或别项利权或相同之利权一律给予英国政府享受。5.西藏各进款，或货物或金银币等类，皆不许给予各外国或籍隶各国之民人抵押拨兑。【引自英人版——《拉萨条约》节录】

9月13日，驻藏大臣有泰收到光绪皇帝圣旨：“西藏乃我大清国藩属，1890年和1893年两次立约，均系中英两国派员议定，此次自应仍由中国与英国立约，督饬番众随同画押。不应由英国与番众径行立约。据查该约，损我大清国主权，一旦番众失去训诫，势必后悔莫及。钦此！”9月15日，大清外务部电告驻藏大臣有泰：“所电呈英官（荣赫鹏）所拟十款阅悉，条约意在剥夺我大清国主权，望切勿画押。此复！”

《中英续订藏印条约》确定中国治藏主权。《拉萨条约》被迫让藏政府鉴印的两月后，慈禧太后在十一月十六日生日那天，她对外宣布西藏是大清帝国不可分割的一部分，照会英国驻华公使致印度冠松总督，向英方提出了强烈抗议，“任何国家与西藏签订条约，没有大清国加盖的印玺，一律无效！”

《拉萨条约》中的“划界”、“通商”、战争赔款问题递致清朝中央政府，大清朝廷认为有损大清主权，即以达赖喇嘛未签字、条款系单边强行签订等原由，不予承认。并指派庆亲王奕诓向英驻华大使萨道义照会：中国并不反对英国人与西藏人签订有关通商条约，但第九款中的内容，严重伤害我大清主权，英方必须修正并作出解释。否则我大清将中止与英国的有关商贸条款中的承诺。英方迫于我国的强力反对，同意续定中印通商条约。为此清朝政府命令庆亲王率代表团，着令外务部右侍郎唐绍仪、参赞张荫棠，赴印重新商议，与英方就通商条款问题举行谈判。

1905年（光绪三十一年）2月2日，中国外务部令外务部右侍郎唐绍仪（唐是当时清政府最有外交才干的人物之一，毕业于耶鲁大学，获博士学位，讲得一口流利的英语。由他率队谈判，清楚表明清政府对西藏问题主权问题的严正立场）、参赞张荫棠随同赴印度加尔各答与英国进行关于《拉萨条约》的谈判。1905年（光绪三十一年）3月中英会谈正式开始，英方代表为印度外务大臣S.M.费利夏（S.M.Fraser），英驻华领事馆得E.C.韦礼敦（E.C.Wilton）为助理，韦礼敦曾做过荣赫鹏远征军中的中国军事主要顾问，在谈判桌上，英人一开始便采取咄咄逼人的威胁手段，企图让唐绍仪和张荫棠在《拉萨条约》上签字，以造成既定事实，但遭到中方的强烈反驳。此计不成，又抛出了所谓“宗主权”的谬论，想否认中国对西藏的主权。

唐绍仪提出，英方使用“宗主权”这一用词不确切，含义模糊。他严厉指责英国在文中称中国在西藏地方只有宗主权的提法是十分错误的，宗主权含义不明，用该词来确定中国对西藏的地位是很不够的，中国应该对西藏拥有绝对主权，《拉萨条约》中所有条款都是用武力逼出来的，是荣赫鹏上校强迫西藏临时代理的喇嘛把达赖的印玺威逼加盖上去的。纵看1890年的《藏英条约》和1893年的藏印《通商章程》都有大清国的印玺，如果没有大清国的印，拉萨条约绝对不合法，对印度和英国毫无用处，不会给你们带来任何实惠。英方费利夏和韦礼敦始终维持中国是西藏的宗主国的观念，他们认为当一个国家强大时，其宗主权和主权一致，《拉萨条约》的签订是大清国驻军处于战败的情况下签订的，所以大英帝国认为中国在藏只有宗主权。而唐绍仪则坚持：如英方不确定中国对西藏拥有主权，那么，英国在华的利益毫无结果，荣赫鹏所率英军进攻到拉萨，虽然在边境遭中国藏军顽强抵抗，但是清驻藏川清军并没有参战，只把英军入侵视为通商条款实施带来的障碍和抢夺牦牛为此发生的械斗。庆亲王奕诓说：假如驻藏川清军参加战争的话，荣赫鹏远征军的后果可想而知是严重的。

张荫棠以“达赖、班禅签掣册封、番地驻扎军队，历代驻藏大臣奉旨从政，大学士福康安成立藏军，番兵由驻藏大臣操练”等大量历史事实，论证了西藏历来就是中国领土不可分割的一部分。同时严肃指出“贵国既接待议约，则我有商议之权，中英所有会议者，均有文献记载以西藏主权在中国也”。《拉萨条约》侵我主权。“我自有权不认”。于是，双方单就这个“宗主权”、“主权”用词的修正的问题一直争执到1905年（光绪三十一年）7月。

庆亲王奕诓认为这种扯皮的谈判毫无结果，建议将谈判移至英国伦敦（因为此时英国正面临大选）。同年7月22日，唐绍仪因患心脏病身体欠佳返回北京，遂派张荫棠接替了他。此时身患重病的唐绍仪对侍郎张荫棠说：“烈士惜名不惜身，茫茫宇宙长昏沉。西风洒尽英雄泪，莫把河山付外人”。张荫棠当即表示：“沧海兀峰接九阙，一统大清为我尊。腥膻能洗西域毒，唾骂断头何须论。失足只因害群马，成败旨在做精诚。拼将热血洒疆土，化做杜鹃唤国魂”。表示了他据理必争，强词主权，匡扶朝廷，立志走富国强兵之路的决心。

为修订该条约，中方和英方皆同意将张荫棠作为全权代表，英方萨道义得知中方换人，急忙通知庆亲王奕诓将议事纪要给张荫棠签字。庆亲王奕诓十分气愤地说，我已经授权张荫棠为全权代表，就找他处理此事。张荫棠自然拒绝在英方提交给唐绍仪的议事条约草案上签字。他认为这份草约是英方单方面议定起草的，不符合中国政府的愿望，而费利夏无法，只好宣布谈判到此结束。

清政府经过一年多的外交努力，在唐绍仪和张荫棠的强烈反对下，英国接受了重新议约的原则，在1906年（光绪三十二年）4月27日签订的有关西藏问题的《中英续订藏印条约》中，英方不得不在事实上确认了中国在西藏地方的领土主权。该条约中规定，英方在西藏有通商、采矿、办学等优先权利，确立西藏是中国不可分割的一部分。涉及外交、军事、保卫西藏的领土完整等主权问题，别国不得干涉西藏领土完整和内政问题，写进了该条约。荣赫鹏逼签的《拉萨条约》从此废止。此次签订的《中英续订藏印条约》确定了大清国治藏的主权，以中国外交胜利，英方失败而载入史册。

第四章
张荫棠维护国家主权与藏事改革

首任汉官钦差大臣查办藏事

张荫棠是清政府汉官中的首位钦差大臣，受命查办藏事。张荫棠，字憩伯。广东南海人，举人出身。早年赴美，曾受欧美资产阶级思想影响。由于他“了解洋务”，善于外交，在清政府推行新政期间重新得到起用。

西藏两次抗英战争的失败，暴露出很多问题，西藏军事、政治、外交政策亟待改革。早在1905年（光绪三十一年）元月，张荫棠就向清朝政府提出了《请速整顿藏政权收回政权》的建议。他指出：“英人私议及印度政府阴谋彼已实行与藏直接政策”……“现在必须遴派知兵大员，统精兵两万，由川入藏，分驻要隘。所有一切内政、外交，均由我派员经理，并次第举行现办新政，加强治权，以抵制英印政府的阴谋”。他认为“整顿藏事，迟早皆应举办，此事时机迫切，尤为刻不容缓”。

1906年（光绪三十二年）2月，他又进一步上奏“详陈英人谋藏阴谋及治藏政策”。指出：“英人经营西藏已非一日，耗费不下千万，阴谋百出，令人有不可思议者”。现在英国深知班禅与达赖不睦，一再“劝令班禅请英保护，拒绝达赖，以图独立。……是即日本扶助高丽之故技耳”。“窃思藏地东西七千余里，南北五千余里，为川、滇、秦、陇四省屏蔽，若有疏虞，不独四省防无虚日，其关系大局实有不堪设想者”。处今之势，整顿西藏，推行改革，必须及早筹办。只有这样，才能使“藏人实信国家权力，深有可恃，则倚仗之心益坚”。“我能自治，外人无隙可乘，自泯其觊觎之心”。由于张荫棠关心藏事，提出新的治藏政策，深受清朝政府的欣赏和重视。这时，正值清朝政府在西南地区推行改革，也有整顿西藏地方之意，而张荫棠治藏政策的宗旨又是加强治权，抵制外侵，推行改革，便得到了清朝政府的采纳。

1906年（光绪三十二年）4月29日，清朝政府授予他五品京堂候补，随后又加封副都统衔和钦差查办大臣头衔进藏“查办藏事”。（按惯例，因历朝历代推崇佛教，西藏的藏族官员品位设置较高，而清驻藏汉族大臣一般为正五品，西藏藏族官员和满族官员官衔设置却有正二品。在此，作者认为藏族官员的品位设置之所以高，我以为应该是一种俸禄待遇。）为了使西藏满藏高品位官员听命于汉官张荫棠，慈禧太后特规定：“藏随行员弁及番众人等，听尔节制调遣”。从清初设置驻藏大臣以来，历任大臣向由满族或蒙古族官员担任，而不委任汉员，已成定例。这次张荫棠以全权大臣身份查办藏事，是第一次破格委任，可见清政府对这次查办藏事是十分重视的。

▶1906年4月27日中方和英方皆同意张荫棠作为全权代表，签订有关西藏问题的《中英续订藏印条约》，英方最后不得不在事实上确认了中国在西藏地方的领土主权。图为张荫棠在英国伦敦。

11月27日，张荫棠从印度大吉岭经春丕、亚东、江孜抵达拉萨，受到了西藏各阶层人士和广大僧俗群众万余人的热烈欢迎。自此，他为了整顿西藏政务和军事，大刀阔斧地推行新政，采取了一系列改革措施。

张荫棠维护国家主权的富国强兵之策

早在光绪三十二年（1906年）正月二十三日，张荫棠就向外务部发了一个电报，提出了新的治藏政策，该电报称："英人经营西藏，已非一日，耗费不下千万，阴谋百出，令人有不可思议者，前年乘日俄开战，知俄势力东西不能相顾，又趁我国多事，于是有侵藏之举；此次又诱班禅来印，待以王礼，印报谓英人深知班禅与达赖不睦，劝令班禅请英保护，拒绝达赖，以图独立，惟班禅年少质愚，虽无远志，难保不为所动，现班禅岂非以自立图存者，是即日本扶助高丽之故技耳！……窃思藏地东西七千余里，南北五千余里，为川滇秦陇四省屏蔽，设有疏虞，不独四省防无虚日，其关系大局实有不堪设想者。且各省办理国，均有重兵镇守，西藏密迩印度，边患交涉与行省不同，危险情形尤与上年不同，诚如当轴所谓整顿西藏有刻不容缓之势矣。惟整顿西藏，非收政权不可，欲收政权，非用兵不可，……拟请奏简贵胄，总制全藏，并派知兵大员，统精兵二万人，迅速由川入藏，分驻要隘，以救目前之急，俟大局稳定，陆续添练番兵，再行逐年递减汉兵额数，此后常年驻藏汉兵约需五千，即足以资弹压。一面将达赖班禅优势加封号，尊为藏中教主，所有内政外交以及一切新政，由国家简员经理，恩威并用，使藏人实信国家权力，深有可恃，则倚仗之心益坚，又何敢再盟异志？况英人亦视我在藏兵力之强弱，能否治藏以为因应，我能自治，外人无隙可乘，自泯觊觎之心。"

张荫棠"查办藏事"是受命于危难之际。19世纪末20世纪初，随着英、俄两国向帝国主义过渡的完成，都在积极推行占领中亚细亚的侵略计划。英国以驻印度为基地，企图通过占领西藏，进逼阿富汗、波斯（伊朗）和土耳其；而俄国也开始南下，完成了占领高加索、浩罕汗国和布哈拉汗国，并把侵略的魔爪伸进了西藏，想把西藏作为抵制英国势力北上的桥头堡。因此，西藏成为英、俄帝国主义争夺的焦点。1904年（光绪三十年）6月，英国为达到独霸西藏之目的，不仅乘日俄战争之机，公然武装侵略西藏，强迫西藏地方政府签订丧权辱国的《拉萨条约》。同时，还制定了一个企图分裂西藏地方与祖国关系的所谓“西藏独立”阴谋。他们采取各种手段和方式，拉拢上层亲英分子，煽动民族情绪，挑拨民族关系，制造民族矛盾，妄图把西藏从祖国大家庭中分离出去，成为他们的殖民地。在英国武装侵略面前，由于清政府的腐败，驻藏大臣有泰推行了一条妥协投降的媚外路线，不但不支持西藏人民的抗英斗争，反而从中阻挠和破坏，致使中央政权在西藏地方的统治地位逐步削弱。部分驻藏官吏贪污腐化，鱼肉藏民，民族矛盾也在逐步激化。在这样的历史条件下，张荫棠受命“查办藏事”，必然会遇到各种阻力。他为了排除障碍，认为“为今之计，自以破除汉番畛域，团结人心为第一要义”。而团结人心，首在察吏，“今藏中吏治之污，弊孔百出，无怪为藏众轻视，而敌国生心”。为此，他进藏后的第一件事就紧紧抓住整顿吏治这一关键环节。他以大量无可辩驳的事实，揭露了以驻藏大臣有泰为首的部分满、汉、藏各级官吏，昏庸卖国，贪污腐化，“鱼肉藏民，侵蚀库款”的种种罪恶行为。指出有泰“到任半年，毫无经划，坐误事机”，对西藏人民的抗英斗争，采取“釜底抽薪”、“任其战，任其败”的错误政策，指责有泰不顾一个封疆大吏的体面，在侵略军头子荣赫鹏面前“媚外乞怜”，每天给侵略军送牛羊柴草是何“肺肠”！谴责有泰“委任私人，朋比分肥”。各级官吏无不以报销滔冒为莉薮，“一切政权，得贿而自甘废弃”。如他信任的门丁刘文通，“凭权纳贿，卖缺官差，其门如市”。撤任都司李福林因“贿刘五千两转升游击”。靖西知松寿欠发兵饷，“侵吞入己”，其子善佑认敌作父，“借故国势力以图挟制”。噶伦彭措旺丹，“贪黩顽梗，勒索百姓，赏差银两，任意苛派”。浪仔辖（拉萨市长）番（藏）官阳买，“贪酷素着，民怨沸腾”。乃穹寺和桑叶寺护法曲吉罗四朗、罗桑彭措、借神苛敛，“重利盘剥，抄家害命，强夺庄田”。这批贪官污吏的罪恶行为，引起了西藏广大僧俗民众的愤怨。当清政府发布命令，把他们一一革职查办后，全藏上下民气大振，无不交口称赞张荫棠为西藏清除时弊，严肃法纪，整治贪官污吏的正义行为。在整顿吏治的同时，张荫棠还严厉打击了亲英分子，把具有亲英行为的日喀则和春丕（亚东）宗本撤职查办，把坚决抗英的康巴宗的泽仁代本召到拉萨委以重任。从此，“汉官威令始行，民气一振”。正如他自己说的：“臣此次奉命入藏，全藏极为震动，屏息以观我措施”。这就为他推行新政所采取的一系列改革措施，奠定了较好的社会基础。

改革政权体制。张荫棠在离开印度前往拉萨途中，亲眼看到外国侵略者在中国西藏土地上任意强占民房，武断词讼、苛派罚款，甚至殴毙人命的种种暴行，以及西藏人民在英军的迫害下，“生灵涂炭，白骨遍野，四民（领主、喇嘛、商人、奴隶）失业，十室九空”的悲惨遭遇，感触尤深。他痛切地感到要想边陲安宁，强兵富国，不受欺辱，只有效法欧美资产阶级变法图强，才能挽救危局。为此，他于1907年（光绪三十三年）二三月，先后向清政府提出治藏刍议十九条和西藏善后问题二十四条等，提出了一整套改革方案。这标志着清朝治藏政策进入了一个新的历史阶段。

西藏历来都是政教合一的政权体制。达赖、班禅既是宗教领袖，又是地方最高行政首脑。清初虽然于1727年（雍正五年）设置驻藏大臣，1753年（乾隆十七年）和1792年（乾隆五十七年）两次颁行《钦定章程》，不断完善了驻藏大臣制度，加强了清政府对西藏地方的管理。由于过去规定驻藏大臣、帮办大臣同达赖、班禅共同处理西藏政务，不能统一事权，遇到问题便“政见一有参差，治理即多窒碍”。因此，张荫棠提出裁撤驻藏大臣和帮办大臣两缺，改设行部大臣，统制全藏，以重事权。“所有达赖、班禅等均归节制”，下设左右参赞、左右参议，分理内治外交各局事务。在行部大臣署内设交涉、督练、财政、学务、巡警、裁判、工商、路矿、盐茶、农务等九局，作为新政的常设机构。要求在亚东、江孜、扎什伦布、阿里、噶达克、察木多（昌都）、三瞻、三十九族、工布、巴塘裁撤粮台，改设道府同知，兼办巡警裁判，均用陆军学堂毕业生，督率番官治理地方。同时，他主张政教分离，要求对达赖班禅优加封号，厚给岁俸，“专理黄、红教事务”。要求恢复藏王体制，专管商上事务。规定噶伦和代本每日要到行部大臣署内“禀承办公”。事权集中有利于政令统一，加强清政府对西藏地方的统治，确保改革的顺利进行。

改革军事体制。西藏“向用民兵之制，按亩征兵，散布各处，未经训练，乌合之众，殆同儿戏”。一旦有事多不合用。他提出改用募勇，成立督练局，具体负责训练新军工作。要求选派年富力强的南、北洋武备生进藏，用近代的军事方法进行统带训练。督练局下设粮饷局、军械局、司法局和参谋局，具体负责新军的粮饷、军械、作战指挥以及弁兵监管犯罪事宜。兵制为伍、队、营、团、镇，每镇5000人，以练常备军4万人为额。内设陆军学堂，培养军事人才。因西藏山路崎岖，不便行走，非马不行，要求多练骑兵。西藏番兵向用鸟枪、大刀、长矛，武器装备极其落后。为提高军队素质，必须用现代化武器装备新军，要求配给毛瑟枪和格林炮、过山炮。“为久远计，非设厂自制不可”，提出在拉萨设立枪炮厂，调内地机器和工匠入藏制造先进武器。要求新军必须“日日训练，务成劲旅”，“以期饷不虚縻，兵有实用”。

改革经济体制。西藏在大农奴主庄园经济体制下，人身依附关系十分突出，经济状况极其落后。为改变这种落后面貌，张荫棠提出成立农务局、工商局、路矿局等，作为具体负责发展西藏经济的执行机制。规定工商局主要负责采买机器、开办工厂事宜，要求利用西藏自然经济优势，重点发展民族手工业。如织毛毯、氆氇，制作各种皮革，采集各种药材等，以利出口，“获大利”。要讲求工艺制造，准备在江孜成立工艺局，派留学生出国，或仿法外国用机器制造民间日用有益之物者，由工商局给予10年专利权。路矿局主要负责筑路采矿之事。要求尽快铺设巴塘到拉萨，拉萨至江孜、亚东的公路，以利运输。选派青年到印度学习铁路工程，为将来修筑铁路准备人才。要求尽快派人勘察矿物，开采五金煤矿。规定除封禁灵异大雪山外，无论何山何地有矿，准民集股自由开采，暂免纳费，俟办有成效后，“官收什一之税”。农务局主管农牧业的发展。规定除有主庄田外，凡荒山废坡“可招民领耕”，头二年不收租，从第三年起，只收十分之一租。要求经营畜牧业的要实行品种改良，“以广畜牧之业”；经营农业的要购开井机器，以利灌溉。要求各庄园主减低租金，只许收两成租，不得任意勒索。同时提倡发展经济作物，如种棉、养蚕等。农务局下管植物园一区，作为新品种试种基础，以推动农作物品种改良。

发展西藏的文化教育卫生事业。由于西藏地区经济不发达，文化教育卫生事业也极其落后。文化教育基本上被贵族喇嘛所垄断，广大农牧民没有受教育的权力，处于文盲、半文盲状态。为提高西藏全民族的文化素质，张荫棠提出建立学务局，具体负责“兴办教育”事业。他认为，要想发展农工商矿各业，“均非广开学堂，切实考究不能开通智识，增长才艺”。因此，他提出各个寺庙都要附设一学堂，对儿童实行免费教育，以达到“人人能读书识字，开发民智”之目的。认为士农工商各有学问，件件都要讲求，“凡天文、地理、机械、工艺、商业、农业、算学、兵刑、钱谷、水利、矿务，一切经典史书，皆要学习。至于声、光、电、化、医诸学，皆有益于民生日用，并宜设学堂，分门肄学”。提出设立武备学堂、医学堂和工艺学堂等专门学校，以培养各专业技术人员。规定各学堂学制五至六年，对学习好的分别给秀才、举人、进士文凭，特别突出的选送出国留学，各级官吏均由学生中选拔。提出在西藏设立报馆、印发报纸，进行文化交流，了解国内外形势，以“激发其爱国之心，进以新知识”。同时，为发展西藏的卫生事业，要求成立卫生局，建立医院。认为西藏长期以来人口不繁的原因，一是喇嘛十居其七，“例禁嫁娶”；二是“藏人素不明医药、洁净、卫生之理”。为改变这种状况，要求放宽僧尼嫁娶之禁，任民自便，同时发展医药卫生事业，设立医学堂，“教以西医诸法”。

发展联盟外交。西藏与尼泊尔、不丹、锡金，长期以来就保持着睦邻友好关系。张荫棠认为处在英帝国主义侵略面前，这种友好关系更应得到进一步的发展。他指出：“布鲁克巴（不丹）、廓尔喀（尼泊尔）为藏门户”，近年来，尼泊尔依照西法，“练兵制械，国势颇强，拒英甚力，英颇忌之”，“宜派专使……谕以唇齿要义，密结廓藏攻守同盟之约”。为此，他提出成立交涉局，具体负责对外交涉和各国友好往来工作。但规定交涉局必须秉承清政府外务部旨意办理外交，“勿与外国擅自商议”。

张荫棠在提出一整套改革西藏的具体建设方案的基础上，又于1907年3月，颁发了《传谕藏众善后问题二十四条》，要求噶勒丹池巴、各噶布伦及商上公所暨三大寺办事僧俗职官人等会商讨论，各陈意见，以达到统一思想、集思广益之目的。在二十四条中，他进一步阐述他的改革思想，指出：“本大臣奉命来藏查办事件，首以启发民智，日进富强为唯一之目的。”现在“世界上无论何国，贫者弱而富者强，智者兴而愚者亡。虔唪经典不足以御巨炮也，谬信符咒，不足以御快枪也。敌人兵强马壮，以耶稣之教，压制全藏为牛马奴隶，此时虽欲唪经诵佛而不可得”。认为富强以练兵为要，“练兵为御侮之本。”而练兵必先筹饷，“欲筹饷，必先振兴农工商业”，发展农工商业是“致富之本”。西藏地广人稀，“未开垦者甚多，某地宜种植，某地宜畜牧，某物宜制造，亟应讲求”。况且，西藏五金煤矿，“冠绝全球”，

此天地自然之利，应任民自由开采，矿产既开，商务更旺，“富强之基，实根于此”。处今之世，万国交通，“断无闭关绝市而可以立国之理，稍知时务者，当破除昔日禁民贸易之迂见”，不要因循守旧，对富国强兵之策，要切实讲求，以求振作，日臻富强。

为促进广大僧俗群众认识到在当今世界潮流中，不改革不发奋图强就无法立足于世界的迫切感，他带病亲临大公所会议，宣讲《天演论》，“痛陈天演物况生存淘汰之理”。他认为“物况天择”、“优胜劣败”、“适者生存”是人类所不能抗拒的规律。一个国家，一个民族要想适应“物竞天择”的规律，不至于在“优胜劣败”的生存斗争中灭亡，只有改弦更张、发奋图强，才能自求生存。不然就会被“优胜劣败”的公理所淘汰。这一思想对于处在严重民族危机，遭受外国侵略的西藏人民来讲，无疑起到了唤起民族觉醒的作用。同时，张荫棠还以印度、哲孟雄（锡金）亡国丧权的历史事实，论证只有变法图强才能自求生存的道理。使“万众惊愣叩头流涕曰：某等生平未尝闻此议论，从前驻藏大臣三年一任，满即去，从未尝计之精道哉。及今不改图，我唐古特等为人奴隶牛马矣！从此我藏人决不存歧视汉人之心，

同心协力，以御外侮，唯大人所以教之。”

张荫棠为了使自己的改革思想，变为广大僧俗群众的自觉行为，要求广大僧俗在思想意识形态上不“戮执成见，仍沿陋习”。他从改革风俗习惯入手，先后撰写了《训俗浅言》和《藏俗改良》两本小册子，译成藏文散发民间广为流传，进行广泛的发展实业和御外爱国教育。在《训俗浅言》中，除了用“旧学”进行封建道德的教育外，在“合群”、“公益”、“尚武”、“实业”等“新学”中，向人们灌输“爱国、合群、尚公、尚武之新义”。在“合群”中指出：“人心散涣各顾私利，外敌即从而欺凌”，“今前后藏无论汉番官商军民人等，总宜万众一心互相联络，以充内力，外敌自无由侵入”。在“公益”中，要求人人“宜顾公益，勿专顾私利”，今要与万国争利，必须放眼世界，“勿徒与同室争利”。在“尚武”中指出：方今地球各国对外侵略无不恃枪炮为后盾。我们必须存“发奋之雄志，有誓死报国之心”，“日日练兵，人人讲武”，“养成尚武精神，虽有强者，亦莫予敢侮”。“我苟不能自强，势必受人鱼肉”。在“实业”中，他认为：“凡农业、工艺、商业如种植、畜牧、蚕织、矿务、机械制造、声、光、电、化、医药之类，凡可生利（对民计民生有利）者，皆谓实业。”“实业兴旺国乃富强”，欲救贫弱，唯有振兴实业。在《藏俗改良》中，张荫棠除了对一些陈规陋习提出具体改革要求外，对发展农工商矿各业提出了一系列新的措施和观点。要求人们认识到多购开井机器，“于种植有益”，“畜牧牛羊骡马，开采五金煤矿，筑造铁路，为西藏天然之利，宜合股集成大公司，贩运往外国贸易”。“以夺外人之利”。要求喇嘛“白昼不必诵经，宜兼做农工商业以生财”。要求人们出外谋生“或学工艺，或做贸易，或学种地，勿怕辛苦”。提出“断无风水之说，又无雪山灵异圣迹之事”等等。这些新的思想，得到了人民的同情和支持，也激发了西藏人民的爱国热情和民族意识。

张荫棠设立九局。光绪三十三年（1907年）正月十三日，张荫棠致外务部的报告中提出：“应亟筹收回政权，练兵兴学，以图抵制，而杜借口。欲收政权，必趁达赖未回，因先献刍议，乞公裁正。

一、拟达赖班禅优加封号，厚给岁俸，如钱度各藩王之制，照旧制复立藏王体制，代达赖专管商上事，而以汉官监之。

二、拟特简亲贵，为西藏行部大臣，体制事权，一如印督用王礼，设会办大臣一员，统制全藏，下设参赞、副参赞、参议、左右副参议五缺，分理内治、外交、督练、财政、学务、裁判、巡警、农、工、商、矿等局事务。其亚东、江孜、扎什伦布、阿里、噶大克、察木多、三瞻、州九族、工布、巴塘等处，酌设道府、同知，均用陆军学堂毕业生，督率番官治理地方，每有番官之地，应设一汉官。

三、拨北洋新军六千驻藏，借壮声威，饷械由北洋拨给，归行部大臣调遣，三年后递撤回，改募土勇，以省远费繁累。应如何调拨之处，由陆军部核办。

四、藏番民兵约可得十万，饷由藏拨，拟派我武备生统带训练，俸薪军械子弹由我约。

五、巴塘电线应由部饬速接至拉萨。

六、赶修打箭炉、江孜、亚东牛车路，以便商运。

七、广设汉文学堂，使通祖国语言文字，六年毕业。

八、现在与商上议定，凡五金煤矿准中国西藏军民人等，报明矿务局开采。

九、藏中差徭之重，刑罚之苛，甲于五洲，应一律革除，以苏民困。

十、拟于喀喇乌苏（黑河）、鹿巴岭等处各盐井，设局征税，官商并运。

十一、羊毛、牛尾、骨角、猪毛、药材将来必为出口货大宗，三埠设关后应酌定出入口税则。

十二、收回铸造银铜纸币之权，设银行以利转输，官兵奉饷均由此发。

十三、前后藏台站额兵老弱缺额，徒饱私囊，应裁撤改办巡警。

十四、设汉藏文白话旬报派送，以激发爱国心，进以新知识。

十五、以川茶输藏，教民自种，以图抵制印茶。

十六、拉萨向有制枪，惜狭陋，应派南北洋制造局匠头来藏，另购机器，以图扩充。

十七、布鲁克巴（不丹）廓尔喀（尼泊尔）为藏门户，……宜派专使宣布威德，谕以唇齿之义，密结廓藏攻守同盟之约。

十八、由部拣派明干总领事驻印京，侦探印事，密报藏防备。

十九、岁费综计约二百万，由部核议指拨。藏属纵横七千里，矿产甲五注入洲，将来必为绝好殖民地，经理得人，十年收效必倍。”

上述建议经清朝政府采纳，成为新的治藏政策纲领。三月初十日，张荫棠根据新的治藏政策，命令噶厦成立交涉、督练、财政、盐茶、路矿、工商、学务、农务、巡警等九个局，作为执行新政的机构。由张荫棠提出，经过清时政府批准的新治藏政策，标志着清朝治藏政策进入第四阶段。张荫棠本人颇有民族意识，因而在对外方面，是反对英帝国主义侵略西藏的，这一点取得了当时西藏人民的好感。张荫棠本人又受了一些欧美资产阶级产业革命的影响，也有一定程度的变法维新思想，因而提出了若干发展西藏农工商业，开发矿产，便利交通，发展教育，创新报纸、银行等建设方案，这些措施当时如能一一实现，对于西藏人民也是有利的。

惩治贪官污吏与教化民俗

张荫棠于1906年（光绪三十二年）7月22日经大吉岭入藏，10月12日到达拉萨，“达赖代理人及四噶布伦，均亲郊迎，廓尔喀酋长排队来接，藏民万余夹道焚香顶礼欢呼”。张荫棠到西藏后，首先做的第一件事，就是揭发驻藏大臣有泰和驻藏官员的劣迹丑行，向清朝政府弹劾严参，他在11月18日所呈《为沥陈积弊，请旨革除惩办，以维边圉人心》的奏折中说：“查驻藏大臣历任所带员弁，率皆被议降革之员，钻营开复，幸得差委，身名既不足惜，益肆无忌惮，鱼肉藏民，侵蚀库款，驻藏大臣利其节寿，一切暖昧供亿反为讳饰，转交商上垫借亏挪，又暗许其借差滔冒报销，以为抵偿，藏中文武大小官，无不以边防报销，为唯一之目的，此藏中员弁积弊也。又驻藏大臣照章会同达赖奏被噶布伦缺，陋规一万二千两，额外需索犹不止此，挑补代本，甲本各官，陋规二三千至数百不等，藏官皆飏派于民间，民之何辜，罹此蔡毒。至签掣达赖之年，则尤视为利薮，故达赖丑诋为熬茶大臣，日形骄蹇，一切政权得贿而自甘废弃，十五年查少藏王第穆一案，商民至今冤之。又靖西、前藏粮台，节寿酬应，岁需三千两，此驻藏大臣积弊也。有泰二十九年十一月到任，英军犹驻堆朗，约赴帕克里议和，照十六年条约均实办理，愿即休兵，初无直捣拉萨之意，乃裕刚一误于前，有泰再误于后，借口商上不肯支应乌拉，不能起程，仅派李福林前往，半年逗留，迨英兵至江孜，又日请有泰往议，仍不敢去，仅派马全骥、刘文通赴孜，不得要领而返，卒酿成六月之变。有泰始往见荣赫鹏，自言无权受制商上，不肯支应夫马等情，以告无罪，媚外而乞怜，荣赫鹏笑颌之，加载蓝皮书，即以为中国在藏无主权确证，庸懦无能，误国已甚。……有泰到任半年，毫无经划，坐误事机，其三月十七日致外部电云：番众再大败，即有转机，谬诩为釜底抽薪，冀幸英军进拉萨，为我压服藏众，诚不知是何肺肠？坐视藏僧与英军在布达拉山议约十条，无一语匡救，约成哄令画押，仓皇失措，幸经外务部电阻诘责，又讳饰非英番径行画押，英官与泰筹商再四，复为荣赫鹏不画押，日偿比五万元这语所恫吓，自认督率番众先行画押，又格外允许江孜英员随便入拉萨会商商务，并见于八月初十日有泰致外务部电，此满预误国之弊，臣所不能为有泰讳也。英军驻拉萨两日，伙食均自备，其犒赏牛羊柴薪等项，约费千五六百两，借端报销至四万，八月外部汇款未到，先电称经费甚不能敷，预留浮冒地步，向章系由粮台报销，李梦弼初销三千两，被有泰驳斥，改由洋务局骁骑校余钊报销。又闻乍雅兵变围署，及噶布伦因赔款赴印京，所费亦不过六七百两，报销至二万。洋务局员皆驻藏大臣文案兼差，岁提边防项下经费一万两，委任私人朋比分肥，此报销浮冒之弊，臣所不能为有泰讳也。有泰信任门丁刘文通，自称系外委功牌，以之署理前藏游击，领带两院卫队，又总办全藏营务外，任权纳贿，卖官需藏银四五百不等，靖西游击周占彪，亲言送刘到任礼一千一百六十两。又都司李福林获咎撤任，贿刘五千两转升游击，虽不自认，而人言藉藉，谅非无因。藏印军务倥偬之际，警报屡至，催赴敌前开议，有泰置若罔闻，刘文通购进藏姬五六人，献媚固宠，白昼挈随员等赴柳林子招妓侑酒，跳唱纳凉，该大臣醉生梦死，一唯所愚弄，又于巴塘案为之滥保千总。帮办大臣联豫抵任，以刘出身微贱，劣迹昭著，呵斥弗见，两大臣遂成仇隙，两日未尝会商公事，地方官出而再三和解，此纵容门丁需索之弊，臣所不能为有泰讳也。……又已革县丞范启荣，前充文案委员，招摇撞骗，现委署后藏粮台，兼署计共亏空银八千余两，交代未清，谄求英官甘波洛营救保护，潜回拉萨，令其子善佑拜甘波洛门认作师生，借敌国势力以图挟制，又私托洋官求官派差，实小人无之尤。以上各员声名狼藉，无可宽容，可滞请旨将现在西藏之刘文通、松涛、李梦弼、恩禧、江潮、余钊、范启荣七员先行革职，归案审办，分别监禁，以警颔默。……有泰系二品大员，应如何示惩之处，圣明自有权衡，非臣所敢擅拟。再查噶伦彭错旺丹，贪无梗，勒索百姓，赏差银两，任意苟派，浪仔辖番官阳买，贪酷索着，民怨沸腾，均请先行革职查办。”

11月29日，清朝政府发布了有泰等人革职处分的命令，该命令：“奉旨，张荫棠电奏悉，据陈藏中吏治之污，鱼肉藏民，侵蚀饷项，种种弊端，深堪痛恨，刘文通、松涛、李梦弼、恩禧、江潮、余钊、范启荣等均着革职，归案审办分别监追，善佑着革职，永不叙用，递解回，严加管束，倘仍前玩竭，即行从严参办。有泰庸懦昏聩，贻误事机，仍着张荫棠严加彻查，据实复奏。至噶布伦彭错旺丹番官，均着革职究办。”

张荫棠揭发了驻藏官员的一些积弊，将有泰等人革职查办，做了一件振奋人心的好事，获得了西藏各阶层人民的拥护。正如张荫棠在他的奏折中说：“臣此次奉命入藏，全藏极为震动屏息以观我措施，以为臣系奉特旨查办藏事人员，与寻常驻藏者不同。”

教化民俗。张荫棠还颁发了《训俗浅言》和《藏俗改良》两种小册子，译成藏文散发各地。《训俗浅言》的内容是：“父子有亲”，“君臣有义”，“夫妇有别”，“长幼有序”，“朋友有信”，“博学”，“审问”，“慎思”，“明辨”，“笃行”，“智、仁、勇、孝、悌、忠、信、礼、义、廉、耻”，“合群”“公益”“尚武”“实业”等，逐字都有详细解释。《藏俗改良》的内容是：“寡妇闺女不得私通苟合”，“兄妹弟叔嫂婶睡觉不得同炕宿卧”，“人死宜用棺木”，“身体每日宜洗浴”，“儿童七、八岁时宜教识汉字”，“喇嘛白昼不必诵经，宜兼做逐工商业以生财，不可望人布施”，“夫死其妇宜改嫁”，“见客礼，宜以合掌为常见礼，屈躬吐舌竖指头之礼，贻笑各国，皆不可行”，“楼下不宜养牛马”，“男子不宜戴耳环”，“小儿周岁必须种牛痘”，“两兄弟同娶一妇，……各国均无此风俗，令人耻笑”，“妇人配一夫之后，必不可与人偷合”，“西藏宜遵用大清正朔”等。

张荫棠改革措施的流产

1907年（光绪三十三年）5月，张荫棠给噶厦的咨文中称：“本大臣前因西藏地方内政外交亟需整顿，而现象贫弱，尤应亟谋挽救，是以谕令大众会议，创设交涉、督练、财政、盐茶、路矿、工商、学务、农务、巡警九局，并颁发章程，分派职事，以冀共相讲求，力图振作，俾尔西藏蒸蒸日上，蔚成富强。乃数月以来，虽据报成立，而稍加考核，于一切局务多未实力奉行。”英人柏尔所著的《西藏之过去与现在》一书，对张荫棠的新治藏政策有如下述评：“此最高委员所行改革，不适合拉萨大多数官吏之脾胃，故彼等之颇为困难而不纯熟，但西藏人大都视彼为抵抗英国侵略之能臣，彼又新立开发西藏之规划，故初甚得众心，其后计划未有结果，彼又喜干涉旧习惯，于是众望渐减，然西藏人今日犹多敬仰此‘海外驻藏大臣’也（因其由海道至拉萨，未经西藏东部陆路，故藏人称之为海外驻藏大臣）。”

张荫棠“查办藏事”当中，碰到了一个棘手问题，即扎什伦布与噶厦之间的关系问题。张荫棠抵藏后，班禅给张荫棠来了一函，提出了前后藏分治问题，张荫棠在给班禅的回信中称：“来函具悉，噶拉仓一案，已于前次文内明白晓谕，何得哓哓妄渎，争私利而不顾公义，致碍大局，且牵引康熙年间旧事，要求拉让（班禅方面）与商上（达赖方面）各管各地等情，本大臣行辕无案可稽，一面之词，碍难照准。贵班禅当念前后藏唇齿相依，同种同教，不宜各分畛域，现外番屡进后藏，查考情形，日图并吞后藏，以通阿富汗、喀什米尔等处，其诡计奸谋，比前藏尤为危险，此时唐古忒人等若不同心协力，尚恐难御外之侮，不应同室操戈，以中外番之计，……贵班禅夙慧明断，当知此理，意必左右札萨克等有谗谄面谀之人，造谣生事，意图离间，以作奸细，荧惑聪听，本大臣若查出有此等小人，必当治以极重之罪，愿贵班禅亦将此人斥革而屏逐之也。……贵班禅恪诵佛经，参悟此旨，着仍遵照前谕，俟达赖回藏，和平酌办。”张荫棠在1907年（光绪三十三年）给清帝的一个奏折中称：“近年达赖与班禅又互相猜贰，班禅自到印京见英储后，隐恃英援，欲与达赖争权，英员时至后藏，煽惑班禅，又派班禅为印度夺垫地方佛教地总管，百端笼络，冀遂其鬼蜮之谋。”另一奏折中又称：“棠奉命入藏，道经江孜，班禅差札萨克来迎，谈话微露班禅有欲代达赖之意，……及抵拉萨，以前情告知藏王，当时噶伦等颇为惊慌。”张荫棠对班禅的上述各种不合理的要求虽予批驳，但并没有采取措施以改善札什伦布与噶厦之间的关系。

张荫棠于1907年（光绪三十三年）3月责令西藏地方政府成立了九局，但“数月以来，各局虽据报成立，而详加考核，于一切局务，多未实力奉行”，其中一条重要原因，就是以汉、番和前后藏之间存在严重的矛盾。这种矛盾的存在是改革的重要障碍。为此，他利用各种机会反复强调加强团结、共图富强、抵制外侵的重要性。他指出：“本大臣总览西藏大势，介居英、俄大国之间，虎视眈眈，岌岌可危，敌兵日日可以直驱而入，和约万不足恃”。如果“一室之中自分畛域，互相猜忌，互相倾陷，置国事于不顾，适以堕敌人狡计之中”。今日图强已恨其晚，如果内部再自分党派，各怀疑忌，不能同心合力将各局事务妥筹办理，必将“自处劣败之地位”，应为强者之鱼肉，外国人之所以欺侮唐古忒者，主要原因就是“民智不开，民心不齐，民力不强”。今前后藏无论汉番官商军民等，总宜万众一心，互相联络，以充内力，抵制外侵。为促进民族团结，他惩处了一批劣迹昭著的官吏，不论满、汉、藏官，一视同仁。在宣讲《天演论》时，他指出“使者力疾来此，不避艰险，痰喘吐血，日夜焦劳，无非为唐古忒计”。使僧俗群众备受感激，发誓再也“不存歧视汉人之心”。为联络民族感情，张荫棠经常“与喇嘛演讲佛理，即借宗教以联络藏众”。他提出革除严刑酷法，设立裁判所，“以平讼狱”；下令不准汉、藏官供应报销，“一切乌拉、饮食、草料等物，皆照市价从优发给”，使“藏民欢声如雷”。这一切都为消除民族隔阂，加强民族团结起到了一定的作用。

为消除达赖与班禅之间的矛盾，他做了大量的说服教育工作。在给班禅前后藏分治的回信中指出：“贵班禅夙慧明断，当知此理”。他并从佛法上讲：“此身且非我有，而身外之物，得失何足计焉”。要求各教派以大局为重，“释前嫌而共谋御外侮”。张荫棠在这方面的努力，虽然没有取得明显的效果，但他这种民族团结、抵制外侵的措施是有积极的现实意义和深刻历史意义的。

张荫棠的改革措施，反映了当时风靡全国资产阶级维新思想，但在数百年一成不变的西藏农奴制度社会里，还缺乏其实施社会基础和社会条件。由于西藏长期为封建农奴制统治，对外实行闭关主义，生产力水平极其低下，社会经济不发达，在整个经济结构中，还没有出现资本主义经济形式，这就使改革缺乏经济基础，缺乏实施的物质条件。所以张荫棠的改革在一定程度上，脱离了西藏实际。其次，西藏缺乏经济基础，在大农奴主统治阶级内部还没有形成要求改革的意识，缺乏改革的热情。许多大农奴主由于改革涉及了自身的利益，因此，对改革往往表现为“面诺心违”或“百般推诿”，不切实举办。由于张荫棠改革的重要目的之一，就是抵制外侵。因此，遭到了英帝国主义分子的无理干涉和破坏。正如英国侵略分子鄂多康诺（荣赫鹏）所说：“张荫棠的这一行动终将葬送我们远征队在西藏取得的成果，除非我们决意与之作对，坚持我们的正当权利。否则，我们在该国的声望一定会降低到从前那种使我们有必要远征拉萨的无足轻重的程度。”为此，他们一方面向清政府抗议，施加外交压力；另一方面，极力拉拢亲英分子，挑拨民族关系，煽动民族独立，为改革设下层层障碍。由于改革打击了一部分满族贵族的贪污受贿行为，引起了朝廷中一部分满族贵族的恐慌和嫉恨，各种打击诽谤接踵而至。有人诬告他有“勒令喇嘛尽数还俗，改换洋装”之事，他为此极力辩解，但清政府最终还是以操之过急为由，于1907年（光绪三十三年）调他到印度森罗与英谈判通商章程，撤回了他查办藏事的权力，使他推行的改革不得不半路夭折。

张荫棠被调离后，仍对他推行的改革措施，“眷眷在怀”。他先后给噶厦政府、全藏僧俗官民，驻藏大臣及清政府分别写信和上奏章，要求他们尽心竭力把他未完成的事业“速为兴办”。提出要乘印度民族运动兴起，“英廷未遑远略之时，为补牢顾大之计，失今不图后盖难治”。至于用人要“不拘一格”，认为“人材愈多，事愈易办”。

张荫裳是近代中国一位颇具民族意识的维新思想的著名爱国者，他为改变西藏经济文化的落后面貌，提出了一系列具有资本主义性质的改革思想和具体措施。他在“查办藏事”和推行改革的过程中，积极维护国家主权，打击了英帝国主义在西藏的势力。这次改革，不仅使西藏地方与清朝中央政权的关系得到了改善，中央政权在西藏地方的威信和地位得到了进一步的巩固和加强，而且为此后联豫在西藏的改革和1915年（民国四年）十三世达赖推行新政奠定了社会基础。通过这次改革，使沉睡几百年的西藏农奴制社会注入了一股新的气息，对旧的传统势力和传统观念是一次严重冲击。许多的改革措施，具有解放农奴，打破人身依附关系的历史意义。许多百姓对新政有“忻然乐从者”，这不能不在一定程度上动摇了农奴制统治的根基。尽管因种种原因这些措施没有全部付诸实施，但他的改革思想对近代西藏社会发展，产生了不可忽视的作用和影响。直到解放前，他的一些政绩，仍在西藏僧俗群众中广为流传。

因此，我认为，张荫棠“查办藏事”是西藏近代史上一次重大历史事件，是一场值得充分肯定的进步的改革，为后来西藏社会的发展产生了不可忽视的作用和影响，就是在今天都有着借鉴和参考的作用。

至今西藏人民还用各种方式纪念这位从海道来的张大人，其原因就在这里（据说西藏有一种草本花卉是以张荫棠的名字命名的，它形状类似小罂粟花果，现代园林花圃中常见这种小花。其名叫章达仁，具有去腐、镇痛、疗伤之功用，实际上这个花名就是“张大人”的谐音。可见西藏人民对这位汉族官员还是很怀念的）。

第五章
赵尔丰改土归流与西藏军事哗变

赵尔丰边省改革与急固边蕃

清末，封建王朝面临摇摇欲坠之势，许多有志之士，面对国难当头之际，力图改变这一颓势，赵尔丰便是这一改革的牺牲品。1905年（光绪三十一年）钦差大臣张荫棠赴藏查办藏事，推行新的治藏政策之时，西康方面正由赵尔丰严厉实行改土归流。所谓“改土归流”：即废除土司农奴制度，归顺强化封建中央集权，分流改革不合潮流的弊端，维新政权，巩筑藩篱。这种改土归流的改良政策并不是赵尔丰创造的，它源于四川总督鹿传霖的维新策奏，不过当时清朝政府没有推广。1908年（光绪三十四年）3月，清朝政府因西康方面“改土归流”卓有成效，为加强西藏防务和治安，册封赵尔丰为驻藏大臣，并封以京堂尚书之衔；册封其兄赵尔翼为四川总督。1910年（宣统二年）2月12日，清川军奉命进抵拉萨，试图全面整饬西藏政教，图治精兵强国，执行“恩威并用”治藏政策。为什么清朝政要采用“恩威并用”的治藏政策，其缘由是：

▶图为赵尔丰在巴塘实施改土归流政策。

早在光绪三十年（1904年）四月，驻藏帮办大臣凤全抵达西康巴塘，此时正当西藏第二次抗英战争进行当中，“自英藏战争发生之后，廷议西藏危急，请及时复瞻对为巩固川疆之计，德宗令川督锡良会同驻藏大臣有泰，帮办大臣凤全，乘机办理，锡良即电咨有凤二人，嘱其开导商上，调回番官，酌酬昔年戡乱经费，命将瞻对之地献诸朝廷，有泰庸懦畏葸，以英藏战事未解，虑生他变，持重不发。凤全锐意兴复，颇持异议，巴塘喇嘛首先煽乱，禀请川督诛戮凤全以谢藏人”（《西藏六十年大事记》）。

实行改土归流政策，权力问题直接与西康喇嘛寺庙发生了尖锐的冲突，因为凤全在巴塘一带首先从收回喇嘛寺庙的政权和土地着手实行，自然产生矛盾。《英国侵略西藏史》中是这样记载的：“四川总督曾与某制军会衔奏陈藏变乱情形，略谓凤全意见，以为诸喇嘛在各部落间具有至高无上之威权，非减削彼等权力，则一切改革计划无由实行，以此力主实施，限制僧侣数目，二十年内禁止人民加入僧侣组织，诸喇嘛对凤全此举深恶痛绝，又谓凤全之改革计划全为外人利益着想，观其保护教堂，即为媚外之明证云。”由于凤全采取上述政策，因而激起了巴塘僧众的暴乱，杀了凤全。

关于这次暴乱经过，有泰于光绪三十一年（1905年）四月二十八日的奏牍中是这样讲的：“据巴塘粮务试用知县吴锡珍禀称：本年二月二十一二等日，有巴塘正副土司及丁林喇嘛寺所属之番匪五百余人，聚众寻衅，先在附近各处抢劫，继至茨荔陇垦场骚扰，经凤大臣饬派弁兵弹压，该匪抗拒官兵，烧毁房屋，连日愈聚愈众，不下三千五六百人，于二十八日夜间，四出扰乱，势甚猖獗，一股将法国教堂放火烧毁，司铎牧守仁不知去向，闻有被害之说；一股阻截街道；一股直逼凤大臣公寓，枪炮齐施，虽有卫队士兵，然而彼众我寡，势难抵御，巴塘都司吴以忠，委员秦宗藩同时阵亡。二十九日黎明，卫队防兵死伤甚众，凤大臣退居明正土司寨内，暂避其锋，番匪乘势将银鞘军器文物等项，掳掠殆尽，复又紧围土寨，无法解散。三月初一午刻，番匪声言夫马齐备，苦逼凤大臣启程回炉（打箭炉），不意行至距巴塘二十里之鹦哥嘴地方，番匪设伏以待，胆敢杀害凤大臣，其随带委员陈式钰、王宜麟、赵潼及卫队兵丁等五十余人，一并殒命。”

清朝政府获悉巴塘发生暴乱以后，即派建昌道赵尔丰与四川提督马维骥前往剿办。“六月十八日克复巴塘。九月，赵派兵剿办倡乱之七村沟，并搜擒各处余匪，巴塘戡定。……十月，查户口粮赋，派傅嵩秋征收。十一月，委员赴盐井设局，征收盐税，又以理塘属之乡城桑城林寺，昔戕官弁，稔恶不法，派兵攻之不克，次年〔1906年（光绪三十二年）〕正月，赵尔丰率兵队进攻，于闰四月十八日克乡城，歼番匪之渠魁，并攻克同恶之稻坝贡噶林，一律肃清。七月，旋即奉旨，充川滇边务大臣。八月中，赵尔丰由乡城稻坝至理塘，将理塘土司改流，乃以所部防军五营，分扎巴塘改流之土，……修建关外旅店，招募农民开垦，奏派吴学谟办学务，延聘美国人勘金矿，且兴制革于巴塘，雇洋技师往验水性，建钢桥于河口，雇洋工师往测桥基，并延日本农技师提倡农业于西康，委员出洋调查织绒机器，磨面机器，延医人购药品，出关设局，奏设理化县，定乡县，巴安县，并将西康应行兴革诸大端，如兴学、通商、屯垦、练兵、设官等项，次第奏陈，得部拨开办费一百万两。”（《驻藏大臣考》）

赵尔丰就任川滇边务大臣以后，即在西康区积极推行改土归流。英国人对赵尔丰的改土归流作了如下的评语：“其治理藏东各土司情形，渠将各土司先后改土归流，使直接受中国官吏管辖，并以特殊手段，取缔藏东喇嘛制度，如规定僧侣数目，削减寺院权威，除中国官吏外，概不许新建庙宇，增加寺院捐税。力辟祷告之无灵，凡此种种，皆不失为最好之改革。然赵氏方在藏东严厉执行此项改革时，不免引起拉萨僧侣之疑忌与愤慨耳。”（《英国侵略西藏史》）

英国人还把赵尔丰实行改土归流的情况作了如下描述：“土司领袖已遭杀戮，土司制度亦永远废除，自后无论土（藏）人汉人，概归清廷派官治理，巴塘境内居民，亦无分汉藏，受治于中国官吏，不许土人听命于土司或臣属于喇嘛。以下令居民蓄发留辫，表示为大清百姓。乡长里长概归村民选举，任期三年，如举措有失公平，村民亦得罢免之。各县设长官六名，汉藏各半。关于征收地租，处理诉讼诸事，由六人共同负责，而此六人者，皆须兼通汉语及藏语。地租视土地之肥瘠而定，每亩占总收获额百分之二十、三十，或四十，……此后官吏出行，一切运送事宜，概须偿付代价，此种办法实极贤明，且有规定之必要也。凡剧盗无论其有无杀人行为，概须处以死刑。……推设官立义务学校，凡儿童至五六岁者，概须入校读书。又下令废止土人之葬礼，奖励清洁，提倡道德，劝导成年男女穿裤，儿童则强迫之，各家庭须有姓字（指汉姓），废止奴隶制，严禁人民吸食鸦片，街道须保持清洁，到处设便池，墓地限于低处。”（《英国侵略西藏史》）

赵尔丰对喇嘛寺庙据说也作了如下规定：“各寺喇嘛数目不得超过三百名，其姓名年岁，皆须注册呈报。……寺庙亦应征收地税，一如其它田产，从前则寺庙概不征税也。乡民对喇嘛之岁贡，亦明令废止，以后喇嘛岁入减少，而负担增加，并不许其干涉地方政治。然综观彼之所为，对于中国威权之树立，确有成就。”（《英国侵略西藏史》）

赵尔丰在西康藏区所实行的改土归流政策，从总的方面来说，它冲击了藏族地区的农奴制度，打击了僧俗大农奴主的统治，大部分地方取消了寺庙与土司的特权，这对于藏族地区的社会生产力的发展是有利的。但是改土归流政策也有它的消极的一面，它在取消了寺庙与土司特权以后，并没有从藏族中选拔官员管理当地事务，而是完全派遣汉族官员去统治当地人民，因而在藏族人民的眼中，总觉得这是汉人在统治藏人，因而增加了民族隔阂。但从赵尔丰这样一个忠实于清朝皇帝的大官僚来说，他的这些做法是符合他所代表的阶级利益的。

在赵尔丰进行西康藏区改土归流的同时，西藏也普遍发生了武装暴乱，驱逐川军，驱逐汉官汉军，恢复了原来的土司和喇嘛庙的职权。谢彬所著的《西藏问题》一书中载称：“达赖喇嘛……同时更令川边藏番乘机宣言独立，未几，川边各地果纷起而响应之，于是赵尔丰、傅嵩秋等多年经营扶持之势力，遂一朝瓦解，而理塘攻陷，知县被杀，盐井降附，汉兵逃散之报，纷纷传于北京矣。其时川边全境未被藏番攻陷者，南路仅有炉定（即咱利、沉边、冷边三土司地方所改），康定

(即明正土司地方所改)、巴安(即巴塘土司地方所改)三县，北路仅有道孚(即麻书，孔撒土司地方所改)、瞻化(即瞻对土司地方所改)，炉霍(即东科土司地方所改)、甘孜、德格、邓柯、石渠、昌都八县而已。”1906年(光绪三十二年)底，西藏驻藏大臣有泰被革职查办，1908年(光绪三十四年)三月清政府任命川滇边务大臣赵尔丰兼西藏驻藏大臣，他因改土归流有功而被清廷加职，为配合张荫棠新的治藏计划，他派川军精兵2000由知府钟颖统率，力图用武力借机也对西藏实行“改土归流”的政策，西藏上层统治者闻讯以“屠户”著称的铁腕人物派兵进藏，即表示强烈的不满。面临西藏即将实施剥夺贵族领主利益的“改土归流”政策，达赖命令藏军在昌都以西阻止四川清军进藏，被川清军击溃，达赖又令藏军在江达(太召)焚烧了驻藏大臣积存的粮秣进行报复。赵尔丰一气之下命令川清军击败阻挠西进藏军，清川军进抵拉萨的当天，达赖唯恐追究其罪，在清军尚未到来捉他之际，便乘夜出走，逃往印度。

▶图为川滇边务大臣兼西藏驻藏大臣赵尔丰。

赵尔丰气愤之极，奏请朝廷下令革除达赖封号，命令清军追击钦犯，英军派步兵两个纵队，大炮四尊，工兵若干，驻兵郎塘挟制达赖，策动达赖逃离了西藏。赵尔丰借此大刀阔斧接手推行张荫棠的治藏政策。

赵尔丰(1845-1911)字季和，祖籍山东蓬莱。先世为汉军正蓝旗。1898年(光绪二十四年)任河东河道监制同知。1903年(光绪二十九年)5月，随川督锡良入川，先后任成锦龙茂道建昌道道员。1905年(光绪三十一年)，赵尔丰因“巴塘事件”入康奏办炉边军务。1906年(光绪三十二年)7月清廷授赵尔丰督办川滇边务大臣，以“军府之规”任地方之责。正式经营川边，推行清朝有史以来最大的一次“改土归流”。1908年(光绪三十四年)3月，清廷任命赵尔丰为驻藏大臣，兼边务大臣。他“急固藩篱”，加强西藏防务，阻止英国侵略西藏的步伐。1909年(宣统元年)10月，赵尔丰奉旨护送川军钟颖部由川边进藏，借机将金沙江以西藏地域改流，粉碎了英国企图“打通印、缅、穿插藏地，俯瞰川滇”的阴谋。1911年（宣统三年）4月，赵尔丰署理四川总督，此时，四川保路运动风起云涌，清王朝处于风雨飘摇之中。9月，清廷饬令赵尔丰“迅速解散，切实弹压”，赵尔丰效忠清廷，一手制造了震惊全国的“成都血案”并策划兵变，图谋推翻以伊昌衡为都督的大汉四川军政府。12月22日，伊昌衡以“纵其部曲谋为凶逆”罪，杀赵尔丰于成都贡院菜市口。

▶赵尔丰被杀于成都贡院菜市口。

英人台克曼，栩栩如生、十分生动地描述了这位勇士：“他容光焕发，身体瘦长而结实，吃喝节俭有度，随时准备在疆场上同官兵一样忍受不可避免的艰难困苦。不同于多少有点柔弱、贪图安逸的四川人，他放弃从轿的权利，骑马驰骋西藏东部。他在康区作战，百战百胜，为达目的所使用的虚张声势和狡黠的（政治）手腕同使用武力一样多。但当非打不可时，其战役总是计划周密，贯彻得力，赵尔丰始终得到其兄四川总督全力以赴的支持，两人都有大清帝国皇权圣威作后盾。

但是，在共和政府里，驻扎在中国西部的各军事领导人之间却很少行动统一和配合。虽然赵尔丰在四川人中以‘赵屠夫’的绰号而出名，但他毕竟是个正直的人。他对藏汉两族人民一视同仁。然而，他的反喇嘛态度使他成了他们不共戴天的敌人。这一点背离了传统的满清政策，即主要借助于喇嘛寺行使对西藏和蒙古的权力。辛亥革命之后，四川地方政府开始在边境（康藏）地区广泛散发赵尔丰被砍头的照片，以显示他们的胜利和得势。”据驻在康区的英人台克曼回忆：“赵尔丰的改革流产于辛亥革命。1911年（宣统三年）8月他回到成都，就任四川总督。辛亥革命爆发之后，他无条件地接受屈从于革命党的条件，从而使四川共和政府及时宣告成立。然而，1911年（宣统三年）12月23日，革命党却背信弃义将他斩首。大清国最伟大的帝国建造者就这样惨死在他自己同胞的手下，清政权在西藏的支配地位也随着他的去世而消失。”

辛亥革命驻藏清川军哗变

“革命”一词的本意是砍头的意思，民国推翻清朝政府后，对民众实施了一条“留发不留命，留命就不留发”的规定。对清朝属下的臣民宣布以示赞成“共和”之举，鲁迅《阿Q正传》中描写阿Q剪掉辫子高喊“我革命了”即反映的是这段史实。然而辛亥革命在西藏却不是这样，驻藏的川清军分成了两派，“赞成共和”的与“赞成帝制”的产生了内讧，结果是“赞成帝制”的占了上风，因此藏军和官员是未剪发的。那时，清川军中的汉人被诅咒驱逐回了内地闹革命，而清朝具有满族血缘的军人却留在了西藏，谢国良部便投靠了藏政府。但是好景不长，达赖借英人帮助是想搞西藏独立，于是不管你是否“共和”是否“帝制”一起诅咒全部驱赶，甚至同情支持过清政府的藏军总代本的噶伦也不放过。当时站在清朝政府方面的，即使在噶伦里面，也还有人。《旅藏二十年》一书中载称：“1911年9月，拉萨发生中藏冲突，战争激烈继续不绝，结果西藏方面败北，主要原因是藏人内部里边有叛逆他本国的分子，后来发觉关于西藏军事行动，中国方面每能预知，于是藏方对于防止泄露消息的办法愈加严密，然而藏方仍有一位高级官员，把信缚在箭上，射入中国衙门，这位官员后经捕获斩决，从此再没有消息走漏了。西藏大臣中有一擦绒协摆【协摆：为西藏噶厦中大臣的称谓，也称噶伦，共四人，例定三俗一僧，其职为二品】，当达赖同他的大臣逃往印度时，只留他自己在拉萨供职，他现在也被疑惑有倾向中国的活动，于是色拉寺的喇嘛，把他从布达拉宫会议里拉出，不加审问即行杀掉。同时还有几个高级藏官和擦绒的儿子，也被疑惑有帮助中国的情事，结果都被杀害。”

原西藏噶厦政府的贵族擦绒家族，系后藏萨迦地区孜松谷卡所属擦绒·彭措热旦庄园的世袭贵族。其领主擦绒·旺秋杰布是清朝赐封的驻军元帅，也是十三世达赖喇嘛执政时噶厦政府的噶伦。长子是噶厦政府负责礼宾的官员（称“噶准”），次子是哲蚌寺果芒扎仓的活佛，此外还有五个女儿。

关于清制藏军总代本擦绒·旺秋杰布被杀之事，藏文献作了记载：清军进驻拉萨时，十三世达赖喇嘛为了逃避清驻藏大臣赵尔丰追究阻挠清军驻防边疆干扰军务之罪责，同司伦夏扎、雪康、勒强和亲信噶伦等逃往印度。这期间，擦绒·旺秋杰布执掌了噶厦政府的大权。当时的噶伦擦绒·旺秋杰布为首的一部分人通过私下谈判，解除了清军与藏军之间的僵局。而另一部分人则不赞同这种和解，散布歌谣加以抨击。歌词曰："彩窗密室孔雀鸣，水掺牛奶混不清；日为金鸟飞噶厦，夜变凡雀栖衙门。"（衙门，是指当时的驻藏大臣的府邸）为此，旺秋杰布深感局势对自己不利，乃致函正在萨迦谷卡避居的长子，令其速返。噶准长子接信后，见事紧急，连忙赶回拉萨，从父命接任藏军副总指挥官之职。

▶图为藏军总代本官邸。原为清朝赐封的驻军元帅擦绒·旺秋杰布住所，后为擦绒·旺堆占堆，噶伦兼藏军总代本（司令）札萨住所。1959年后为西藏军区政治部联络处办公楼。作者曾在此处工作。1995年，因土木结构年代久远坍塌。

驻藏清军发生内讧期间，清驻藏官邸一片混乱，无力顾及政务。一天，当擦绒噶伦正在布达拉宫主持噶厦会议，色拉寺一伙喇嘛在某些军事头目的煽动下，闯进会议室高呼："噶伦旺秋杰布是内奸"并抓住他的发髻不放。擦绒声明道："我没有做过任何有损于噶厦和违背达赖喇嘛意旨的事。"话未落音，就被推下石级，拖至多仁朗玛处（布达拉宫下边的第一个石碑），将其杀死。他的噶准长子也被抓到玉妥林卡捆在一棵大树上，胸前划了一个黑圈当靶射击，当场被击毙。临死时，哭喊："爸啦"之声不绝。擦绒父子被杀后，剩下五个女儿和噶准的妻子，无依无靠，债务沉重，处于困境。

驻扎西藏川军哗变之际，达赖乘势攻击驻藏清军，他的侍卫达桑占堆被西藏军民推选为藏军总代本，达桑占堆首先选择了驻防江孜的川军开始进攻。昔日清政府任教多年的藏军教官们顷刻成为攻击的对象。据英人麦克唐纳在《旅藏二十年》一书中载称："当我得到江孜扰乱的消息后，马上就前往该地，希望中藏两方事件和平解决。在未到江孜前，江孜的藏人已派一部分军队堵截驻日喀则的中国军队来援，此次军队移动，便开了双方敌对行为的先声。藏军出发，想半途截击从日喀则奔江孜而来的中国军队，他们埋伏在其必须经过的地方，藏军在崖冈地方一座屋里，开枪射击中国军队。当时中国军队也立即回敬，马上进攻埋伏在那间房屋的藏军，杀掉几个藏卒，并斩获一个副指挥，藏军于是不得不投掷白色哈达，表示投降。中国军队把解除武装的藏军用他们的辫子对辫子系结起来，带到江孜，嗣经审问后，枪决三十六人，并将藏军枭目（指挥）斩首示众。我到这里，此事刚刚过去，所以就无法挽救了。一部分中国军队，约计百人，不久来到江孜增援，中藏两方战争，也渐渐扩大起来了。接着，西藏方面派出大部人马，开始从江孜北部，由曾在哲克萨姆渡口卓有战功的大将趁撒南噶（即达桑占堆）率领前来，加上这些援军，藏军便包围了驻守在造纸厂的清军。一天，中藏两方代表，一同来到英商务委员公署，用最恭敬的方式，彼此互相交换停战文书契约，并声明俱愿从此获得谅解，中国军队虽有新式枪械和子弹，但是缺乏食物；在藏军方面说起来，他们要想用战争方式把中国军队从造纸厂里驱逐出来，其结果一定受很多惨祸，才能达到目的。于是双方举行谈判，双方达成协议，就是中国人应当将军械交我存储，在藏方能交给我一万卢比作代价时，我便将军械交给西藏方面，银钱交给中国方面，那么中国军队即可离开西藏，不再扰乱了。同时，藏方应担负护送中国军队出藏和供给口粮，直至边疆（关）则拉普关，绝不索费。此问题最后在这一点上解决，就是西藏方面出九千二百五十中国卢比，换取一百四十四枝来复枪及许多子弹。关于运输免费及供给口粮这个条件，两方也都同意，条约共草就四份，经中藏两方首领于民国元年（1912年）四月三日签字，尼泊尔代表同我也签字作为保证人。中国人得了钱以后，马上离开江孜，一直到了印度，没有任何严重事端的发生。”

江孜的川军被解决后，达桑占堆又指挥藏军围攻驻防日喀则的川军。关于日喀则战事，《旅藏二十年》一书中也有如下记载，“在江孜举行和平会议后，中藏两方人员都送信到日喀则，告诉他们的爱国同胞，停止敌对行为。虽然有这种训令，但回到拉萨的趁撒南噶（达桑占堆），仍然向中国人占据的日喀则要塞进攻，但是藏军同样遭受重创。这次努力失败后，清军自动弃械，彷在江孜所订条约，又同样在日喀则重行订立，结果中国人也是卖掉枪弹，换取金钱，以便转回中国，他们也同江孜的退兵取同一路线，经印度往返内地。当在日喀则战争时候，流弹射到班禅所住的扎什伦布寺，班禅活佛为保全生命起见，马上逃向西藏和锡金边境的康巴宗，在这时候，我正在江孜，班禅活佛差人送来一封信，请我在开拉地方会他，讨论重要问题，我马上就到开拉。班禅和他的大臣很欢喜见我，他问我在这扰乱期间，应取何种态度，我很坚定地告诉他，回到札什伦布，静观事态的变化。他考虑一刻后，便决议照办，尤其是当我告诉他，假使这时离开日喀则，未免有倾向中国的嫌疑，他更为折服，因为他的敌人一定要将中国人离开和班禅喇嘛出亡有互相关联的揣想。”

▶1912年达桑占东为藏军总代本，1915年藏军司令部成立。图为还俗后的达桑占东更名为擦绒·旺堆占堆。

1912年（民国元年），十三世达赖喇嘛土登嘉措下令他的近侍达桑占东接替藏军总代本之职，理由是在这次变革中驱赶汉军教官立有大功，并在达赖喇嘛的侍读擦珠活佛举荐下，命其还俗，入赘于擦绒家族。于是他由达桑占东更名擦绒·旺堆占堆。

擦绒·旺堆占堆，升任噶伦兼藏军总代本（司令）札萨等职，一下子由平民提升为札萨。并将已被色拉寺喇嘛杀死的亲汉派擦绒噶伦的田庄、百姓完全赐给了达桑占东，自此以后，达桑占东即成了擦绒札萨。与此同时，达赖还晋升了在反对川军的战争中的有功人员，摄政王策满·林诺门汗，他在达赖逃亡期间处理西藏事务，深合达赖意图，并且领导全藏人民，驱逐川军出藏，因而达赖给摄政赏了呼图克图的封号，颁赐印玺和呼图克田所用的全套服饰、马鞍、包加（侍从官肩上之缎袱），黄伞等物，并赐了好几处地方的田庄。摄政王的强佐（助手），也得了堪穹官职。此外，色拉寺的拉基（僧官名称）组织僧兵抵抗川军有功，达赖委任为丹木八旗的总管。甘丹寺拉基也有同样功劳，达赖委任为错那宗宗本。

擦绒·达桑占东，彭波人。他原是彭波达桑普布觉寺拉章的卡果尔谷卡的一家差巴户（平民）之子。因差役太重，生活困难，在无可奈何的情况下，和其弟索朗旺准逃奔他乡谋生。在多德洛门谷卡帮人放羊。因为两只羊被狼吃掉了，怕受主人责打，又出逃到拉萨的郊那林卡，哀求管骆驼的头人留用。他在那里干了几个月后，被介绍给孜朗杰扎仓的喇嘛，当了僧人。

1904年（藏历木龙年），英帝国主义侵略西藏，十三世达赖喇嘛被迫前往祖国内地。达桑占东闻知其师孜尼仓巴已跟随达赖喇嘛一同出去，便立即赶去。途中，达赖喇嘛问其来历，孜尼仓巴答称：“是我的弟子。”达赖见达桑占东应对敏捷，很是喜爱，准其随同前往。当达赖从内地返回西藏时，达桑占东已是一名亲信近侍了。

达赖侍卫围攻清军驱赶教官

1910年（藏历铁狗年），十三世达赖喇嘛逃亡印度时，清军百骑追至曲水渡口，幸赖达桑占东和达克热、色克热（意即虎豹之士）等15名随从奋勇阻击，重创清军，才使达赖得以安全前行。由于他们将人马化整为零，到了边界，依从英国商务总管的计谋，达桑占堆化装为“邮递员”，混过边界上的清军耳目、安全越境抵达印度。达赖喇嘛因达桑占东一路上忠勇护卫，更加器重于他，封他为“坚赛朗嘎”（亲信侍卫）。

此时，升任为藏军总代本的达桑占东对清军十分怀恨，他在拉萨并喇嘛一道作法诅咒革命党人，附带也把清政府一并诅咒。按西藏密宗喇嘛有一种扣锅的作法，即对其所恨的对象，先在佛堂内，求神作法，诵经念咒，一切程序作完，由喇嘛打着法器，口诵经咒，扎一草人，放在空场上，旁边架起铁锅子，装满酥油，用木材燃烧，将油烧沸，再由喇嘛们围绕油锅念一遍经咒，然后燃着草人，将油锅翻扣在地，三天之后，掀开油锅，验看油上出现任何迹印象，据此推算其所咒的对象日后所得的报应。

此次扣锅，是达赖喇嘛同意举行的，其目的是驱逐在藏的川清军和驻藏官吏中的汉官，因为在藏军中担任教官及驻藏部队的官兵绝大多数是汉族，而达赖被通缉和推行改革的两位驻藏大臣都是汉族，因此他特别痛恨这些汉族官员。而在清军中的满族军官却站在了西藏政府一边，驻拉萨的清军将领们同样在拥护共和和赞成帝制的问题上也发生了分裂。

当时任驻藏大臣的官员是汉族的钟颖将军（革命党人），他取代了满族出身的联豫。联豫被迫弃职后，决定保存一部分实力，不择手段地去利用地方的对立面。

拉萨川军哗变后，另有一部分仍然拥护帝制，由谢国梁统率的川清军和噶厦站在了那边，与钟颖统率的川军展开了内战，双方相持了十个月。

民国元年（1912年）三月，钟颖统率的川军因拉萨市区已无掠夺对象，乃驱兵进攻色拉寺（此时拉萨贵族官员富商大贾避难色拉寺，寺内财物甚富），被色拉寺的喇嘛打败回来，《西藏六十年大事记》中对此次战事载称："民国元年三月，川兵以色拉寺富裕，乃驱兵围攻三日未克，寺僧数千人猛出逆袭，川兵大败，寺僧乘势攻陷札什城（川军兵营），焚其官署街市，并毁城垣，时商上以川军杀戮过甚，招募士兵万余，以谢国梁为统领，日与钟颖酣战，并用达赖名义，通告全藏之营官兵喇嘛攻击各地汉军。"

达赖返回拉萨以后，召集了一次各宗谷地方头人代表会议，征求大家对西藏今后内政外交方针的意见。据《西藏之过去与现在》一书载称，"一九一二年，达赖返西藏后，下令中部两省（即前后藏）各县派四代表陈达彼等对于外交内政所需改革之意见，其所讨论之问题，有以下三项：（一）西藏应与何国或若干国为友（二）是否扩充军额，若扩充，则如何筹饷（三）司法若有改革，则手续当如何第一问题之答案如下，（甲）'与英为友，固其距拉萨最近'。（乙）'与任一强国为友，而依附之，不轻舍此就彼'。（丙）'与中国为友，彼兵强人众，若汝非确得别国扶助西藏，则中国后将报复'。关于筹饷问题之答案如下，（甲）'贵族地产，皆须纳税，服务政府者，给钱为俸，不复如今之赏以免税田地'。（乙）'寺产皆须纳税，惟以钱资助之'，但或谓：'色拉，哲蚌、噶丹三大寺不应奉此命令'。（丙）'扩充军队，以钱发饷，授地于其父母，再增加政府金库借给商人之金额，则可以增加政府收入'。业已占领西藏东部之军队，停止进行，亦人民所提议。至于贷款商人、扩充军额，以钱发饷，今皆次第采行。诸代表大半为政府或私人之大小财产经理者，其慷慨发抒所见，颇出人意料外，此种集会，在西藏历史上为第一次。惟外交政策之难问题，尤以与中国有关系时，达赖仍愿信其大臣之言，或自行决断，盖国会讨论，费时太久，且中国时以书来言和，国会中人倾向之者，亦不少也。"由此可见西藏上层对清朝所推行的治藏政策，是不赞成的，但并不是大家要西藏地方与中央政权之间中断联系。至于下层僧俗群众更不赞成西藏地方与中央政权中断联系。因此，柏尔在《西藏之过去与现在》一书中也不得不承认："近，及两国联合之久，有以致之耳。在藏民中，吾等亦时时闻其盼望中国复来。西藏虽倾向自主，尚不欲其在政治上联合已久之中国完全分离。”这就说明当时西藏地方政权与中央政权暂时中断联系完全是英帝国主义者和西藏上层中的一小部分掌权的亲帝分离势力所制造的，是违反西藏上下层广大人民的意志的。

噶厦公布的达赖命令大意如下：“内地各省人民，刻已推翻君王，建立新国。嗣是以往，凡汉人递到西藏之公文政令，概勿遵从，身着蓝色服者，即新国派来之官吏，尔等不得供应，惟乌拉仍当照旧供给。汉兵既不能保护我藏民，其将以何方法巩固自己之地位，愿我藏人熟思之。至西藏各寨营官，刻已召集，啜血同盟，共图进行，汉人官吏军队进藏，为总揽我政权耳，夫汉人不能依据旧约，抚我藏民，是其信用既以大失，犹复恣为强夺，蹂躏主权，坐令我臣民上下，辗转流离，逃窜四方，苛残恶毒，于斯为极！推其用意，盖使我藏人永远不见天日矣，孰使之，皆汉人入藏使之也。自示以后，凡我营官头目人等，务宜发愤有为，苟其地居有汉人，固当驱除净尽，即其地未居汉人，亦必严为防守，总期西藏全境汉人绝迹，是为至要。”达赖的上述命令发布以后，再加上他的侍从达桑占东在各地各寺积极活动，迅速组织起了万余西藏民军，达桑占东任卫藏民军总司令，统一指挥，围攻拉萨，日喀则和江孜的川军。在这全藏动乱当中，西藏大部分僧俗贵族是拥护达赖的，只有班禅系统和丹吉林寺，哲蚌寺大部分喇嘛，站在清朝政府方面。据《西藏六十年大事记》载：“联豫避居哲蚌寺，以印信交与钟颖，钟颖即代理驻藏大臣之职，势处危急，遂求援于班禅，班禅暗令哲蚌寺僧助之。”柏尔所著的《西藏过去与现在》一书也称：“班禅之政府暗与中国人勾结，不援助其拉萨同胞，几至被兵力强迫，西藏最大之哲蚌寺，僧侣数达万余，云亦倾向中国，及数大僧被杀后，仍未完全忠心助其‘信仰之主’，盖寺中大多数僧侣来自中国边界，不肯与庇护其家之人为敌故也。丹吉林寺（即前藏王第穆呼图克图之寺）之首领，当达赖揽权时，被捕入狱致死，其寺中财产悉被查封，故公然为中国人而战。”

1922年（民国十一年），年少气盛的达桑占东，在任藏军司令官时，拉萨发生了两名警卫士兵互相枪击事件。擦绒司令向噶厦报告后，将肇事的士兵，一个砍去一只手，另一个砍去一条腿。被砍去一条腿的士兵，很快就死了。达桑占东将死者首级割下和砍下的那一条腿一并悬挂在拉萨大街上示众。钦丹巴达吉活佛到大昭寺去转经，发现了挂起的人头和人脚，愤然言到：“于佛之地挂人头人腿，实在罪过！”达赖喇嘛听说这件事后，对达桑占东的做法很不高兴！这为他今后被革职埋下隐患。

清末至民国时期的西藏军事改良

清末民初中国领土面临着被英国殖民主义者蚕食的危险，在此期间，他们针对我国领土进行了有目的的、有计划的、有步骤的侵扰和掠夺。清朝政府面对这一情况，对西藏驻军进行了整编改革。

藏汉分理及藏军军旗的由来。第一次鸦片战争（1840年6月至1842年8月）结束后，清朝政府因战争赔款造致军费十分紧张，1846年（道光二十六年）底，清朝政府无力供养西藏边防部队军费，清军机处及驻藏大臣琦善将西藏军队实行“藏汉分理”，即：西藏代本制部队移交西藏地方管理，汉族绿林军仍隶属清廷。原属中央直属的“代本军”军费拨款改由西藏地方供银，原川“绿林军”满汉部队仍由朝廷供给，史称“藏汉分理”。至此，藏军由“中央军”改为“地方军”。此外，国内外许多学者认为藏独旗子就是伪西藏国的标志，其实很多人不了解这是藏军的军旗。藏军的军旗最早为唐朝公主卫队旗帜，这可根据现存布达拉宫的壁画考证。据《说文解字》分析：古语师通狮，例如“挥师（狮）南下”，“正义

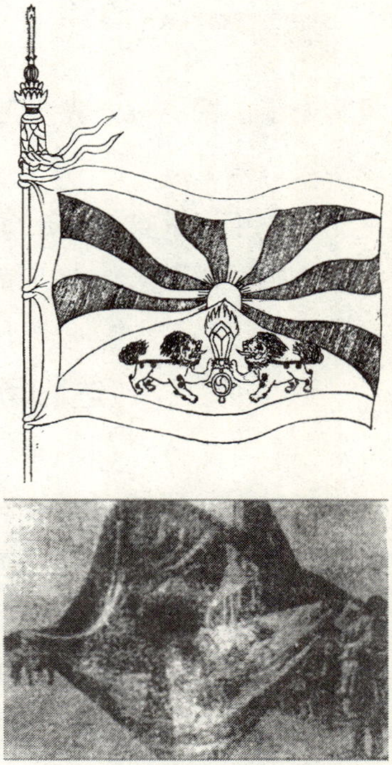

▶上图为藏军军旗。下图为龙狮虎豹鹰——此为清朝藏军“代本”军旗。详见成都军区档案馆材料《藏军基本情况》。

之师（狮）”，师(狮）在军中象征军队所向无敌，英勇顽强，征战勇猛之意。狮也是中国历朝政权的执政符号，历代京城或地方官衙门前均有一对石狮，意为护卫政权之威严，以示正统。1792年（乾隆五十七年），福康安大将军根据衙门双头石狮（汉军和藏军）护卫政教合一的含义，定雪山狮子为藏军军旗。而且中国历朝以龙、狮、虎、豹、鹰等凶禽猛兽来命名军队极为常见，因此福康安用狮子来区分各民族兵种，这就不足为奇了。据史料记载，西藏驻军中曾驻扎蒙、满、藏、汉、回、鲜卑族等民族兵员。

▶图为“伪西藏国”国旗。

1949年，摄政王达扎将代本军旗改为“伪西藏国”国旗，派出商务代表出国游说寻求独立支持，企图将西藏分裂出去。

达赖新政中的警察局政变

1911年（宣统三年），达赖回藏执政后，将清军汉族遣返回内地，对降藏的清军谢国良部进行了改良，委任达桑占堆为藏军总代本，并将藏军扩充为十个代本，按照藏文字母的顺序排列代本番号，每代本500人，一、二代本各为1000人，共有兵员6500人。

1914年（民国三年），达赖为了推行新政，在英人贝尔的“帮助”下筹建所谓新式军队。将总代本改称为马基（藏军总司令），并在噶厦设立了马基康(即藏军总司令部)，以擦绒（即达桑占东坚色郎康擦绒·达桑占堆，1912年至1915年为藏军副总代本，1915年后为藏军总司令）为马基（藏军总司令），台吉车门巴为马基穹娃（副总司令）。英人柏尔在他著的《西藏之过去与现在》一书中说：“西藏政府此时筹设常备军一万，以靖内攘外，拟分五百人为一代本，每一代本（下辖）四如本，十甲本、五十定本。以五十万方哩之国，军队只有此数，可谓甚少。西藏之钱大半耗于宗教机关，常备军饷不易筹措，纵有大部分产业可以敛税，而为僧侣贵族所盘踞，款既难得，则军官更为难得。”

于是达赖与贝尔密谈解决军官问题，英国答应在江孜办一所军官训练学校，达赖派遣仲巴札萨，多仁台古等高级官员多人入校受训。关于这所学校，麦克唐纳在其所著之《旅藏二十年》一书中载称：“西藏政府决定用新式战斗方法，训练军队，事经印度政府批准后，西藏一次派遣五十名兵士和军官到江孜，由商务委员公署的卫队英印指挥官出来训练他们。藏军来此训练，一直到一九二四年，中间很少间断。”英国人训练的这些军官，后来分发到各代本中去任职，就组成了所谓的新式藏军。达赖原来计划组织三十个代本的兵力，以藏文三十二个字母命名，如噶团代本、喀团代本……可是后来，由于军费困难的原因，直到十三世达赖圆寂，只成立了十二个代本。

▶图为十三世达赖，生于1876年，圆寂于1933年12月。

1915年（民国四年），藏军司令部成立。藏军司令部（马基康）为藏军最高指挥机关，隶属噶厦政府管辖，司令部设在拉萨，军旗仍为清乾隆五十七年（1792年）所定的“雪山狮子”图案。在英国人的帮助下，达赖直接指挥马基康（司令部）的管理、训练部队，服装均仿效英国军队。达赖派贵族子弟，下级军官赴英、印学习军事及购置军事装备，聘请英籍教官在江孜设立“仲札马噶”（即贵族教练部），吸收贵族子弟及下级军官进行军事训练，至此西藏军队由清军体制而转为仿效英、印。藏军驻防由江孜、定日移向黑河、工布江达及昌都一线，以防汉军再次入藏。

民国十二年（1923年）达赖下令成立拉萨警察局，在拉萨市各区建立槎康（派出所）及各重要街设立岗哨，聘请印度大吉岭警察局长连

▶图为西藏政府及藏军司令部官员与拉萨警察局教官和部分学员合影。摄于1923年。

颠士（英人）任总办，印度孟加拉警卫队队长孟伸（印人）为帮办，开设警察训练班，后因连颠士、孟伸欲窃拉萨市政权，达赖撤其职，解散他们所组织的警察局，令其回印，重新挑选250名藏军为警察，由龙霞任警察局长、绕噶厦为警察总办。（1952年噶厦政府因原警察是班禅的差民，怕心向班禅，不易控制，故予解散，改调藏军第六代本团替换。）

1924年（藏历木鼠年），藏军司令官擦绒·旺堆占堆，副司令官格江丹巴和代本（团长）、杰白赛、萨龙瓦、唐本、崔科瓦、金巴瓦、乃堆、仲巴赛、新卡瓦等秘密聚会，在教官连颠士、助理教官孟伸等人的纵容下商议上书噶厦。其内容是：

一、要求允许武官派代表参加西藏政教重大会议；

二、军方军事审判无需通过请示噶厦再行办理，诸事概由藏军总司令部全权自行决定。与会人意见一致后，在决议书上签名盖章。

此时仲巴赛代本（团长）说：“我同意这个决议，但今日未带印章，明日再盖。于是当晚，仲巴赛赶赴罗布林卡，向十三世达赖喇嘛告知藏军司令官擦绒·旺堆占堆有秘密谋反的企图。不久，噶厦政府对司

令官擦绒作出决定：现值太平盛世，没有必要保留“马基”（司令官）职务，令其继任噶伦职务。继后又被免去噶伦职务，保留札萨官衔。札萨达桑占堆文武双职被撤，凡参与此会的人员都先后被撤职。自此，旺堆占堆这个效忠于达赖喇嘛和西藏噶厦政府有功之臣被贬为平民。于是达赖任命侍从龙霞为藏军司令部顾问兼拉萨市警察局长，龙霞上任后，着令教官连颠士（英人）、助理教官孟伸（印人）回印度。撤销了他们开设的警察训练班，重新在日喀则挑选了250名藏军进行培训，组建了拉萨警卫代本。

由于他解散的警察训练班的警察绝大多数是贵族子女，由此龙霞遭到很多人的怨恨，他们寻机报复。终于在10年后，达赖去世不到一年，他遭到暗算。1934年，藏军司令部顾问兼拉萨警察局长龙霞因涉嫌谋杀噶伦赤门、组织社团、聚众议事，被判挖去双眼。

▶1923年～1951年的藏军装备和着装，图为藏军营连级军官。

第六章
国民政府对“藏独”活动的遏制

英国秘密情报局分裂西藏的企图

英国秘密情报M–6“柏尔计划”。清末西藏的一系列变故，多系英国操纵，我们从以上资料中已看得十分清楚。为什么英国要干涉中国内政呢？其实这一系列谍报活动和战争的根源，在于英国远东情报局的一项秘密计划。

19世纪和20世纪初，是大英帝国的全盛时期。由于它对印度这一“英王皇冠上最亮的明珠”和英国“食品篮”的高度重视，为确保英国能在南亚次大陆长期稳定地榨取最大限度的经济利益，根据印度的地理特点和周边环境，英国的战略家们逐步提出了所谓“拱卫印度安全”的“三个缓冲区、两个同心圆和一个内湖”的战略思想。三个“缓冲区”中，第一个就是“英国管理下的西藏，保证印度不受中国威胁”；第二个是印度洋，使“印度洋沿岸的国家在英国的控制之下”；第三个是“阿富汗，它挡住了沙皇俄国。”两个同心圆是指，内圆：印度西北边境的部落地区—尼泊尔—锡金—不丹—阿萨姆邦—印度东北边境的部落地区；外圆：波斯湾的酋长国—波斯—阿富汗—西藏—泰国。一个内湖就是英国控制的印度洋。从这一战略构思出发，英国必须从印度向北入侵喜马拉雅诸山国，进而对西藏进行侵略。此时，沙皇俄国也在觊觎新疆，企图进而南下与英国争夺西藏。但是，沙俄对中国西藏的侵略威胁，远不如英国严重和直接，其主要方式是进行政治上的笼络。

英国、俄国对西藏的入侵，是损害中国领土主权完整、破坏中国统一的侵略行为，是非法的；而中国对西藏地方加强治理，是维护国家主权、巩固国家统一的正当行为，是合法的，两者性质完全不同。

英国按其从印度北侵的既定方针，1835年（道光十五年）向锡金租得大吉岭地方，作为东印度公司的“避暑地”。从此，英国在喜马拉雅山区有了立足之地。1846年（道光二十六年），英国吞并印度西北部的查谟——克什米尔地区以后，又悄悄侵占了原属于中国西藏地方的拉达克地区。1860年（咸丰十年），英军进攻锡金，并于1861年（咸丰十一年）囚禁了锡金王，强迫其签订英锡条约，占领了锡金的许多土地，进一步加强了对尼泊尔的控制。1864年（同治三年），英军进攻不丹，次年强迫战败的不丹与之签订条约，强占不丹的大片土地。此后，英国即以锡金为入侵西藏的跳板，在锡金境内大举修路，步步北上，以逐步实现“英国管理下的西藏，保证印度不受中国威胁”的战略意图。（摘自《英国外交部秘密活动记录》）

▶1919年～1920年，锡金总督英国远东秘密情报局局长柏尔，在拉萨实施“柏尔”计划。图左二为柏尔。

柏尔便是执行这一战略计划的所谓“卓有成效者”。他的公开身份是驻锡金行政长官（秘密身份是英国远东秘密情报局局长）。他于1920年（民国九年）11月17日到达拉萨。噶厦在尖杂鲁丁地方搭帐篷欢迎，达赖派私人卓尼（秘书）一人，代表达赖向柏尔献了哈达，并选罗布林卡附近的西藏摄政王夏季别墅作为柏尔的行馆。该地离罗布林卡达赖住所只有半里。

柏尔到拉萨的主要目的，是执行英国远东情报局制定的M–6“柏尔计划”，其险恶用心是为了进一步破坏汉藏民族关系，不让西藏与祖国恢复正常关系，制造一个屏障，确保东印度公司在印殖民利益，消除来自东方的威胁。为此，他要做的首要步骤就是制造矛盾，进一步使西藏与祖国关系恶化。其采取的手段，则是迎合西藏上层中一部分亲帝分离势力企图建立“大西藏国”的幻想，嗾使藏军向西康、青海，可能时还向四川、甘肃、云南继续进犯，逼使汉藏民族关系不可能好转。柏尔到拉萨后，即与达赖和噶厦研究实现这计划的办法，提出了扩编藏军、增加赋税等一系列问题，这些问题柏尔在其《西藏之过去与现在》一书中都有叙述，他说：“吾常与达赖密谈，所论问题甚多，有时论及西藏自卫之实力，一次随便询吾意见，吾言西藏军队仅五千人，殊不足用，吾意财政准备充裕时，当逐渐增至一万五千左右，此似为最低数额，不如此不足以平内乱而御外侮。”

▶图为十三世达赖与英人柏尔（军事顾问）密谈改良藏军武器装备问题。

英国的“柏尔计划”的实质最终目的：是幻想把西藏也纳入他的殖民地。因此他积极唆使藏军东侵西康，占据更多的地区。在“帮助西藏独立”的外衣下，唆使西藏完全脱离祖国，为了达到这个目的，英国大力协助噶厦扩建藏军，因为过去西藏只有3000军队，武器也非常原始，是不能担负向西康侵犯的任务的。为了建立新式军队，1914年（民国三年）西姆拉会议以后，噶厦着手筹办新军。

为了解决武器弹药的补充问题，1914年（民国三年），噶厦在札什城旧址设立了一所机器厂，委派喀其（伊斯兰教徒）米斯麻拉为技师。这个工厂建立后，因为不能大量制造枪械弹药，后来又改造为造币厂和印刷厂，铸造银币、铜币和印刷钞票、邮票，军火武器则完全由英国供给。

柏尔曾向达赖建议：要他派留学生到英国留学，柏尔在其所著《西藏之过去与现在》一书中说："达赖留大吉岭时，吾曾劝其选送青年游学英国，……结果派遣上中等阶级子弟四人，一学采矿，然只稍学得测量绘图之知识，其最幼而最聪敏者，……专学电气工程，年龄最长之刚卡，则历受军事训练，在约克邑第十联队中服务十月，在武利赤之炮队中服务九月，不幸彼等学业未完即遣回藏，因此试验结果，考核成效不佳，未能完全满意。……刚卡首归西藏，在拉萨以现代方法训练新兵。"据《十三世达赖传》记载：派往英国之留学生四人：仁岗、门冲、吉卜、刚卡，噶厦派仔本龙厦为留学生监督，于民国四年（1915年）带往伦敦，仁岗学电机，古卜学电报、门冲学采矿、刚卡学军事。1920年（民国九年）返回西藏，吉卜即筹办拉萨电报局，敷设拉萨到江孜段的电线（江孜到印度之电线是英国人办的），后来任电报局长。刚卡不久死去。门冲回藏后，政府曾派他在拉萨北山采掘金矿，结果挖出了一个蛤蟆，喇嘛们认为不祥，激烈反对，被迫停工。门冲本人不久也就死去，采矿事业从此无人再去过问。1916年（民国五年），达赖又派遣孜仲郭尔客的儿子索南贡觉等一批西藏青年赴印度学习军事。1921年（民国十年），达赖又派了雪仲德门巴等一批贵族青年到江孜英国学校受军事训练，派雪忠吉苏宣巴赴印度大吉岭学习电报电话的建设和使用。同时又派仔仲麦如钦热俄周、仔仲曲丹丹达，热德更登热结等三个僧官，去印度学习英

▶龙厦和四个贵族留学生。

文英语。十三世达赖把他这些举措作为是改革西藏的“新政”。为了推行“新政”，达赖还将西藏政制作了某些重大变动，在噶厦之上增设了司伦一人，等于过去的藏王，秉承达赖意志，领导噶厦的日常工作。第一任司伦是出席西姆拉会议的霞札，霞札之后是雪康巴，1926年（民国十五年）因雪康年老辞职，由达赖的侄子贡噶旺觉公爵（即朗敦）继任。自乾隆十五年（1750年）清朝取消藏王制以后，200余年来，都由活佛掌办商上事务，现在达赖又恢复了贵族（俗人）掌办商上事务的权力。

在“新政”当中影响最大，阻力最大的是改革西藏税收问题。因为建立新军，举办各项新政都需要钱，增加了噶厦的财政开支数字，必然要增加税收。柏尔在其所著《西藏之过去与现在》一书中说：“为供给新军饷粮起见，西藏政府乃于一九一四年加征两税，一为张塘（即西藏北部）巨量产额之盐税，一为皮革税，尚有不足，又提议征收羊毛税，羊毛亦该国一大出产，为输入印度之大宗货物，惧因拉萨条约第四条而遭反对，乃请印度政府许其每吨征一卢比：等于每吨征三十六先令，即照价约抽百分之五，印度政府许之。”……军服均于拉萨制办，毛织布大半来自藏省及拉萨以南诸县，军食由政府仓廪供给，因政府大部分税收即为谷、肉、乳油、茶等（物），故全国（西藏）仓廪林立。”增收新税引起了噶厦与寺庙之间的关系恶化。

▶十三世达赖与英国人柏尔合影。

英国为了破坏汉藏民族关系，对朱绣入藏一事向北京提出了抗议，同时派了柏尔（英国驻哲孟雄行政官）前往拉萨，进行挑拨离间之阴谋活动。值此，英国秘密情报局特令驻锡金行政长官柏尔，迅速执行原定计划。对柏尔到拉萨活动的原委，他在《西藏之过去与现在》一书中有如下叙述：“一九二〇年一月半间，吾抵岗都，同时中国使者（指朱绣）经西藏东部之长途而至拉萨，提出表面有利之新条件于西藏政府，请其委派代表至中国磋商最后协议，但未得具体结果，滞留四五月后，仍于一九二〇年四月离拉萨返国。自是中国在拉萨之影响渐大，吾见大局纷乱无望，乃请应达赖再三诚恳之招，往见达赖及其政府于拉萨。曩者吾数被招，而吾政府未审为必要，尼吾之行。藏人因吾等冷眼相觊，几全失望，中国使者已设法腐化西藏与其人民之心，使之反英，设吾往拉萨，吾能与达赖及其政府中人私谈，解释种种，并竭力挽回信用交谊。是年十月，吾往西藏都城之问题已决定，吾奉印度政府电令，领使节至拉萨，为英政府诚恳问候达赖，说明现在政治状况。一九二〇年十一月一日，吾离开亚东迅速赴往拉萨。”

柏尔深恐国民党政府与西藏关系修好，加紧了“柏尔”计划实施，迅速要求扩编藏军，然而组建藏军涉及军费问题，于是他向达赖提出对寺院和贵族实行征税。柏尔在《西藏之过去与现在》中说：“今日西藏政府最大之阻碍在于难增税收，以养新军，盖亚洲各国皆以土地为生财之本，西藏亦然，惜大部区域久已赐予寺院贵族，非遇重大情形，如丹吉林寺之叛逆，政府不能没收之。国家既以地授寺院而免其税，又直接以金钱、大麦、乳油等津贴之，故消费特别浩大，约计全国（藏）税收几有一半耗于僧侣，又有四分之一耗于贵族，但贵族尚能服务于国（藏），略有报效。总之全国（藏）税收四分之三已予人，所余维持行政之费遂无多矣。故一九二一年当吾在拉萨时，复拟采激烈手段，征收寺院及其他地主最近所得产业之税，僧侣贵族所能左右之国会（民众大会）竟通过之，于是设一委员会，制定详细条例。”这个办法从表面上看，是征收寺院与贵族之税，实际上还是从寺院百姓和贵族百姓身上压榨财物。

除了扩编藏军，增加新税之外，柏尔还向达赖提出了如下方案，以为如此始能维持西藏自主权，及其良善政府，所谓方案，简言之，即听其自由生活而已。提议约为：

（一）许其每年自印度输入少许特别规定之各种必需军用品；

（二）于有限范围内，助之训练军队筹备办军需；

（三）先助之雇用寻矿师，察看矿山，苟已发现，则助之雇用采矿师试验之，于必要时实用采矿，……西藏政府可自行保存矿产所有权，仅雇可靠之商号开采；

（四）设一英国学校，教育西藏要人之子弟，校址应在江孜，将来可迁至拉萨。”

英国人提出的扩编藏军、加征赋税的计划传出后，立即引起了西藏僧俗人民的强烈反对，尤以三大寺喇嘛反对最激烈。藏历正月西藏举行默朗木大会，三大寺两万多喇嘛集合到拉萨大昭寺，当时传出三大寺喇嘛准备暴动，打死来拉萨的英国人的消息，达赖调藏军镇压，结果喇嘛与藏军发生冲突，外国报纸上谣传柏尔等人已被打死。关于这次群众性反英斗争，柏尔在《西藏之过去与现在》中曾提到：“二月，乃西藏新年之首，其节名曰大祈祷，乃全年中之大节，为时约三星期，拉萨僧侣照常云集，因僧侣首领与军官冲突，此时遂发生一大危险，附近僧侣四万，可一哄而入，劫掠杀人，达赖知此危机，乃运用机智，调军队来拉萨，但拉萨良民受此惊吓，多搬其杂物匿藏远近村中。拉萨一地素以杀人越货闻名，故大吉岭、噶伦堡等处谣传吾等使者均被刺。藏人以为扩充军队乃吾欲消除骄横之僧侣势力，此种思想必自有理，盖其圣主扩充军队，明明系采用吾策，而毅然努力实行者也。……达赖及首相之下，有四噶伦组织西藏政府，以此一被免职，一被罚款，又有三上校免职，两小军官罚款。……达赖并召僧侣首领，责其从严约束僧侣，且警告之：谓若战祸发生，则其寺院必遭重伤，彼等必须重惩。”

喇嘛与藏军冲突事件发生后的第五天，哲蚌寺5000喇嘛又准备集体下山，进攻拉萨，驱逐英人出境，达赖又派藏军3000前去包围该寺，解除了喇嘛的武装。这次事件，柏尔在其《西藏之过去与现在》曾提到：“后五日，哲蚌寺忽发生一事，但范围尚小，仅五千僧侣牵连在内，彼等扬言欲攻拉萨，此种事最易变为反对深入内地之外国人，盖外国人宗教不同，僧侣阶级怒外国影响之危及其宗教与其本身，仇恨每达极点。西藏政府调集三千军队至拉萨，围该寺降之，恩威并用，此事遂平。”

印度政府接到拉萨骚乱的报告以后．立即命令柏尔离开西藏，返回印度。但柏尔“以种种理由，力持有停留之必要，卒从吾意”（《西藏之过去与现在》）。柏尔看到西藏三大寺反英情绪很高，乃调江孜商务委员麦克唐纳到拉萨进行“疏通”。麦克唐纳在其所著《旅藏二十年》一书中说：“现在西藏政府想增加常备军的势力，由五千人到一万五千人。这种计划曾被哲蚌、色拉、噶丹各大寺院所反对，因为他们认为增加新军，喇嘛将被募招补充兵额，寺院的财产将被剥夺，税收也要增加以充兵饷。这议案提出，适在柏尔等到拉萨时。一部分西藏官家的意见，以为这种不好的计划，是由柏尔等所订出，最困难的一点，就是怀这种意见的人，不公然宣布出来。我到色拉寺参观，里边的高级方丈，便是我的老友，招待我备极殷勤。他告诉我说，寺院恐怕失掉财产和僧人募作兵士，色拉寺无论如何，要竭力反对这种新军的增加。他的结论是认为逐渐增加军队，比骤然增加军队要好得多，如果能采取这种办法，或可免去意见的分歧。他又坚持说道，补募新军要从外省着手，并须在拉萨城外训练，借免拉萨城担负上的困难，方称妥善。当我再会达赖时，他认为逐渐增加军队，也是值得研究的一个问题。他明了在西藏任何改革，一定要遭强烈的反对，因为人民，尤其是喇嘛，都特别富有保守性。逐渐增加军队的倡议，是色拉寺的方丈提出的。当我日后又见他的时候，他说这事已和平解决。达赖左右的俗官进步派，很想策动达赖骤然增加新军的办法，不过此事为僧众及平民所反对罢了。”

柏尔亲自在拉萨执行《柏尔计划》，他想挑拨汉藏关系，扩充藏军，唆使藏军继续向康区进攻，因遭到西藏广大僧俗人民的坚决反对，未能完全实现。1921年（民国十年）9月，在拉萨住了一年的柏尔灰溜溜地返回锡金。可谓是：“自恃英杰筑篱藩，引火烧身懊丧还”。

恢复达赖名号与黄慕松吊唁

1912年（民国元年），达赖借助英印势力，趁内地辛亥革命引起在藏川军内乱之际，回到拉萨，驱逐驻藏大臣，遣返汉军。依靠英印势力进行治藏，由于习俗、历史渊源、文化传统、地域等方面与祖国密不可分，达赖渐感英人靠不住，于是他开始设法与祖国恢复一定关系，以抵制英国侵略势力的控制。

1918年（民国七年）他派允北京雍和宫四学殿教经堪布一名，试探北洋军阀政府对西藏地方的态度。北洋政府对堪布予以善待。达赖欣然，接着又增派堪布敦杜汪杰、堪布贡觉仲尼到北京，以备相机与北洋军阀当局洽谈西藏地方政治问题之意。1919年（民国八年），北洋政府派员入藏，与达赖建立了直接的联系。据《西藏六十年大事记》载称："国务院电咨甘督张广建，特派专员朱绣、李仲连、红教喇嘛古浪仓等，轻骑简从，由青海赴藏，与达赖联络感情，作釜底抽薪之计。"朱绣等一行于12月到达拉萨，噶厦以敌国使臣对待，达赖在罗布林卡旁边的兵营里面，在会见外国人的地方接见了朱绣。朱绣等人在拉萨住了四个多月，于1920年（民国九年）4月返回青海。据《西藏六十年大事记》载："朱绣等出藏回甘，濒行之际，达赖设筵俎饯，声言余亲英非出本心，因钦差逼迫过甚，不得已而为之。此次贵代表等来藏，余甚感激，惟望大总统从速特派全权代表，解决悬案，余誓倾心内向，同谋五族幸福，至西姆拉会议草案，亦可修改云云。复与甘肃张督军，及宁海镇守使赠给哈达，金佛、藏香、红花多种，并亲交汉藏合璧正式公文一件。同时班禅由扎什伦布派人送来藏文公文一件，及礼物多种，其倾向共和之心，较达赖殆有过之"。

1923年（民国十二年），北洋政府蒙藏院正式遣派敦杜旺杰、巫明远回藏向达赖通款。英帝国主义分子见达赖亲英态度有所改变，急忙策动亲英头子噶伦兼藏军总司令擦绒，达桑占堆等人在拉萨发动兵变，准备推翻达赖喇嘛的统治，建立"清一色"亲英政权，被达赖警觉，革除了擦绒的噶伦和藏军总司令的官职，降为平民，并分别黜其党羽。事后，达赖派敦杜旺杰到北京上呈北洋总统曹锟，请示恢复西藏固有关系及申请他事的公文，但因曹锟忙于军阀内战，无力顾及边事，又值1925年至1927年内地的大革命，北洋政府垮台，西藏问题无形搁置。

1927年（民国十六年），国民党政权巩固后，在南京设置蒙藏委员会主管边疆事务，贡觉仲尼和楚臣丹增受达赖之命，携其信函，向中央表明西藏有内向的态度，南京政府蒋介石准派贡觉仲尼为“中央特派赴藏慰问”专员并备各种礼物及亲笔信函交贡觉仲尼带给达赖，信中将关于解决藏事应如何商谈各点，综合成八个问题征询达赖意见，请其逐一答复。

1．西藏与中央关系应如何恢复?

2．中央对于西藏统治权应如何行使?

3．西藏地方辖治权如何规定?范围如何?

4．达赖、班禅加入中国国民党。

5．达赖、班禅在西藏政教上的地位与权限一律照旧?抑或另有规定?

6．班禅回藏，达赖如何欢迎?中央如何护送?

7．达赖是否在南京设立办事处以便随时接洽。至于经费可由中央拨给。

8．西藏对于中央有无其他要求?

1930年8月30日（民国十九年），贡觉仲尼返抵南京，达赖委派其为西藏驻南京总代表，复派原在内地的楚臣丹增等为代表，随同贡办事，并将达赖逐条回文交蒙藏委员会委员长马福祥同去面呈蒋介石。蒋介石看后，认为达赖答复八条，虽首先表示倾向祖国，拥护“中央”，但提出施主关系，藏地范围，对中央只求接济军械等事，特别是对内地的班禅及所属成见尚深，与南京方面所拟的内容相距甚远，即感一时难以解决，适值康藏边地争执，达赖利用南京政府电令康军严守原防，勿启争端的机会，在英人接济的枪支弹药武装下，大举进攻康区，南京政府认为达赖口是心非、意向动摇，决定树立一向拥护“中央”的班禅，意欲替代达赖。1931年（民国二十年），南京政府正式册封九世班禅，赐玉印一枚、册文一本，名为“护国宣化广慧大师”。

1933年（民国二十二年）12月17日（藏历十月三十日）下午九时，十三世达赖在罗布林卡圆寂，南京政府拟借此重新打开西藏问题的局面。即明令册封十三世达赖为“护国宏化普慈圆觉大师”，在南京召开各界追悼大会，同时派出参谋本部次长黄慕松大员入藏举行册封致祭，以示褒崇。临行前，国民党政府行政院参事室，中央军事委员会，内政部、外交部、蒙藏委员会、参谋本部合拟“大员入藏训条”九条，由黄慕松随带入藏与西藏地方洽谈。其主要条文是：

1. 西藏为我国领土，所有应行解决的各种问题，均属内政范围，应由中央与西藏地方政府直接交涉，避免外人干涉。

2. 西藏过去如有与外国订立条约、未经中央承认者应报中央审核处理。

3. 恢复中央与西藏原有的统属关系；中央在西藏仍照前例安设驻藏办事长官；西藏改派负责代表设立驻京办事处；西藏地方高级官吏，应照旧例呈请中央任命，西藏地方政治组织如有未臻妥善之处，应根据中央法令，参酌当地特殊情形，详议改善办法；汉藏人民通商旅行，应绝对自由；西藏地方建设事业，在经济人才上中央应给予以协助。

4. 西藏地方军队应确定名额，由中央派员指导训练，专负维持地方治安之责。

5. 西藏西南边界的国防建设及国防军的统率由中央统筹办理。

6. 西藏地方为自卫计所需枪械由中央发给，不得向外购买。

黄慕松进藏后，在拉萨与摄政王热振会商三个月，取得了富有成效的结果。恢复了西藏同祖国的关系。十一月十六日，噶厦答复黄慕松函，具体提出10条，其文大意如下：

1. 对外西藏为中国的领土，中国政府须答应不将西藏改为行省。

2. 西藏边界所需守土的军人，由藏政府自派。

3. 西藏可驻中央政府代表官一员，但主仆人数以25人为宜，此外不得另派官员。

4. 外国或有来侵犯时，应发兵之时，方会商中央政府酌行等等。

黄慕松以西藏承认为中华民国之一部，以后讨论各种事实过多，又虑天气将冷，为内返后与藏方联系之计，暂留其参议刘朴忱、蒋致余等以专使行署留藏人员名义住在拉萨，组建了国民党蒙藏委员会驻藏办事处，设立电台，建立国立拉萨小学，诊疗所、气象台等机构，直到西藏解放前夕。

热振摄政的功绩和失误

热振摄政的功绩。热振活佛（1911–1947），于十三世达赖喇嘛圆寂后出任摄政。他致力改善西藏地方与中央政府的关系，于是遭到西藏地方政府亲英分子忌恨，1941年被迫提前退位，由其师傅达扎代理摄政。1947年因复位遭亲英派诬陷谋杀罪，被秘密逮捕并毒死在狱中。热振的功绩在于十三世达赖转世灵童之寻访、迎接，都是由他总其大成。1934年黄慕松进藏吊唁十三世达赖，1940年吴忠信主持第十四世达赖坐床仪式，也是由他欢迎招待。驻藏办事处和无线电台均先后成立。西藏方面没有在康、青边境生事。总的说来，在热振摄政期间，是民国以来中央与西藏地方感情较好的一个时期。因此在西藏现代史上谈起拥护中央，维护国家统一，皆以热振为代表人物。

▶1934年黄慕松进藏吊唁十三世达赖，藏军列队迎接。

热振呼图克图于1934年底秘密加入中国国民党，1943年被选为国民党中央候补执行委员。在长达近10年的摄政时间里，进一步密切了西藏政府同中央的关系。在与黄慕松洽谈中公开承认“西藏为中国之领土，中国政府须答应不将西藏改为行省”，双方在拉萨、南京各设立办事处，密切了西藏与祖国的关系。与早先英国设立的办事处展开了针锋相对的斗争。1941年，热振提出退休三年，潜心修行，把权力交给他的师傅、地位不高又年过七旬的达扎佛，为三年后重掌政权留下后路。不料，三年后达扎佛不肯交出权力，从而引发“热振事变”。1947年，热振在审讯他的大会上，就亲英势力责询“何以西藏要亲中国”的辩词时，他说：“中藏在宗教上，地理上，都无法隔离，1904年英将荣赫鹏攻入拉萨之后，军事赔款，概由中国代付，所以不啻是中国的钱赎了西藏的身。”因此达扎等人十分恐惧，密谋杀害热振。

热振呼图克图，是1933年十三世达赖逝世后，经过西藏地方政府召开大会，议决产生的摄政，在转世达赖尚未成年以前，摄政主持宗教和政治事务。按西藏惯例，重要问题都以会议方式解决。形式最大的名为“春都杰错”，“春都”意为“会议”，“杰错”意为“大”，可意译为大会；形式最小的名为“春都社堆”，“社堆”是要人集合之意，可译为“机要会议”；介乎两者之间的，名为“春都社堆杰巴”，可意译为机要扩大会议。藏族人每喜将“春都杰错”改称“春都米芒”，依照字面可译为“民众大会”，而实际是官员大会。热振之任摄政，就是由“春都杰错”产生的。应该说在西藏是有很高威望的，那么，为何又遭他人算计呢？

▶图为热振呼图克图（中）和他的随员们，本照片由第穆活佛摄于1935年。

1933年10月（藏历十二月），十三世达赖喇嘛圆寂，噶厦政府召开了“扩大会议”，在讨论有关摄政王候选人问题上。当时把热振呼图克图、噶丹赤巴米娘·益西旺丹、普觉经师强巴土登楚臣活佛三人的名签，送到布达拉宫帕巴洛格夏神像前占卜，其结果，热振活佛中签，当选。为此，噶厦扩大会议宣布了热振活佛为摄政王。朗顿·贡噶旺秋照旧出任司伦，协同热振活佛执政。

在热振、朗顿二人共同执政五年中，两人在处理政务上发生了分歧，热振便向噶厦提出辞呈。噶厦召集基巧堪布、仲尼钦莫和孜本，三大寺堪共同会商后，要求热振摄政王继续执政，最好任职到十四世达赖喇嘛亲政为止。众官员还向热振活佛保证，愿诚惶诚恐遵从命令，决不怠慢。并将朗顿司伦和众噶伦、基巧堪布、仲尼钦莫、孜本，以及众僧俗官员签署的保证书呈递热振摄政王。

1939年春，热振摄政王向噶厦“扩大会议”表明说：“过去从未有过摄政王同司伦共同执政的先例，而我现在却如‘一教二佛’，不仅不便主持政务，且对确认达赖喇嘛转世灵童多有不便。”

噶厦向“扩大会议”转达了摄政王的旨意和要求，渴望讨论答复。于是朗顿·贡噶旺秋在会上被撤销了司伦职务，原薪水俸禄不变。这种做法将朗顿·贡噶旺秋推向了自己的对立面。

噶厦召开“春都舍堆杰措”（即西藏机要扩大会议）噶厦和“春都”代表劝朗顿辞职。朗顿只要求保留“前任司伦”的名分薪俸，便辞去司伦之职。从此热振一人独揽大权，尽情发挥自己的才能，不仅圆满完成了达赖喇嘛转世灵童的寻访、迎请、坐床、剃度、取法名等一系列宗教仪式，更重要的是带领西藏人民紧紧团结在国民政府周围，使国民政府在西藏设立了许多机构，汉藏关系朝着理想的方向发展，为祖国的统一作出很大的贡献，使亲英分子搞“西藏独立”的欲望不能实现。热振上台后，为了不使班禅活佛长期居留他乡，同噶厦进行磋商，决定迎请班禅返藏，但噶厦里边很多人已看出热振和他们之间的政见越来越远。因此，对热振怀恨在心，想寻找机会推他下台。

热振的失误“极大凶兆”和辞去摄政王的经过。1940年（藏历铁虎年）初，热振摄政王占卜中预测他将有“极大凶兆”，故又提出辞呈，同时他建议由达扎活佛接任摄政王。年底，拉萨城里到处传着谣言，说热振破戒于异性，无资格再担任达赖喇嘛的经师；下年达赖喇嘛要受“沙弥戒”，热振活佛若不提前辞职，那时可能有人借口闹事，给政教大业带来麻烦。热振预计将有人会设法推自己下台，因此决定采用暂时辞职，回避主持达赖喇嘛“沙弥戒”的仪式，观看一下形势再重新摄政。但是找谁摄政才不负自己所望呢？

他去找最相信的人热振拉章的译仓统领和热振札萨江白坚赞的助手雍乃商议。雍乃与达扎两人曾在十三世达赖喇嘛的经师普觉活佛处灌顶传经，和达扎的关系一直很密切，是他介绍热振活佛为达扎的弟子。觉得达扎活佛与他、热振关系都非常密切，便建议由达扎代理热振的摄政王职务，并建议离职二至三年为宜。热振的前后任札萨也都同意雍乃的意见。只是森本阿旺顿典不同意热振辞职并将大权交给达扎，他说："有凶兆可以祈祷消除，不必辞职，以我看来达扎·阿旺松饶是一个心毒手辣的人，让他掌权，将来难以收权。"

热振没有听取阿旺顿典的劝告，反而指责阿旺顿典不该说达扎活佛的坏话，说："你对我师如此非礼，是不守誓言的不肖弟子。"尔后，热振分别召见他的知己噶伦喇嘛丹巴江央·噶伦平·次旦多吉和噶伦彭康·扎西多吉，把准备辞职的事和拟请副经师达扎活佛接任摄政等打算告诉两人。但噶伦彭康却建议热振不要辞去摄政王职务。热振又叫人把噶雪·曲吉尼玛叫到喜德别墅中，告知噶雪·曲吉尼玛要辞职之事，噶雪·曲吉尼玛不主张他辞职，说："失去权力就丧失一切，不如暂时离任回寺静修以避凶兆，在此期间只让达扎活佛代理摄政，主持达赖喇嘛受沙弥式仪式和日常的政教事务，遇重大事情可让他到热振寺向你请示。"热振考虑噶雪·曲吉尼玛的建议很对，便去与达扎商谈此事。

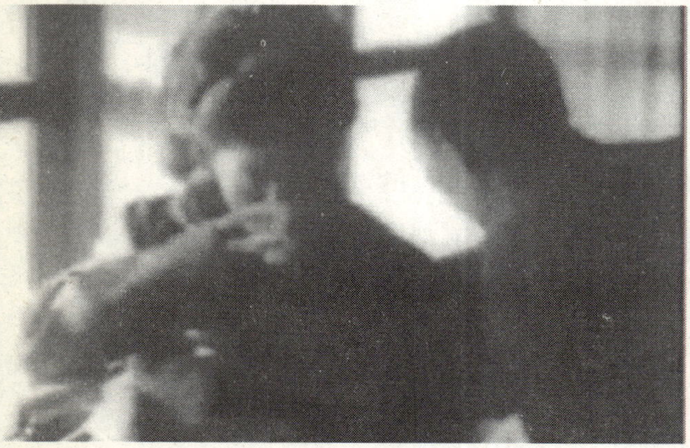

▶图为摄政王热振活佛。

几天后达扎的管家旦巴塔青到噶雪·曲叶尼玛家，对他说："热振活佛要辞去摄政王，由我家活佛接任，两佛已商量妥，我家活佛还答应了热振活佛将你提升为噶伦的事，我一定为你催请我佛尽快玉成。希望你在这次我佛接任摄政和首席经师一事上多多尽心。"

于是，噶雪·曲吉尼玛全力促成热振将摄政大权交给达扎，就这样，1940年下半年（藏历铁龙年），热振向噶厦提出辞呈。噶厦召开了大会，在噶厦召开的“扩大会议”上，热振摄政王宣称：“经最近我的占卜，预示我有极大凶兆，不得不再向大会提出辞呈要求。在我出任摄政王期间，我已努力尽职尽责；在确认达赖喇嘛转世灵童上未误过事；边境是安宁的；政教事务也很平顺，这一切，各位都是很清楚的。现在，我要辞却摄政王和达赖喇嘛正经师职务，建议在达赖年幼时期，由达扎活佛出任摄政王，这是因为达扎活佛本是达赖喇嘛的副经师，他对达赖喇嘛很尊敬，也很忠诚，以后将仍然会是这样的。再说他年事较高，对政教事务博学多识，我的卦签预示他很吉祥，诚心期望诸位批准我的要求！”

由于热振与达扎原系师徒关系，热振很信任达扎。故坚持要求达扎接替他执政，全藏大会（即扩大会议）接受了热振的辞职要求，并将这一决定报告给达扎活佛，要求他于来年（1941年）藏历一月一日接任。

1941年（藏历铁狗年）一月一日，新任摄政王达扎叩拜热振并接职上任。达扎在他拉萨的寓所设家宴来招待热振全家，并敬献厚礼表示谢意。不久，在热振活佛返回热振寺时，达扎仍按照热振任摄政王一样的礼节，举行了由全体僧俗官员、三大寺堪布和各部藏军列队参加的隆重欢送仪式。

达扎接任头两年，履行了接任的诺言，凡有关噶厦政府的重大政教事宜和任免各级官员都能做到及时请示热振。后来渐渐变了，1942年（藏历水马年）噶厦在达扎指使下成立了外交局，产生了亲帝搞“西藏独立”的野心。后来，跟随达扎的一伙人为了攫取重要职权，有组织、有计划地采取拉拢、免职或施加压力的办法迫使热振一方在噶厦担任重要职务的官员退职，以达扎的人代之。对热振的建议置之不理。热振也看出达扎野心，觉得再不复职，达扎将会带领西藏走向灾难。热振想借为达赖喇嘛诵经的机会提出复职继续摄政，但是由他培养的人留在噶厦的已不多，在位的较有权势的是噶伦喇嘛丹巴降央，然而这个由热振一手提拔起来并委以重任的人，却翻脸不认热振，极力反对邀请热振来为达赖诵经祈祷，贪恋位置，生怕招来是非，影响仕途，故不愿促成热振复位。致使达扎将热振一方的部分亲信及（哲蚌寺廓芒扎仓堪布群培杰布、阿巴扎仓前任堪布阿旺克乔、色拉寺堆扎仓堪布坚赞森格等）热振派，以“为达赖消除凶兆、闭门静坐诵经祈祷、严守戒规，不得出门与外界接触”的名义软禁起来。

国民政府驻西藏办事处处长认为：热振摄政数年，因知识与经验均患不足，引用一班少年新进，左右缺乏老成持重的人；藏官贪赃枉法，加以英人忌他接近中央，对他施加压力。热振内外压力重重，难以应付。达扎是业唐寺的住持，不是大活佛，并无担任摄政的资格。热振让位与他，失误于以下几点判断：

1. 达扎是热振的教经师，关系相当密切；

2. 达扎年届古稀，风烛残年，权利思想应较淡泊；

3. 热振将最高职位相让，达扎应感谢他的恩情，不至相负；

4. 达扎不过一小活佛，财产不丰，交游不广，在宗教和政治两方面，均无雄厚的潜力。

据此，热振自以为可以指挥如意，进退咸宜，于是将重大职权拱手奉让，为其复出失败埋下隐患。

热振的复出失败。1944年，热振的手下与色拉寺吉扎仓堪布阿旺嘉措密议后，以色拉寺吉扎仓的大经堂“维修胜利竣工”，需要请有名望的活佛“开光仪式”为名，邀请热振来拉萨。色拉寺吉扎仓堪布阿旺嘉措于是按预定计划写信邀请热振来到拉萨，前往布达拉宫拜见达赖喇嘛和达扎代理摄政王。

这一年的冬天，热振由他居住的寺庙来到拉萨。场面很大，仪式礼节隆重，凡西藏教政两界人员均排班迎接。驻藏办事处人员亦随班迎接，约期谒见，热振为办事处全体人员举行了一次宴会。英、印和尼泊尔代表亦均随班迎接，分别谒见。一切仪式，与现任摄政不同者，只是不能坐殿受人参拜而已。仪式完毕后热振来到达扎寝室，对达扎说：“我已结束为消除凶兆，静坐修经的功德，并考虑您年事已高，继续主持政教事务有困难，故特来拉萨准备复任摄政。”

热振此来的目的是想复位，而达扎佯作不知，避而不谈。热振继而向他示意，达扎仍是一味假装痴呆，达扎双手捂住耳朵假装耳聋听不见，只是“啊，啊”的应声，不作回答，更不谈奉还摄政职位之事，根本不作理会。至于达扎左右亲信，恋栈不舍，就是理会也不搭言。热振初到拉萨时受到噶厦的盛大迎接，很多人认为热振这次来拉萨是重任摄政，都蜂拥前来朝拜，当达扎不愿交出摄政大权的消息传出之后，再也没有一个人来朝拜热振，都怕得罪达扎。热振只好满怀气愤返回热振寺。他的随行人员建议他从藏北去祖国内地，求助国民政府夺回西藏摄政大权。正当准备出发之际，这个消息就被噶厦达扎侦知，达扎立即采取措施，通知藏北总管严密监视阻止热振前往内地。一般喇嘛对于热振均有好感。色拉寺因为热振是它寺中的大活佛，表示积极拥戴；最大而人数最多的哲蚌寺，则因达扎是它寺中的活佛，加以当局对该寺控制较为严密，因而未作明确的表示；至于甘丹寺，因距拉萨市较远，一贯追随哲蚌、色拉两寺，现在该两寺既尚无一致表现，于是甘丹寺也就抱着观望态度。因此，色拉寺就落了孤单，发挥不出很大的作用。关于贵族方面，则以热振年少气盛，不好伺候，而热振所接近的中央，又不足恃，与其说他们是观望中立，毋宁说他们侧重在维持达扎职权的一方面。

由于以上各项原因，热振在拉萨住了一些时，不得要领，怏怏回寺。热振借诵经来拉萨复职的计划落空了，但忠实于他的人，仍不遗其力地想方设法要求他到拉萨来，面见达扎收回权力。热振也抱着对属下过急的做法表示支持。从此达扎与热振的矛盾愈来愈大，成了热振派势不两立的政敌。

国民政府支持热振夺回政权。热振活佛试探达扎未成，曾对国民政府驻藏特工人员侯国柱说过：当我辞职时，请达扎代我出任摄政王，本来在私下里已经订好盟约，三年后还政于我，现达扎不仅不准备还政，还做了许多恶事。如果这一状况继续下去，西藏必将为帝国主义所吞并，这是我们无法忍受的，要求中央支持我重新当政。热振还表示：“如果我能重新当摄政王，一定为增进中央与地方关系作贡献。”

国民政府人员答称："中央曾答应予以支持。"并且告知热振，中央已委托他为国民大会的委员，要他赴内地出席国民大会。热振很想去内地，但却不敢前往。

1946年，热振派他的管家前往内地经商，到了南京，与蒙委会有所接触。那时西藏贵族或寺庙派往内地经商的人与蒙委员联系，是常有之事，因此没有引起达扎的怀疑。当热振得知派出的两人即将出席甘孜地区国民大会时便秘密召见之，并委托他二人务必向国民政府陈述达扎投靠外国，破坏汉藏关系的情况，恳求中央明令达扎辞职还权。

一日，陈锡璋突然接到蒙委会来电："中央发给热振佛印拾万卢比，希通知噶厦。"当时陈锡璋因电文过于简单，并未说明用途，在这达扎与热振矛盾日趋尖锐化的时候，向噶厦传达此电，应如何措辞方不致引起误会，而且噶厦如果问起他来，应如何答复，亦应预作准备，当即电询在南京的沈宗濂，请他查明用途，并指示措辞原则，沈复称："不必传达。"显然陈锡璋并不知道热振已选为国大代表，秘密加入了国民党之事，只好遵办，但不知是何用途。1947年春，西藏传昭将近结束之时，拉萨出了一件新闻：据说仲译钦波·阿旺朗杰（原是达扎摄政的传达，新任仲译钦波）收到热振派人送给达扎的一份礼物，装在一个匣内，请他转献达扎。阿旺朗杰收下置于室内桌上，即出去办事。过了些时候，他的佣人进室，看着匣子冒着黄烟，连忙将匣子拿到外廊下，一瞬间轰然爆炸，乃是一颗定时炸弹，幸未伤人。当时拉萨人士认为：不论此事真相如何，将成为达扎与热振公开冲突的前奏。

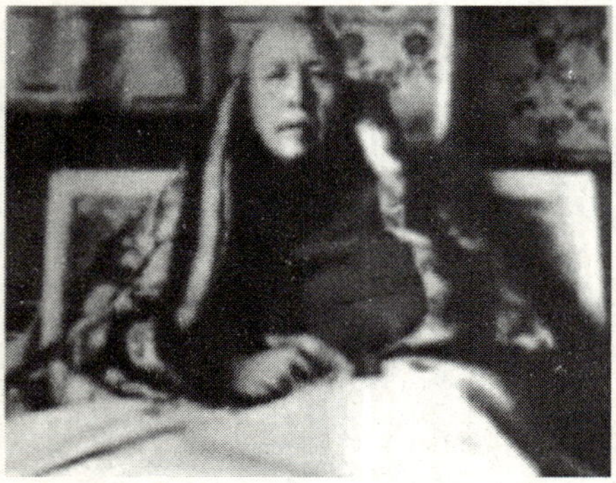

▶图为接替热振活佛摄政王的达扎活佛。

暗杀达扎摄政行动。有了国民政府的支持，热振采用"文"的不行，就用"武"的解决复位问题。效忠热振的雍乃建议通过达扎的札萨，向摄政王施放炸药，以此威胁达扎交权。他从罗诺娃·次仁多杰那里买来五枚手榴弹，组装成定时炸弹，热振认为此计可行，即同意派遣二名随员去执行这一任务，雍乃立即把拉章的武器发给几个阿楚（打手），而这两人去安放炸弹时，见札萨处很多人在场议事，未敢进门就跑了回来。土登年扎等又主张把炸弹送到杰布岗达扎的秘书长阿旺朗杰处。雍乃强烈反对，说我们要打击的是首要人物——达扎摄政王，而不是他的一般人。土登年扎等人坚持说摄政王周围出了事，肯定他自己就不能泰然，就能对他产生威胁。于是他们同意了这一方案，派洛桑朗杰二人将炸弹安装到杰布岗秘书长处。炸弹是在一间空房里爆炸，以此恐吓达扎。

1947年元月，一名自称是"来自西康的不速之客，进入堪仲阿旺朗加宅邸，献上一个包裹，上写道："敬献给达扎摄政王启。"落款是"昌都总管宇妥多吉敬上"。那人说，"这是送给摄政王的东西，我的主人随后就来到。这东西请老爷暂时保管一下。"

阿旺朗加对来人的话信以为真，静等物主到来后再呈递。不料等到藏历二月十七日还未见有人来。他的孙子格顿见包裹很重，想打开看个究竟，趁阿旺朗加不在家时，小心翼翼地揭开了上面写着字的布包，取出木盒，当他拉开抽盖时，见里面装着一颗手榴弹，盒内手榴弹"轰"地一声爆炸开来，巨响引来了邻舍居住的人，波里斯（警察）也闻声赶来。一场虚惊过后，阿旺朗加也闻讯赶来，见屋内炸坏了一些东西，好在孙子没有出事。当格顿将刚才发生的事说明之后，阿旺朗加便把手榴弹的碎片拾起来，连同被炸坏的木盒呈递达扎摄政王，向他陈述了原委。达扎摄政王立即下令拉萨全城戒严大搜查，旨在捕捉雍乃喇嘛。仲孜（噶厦的权臣，官位四品）带着哲蚌寺铁棒喇嘛包围了热振拉让，用兵器、木头猛力击打热振拉让前门，雍乃见势不对，便带着热振拉让的人员从后门逃走。逃出热振拉让后，分散朝拉萨郊外潜逃。雍乃在甲尔巴康萨住了一晚上，被同院子的人发现后，又跑到藏族尼泊尔人混血儿格登玉杰处躲藏了一段时间，后来被朗子厦查到，立即派警察包围其住地，雍乃无处可逃，便跑进厕所用手枪自杀，是年61岁。热振拉让其他人员也未逃出拉萨，全部被捕。

紧接着他们搜查了热振拉让，查抄了雍乃喇嘛和热振的秘密通信，及热振的侍佣阿旺丹劝阻雍乃喇嘛不要蛮干的信。还找到了标有“内有危险”的另一个装着爆炸物的木盒子，大家吓得疾速抛到后院林卡空地上，当即爆炸了。仲孜们将抄到的这些信件，上呈达扎摄政王审阅，后又交到“全藏大会”。

这起爆炸案，在审理热振案件时才查明，原来这颗手榴弹是青巴代本（藏军团长）去昌都时，噶厦政府发给他手榴弹中的一枚。青巴去世后，他的女婿次登平措买马时，给了马主人罗诺娃·次仁多杰两枚手榴弹。罗诺娃又把它们卖给热振拉让，其中的一枚被雍乃喇嘛用来作此案。雍乃喇嘛此举，是为了借阿旺朗加之手杀死达扎摄政王。事明后，噶厦就此事罢了次登平措的官，以示惩戒。

正当恐吓计划实施的过程中，英国间谍里查逊从拉萨潜伏的国民党军统局的电台活动中获知，国民政府正制订帮助热振重新摄政的计划。他急忙将破译的密码内容告知了达扎。

1947年（藏历火猪年）二月三日，英国驻藏商务代办理查逊不通过外交局，也不通过噶厦直接去见摄政王达扎，告知热振派去参加南京“国民大会”的两人受到国民党政府的热情接待。“国大”结束后，两人留在南京，他们承认西藏属于中国的领土而不要西藏独立，要求国民政府派兵入藏，并给予武器和经济援助。国民政府也准备派大军入藏，支持热振重任摄政，还决定派飞机轰炸拉萨。国民政府给了二人很多武器和金钱，要热振拉章与扎什伦布寺拉章联合起来，在色拉寺建立军事基地，由扎什伦布寺拉章发动叛乱。

达扎听后惊恐万分，立即召庥噶伦然巴·土登贡钦、索康·旺钦格列、噶雪·曲吉尼玛、拉鲁·次旺多杰四人开会，把这个情况告诉他们，商议立即电告西藏南京办事处，查明此事是否属实。

第二天，“外交局”负责人索康·旺钦次登向噶厦报告说，英国商务代办理查逊又获得重要情况：“热振正准备去印度朝佛，请英人帮忙。倘若热振真去印度，那么必定要去内地。现在热振未有去印度的迹象，估计很有可能要直接通过藏北去内地。”要噶厦立即采取措施，派人严密监视热振的行动。

噶厦下令逮捕热振。二月十三日，噶厦收到西藏驻南京办事处的复电，告知热振派出的两人确实有要求国民党中央政府派军队、飞机、装备支持热振之事，据说蒋介石五天之内给予答复。噶厦接电后，四大噶伦及基巧堪布立即召开秘密会议。索康说："若不是英国人向达扎摄政王及时提供情报，我们真是头被炸烂了还不知怎么回事。差一点出了大事，今后咱们执政者要团结一致，听从摄政王的指令。要消除眼前这场灾难，首先要把热振活佛接到拉萨来。因为我们听说热振活佛养了很多精悍的卫士，还准备了许多骡马，行动很诡秘，这很可能像英国人说的那样，准备逃回内地，也许已经走了。如果热振活佛已经去了内地，加上扎什伦布拉章的势力，那麻烦就多了。因此，我们决不能等闲视之，要立即把热振请到拉萨来。最好派一名噶伦去接，而且今天就得动身，丝毫也不能拖延。"

其他几位噶伦和基巧堪布都同意索康的意见，决定马上去见摄政王达扎。达扎听了了然巴汇报南京回电内容后，气得脸发青，嘴唇直发抖，当即命令索康和拉鲁把热振抓到拉萨来。第二天达扎和其他噶伦、基巧堪布共同研究决定：

1．以摄政王达扎为首，全体噶伦、基巧堪布共同负责，指定由八位仲孜组成法庭审理此事；

2．查封热振拉章、卡多拉章、雍乃喇嘛的家、彭康的家、三多仓、并逮捕其成员；

3．索康、拉鲁二噶伦赴热振寺所需僧俗办事人员及武装力量，由二噶伦调遣，行动要加保密；

4．基巧堪布负责派人将罗布林卡和"雪"马圈的所有乘马连夜送扎谷玛嘎（藏军第二代本）处，噶伦然巴、基巧堪布和噶雪·曲吉尼玛家的马也一齐送到扎谷兵营备用。

当天夜晚，索康、拉鲁二噶伦及随从人员率藏军星夜兼程直奔热振寺。

拉鲁·次旺多杰谈逮捕热振经过。1947年2月23日下午，在噶厦秘密会议后，我先回到家里作准备。索康要我去叫藏军总司令阿噶厦，他自己去叫格桑楚臣，与我等同往热振寺执行这一紧急任务。当我同阿噶厦于夜十二点达到拉萨的扎谷兵营时，见索康他们早已到了那里，还有藏军代本雪贵巴、江吉·夏格巴等。

我们就地讨论了此次去如何采取行动的问题。索康说：为了行动不致露馅，可先派夏格巴率领十名藏兵前往郭拉山口把守，我同意了。这时，噶雪和基巧堪布等人的私人马也送到了，与之一同送来的还有罗布林卡的马。

我们于夜深一时率领200多名藏兵从拉萨扎俗兵营出发，到达彭布郭拉山口时，同守山卡的夏格巴见面寒暄，马步一行继续向前行进，于次日清晨，骑马的人首先抵达林周宗，但步兵还没有赶到。我们又继续前进，至晚九时抵达打龙寺，步兵也在这时陆续赶到。在这里会合后，距热振寺就很近了。当时我想，趁天还没有黑，需得先隐蔽起来，否则，一打上遭遇战，会给自己生命带来危险，还是今晚暂住下为好。再说我们如此大队人马集中在这里，也好让他们（指热振）发觉后自行逃去，我们就能轻而易举地占领热振寺，不争战，也就避开了危险，这样既可以放掉热振，又可以不负直接责任。想到这里，我对索康说：“我们已奔走了一昼夜，人马都很劳累，是不是在这里住上一夜？”不料这话正合索康口胃，他欣然答应了。于是，我们五个人挤睡在打龙寺的“贵人房”里，很快就睡熟了。当夜一时许，路口哨兵进寺来向其营长报警，该营长奔来将我们叫醒：“诸位大人不好了，快起来，据哨兵来报，从北边路上来了几个乘骑。”我们立即整装出发，破晓时过了甲桑桥附近的普托河，上了大路。这时我作了如下部署：派营长阿南率兵监视热振寺，派四营长格桑率50名藏兵直入热振寺。因格桑与热振有往来，

▶图为拉鲁·次旺多杰，曾任昌都总督（1950年9月离任），噶伦三品。现任西藏自治区政协副主席。

我要他设法表明此来要“迎请”热振活佛进城去。我们噶厦的五位主要官员准备随后进寺去。正在这时，忽遇三骑惊慌地赶路，官兵们纷云：“可能是去热振寺报信的。”大家准备开枪，被我制止住，我说观其去向再打。藏兵瞄准那三人正准备射击，始见他们并未入寺，这才放心继续前行。先进者发现寺内并没有戒备，部队便立即占领了交通要道，并包围了热振的住处。

四营长格桑和连长噶玛布桑、连长格桑等人走入热振的卧室。他们先是说：“我们是去藏北路过这里，特来朝拜活佛的。”同时派人叫我们赶快去。

我和索康在报信人来到之前，担心此来完不成任务。索康说：“我们虽派了先头部队进去了，如果热振预先得到消息，他可能早已逃跑了。我们回去没法向摄政王交代，我可不敢回拉萨，只有逃往国外去！”我说：“我可不能去国外，我家里的孩子多，不能脱身，不管发生什么事，只能返回拉萨。正在谈论时，报信人来了，说要我们速去，营长们正在那里等着呢。我俩这才放下心。

我俩走进寺院，径往热振活佛住处，先走到热振活佛面前领受摸顶，然后坐下。他问我们来此做甚？索康回答是在拉萨发生了手榴弹爆炸事件，特来“迎请”活佛前去拉萨磋商这件事。见面后，我们即到楼下小议，决定将活佛的亲戚土登坚赞和三名家佣，也随活佛一同带走，并且及时动身。同时我们派专差赶回拉萨报信，再由索康和夏格巴等人带着活佛一行缓行，我留在后边办理查封热振拉让事宜。

当我和藏军司令格桑楚臣、雪贵巴等人查封热振拉让寺，命令我的熟人——热振寺的大德强米玛尔娃看守封条不得由任何人损坏。才央（央是热振弟弟土登坚赞之妻）的亲戚德绕·益西凑近我悄声询问：“怎么办呢?”我答道：“不封你们的家产，限一天之内将贵重财物藏起来，人去拉萨避难，否则以后我保证不了你们的安全。”他们按照我的话去拉萨了。我这样做，是因为我同她们素有往来，借此机会表表旧情，于是，我命藏军司令官和雪贵巴不要封才央的家。藏军司令官以玩笑口吻说道：“你为何不封她的家?”我说：“她们同寺院各立灶门，所以不能封。”这时使我感到这位藏军司令官对达扎是很忠诚的。

热振在离寺之前要骑他自己的青鬃马，而索康却害怕活佛途中逃跑，特叫人给他换上一头骡子。我们查封事完即上路，到打龙寺追上了索康等人押送活佛的队伍，形成了我和格桑楚臣、雪贵巴押后的阵势。就在这时，收到了噶厦派专差送来的一封信，信的大意是：听到你们圆满地完成了“迎请”任务，非常高兴。你们务必按照原订计划，把热振送到布达拉宫夏钦角（又称孜夏角）那间房中看管。这里已对外宣告你们要从郭拉或卓堆方向来，并派仪兵在此两处佯装“迎请”势，你们也要表示从这里路过，以牵众人之目。而你们回来的实际路线是从堆龙方向返回。我们这里没有抓到雍乃喇嘛，他二十四日早晨曾说去热振拉让的，但他没有去，现在他是不是逃到热振寺去了？你们务必一同捉拿押送噶厦。你们到拉萨的时间应是早晨或黄昏时分，白昼不可进拉萨，望速将回来的准确时间报来，以便及时派出50名骑兵和50名步兵，前往约定地点接应。已决定在你们抵达前，封锁拉萨各交通要道，再派15名官兵固守郭拉山口，另15名把守娘热普拉山。在帕热和格乌昌两地，亦各派10名守兵，以上概由扎谷兵营派出。”看完了信，索康问我：“在热振寺留下守兵没有？”我答：“没有，看守封条之事，我已委派大德强和果玛热负责”。我又接着说道：“那雍乃喇嘛究竟躲在哪里？现在要派16名官兵去查找他的下落，一查雍乃喇嘛，二又可以驻寺守住封条。”索康说：“我同意！”随即我派16名官兵重返热振寺去了。紧接着我向噶厦复信，大意是：“我们在普托溪卡搜查雍乃喇嘛未获，得到的情报是二十五日下午，有两名热振侍卫骑着马奔热振寺去了，我估计雍乃喇嘛可能在热振寺，所以派出16名扎俗营官兵折返热振寺搜寻，这样，既可搜捕，也可住寺守住封条。热振活佛于二十六日抵达卡孜谷卡。关于返拉萨路线，我们认为还是经郭拉山为好，当然我们会有很高警惕性的。但是，现在佛上的法力无穷，存有叛逆之心者，当无存身之地，就算他的人马敢在大道堵截，我等也能坚决消灭之。再说大道上可以清楚地看到周围发生的一切情形而可随机应变。所以，我们仍经彭布的郭拉山返回，打算在二十七日下午五时赶到夺底电站，经流沙河桥，从布达拉宫后面进东门至孜夏角监狱，望派出得力官兵于隘路接应为谢！”

我们自打龙寺出发，经彭布的郭拉山口到达林布宗沙时，又收到噶厦一封信，告诫我等一路上要倍加小心。信中还说到色拉寺发生了僧人打死色却堪布及侍从的事，这时，我就地为热振换了僧装，把四名热振的近侍交与扎谷兵看押。索康说：“昨日我和夏格巴迎请热振，今天可要你们护送热振。我俩抢先抵朗钦日苏山梁，去对付企图拦截的众僧。”故选拔20名藏兵，分为两路10人向西迂回，占领五仓山以示掩护，另10人向东列着整齐的马队走在大路挟持着热振行进，正行间，听见五仓山上已与色拉寺僧人接火了，一名藏兵被打死。当我们到扎俗兵营附近时，一队藏兵迎面接应上来，里头有索康之弟拉旺多杰代本，他寻觅不见其兄长返回，慌忙问道：“索康怎么未回?”我们便将索康的行迹告诉他了，他才放心地返回兵营去了。

当我们来城北大路时，众多的僧人朝我冲来，兵营的房顶响起了枪声，为阻止僧人拦夺，我命藏军以密集的枪弹将众僧压退回色拉寺，我们安全地通过了流沙河桥，直奔布达拉宫，把热振送到了孜夏角囚禁，这时，我见到索康身穿朝服早已到此。原来他没有去阻止僧人，为逃避遭遇的危险，他走偏道遁回，先于我们到达布达拉宫，我感到索康真会说大话骗人。这时候我们的朝服也已送到，便就地换了军装。

为了嘉奖这次迎请（逮捕）的胜利，噶厦特予连长以上的官员每人阿细哈达一条，授给士兵纱织哈达一条，发给每人115两藏银的奖金。授奖完毕，全体官兵面朝布达拉宫顶礼膜拜后退出。遂后，噶厦又授予四营长格桑以重奖。

色拉寺僧人营救热振行动。热振被关进监狱的第二天，色拉寺僧众不服，占据了位于色拉寺旁的乌孜山头和山腰，向扎谷藏军营地猛烈开火，枪声炮声响成一片。深夜，色拉寺聂活佛率领50多名僧人准备从藏军手中抢夺枪支。他们来到布达拉宫龙王潭的浮桥时，和桑都仓（藏军军械库）守卫的藏军相遇，双方接上火，众僧猛烈射击，击退藏军冲进桑都仓，用斧头劈开大门及屋内藏柜、木箱、夺走所有长短枪，声称要打进布达拉宫营救热振。

色拉寺僧人对抗噶厦政府，并且打死色却扎仓的骚乱造成了噶厦政府决定派噶雪·曲吉尼玛噶伦率藏兵前往镇压的局势。但就在这时，噶厦收到了噶丹寺噶丹赤巴、贡德林呼图克图、普觉加贡什普却等活佛，以及色拉寺、蛰蚌寺的庙寺主持人、施主们及商家的请求书，大意是：最近一些愚顽无知的色却札仓僧人犯了杀人、反政府罪，本该予以讨伐，但如今适逢年关，为达赖喇嘛平安过年，望政府能够看在佛爷面上，以慈悲为怀撤除对该扎仓僧人的讨伐令。

为了上书请愿，噶厦和仲孜召开大会研究对策。会上众官员提出：为了能使达赖喇嘛平安过年，不对色拉寺用兵也罢，但必须由色拉寺交出主犯。当时拉鲁想，要色拉寺交出杀害堪布的主犯，那简直是不可能的事，因为那些大寺院的老院主们都没实权，政府若一定要这么做，反而还会出乱子。拉鲁自己乃是色却扎仓的施主之一，平常素有往来，倒不如趁此机会帮帮他们的忙，于是在仲寺会议尚未作出决定之时，拉鲁提出异议：“硬要他们交出主犯，不但办不到，反而会引出别的乱子，倒不如干脆顺从民意，于达赖喇嘛年关施善放生，答应请愿者和色却扎仓不必交出主犯的要求，可否?”仲尼钦布角登·土登洛桑惊问我道：“局势缓和后，对主犯又该怎么处置?”拉鲁答：“政府的命令，应该言之必行，以后没有再惩之理。如果今后有人胆敢再犯王法，那就是另外一回事了。”大家表示赞同拉鲁的主张。紧接着，大会起草给色却扎仓写信，内容是：由于各大寺活佛和施主们的再三要求，决定可不必交出主犯，只要你寺把所有的公私枪支弹药一律上缴政府，改邪归正便可。尔等要时刻铭记政府宽大之恩。如同意这一决定，可及时回信禀报噶厦政府。色却寺僧人见到噶厦敕书，仍然不肯相让，从而使噶厦决定了动武平乱之策。

二月二十九日噶厦召开噶伦会议，要彻底平息色拉寺之乱。厦格巴说：“对于色拉寺，决不能有菩萨心肠，不要说色拉寺的一个扎仓，就是火焚整个色拉寺也决不吝惜。”他的意见得到噶厦大多数官员的支持。噶雪·曲吉尼玛觉得英人里查逊插手色拉寺事件和西藏内政，操纵达扎，甚至要毁灭西藏佛教三大明珠之一的色拉寺，感到非常痛心。一心想保全色拉寺，便主动承担总指挥。他开完会后一回到家，就找甘丹寺赤巴·伦珠尊珠商议，请他前去色拉寺劝说僧人，藏军包围寺院时不要突围，更不要毁坏寺庙。另外请他想法拖延进攻色拉寺的时间。理由是兵营里精壮的士兵已抽去保卫布达拉宫，剩余的都是老弱病残，他们同时觉得尼玛的主意是一个好借口。于是立即到达扎谷兵营召集军事堪布和仲孜会，提出，现在士兵大部分是老弱病残，不能马上采取行动，必须做好准备工作。堪布和仲孜们都赞成他的意见，便将会议决定禀报噶厦，一面准备炮击色拉寺周围山上空地，以此威慑众僧，让他们自动放弃营救热振的意图从而平息叛乱保住色拉寺。这些炮兵平时就训练无素，胡乱地打了20多炮，炮弹不知飞到哪去了，这一下可是壮了色拉寺僧人的胆，很多僧人脱掉裤子光着屁股讥笑藏兵，加剧了色拉寺营救热振强烈的欲望。

炮击色拉寺的当天晚上，噶雪·曲吉尼玛秘密派他弟弟噶雪尼占前往拉萨请求甘丹赤巴伦珠尊珠带领各寺庙活佛及所有大商人来调解。

二月三十日，噶厦派仲东热瓦到扎谷军营传达准备进攻色拉寺命令，噶厦派人将攻打色拉寺行动告诉英国商务代理里查逊。噶厦担心这次行动会导致汉藏边境发生动乱，要求英国给武器支持，里查逊表示，英国政府不但在武器上，而且在其他事务上也要大力支持，极力纵容藏军对色拉寺速战速决，并立即派人帮助架设无线电台，便于指挥进攻。当天藏军司令部抽出有经验的炮手，对色拉寺东侧朗青山角和山脚的巴地森卡进行了炮击，击毁了巴地森卡别墅。

三月一日早上，甘丹寺赤巴·伦珠尊珠和萨迦达青活佛、夏尔巴曲杰、强孜曲杰、格西桑珠活佛、公德林呼图呼克、普觉经师以及德央孔仓的代表、甘丹寺的代表、久堆麦与哲蚌寺基苏等管家和拉萨的康巴商人都来找噶雪·曲吉尼玛等要求不要攻打色拉寺。

噶雪·曲吉尼玛同意他们的请求，立即主持召开会议，提出这些人的要求让众人商定。阿沛·阿旺晋美首先支持曲吉尼玛，同意不进攻色拉寺，参会人员也一致同意，便派人告知色拉寺谈判协商。要求只要色拉寺交出主犯便不进攻色拉寺，也不追究其他人。色拉寺派了两名谢欧、森康、德巴和办事人员共九人来谈判，结果答应次日12时前答复。

三月二日下午六时色拉寺派了13位代表前来谈判，请求噶厦看在热振活佛执政多年，为选定达赖转世灵童，主持削发受戒及坐床等功绩分上，不要撤销他和卡多活佛的原有封号及拉章的职权。这样的话色拉寺僧众则遵守法规，不再闹事。噶厦认为这个条件绝对不行，要色拉寺代表回去重新商议。

三月三日，双方又在色拉寺下面沙滩举行谈判，色拉寺代表提出我们没有主谋，全是自发的，自然交不出主谋。噶厦代表不同意，反而要求他们投降，这样就可从轻处理，色拉寺言称绝不投降，双方僵持不下，谈判失败。

三月六日，藏军指挥人员作出决定于次日进攻色拉寺。第二天上午10点，藏军开始向色拉寺发起猛烈进攻，色拉寺僧众奋力抗击，经过激战，藏军打死色拉寺僧人32名。藏军死3人，伤4人。藏军在大炮的掩护下攻进色拉寺，孜娘活佛和部分僧人跑进吉扎仓关着大门死守，将进寺的藏军阻在大门外，进攻的藏军要求用火攻，烧毁吉扎仓。此时噶雪·曲吉尼玛和阿沛·阿旺晋美（当时是孜本）坚决反对，阿沛·阿旺晋美说："不能烧吉扎仓，寺院的经堂和佛经、佛像没有叛乱，如果火燃寺院会导致无穷后患。"

但是进攻色拉寺的藏军已经将煤油浇在拱门的柱子上，并且又拿来100多桶煤油准备火烧。吉扎仓僧人见此状，沉不住气，一个个从后门逃走，吉扎仓不攻自垮。藏军占领整个色拉寺，逮捕了163名僧人。经审查，确认了恰差格西、普喇嘛、项东格西罗嘎、知霍唐基、恰崔藏姆果等10名首犯，其余153名贫僧以无严重违法行为交回各扎仓。孜娘活佛、僧人仲堆巴、内寝侍卫堪孜逃跑，但他们在十一晚色拉孜被藏军得知情报而围捕，仲堆巴开枪拒捕当场被击毙，内侍卫堪孜跑到日喀则，日喀则基宗逮捕他时被击毙。孜娘活佛在色拉孜当场被捕，一些跑上山上的僧人在噶厦的劝说下返回寺庙。于是，这场为营救热振的暴动就此平息。

国民政府强烈反对逮捕热振。热振被捕后，国民政府驻拉萨办事处急将所得消息，陆续电告沈宗濂呈蒙委会，请其注意尽速策划有效方法，解决此项纠纷，并特别申明，此次达扎与热振表面上看似权力之争，实际上是我国与英帝在藏势力消长之关键，不可忽视。

色拉寺的喇嘛以全体僧众名义写信给办事处，请转呈中央，速派军队和飞机进藏，援救热振。在藏汉人则要求中央，无论如何要设法保护热振的生命安全。驻藏办事处处长陈锡璋一并向南京国民政府报告，同时建议：一面设法调解，一面派军队在西藏境内，附近昌都一带地方，往来游弋，遥为声援。一时均未得蒙委会或沈宗濂的答复和指示。

据当时西藏官方说，热振是完全可以逃走的。两噶伦率领藏军到达热振寺后，热振尚徘徊于花园之内，一切毫无准备。索康和拉鲁请热振上了马，夹辅而行，来到拉萨，连去带来，前后不出旬日。热振寺在拉萨之北，即使索康等人在拉萨启程往捕之时，得到消息，上了马即可驰入青海境内，何至于束手被擒！其中原因不外乎，他认为事情做得很神秘，达扎不更事不敢加害，再说身边左右无人，可以想见。

热振到拉萨后，达扎避不见面，一再要求，亦未获准。由一班僧俗官吏，以开会方式加以审讯后，将热振下于布达拉石牢之内。当时袭封公爵而已经退职在噶伦彭康，因其第二子喇嘛孜仲（那时已病故）曾与热振关系密切，亦被逮捕入狱，经其长子妇、锡金王之女，四处奔走活动，幸得释放。

热振入狱时，蒙委会致噶厦一电，主要大意有：热振活佛维持中央与西藏地方的关系，立有大功，请予宽待等语。陈锡璋当即亲送噶厦。当时的首席噶伦然巴·土丹恭杰面称：一定从宽办理。随后蒙委会又先后致噶厦两电，大意与第一电相同。五月间热振被害于狱中。热振是如何被害死的，传说不一。热振死后，西藏地方政府将他遗体装扮起来，舁至喜德林寺中，供人参拜，以图遮掩众人耳目。西藏地方政府事后张贴告示，宣布热振罪状中有"热振勾结中央危害达赖政"之语。热振只是与达扎争权，毫无危害达赖之意，这是一般藏官所公认的。西藏地方政府任意颠倒事实，其目无“中央”，不惜与之决裂，则是昭然若揭。陈锡章（国民政府驻西藏办事处处长）曾致函沈宗濂痛论此事，并提出辞职，未得答复。

血洗热振寺的藏军官兵被杀。在热振寺被查封后，拉鲁他们留下第三代本的16名官兵看守封条，由排长朗黎负责，他同寺庙的次旦和赤苏蓑本住在同一间房内，其余的士兵，两人一组分别防守各处。几天后的一个夜晚，热振寺的僧人吾都巴等，召集寺院喇嘛和附近村上的许多人，悄悄地进入各处守兵的住处，将防守在各处的藏兵击毙。次旦、赤苏二人收缴了朗黎的枪后刚走出寺院，就看见其他僧人与朗黎搏斗，当即把他打死。

众僧以为16名士兵都被打死了，不料其中有一人没死，只是受重伤昏倒了。那个名叫陈果·米玛的士兵，苏醒后，嘴里含着五粒子弹爬进一间房中。众僧人见有人逃跑，一齐追上去，米玛从房中开枪，击毙一僧人。僧人不能逼近房门，就去揭顶，又被打伤一人。众僧便放火烧，烧了一会听到受伤的士兵痉痛的叫声。当叫声停止时，大家以为他被烧死了，想进去把尸体拖出来，米玛又开枪打死了进门的僧人。众僧见此情，又烧起了更大的火，那伤兵顶受不住，从后墙挖洞钻了出来。当他刚一露头，吾都巴冲了过去，米玛又向他开枪，没打准，结果被吾都巴打死了。

16名藏军官兵在热振寺全被杀死的消息传到了噶厦，噶厦政府于藏历三月十日召集仲孜会议讨论惩罚措施，一致认为，断不能放过屠杀16名藏军官兵的凶犯。为防止僧犯携带武器和金银取道北路逃跑，特命扎谷兵营第三代本雪贵巴率200多名骑兵并配备两挺机枪，从止贡抄袭热振寺。命令我和江孜兵营营长平措宇拉，率兵200名，并配备一挺机枪和一门炮，由彭布郭拉山口沿大道前进，在与北路人马汇合后，直取热振寺，派以藏军司令官格桑楚臣为首、江吉·夏格巴为助手率领21名藏兵，负责接管热振拉让的财产。同他们一起的还有拉恰·昌仁、噶卓赤门巴、噶卓雪康巴、帕宗崔科娃、雪珍欧西、土登桑却、珠波洛桑坚赞、玛吉列恰伦珠楚臣、扎吉·彭绕巴、孜巴果卡尔娃、孜仲洛珠群培、孜仲多俄塔金、孜仲卫色森格、雪仲角白娃、雪仲大桑林、雪仲多滚普、雪仲年门巴、雪仲洛杰巴等人。

同时，派人往北路各宗：桑伦基巧、阿尔则白索头人、止贡拉让、比如宗、霍尔钦宗等头人送行，命令他们准备骑士严防众僧犯漏网逃走。

第三代本雪贵巴一行，于藏历三月十八日午后赶到了热振寺，热振寺的上部增日地方，同众僧交上火。第三代本的夏欧单增被僧人当场打死，只好当晚住宿在增日下段。

十九日破晓，雪贵巴的部分官兵进出山头、山角，在热振寺东南面进行了四小时的战斗，僧人被击败后撤走。第三代本部乘牛皮船过河，占领了热振居室和热振寺院，又同隐蔽在柏树林中的僧人激战了一夜，一名连长和一名士兵受了伤。第二天，林中的僧人大部分逃走了，热振寺的暴乱暂时得到了平息。

二十日上午，司令官格桑楚臣等人赶到热振寺，当即同孜本夏格巴安排三营长、连长唐曲和30名官兵、同他们率领的20名官兵共同追捕逃犯，追捕中只抓到一部分人，其余均跑掉，基本上追回了热振寺被杀的16名官兵的枪支，随后命令撤兵。司令官格桑楚臣还没收了热振拉让的财产，将它打包运回拉萨，计前后共运走1000多驮物品。

热振事件中的幸存者益西楚臣。1987年，时任拉萨档案馆馆长的益西楚臣（1950年春参加中国人民解放军，1956年授少校军衔。）见证了热振被捕的过程：他说“藏军第四代本和连长格桑等人走进热振卧室，见热振人在，便立即派人汇报拉鲁。拉鲁和索康立即前往热振卧室，两人进到热振卧室后到热振面前领受热振的摸顶后。热振问两人到热振寺干什么？索康说拉萨发生了手榴弹爆炸事件，特来迎请活佛去磋商这件事。并对热振说马上起身，让他立即收拾东西启程，同时将热振寺封锁起来，严禁任何人出入。”

益西楚臣心急如焚，看见一位老人正在热振家里扫地，他马上请求老人帮助，他叫角拉益西拉，可以自由进出寺院，他给热振写了封信，将拉萨的情况和此时热振寺外面情况告知热振，让角拉益西拉设法将信转给热振。直到太阳偏西后才收到角拉益西拉派人捎来的热振活佛的回信：“一早，来了许多藏兵，要我给他们摸顶赐福。我们同祖国和汉族的关系是多少代人形成的，不是短期的事。因此依赖祖国是稳定的，但是亲英派却主张西藏脱离祖国，这不得人心啊，他们忘了英军两次侵略给我们民族带来多少惨重的灾难啊。我托甘孜代表向国民政府反映，支持我还政，岂料，他们抓住这个把柄，指责我图谋不轨，现在只好如此了，我跟他们到拉萨当面说清事实。但后来这一点想法都难以实现了。眼下，我和整个寺庙都落在人家手心，那里还有陈述意见的自由呢？你现在还在法网之外，要迅速向国民政府报告，申明这里发生的一切。”益西楚臣看完信，朝着热振寺扑通跪下直到看着藏军将热振活佛押走，才含着悲愤离开热振寺，逃往内地。

热振呼图克图之死。热振活佛被关押在布达拉宫孜夏角监狱期间，曾被提审过几次。审讯中他宣称自己不仅没有做过违反政教大业之事，还劝导属下不要干违法事情。

当时，噶厦和仲孜们准备按既定的判决书宣判，会议向噶厦呈报了继续办理此案的计划，噶厦批示将共同案人热振扎莎江白坚赞和卡多喇嘛均判处无期徒刑。扎索、彭康、沙多晋美等，因审理中未查出任何罪证，宣布释放。并且退还其查封的全部财产，官复原职。会议决定除热振拉让原属地外，凡属十三世达赖喇嘛所封的庄园谷卡全部没收。

当审讯热振时出现了不同意见，土登列门和帕拉·土登维登二人提出要严惩热振，而一部分僧俗官员和色拉寺、哲蚌寺的堪布们都提出了不同意见；与会的其他官员不仅默不作声，反而一个接一个地上厕所，出出进进，久久不能聚齐定案，在此情形下，主持会议的仲孜们改写判决书只开了个头，下文不知该怎么写。正在这时，突然狱监来报告说热振患了重病。会议即将这一情况报告达扎摄政王和噶厦政府，请来了钦绕罗布医生为热振诊病。诊断结果说热振患的是“疯瘫症”。

以后在继续诊治中去世。对于热振之死，社会上流传着许多传闻。但可信的说法是，据看守他的藏兵在西藏文史资料中记载了热振活佛的死这段回忆。热振被关进监狱期间被提审过三次，他不仅否认自己做过违反政教大业的事，反而劝导审讯他的官员们不要干违法的事，要维护汉藏团结。热振在狱中曾给赤江活佛、本唐·群培土登秘书长、嘎雪巴等三人写信求救，要求出狱。并在每个人的信中放入自己脖子上取下来的琥珀珠两颗作为礼物。但渺无音讯。

不久热振活佛患了血气病，病情逐渐加重，他要求转告热振拉章的人把他平常服用的瓶装白丸西药送来服用。但噶厦的“春都杰巴”不准热振服此药，只说可以派医生给他看病。

对于如何给热振定罪的问题，噶厦和仲孜们意见不一，也久久定不下来。后来热振病情加重，“春都杰巴”才派“门孜康”（即藏医院）的大医生堪穷·坚热诺布到牢房给热振看病，并给了药，但服后没有见效。后来热振的病发展到腿脚活动都不灵，连上厕所都不行，解手都是解在盆里由卫兵倒掉。

1947年5月（藏历三月二十八日），热振活佛病危，总看守格桑阿旺送来一包药，里面有三颗药丸，下午五点钟左右，看守夏尔孜·益西土丹按格桑阿旺告知的服法，用肉汤给热振服下，热振服下不久病情更为加重。夏尔孜·益西土丹看着热振的病情，望着软绵绵的药丸，用手捏了一下，流出黄色的汁液将包药纸都染上黄色。夏尔孜·益西土丹立即明白格桑阿旺所说的这个“阿格尔三十五”是什么药了，他意识到热振已被人下了毒。

天快黑的时候，孜准·彤巴又送一包药，当时热振刚服过格桑阿旺送来的药，所以夏尔孜·益西土丹没有让热振再服此药。一会儿格桑阿旺又问他给热振的药服过没有，夏尔孜·益西土丹告诉服过，但病情加重了，格桑阿旺叫将剩下的两丸也要服下去，夏尔孜·益西土丹只好按格桑阿旺的要求，当面让热振服下两丸药。半夜，热振想吐，但吐不出来，急促地喘着粗气，用微弱的声音要求请国民政府驻藏办事处医生或英国商务办医生帮助打针。夏尔孜·益西土彤十一点多钟在格桑阿旺来巡视监狱时向他转告热振的要求，格桑阿旺推说深更半夜的，哪儿去找医生来打针。说完就走了。十一点十分热振在剧烈疼痛中去世。第二天“春都杰巴”代表以及其他官员来牢房验尸，看热振大腿上有紫青色斑点，还开玩笑说：“发青处可能有人会说是皮鞭打的。”当天深夜，喜德寺来了八个喇嘛将热振活佛的遗体领回，送到喜德扎仓。就这样，一个国民政府和西藏噶厦政权中重要友好的人物，一心主张藏汉团结，反对分裂的热振便在西藏政坛上消失。逝年仅37岁。

国民党中统和军统的任务

抗日战争爆发前后，国民政府先后选派军、政大员入藏，对西藏噶厦政府优礼厚惠，备极关怀。为消除双方隔阂，增进情感，多次与西藏地方噶厦进行会商，谋求改善中央与西藏噶厦政府的关系。但是，西藏噶厦政府缺少诚意，加之受英、印反动派的挑拨、离间、愚弄、利诱，少数亲英分子从中作梗，终于未能取得富有建设性的成果，以致中央与西藏噶厦政府的关系时断时续，未能根本好转。

1941年，日本发动了太平洋战争，对我国的攻势暂缓。根据当时形势发展趋势，国民政府估计，日军将北侵兰州，南略南宁，直趋重庆，蒋介石将退入西康，以西藏为大后方。太平洋战争爆发后，日军威胁印度，蒋介石应盟国要求，派兵援印。为运输军队物资计，决定修筑康藏公路。但因国民政府腐败无能，加之推行大军政势力难以伸入西藏，乃不遗余力地先后多次派遣情报、电信两系统特务人员，或化装为僧侣，或依附行商（行走贩运为商、驻栈买卖为贾），由青海、西康两地秘密进入拉萨、日喀则、昌都、甘孜、山南等地，刺探、收集西藏当局政治、军事、经济、文化、宗教等方面的情报；乃至地方风土、人情，尤其关注西藏噶厦政府与英印间之特殊关系，用以储存信息，俾日后在适当时期，控制西藏地方势力，加强对西藏的权力统治。

早在1940年，军统谭兴沛、麻延龄相继入藏，由于没有配备收发报机，情报传递困难。1941年，肖崇清入藏，也因人员较少，未能发挥预期作用。军统局为加强西藏情报工作，遂决定派遣第四批情报、电信人员入藏。

汪璪和胡明春等人入藏的前前后后。1937年抗日战争伊始，汪璪和胡明春正当血气方刚之年，久怀报国心愿，乃毅然投笔从戎（是时，汪璪在兰州候储小学教书）。投考军校未成，再投考“军事委员会训练总监部技术干部人员训练班”（国民党军统局所办）。录取后，赴武昌、汉口两地受训。结业后，去长沙电信总台实习，期满，被派赴西安站电台、兰州警官学校电台、兰州站电台工作。

1941年调八战区电信总台（后改称兰州支台）任领班兼代书记职务。是年初，重庆总台来电称：“原派张志清赴西藏建台，该员畏难拒命，现令由兰州支台选派。”兰州支台遵上级命令派汪璪赴藏工作。当时，汪璪母亲因儿远走边疆，极难割舍。为怀念慈，决定把常希武改名为汪藻。（因其母亲姓汪。此一名一直沿用到1950年3月28日被捕入狱前，在西康雅安被公安人员识破特务身份，才纠正过来。）

胡明春，浙江人，曾随吴忠信来过西藏，回内地后，任国民党甘肃省夏河县县长，代理过甘肃省民政厅厅长，抗日战争时期，他被国民党政府第八战区司令长官朱绍良所赏识。1941年冬，胡明春偕同乡人蒋剑秋到兰州待命，准备入藏。

1942年3月，国民党中央军事委员会调查统计局局长戴笠到兰州后，主持兰州警官学校（即兰州训练班）第三期毕业生典礼。随后在“兰训班”班部召见胡明春他们面谕：“西藏是边疆重地，现在的战略地位更为重要。藏人中有亲英分子，受英国人煽动、利用，西藏地区会出现不可收拾的局面。以目前形势来看，在战略上西藏将会成为抗战的大后方。”据胡明春他本人讲戴笠到兰州的训令是：我们做特工的人员，服从纪律是天职，更应牢记委座“坚苦卓绝”的教诲，到最艰苦的环境中去奋斗！德国的第五纵队是侵犯别人的国家，损害别国的主权，我们则是保卫自己的国土。要整顿好西藏内部，才能防范、遏制英、印势力的入侵。你们是先锋队，必须做好本职工作。江孜是通印交通要道，你们的任务很重要，切勿有负本局期望！

戴笠批准了胡明春等人拟具的赴藏计划，并从兰州训练班毕业生中遴选了王均、李梦明二人一同赴藏。全组共五人：组长：胡明春，副组长王均，会计蒋剑秋，电台台长汪藻，报务员李梦明。配备两瓦特特工机两部，“二十响”驳壳枪五支，密码本、器材等。他们在兰州购“马合盛”砖茶500封，绸缎50匹先期运到西宁。

胡明春为了由青海赴藏时诸事有所借助，求得朱绍良给马步芳的介绍信（朱、马是干亲），到西宁后，胡明春持信谒见马步芳，马步芳指派他的旧部下卸职团长马宗汉全力协助。

他们到青海塔尔寺，被接待在曲藏嘎瓦寺院里。该寺管家安某某（任国民党青省府参议），甚为热情，诸事热情照应，并替他们物色了三名佣人，名呷麻、当柱、香曲，都是喇嘛。他们随即着手购置骑马驮骡，鞍鞯辔头，衣着粮秣，应用杂物。一切齐备后，只等天暖草茂，青海商人会齐后，即循青藏商道前进。临行前，副组长王均胃病复发，不能成行，留青原籍养病。马宗汉握手叮咛，属他们谨慎行事。并说：“藏人耳长”（意思是消息灵通）。

六月初，自塔尔寺出发。商帮中比较熟识的有车进珠、马连元等，还有十四世达赖喇嘛的姨父、姨母。彼此自成一邦，没有化整为零与青商融为一体，实属考虑不周，以致造成了旅途后期的不少麻烦。

在行过约2/3的路程时，有一天，歇宿在一处水草丰茂地区，全体商帮合议，休息一天。这天，胡明春与马连元发生口角，并逼讨借款。胡明春盛气凌人，致使内部产生了不和。

阴历八月中秋前后，到达那曲（原名黑河）。大队青商均屯集宗衙附近，一一赴宗衙，呈献土特产，听候黑河总管帕拉验证放行。却没料到，帕拉总管亲临他们住地，笑容可掬，连道辛苦。并说：“得知中央官员到达，未曾远迎，请原谅！请在此稍事休息，待我行文噶厦，奉到回示后，再以礼相送。”他们拱手称谢，但颇感不妙。第二天，备厚礼专诚进见，并请帕拉总管勿轻信谣言，声明我等纯系来藏经商。帕拉委婉地说：“你们不必过虑，迟早会相送入藏，如果我草率行事，就有失职之嫌。设身处地，你们又当如何！？”接着，帕拉将他们安顿在一家藏民院落里住下。

汪藻与胡明春计议，速函请驻藏办事处协助。10余日后，胡明春接拉萨友人来信："你等非正式官员，办事处甚感棘手，无能为力"等情。同时，帕拉也暗示我们"不如归去"。

他们合伙计议：现在我们的处境非常困难，犹如失群孤雁，青藏道上，凶多吉少，纵能安全返回，也难以复命。如今只有破釜沉舟，孤注一掷，但必须稳住帕拉。于是，向帕拉坚决表示："我们可以回去，但必须将已运到拉萨的货物进行销售，以充足路费；再者，经过长途跋涉，乘骑羸弱，请求指定牧场，待马匹复壮，即取道康路内返。帕拉欣然应允。

他们便分头准备，汪和李梦明、佣人香曲带马匹到宗衙十余里的草场放牧；胡、蒋二人住在帕拉指定的民房中，每日去向宗衙与帕拉敷衍，陪他搓麻将，要少赢多输。去宗衙或两人或一人，每天玩三五小时，以期逐渐使其利令智昏，蚀却对他们之戒心。另一佣人呷嘛，往返两地间，互通情况。他们的准备日渐成熟，帕拉·土丹维登的防范日渐松懈。十二月中旬的一个深更黑夜，特工们六人六骑，摸出那曲地界，快马加鞭，两天三夜，赶到拉萨。途中，经过当雄哨卡时，只听得一声断喝"苏日?"（谁个?），接着枪栓咔嚓几声，佩刀铿锵作响，他们十分紧张，五支二十响连发驳壳枪机头大张，准备一拼。但也料定藏军守卡哨兵不敢逼近，仍然继续向前飞奔，一举闯过了当雄险关。行至彭波郭拉山口，天色尚早，汪藻提议就地一宿，纵有追兵也绝不会追到这里。胡明春不肯，偕李梦明、佣人呷麻继续向拉萨前进。汪藻同蒋剑秋、佣人香英在山口牧民家甜睡一夜，次日缓骑下山，胡明春到色拉寺前来接。就是这样，全组人员安全进入拉萨。一周后，据闻，驻守藏北总管帕拉在三天后始发觉人去楼空，气急败坏，惊恐不安，连声咒骂"汉人是鬼!"

到拉萨后，胡明春、蒋剑秋住在中医魏筱春家，汪藻和李梦明先在河坝林肖崇处歇脚。第二天，经张威白出面说情，住进噶厦翻泽官马和堂老先生院房（马是噶厦政府官员中唯一的拉萨回族，即现在区政协委员马玉贵的父亲）。

约有七八天，那曲副总官松多·坚村云登来马和堂家找汪一叙。松多说："你们未得噶厦同意，潜行入藏，既不合理，也不体面。现在请你们仍回那曲，等办好公文，再迎请你们来拉萨，岂不光彩！"汪藻不禁失笑，回答道："我等纯系来藏经商小民，帕拉总管误信谣言，节外生枝，小题大做；且汉藏一家，情同骨肉，为什么我等不能来拉萨！即或另有他说，亦应通过中央驻藏办事处与我们交涉。何劳贵官员亲来找我。我等去、留，须经我驻藏办事处决定！"

隔数日，松多又来，坚持前说，并用威胁口吻说："你等坚不听从，恐有不便！"汪勃然作色，答道："大不了人头落地而已！"马老先生吃惊地说："阿啧！能这样说吗？"汪说："直言无妨，我住在老先生处，老先生如有碍难，我等行帐俱在，露宿街头又有何妨！"言毕，径自别去。他们驻定之后，所谓未经噶厦同意，潜行入藏，地方政府拒纳之公案，不了了之。

胡明春去拜会国民政府驻藏办事处孔庆宗处长，孔对他们被阻那曲，未能尽到声援，表示歉意。张威白与胡明春是旧交（张威白任交通部拉萨无线电台台长），备席为胡明春洗尘，他们都应邀前去。颜俊、魏筱春、吴三立等作陪。

汪将电台架设好，与重庆总台、兰州支台试通成功，便通知胡明春。发往重庆的第一封电报，是报告因青商告密，我们被西藏地方政府阻挡在那曲的经过，及到拉萨后仍受到注意的情况以及在怀疑未完全消除前，不便去江孜建台等，请求允许在拉萨暂住一段时间，待摸清江孜地区情况后再行前往。复电准请。

拉萨是西藏政、教、文化中心，市面繁荣，生活条件较好，汉人较藏区其他地方多。于是大家都留恋在拉萨。上级一再来电催促，汪等均搪塞、支吾，一直拖延到1946年。

按军统"铁的纪律"的规定，组与组、个人与个人之间，严禁发生任何关系。可是他们一到拉萨，就与肖崇清、罗坚等频频接触，违犯了特工人员应守的纪律。胡明春与西藏上层人士的接触，在初期就因身份暴露而受到影响。

河坝林回族人马崇智，经常出入索康家，被胡明春组吸收为试用情报员后，胡又吸收了测候所测候员邓明渊为试用情报员。邓在拉萨小学任教，小学设在办事处二楼，接近驻藏办事处部分官员，可为胡提供一些消息。其次，胡明春又与汉僧中的大刚法师（该僧未住寺，通过打麻将认识）、碧松、钟善化、孟参等，多有接触。

胡明春为了掩护特务身份，曾派佣人三次去印度购进零杂什物在拉萨出售，略获赢利。后来，就以商民身份先于“驱汉事件”前三年经印内返。胡明春走后，该组人员与肖崇清组合并。

胡明春在藏的活动，在后期甚为消沉，主要表现为发往重庆的电报减少。汪藻曾问过他为什么这样，他说：“获取重要情报难。现在噶厦每举行重要会议，决策大事，参与会议的都用笔谈（写在纸上传阅示意），意见一致后，文纸焚毁。”是否如此？汪藻半信半疑。他又解释说：“我们也要注意商帮的经济活动。这次云南商人从印度购进西药、棉纱等物资，运往云南丽江、重庆等地，我已上报了。至于在拉萨发生的一般事件，三日后，街谈巷议，已众所周知，大家不过抢先而已，我报与不报，无关紧要。”从胡明春的言谈、表情中，可以窥见他内心的苦衷。

胡明春自负清高，与肖崇清、谭兴沛互不相容。对沈宗濂多有訾议，甚为不满。据说，沈宗濂曾致函戴笠，谓胡明春在拉不合宜。因而于1946年被戴笠调回。胡明春、蒋签秋离拉萨时，胡明春心情沉重，曾对汪藻谈起他在青藏途中偶得一梦，梦境是在荒郊野外，独自搭盖一座高楼，行将完工，突来一不相识之人，将其拆毁。及今思之，果应昔梦。汪藻对他说：“梦幻何足为凭，不必附会多虑。”胡明春长叹一声对汪藻说：“你我共患难一场，何不同起同落，一同回去。”汪藻对他俩早就耿耿于怀，便不无讥诮地说：“你同剑秋的关系不同寻常。我未奉调令，怎敢擅离职守？胡明春嘿然苦笑，表情十分尴尬。这也算是：来时趾高气扬，去时黯然神伤！

军统特工人员在藏情况。（军统，是国民党军事委员会调查统计局的简称。局长是戴笠。抗日战争胜利后，改为保密局，隶属国防部。1946年，戴笠乘机失事跌死后，由毛人凤接任局长。）

肖崇清，军统局拉萨直属情报组中校组长，回族，国民党中央军校毕业。于1940年在重庆接受戴笠入藏命令，偕同张知重、罗桑团月、电台台长罗坚到兰州；兰州训练班又选派电讯系第二期毕业生王禄安随同入藏，于1941年到拉萨。肖崇清到拉萨后，先后就地吸收的试用情况员有：河坝林回族人马明达、马俊明；还俗喇嘛米霖甫、甘文峰；测候所所长曹巽等人。肖崇清在西藏工作多年，成绩显著，上级曾数次电令嘉奖；1946年奉命回南京参加全国情报站长工作汇报，评列嘉奖第二名，晋级为上校，尔后又返回西藏。

1942年、1944年，胡明春、侯国柱相继入藏，均未遵照上级指示分赴江孜、日喀则建点建台。三组均聚居拉萨一隅，各自为政，不仅浪费人力物力，工作也难以开展。肖崇清在南京将这一情况向上级作了详尽汇报后拟具建站计划，蒙批准。1946年肖崇清自南京返回拉萨后，即着手建站。将三个直属情报组（拉萨、江孜、日喀则组）合并扩建为国防部保密局拉萨情报站。增建情报网、点，由他统一指挥。

拉萨情报站：站长肖崇清，副站长谭兴沛，编审张知重（张走后由甘文峰任编审），情报员曹巽、米霖甫、马明达、马俊明、颜俊、项怀楚（即徐建彰）等人。

日喀则组：组长侯国柱、情报员叶生辉、电台报务员王禄安。

山南组：组长麻延龄，情报员赵冠南、电台报务员郭永业（即郭建一）。

昌都组：组长左仁极（原系驻藏办事处驻昌都专员），电台报务员李梦明（1947年由拉萨派去）。

对当时三个情报组人员肖崇清尚觉欠缺须补充，以俟在南京待命的杨、佐仁极等人入藏后再行安排（后因国内形势骤变，该组人员未能入藏）。

拉萨支台（由原来的三个直属组台合并）：支台长罗坚，书记汪藻，译电员一人。

西藏境内的分台（日喀则、山南、昌都等台），在业务上统归拉萨情报站支台领导，器材由支台负责。支台除联络重庆总台、兰州支台、昌都、山南、日喀则和原建在德格的分台外，还联络印、尼、藏边境的两个台。但与该台一直未联络上。

肖崇清的建站工作顺利完成后，他个人的内调准备工作也利用在南京受嘉奖时机，打好基础。1948年初，他和张知重一同回南京另谋高就。

肖崇清、张知重回到南京后，有信寄来。肖崇清劝汪藻“及早抽身，不要做时代的牺牲者。”张知重的来信中也说：“国军疲于奔命，大局堪忧！”

军统局驻拉萨情报站头子肖崇清，机警干练，心狠手辣。有以下事实为证：罗桑团月，巴塘藏族，原是肖崇清组情报员，后因事调回重庆。1947年第二次奉命入藏，率军令部二厅电台台长周铭、报务员曾天才由西康路到拉萨后，扬言这次回来要取代肖崇清的职位，散布了一些不利于肖崇清的言论，肖崇清、罗桑团月矛盾十分尖锐。肖崇清报告上级，谓罗桑团月有叛变组织，出卖团体的危险行动。至于上级是否有指示令肖崇清制裁，难以获悉。然而，1947年藏历十一月二十五日燃灯节晚上，罗桑团月赴江新西家做客，深夜回家途中，被肖崇清预先买通的青海省籍土著人追踪赶上，用左轮手枪，连发两弹，将罗桑团月击毙在贡桑则大门前。肖崇清原答应事成酬付刺客藏银1000两，但只付给了500两，刺客甚是不满，事后泄露出行凶时的情景。他说：“当罗桑团月倒下时，大路上有数骑驰过，我心惊胆战，将身子紧贴在后墙上。当时在拉萨的其他青海人如王禄安等，均知道底细。”

谭兴沛，湖南人，原在交通部无线电台供职，后调班禅行辕任电台主任，甘孜事件后（1937年班禅回藏被阻事），化装喇嘛同电台技工颜俊从玉树来到拉萨，在拉萨无线电台工作。1943年底，张威白内调，接任台长。到1945年席裕翼接任他的职务前，虽然归肖崇清组节制，但抱着若即若离的态度。当时，拉萨无线电台每月收入有盈余，一般人估计，谭兴沛个人收入比之国民政府驻美大使顾维钧的薪金不相上下。按期汇兑。谭兴沛先任台长，后任站长，左右逢源，名利兼收。“驱汉事件”发生后，到噶伦堡与云南商家“铸记”号结账，存款达八万卢比之多。

侯国柱组，于1944年入藏，共四人，赵冠南、叶生辉、郭永业，均系青海人，也都是兰州训练班的毕业生，是青一色的特务班子。侯国柱与十四世达赖喇嘛的姐夫黄国祯有较深厚的关系，在青海商人中也有不少熟人，除此以外，与其他阶层人接触较少，活动范围不大。侯国柱曾三上热振寺。据闻，他曾得到热振活佛的接待，侯国柱建议热振“应重新摄政，中央定会支持，必要时可派飞机来接应”。后又听说侯国柱行动不机密，为噶厦侦悉。如果确有此事，热振活佛被害，也是重要因素之一。热振活佛倾向中央，希望汉藏和睦相处，侯国柱与热振活佛接触，也是情理中之事。但客观条件既未具备，侯国柱也言过其实，结果是成事不足，败事有余，所谓画虎不成反类犬！

1940年至1944年，军统局先后直接派遣到西藏的特工人员共有15人之多，在当地吸收的试用情报人员（凡非军统局培养直接派出人员，在短期内，一律定为试用情报员）在10人以上。

军令部二厅特工人员在藏情况。吴三立，广东人，军令部二厅派到拉萨的情报员，公开身份是驻藏办事处科员。由于经费拮据，始终是单线活动。上报的情报，送拉萨无线电台拍发，虽减半付费，也难以负担。曾商得胡明春和电台台长汪藻的同意，代发过十几封电报，付过电料费藏银600两。但终非长久之计，且拖家带口，处处捉襟见肘，无法打开局面。三十六计，走为上计。于1943年随孔庆宗取道康路内返。将上司交予的一付沉重担子，卸在了颜俊的肩上。

颜俊，湖南人，原是国民党政府交通部电台技工，后派任班禅行辕电台技工，与班禅行辕电台主任谭兴沛既是同一部门的，又是同一单位的同事。“甘孜事变”后，在1940年化装为喇嘛与谭兴沛结伴入藏到拉萨，任电台技工。此人乐于助人，待人宽和，给人的印象较好，被称为“老佛爷”。接任了吴三立的驻拉萨情报员的职务后，虽全力以赴，仍不免受到上级的电斥：“来电封封，尽属废纸张张”，后被撤销。不久又为裙带亲罗坚、老同事谭兴沛提携，跨身跻入国防部保密局(抗日战争胜利后，国民党政府由重庆还都南京，戴笠丧命，军统局改组为国防部保密局）拉萨情报站充当情报员。原军统人员大为不满，语多讥笑：“老佛爷东西碰壁，到头来依样葫芦。”

项怀楚，原名徐建彰，浙江人，圣约翰大学（抗战前美国在沪所办的教会大学）毕业，曾经是国民党四大家族之一的孔祥熙财团经营的一家国外公司的职员，因走私一案被通缉，由印度加尔各答潜逃到印、藏边境，化装为喇嘛，潜伏一段时期后进入拉萨，不知怎的住在桑珠颇章家，人称“假格西”。不久，改着汉装，与一西康籍女人同居。结识颜俊后，颜俊将他介绍到拉萨小学教英文课（陈锡璋遗作：“项怀楚为颜俊的电务员”，有误）。项怀楚为报知遇之恩，替颜俊效劳过一段时间。后来，与颜俊同为国民党国防部保密局拉萨情报站试用情报员。“驱汉事件”发生后，携其西康女人同赴印度加尔各答定居经商。因略有积蓄，佣人图财，将其及同居女人一并杀死。项怀楚的老母、原配妻子及其子女和亲戚由浙江到重庆，等候多年，希望与项怀楚活着见一面，结果，终成泡影。正是：可怜加城逆旅骨，竟是春闺梦里人。

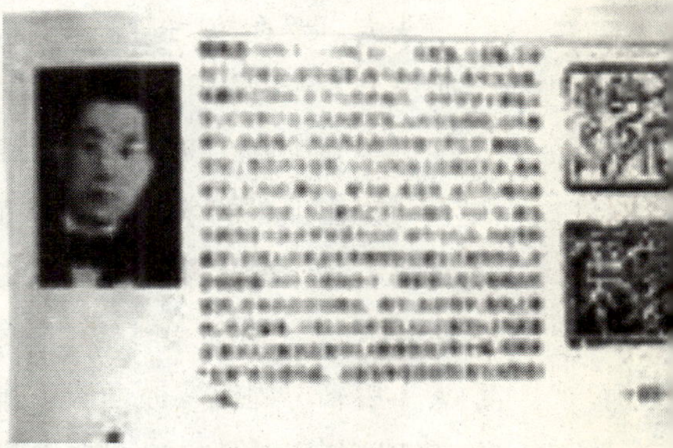

▶图为江新西的特工证件。

贺丹增，西康人，军令部二厅派驻青海玉树的中校情报组长，以后又到甘孜。1948年携其家小到拉萨，在八角街开设两间门面商店维持生活。周铭、曾天才虽配属在他组，但因周铭的电台始终没有与重庆的军令部总台联系上，当然也就无事可为。

江新西，巴塘藏族，在中央军事学校受过军事教育，又是陆大八期毕业生。是军令部派驻拉萨的上校情报组组长，于1945年底到拉萨。

电台台长谭熹是他的搭档。西藏三大寺中有职权的喇嘛，如堪布、堪布管家，有不少人是西康藏族，江新西都能与他们交结。甘丹寺的“甘丹赤马”在西藏宗教界中颇有名望，是江的同乡人，在经济上也曾资助过江新西。佛公（十四世达赖喇嘛的父亲）的女婿黄国祯，桑珠颇章的岳丈邦达昌，都与江新西有良好关系。江新西通过这些人，也不难与西藏上层人物交往。

江镇西（即洛桑群培是江新西的二弟）、闵志成（即平措旺杰）、春载阳、马成文等人，或亲、或友、或同乡里，均环绕在江新西周围。

江新西占天时、地利、人和之便，应该大有一番作为。然而由于来头大（要在拉萨成立军令部驻西藏参谋联络处），不合时机，遭人嫉妒，受人钳制。尔后，经费中断，活动大受限制。江新西处在这种困境中，牢骚满腹，对国民党二厅极为不满。“穷则变，变则通。”江新西有另谋出路的打算。因局势变化，环境所限，而未能如愿以偿。由他所集股经营的“圣城餐厅”，其组成人员，除二厅的谭熹、周铭、贺丹增等人外，其他人都是他的巴塘同乡、亲友。从这里可以看出一点苗头。后来，周铭在原西康省雅安公安厅培训队学习时，暴露了一点“拉萨圣城餐厅”的组成，有它重要的作用。

欧阳鸷、郝锡文于1949年来拉萨。未曾“登台”表演，东方已现曙光，只得销声匿迹。

邢肃芝，江苏人，原是哲蚌寺一名汉僧，法名碧松。曾去过日喀则、萨迦等地朝佛，了解到一些人文、地貌和历史变革。山南地区一个名叫“野人山地”（神山名），每逢猴年，各地善男信女，络绎不绝，前去朝山（扎日山）。这是该地传统的宗教活动之一，届时，噶厦政府要预先派人到扎日山与珞巴人联系。碧松于1944年随同大批佛门子弟也去朝山。这就为他后来自吹为“西藏史地学家”凑了一点“政治资本”。

碧松原是哲蚌一年轻喇嘛，与军令二厅特务颜俊、吴三立关系密切，是否为彼等收罗利用，难以断言。但后在南京与朱家骅挂上了钩，他就成为一个货真价实的准特务了。

1945年，沈宗濂与他开了一封介绍信，碧松原亲赴南京觐见了蒋介石。他回来说他同蒋介石会面的情况：“见蒋畅谈了15分钟，我以我之所以青年出家，备受辛苦，缘为有志于边疆，非亲历其境，行、知结合，方能备他日为党国效力而应对总统垂询。”蒙赞许，批准资助卢比一万（当时约折合黄金30余两）。

一登权门，身价十倍。教育部委之以国立拉萨小学校长之职，蒙藏委员会授以驻藏办事处专员职位。于是正式还俗，在内地结婚，扶掖新婚娇妻于1946年初冬来到拉萨，走马上任。

1946年元旦沈宗濂离藏之前，曾对同来诸人表示，藏事方面自己如果无能力无作为，他决不回任，并约定他到南京后，设法将同来诸人陆续调回内地。沈宗濂临走时，请蒙委派陈锡璋“暂维处务”，遇事均报沈宗濂转蒙委员处理。在此一段时间，消息尚属通达。

1947年7月，沈宗濂辞职，蒙委会派陈锡璋为副处长兼代处长职务，他们困处边疆，一筹莫展。葛成之、李有义、廖鲁乡均辞职获准，先后离藏。柳陲祺因研究资料尚未结束，准辞后未即成行。唯独陈锡璋处长没有人顶替，不能言去。

1948年，蒙委会因陈锡璋辞意坚决，于是派熊耀文为驻藏办事处处长，将陈锡璋内调为蒙委会西藏事处处长。但熊耀文迟迟不能接任，实因在国民党朝不保夕的时候，不肯远来边疆。

1949年开始，陈锡璋处长照例发放布施。事毕，一日与噶伦索康闲谈，他以私人资格告诉陈锡璋，南京已甚危急，并劝其如急欲回去，不妨先走，留李国霖维持处务。陈锡璋处长回来告诉李国霖和刘毓珙。李国霖认为：照索康语意看来，南京国民党已濒崩溃，我们全体离藏之期，即在目前，不必单留一人受罪。陈锡璋当时也不愿得来个“擅离职守”。

有一天，札萨擦绒在闲谈中对陈锡璋说：“国民政府眼看就要垮台，熊耀文处长也不会来了，我看你最好住在这里，过几天太平日子，共产党来了，我们可以同往印度躲避，将来局势好转，有你在这里，也不至像民国元年时，汉藏关系中断。”

过了几天，老索康在他的花园中盖了几间新屋，请陈锡璋参观，他对陈说：“这几间房你可以住，且与我住在一处，诸事均有照应。现在内地太乱，你回去也不能过太平日子，不如在这里住着，你给我藏银五万两，我就将此屋相让。”

不久，陈锡璋与噶伦嘎雪巴闲谈，谈到共产党。陈锡璋说这是一个新潮流，以眼前的东西作比，现在拉萨河正在涨水，潮流所至，滩石均遭没顶，这是无法阻止的。嘎雪巴听到这里，拍着胸膛说：“我们西藏是佛教圣地，绝对不容共产党渗入，虽战至最后一人，也绝不屈服。”陈锡璋说：“我是泛论潮流趋势，并不是讲哪个主义的好坏，不要误会。”相与一笑而罢。

陈锡璋将与擦绒、老索康和嘎雪巴的谈话，与李国霖、刘毓珙共同研究，一致认为：南京国民党政权已到垮台地步，西藏地方政府的态度将有重大变化。至于擦绒和老索康对我们的表示，只能看出对我们办事处人员，尚未敌视而已。但是他们这种主意，我们无法接受。因为国民党一旦垮台，中间须经一段青黄不接的时期，这时间长短难以预料，我们留在这里等个什么？若依靠亲近英印的西藏当局，那无异间接投降英印，我们当然宁死不为。再说拉萨汉人，尤其是那班特务，一旦局势变化，藏人对他们将有一番处置，那时假如我们还留在这里，坐视他们受人处置，他们会说我们出卖了他们，我们在责任方面也说不过去。最后大家认为，还是维持到最后一日，同进同退共患难。

英人里查逊的谍报活动

1947年，时值达赖喇嘛要去色拉寺、哲蚌寺学经，达扎摄政王和噶厦政府的全体僧俗官员们，都忙于为他此行作准备。忽然间，印度驻藏代表英人里查逊前来求见达扎摄政王，向他报告热振已派遣团朗（霍甲本之一）和拉噶尔·土多去内地参加国民大会，可能要同国民党密谋什么。并说，国民党政府很器重他们，闭会后两人都没有回西藏。

【里查逊：印度驻西藏办事处代表，英国秘密情报局远东局局长，1947年印度独立后被召回，改由福克斯继任。福克斯英谍报拉萨情报站电台台长，上校军衔，曾在藏军第二团中任军事教官。】

达扎听了里查逊的密告，立刻命噶厦“要严加注意！”噶厦官员们对此颇为感戴地说：“要不是里查逊提供情报，我们还蒙在鼓里呢！现在要立电驻南京三人代表（他们是堪穷土登桑布、孜仲登次仁、洛泽娃强巴阿旺），令其详查那里是否还有其他藏人在活动，并要他们侦察内外各方是否有对西藏采取行动之企图。不久，里查逊又通过噶厦的所谓“外交局”，转告达扎摄政王说，热振已提出要求，请噶厦允许他去印度。噶厦的回答是：“要去印度，需得事先同噶厦晤谈，因你是前任摄政王，不同于别人。”看来，热振当时想去印度，实则是经印度去南京。里查逊还估计，热振此举是企图借口赴印而取道北路去内地。达扎将热振杀害执政后，将噶厦政府内的人事作了大改组，把政府各主要部门中热振一派的官员全部清洗，由达扎一派的官员所取代。对于这些人事变动，热振一派非常不满，随着时间的推移，热振达扎之间矛盾发展日趋白热化。热振活佛去世后的第二天，仲孜向大会公布了这一消息，即令扎莎擦绒前去验尸。紧接着，交由喜德扎仓为之办了后事。1947年底，锡金总督哲吉和英国人理查逊通报噶厦说，国民政府的报刊评论“热振与达扎”事件说：西藏“热振与达扎”事件的性质是中英之争。对此，理查逊要噶厦予以反驳，并要噶厦公开提出“西藏独立”之主张。达扎的幕后操纵人是达扎莎丹塔钦，而达扎莎丹塔钦却是里查逊制造西藏独立的一颗棋子，也是还政于热振的一大绊脚石。如今绊脚石已除。里查逊、福克斯利用他开始了分裂西藏的阴谋，制造了现代西藏历史上的“七八”事件。

“七八”驱汉事件及寻求“藏独”。1948年底，里查逊、福克斯策动西藏地方政府举行了“扣锅”仪式。西藏地方政府此次扣锅，是先将密宗喇嘛召集于大昭寺内，诵经念咒，然后将草人和油锅舁至旷场，举行仪式，并邀请国民党驻西藏办事处全体人员和尼泊尔代表参观。英人因不是佛教信徒，未被邀请。

据说此次咒的是共产党。唯据中统局李国霖所闻，是对共产党和国民党一起咒的。因为从前十三世达赖在辛亥革命时，举行扣锅诅咒革命党，是和清廷一起咒的。达扎等亲英分子，希望祖国内战延长，以为内战越久对他们愈有利，可以有时间宣传和策划独立，所以一起诅咒。此说确否虽不知，然而揆度达扎小集团的心理是相符的。

1949年开春以来，国民党驻藏各单位的经费杳无消息，邮电亦日渐稀少，大家感觉到国民党政权崩溃在即，各自准备结束。夏格巴于三四月间回到拉萨，带来外边不少消息，听说英国和印度正在酝酿承认中国新政权，同时英国操纵印度运动喜马拉雅山系各国组织防共阵线，西藏执政者亦有意追随他们之后。当时驻藏办事处官员每逢遇到西藏贵族官员，总是对他们说：英国和印度之所以不敢公开援助西藏，只因有中国在，倘如一旦依靠他们，放弃了自己的立场，则它们将变为另一面目。为西藏自身计，无论中央政治如何变化，你们应保持现有关系，万不可听信外人。那时驻藏尼泊尔代表凯西尔曾说：西藏要人目无祖国和邻邦，总认为白种人高人一等，实是不可救药。此言可谓一针见血。

1949年7月8日，噶厦派员请陈锡璋去有要事面谈。他去那里后，在座的有三位噶伦，即然巴、索康和嘎雪巴，还有基巧堪布。由首席噶伦然巴发言，大意是：共产党和国民党内战甚烈，国民党的军队或官员走到哪里，共产党就追到哪里，藏政府对贵处人员的安全，实在不敢负此重责。现在西藏民众大会（实系官员大会）决议：西藏政府对国民政府暂时断绝政治关系，而宗教关系还是存在的。请你并转告其他机关准备于两星期之内启程赴印，噶厦已派定一名乃兴（引导员）和一名代本（军官），带领军队妥为照料和护送至印度边境。再者住在西藏境内的汉人和康巴人中有共产党，我们也分不清究竟是谁，不过西藏是佛教圣地，是绝对不容共产党的。陈锡璋回答说："我即电蒙委会请示，俟得复电，当再答复。"然巴说："国民政府方面，噶厦已直接去电通知，你不再行去电，现在所有电报邮件均已封锁，你也无法通信了。"陈锡璋说："我没有得到上级命令，就这样一走，是不对的，等我考虑一下再谈吧。”陈锡璋由噶厦出来，时已傍晚，只见办事处和陈的住宅均有藏兵把守；同时交通部无线电台亦为藏兵把守，并由噶厦派员将发电机拆卸。夜晚陈锡璋与李国霖、刘毓珙三人研究，对于藏政府此举动应如何对待。结果陈锡璋他们认为：第一，西藏是我们的领土，虽然他们目前和我们断绝关系，我们始终看他们是自己人，所以此刻我们不宜以对等方式，向藏方提出什么抗议和保留什么条件，自己家里的事，将来自己会有办法解决。第二，国民党是什么情况，陈锡璋他们也不知道，从藏方此次举动看来，想是已经垮台。西藏的驻京代表早已撤退到印度的噶伦堡，尚无回拉萨的消息，而藏政府亦拟将我们送到印度，或是想还保留双方一个犹豫期间和地步。因此，陈锡璋他们还是到印度向驻该地使领馆探明内地情况，再作计议，较为相宜。

7月9日噶厦所派的“乃兴”和“代本”前来，表示他们是被派护送陈锡璋他们赴印的。这时被迫赴印的人纷集办事处中，以特务居多。特务们有的要走西康路，有的要走青海路。陈锡璋叫乃兴去和噶厦商议：原从西康来的，叫他们仍由西康路回去；从青海来，仍由青海路回去，若办不到，叫他们和陈锡璋同走印度路，不必分批。以免失散。乃兴回来说：噶厦顾虑到西康和青海两路都不平静，所以采取印度一路，至于分作三批，实因沿途住房不够，到卓木后，由乃兴负责交物，代本负责交人，决不会有差错。大家听了，始各散去。当日傍晚，江新西送来无线电机两箱，汪藻送来无线电机三箱，托陈锡璋代为带至印度。

约在7月11日，第一批赴印人员启程，计江新西、江镇西、闵志成、贺丹增、周铭、曾天材和他们的家属及佣人等，护送的藏兵计有15~20人。当时联想起来，然巴所谓汉人和康巴中有共产党，盖即指开甜茶馆的这几个人而言。最奇怪的是在拉萨住了多年的裁缝刘云峰亦与江新西等同批出境。刘云峰，四川人，50余岁，喜欢在汉人团体中活动，遇有公共集会，亦爱发言，因做衣服的关系，认识西藏贵族不少，他的被逐，只能说是因为不忘中央而遭藏方当局忌。约在七月十七日，第二批出境人员由拉萨启程。噶厦叫乃兴来说，如果你们存有藏银，现在市面上不易兑换印币，噶厦可以代办。陈锡璋一行遂将余存藏银票约二万余两，交付乃兴，噶厦兑换成了印度纸币，是按每印币一卢比合藏银五两折合的。当时拉萨市面，因受尼泊尔商人操纵，每一卢比要合藏银八两以上，而平素总是藏银三两左右换一卢比的。

噶厦派一噶学（即地方政府的办事员）来到驻藏办事处，以噶厦名誉馈送程仪，他们坚辞不受。噶学说："三位噶伦说了，数年以来，彼此相交至好，现在不得已而暂时分手，若此区区之意，亦不肯接受，未免太相绝了。我也无法销差。"他们只得收下。送陈锡璋的是藏银5000两，印币2000卢比。送李国霖的是藏银1500两，印币1000卢比。刘毓珙的是藏银1000两，印币300卢比。其余小学校长邢肃之，测候所主任曹巽、电台台长席裕冀均有馈送，数目均次于李国霖。乃兴告诉陈锡璋，噶厦定于19日为大家饯行。陈锡璋于7月19日上午向达赖喇嘛辞行，中午赴噶厦饯行之宴。主人是三位噶伦，即然巴，索康和嘎雪巴。客人是陈锡璋、李国霖、刘毓珙、小学校长邢肃之，测候所主任曹巽，无线电台台长席裕翼，还有谭兴沛、汪藻、颜俊等。7月20日，陈锡璋他们最后第三批由拉萨启程。这批以办事处、学校、测候所和电台人员居多，此外还有谭兴沛、颜俊、罗坚、汪藻和项怀楚等；乃兴和代本同行照料。总计三批人员有二十七八人，妇女小孩约40余人，连同佣人、夫役共200余人。此次陈锡璋他们走的路线，不是惯走的由卓木到岗多的那条路，而是从卓木经龙头山到噶伦堡的那条路。这是藏方布置的，因美国汤姆斯父子二人从岗多入藏，不愿使陈锡璋一行与他们中途相遇；同时也因有大批军火从岗多运进西藏，不愿让他们看见。

达扎召开军事会议与人民解放军决一死战。1949年12月底，青海、四川、云南等省已基本解放。帝国主义和亲帝分裂分子闻讯，匆忙调派藏军主力7000余人，布置于金沙江西岸和昌都周围的交通要道设防，抽调藏军500余人加强那曲防务，并征集富裕户子弟千人，组成两个步骑兵团，任命卡纳、郭卡尔进行军训，以此作为藏北的援兵。他们又勾结英特佛克斯，佛克斯认为此是分裂西藏脱离中国的大好时机，急忙写信给藏军司令凯默·索安旺堆，令其调整藏军兵力部署，破坏道路、桥梁，构筑工事、埋设地雷，以阻击解放军进藏。他在信中说："去年九月，我给藏政府的建议中曾提到过，共军在西藏作战是非常困难的。为了阻止共军迅速到来，要破坏道路、桥梁及各要隘，对一切重要的防地，可涉水的河流及一切可能对共军造成危害的地方，都埋上地雷。虽然现在与你们友好的各国还没来援助，但如果你们一旦与共军交战，估计美国也许会考虑从空中给予军事援助……根据目前的情况分析，现在部署还来得及。"

与此同时英、美加紧了策划西藏独立的阴谋。经英人里查逊，美国特务劳尔·汤姆斯和摄政达扎审定，他们组织了一个"亲善使团"，分别赴美、印、英、尼四国请求援助，指派俗官堪穷土登桑吉、僧官丁甲·多吉坚赞为赴美、印代表；堪穷土登纪绕、扎萨宇妥·扎西顿珠为赴英代表；台吉次松平康，堪布罗桑旺杰为赴尼代表。他们携带印有达赖喇嘛和摄政达扎印鉴的信件，前往四国游说，声称共产党已占领中国内地多数省，业已临近藏界，请求四国指导其如何作战。并希望援助一批在第二次世界大战中使用效果良好的新式武器和派具有技术专长的人员。同时还期望"能予以贷款以备西藏独立之用，能在加入联合国组织问题上，获得支持"。其后又利用国民党驻藏办事处留下的电信设备，成立了所谓"西藏人民广播电台"，散布"汉藏关系是宗教上的布施关系，西藏在历史上就不属于中国"等谎言，分别用汉、藏、英三种语言播出。接着又派出堪穷土登杰波、孜本夏格巴到北京表明独立。

1950年6月，噶厦政府设置在邓柯的通信设备，安插在玉树地区的一千户长，通过谍报人员向噶厦密报军情：趁解放军立足未稳，不熟悉地方情况，庶民百姓对解放军尚无好感之前，先发制人，发兵反击，这样一定能取得胜利。噶厦根据这一密报的军情，迅速召开军事会议，转山施咒在佛前打卦。卜示，在七月初（此为藏历，公历为8月）发兵，时机最佳。

藏军司令部三层楼窗，灯火忽闪忽闪，此间正召开噶厦政府重要军事会议。

清瘦老态龙钟的摄政王达扎，眨巴眨巴惺松的眼，慢腾腾地说："今天紧急把各位召集到这里，想听听文武官员对当前时局的看法，是战还是和，研究制定一个既文又武的方针。"

藏军司令凯墨·索安旺堆拿着英人里查逊给他的信，振振有词地说："佛克斯我的老朋友说，要我们调整藏军的兵力部署，重要的是破坏道路、桥梁、构筑工事，埋没地雷，以阻止红汉人进我西藏。"说到这里，凯墨司令停顿了一下，脖子上青筋呈现，他用匕首切了一片风干牛肉，呷着，喝了半碗酥油茶，并拿着匕首不时地在桌上截切："他给我们出主意，共军在西藏作战是非常困难的，只要我们把进藏的道路破坏掉，派得力的部队守住卡隘，对一切重要的防地，可涉水的河流及一切可能给共军造成危害的地方，都埋上炸弹（地雷），就可能阻止共军进藏，里查逊还说只要我们一旦和共军交战，估计美国也许会考虑从空中给予军事援助……我认为：如果共产党军队要从新疆方面来，那里有天然屏障，喀喇昆仑山脉，从这里进来是很困难的，再说那里有各宗，各头人的民兵和藏军第六代本驻扎，是完全可以挡住他们的，如果从青海进来，昆仑山、唐古拉山，准叫他们有来无回，自古以来就没有军队过得来，加上我们已经施行咒语，北面就不必担心，如果从云南进来，那里道路崎岖，山势陡峭，不利共产党军队大部队行动，不足为虑，共产党要进藏，只有从康藏这里进来，我们只要守住金沙江拒守昌都，便能卡断共军入藏的咽喉。

三大寺的强佐不约而同地站起来说："英人靠不住，十三世达赖时连颠士和孟仲就想阴谋篡夺拉萨政权，可能在座的都清楚，是英明的达赖及时发现制止了政变，英人统治印度那么久，最后印度还是独立解放了，我们西藏是佛的圣地，我们不需要战争，佛主的教义是普度众生，消除灾难，严禁杀生，据我所知，汉人从未在我藏地开过战，即使发生了战争，都是以和亲方式解决，我们赞成和谈。”

嘎雪巴·基巧堪布接着说：“前年夏天，据说美国中央情报局给我们空中援助电台和武器，白线画了那么久，这拉萨上空连兀鸠的影子都没有。现在倒是共产党的飞机在甘孜上空像大鸟一样飞来飞去。说什么靠美国来空援，远水解不了近渴，还是应该采取和谈”。

达扎说：“前些日子，美国朋友汤姆斯曾经说过，共产党如果进攻西藏，必然从北部和西康东部进兵，两方面都有600英里的路程，开始200英里路比较好走，以后就不好行进，只要西藏方面组织一支有技术的游击部队，就可以阻止共产党的军队，切断他们的补给，要成立这样的部队，其条件有二：一是配备适当的武器，二是要受技术训练，就目前西藏的军队人员素质，只要很好的加以装备和训练，是可以胜任上述防卫的。因此，要把全藏兵力2/3调到康藏边境，都说共产党厉害，我到底要看看鹿死谁手。”

藏军第一代本帕拉色·多杰旺堆站起来说：“据我了解，我们这支军队怎么能和训练有素、装备精良、和日军抗战八年、和蒋介石厮杀四年、战斗经验丰富、战略战术先进的解放军抗衡呢？青海、甘肃、新疆、西康、四川等地已集结了大量的共军，今后还要陆续到来，估计在我藏地边境有共军400万左右……”

满脸横肉的鲁康娃没等帕拉色说完，一下从地毯上跳起：“长别人的志气，灭自己的威风，我们西藏虽然穷山恶水，但可抵抗10万大军，古人云：强兵不打弱寨，我们有天然的屏障，有美、英、印等国家的支持，共产党再强大，我们也要碰一碰，难道共产党能铲掉天生的几座大山吗？”顿时诸噶伦和僧俗官员惊呆了，一阵窃窃私语后，会场鸦雀无声。

“我谈一下个人的看法”。众人目光齐向面目清秀，瘦而高挑的年青仔仲阿沛，“国民党军队有飞机、大炮、坦克、军舰和全新的美式装备，拥有800万军队，都被共产党军队消灭了，而我们西藏就即使把16~60岁的男人都武装起来，充其量不过3万多人能打仗，如果要打，肯定是我们吃亏的，战争总会付出代价的，我主张和谈！”

“听说老阿沛的小妾是一个汉族女子，该不会是想，娶一个汉人做老婆吧”，鲁康娃附耳对凯墨·索安旺堆说，故意让阿沛·阿旺晋美听到，并不时地把目光瞟向阿沛。

“如果没有搞错的话，我想在座的也许有松赞干布和文成公主的后裔，有窝阔台蒙古族的后代，有大清满族的子孙，也有国民党政府要员的亲戚”。阿沛针对主战派人物进行反讥：“就目前的情况看，战争只能带来毁灭，我以为只有和谈，这不是我个人的利益问题，为宗教大业的弘扬，民众苍生免于灾难，如果有必要的话，我想我可以去阻止共军。”

“好”，“好”，阿沛的发言获得各种心态的人理解和支持。

“既然大家都赞成阿沛去，我想就这么定吧。”达扎摄政王把阿沛叫到面前，“你到昌都去，一定要执行文武方针，不能有半点松懈，随时向噶厦汇报情况，昌都拉鲁来电说，共产党的和谈代表格达活佛已到昌都，他曾是我的学生，在拉萨获得格西（佛学最高学历）学位，通过他你可以了解共产党军队到西藏来，到底想做什么，怎么和谈？”

狡猾的凯墨·索安旺堆立即改变了态度，“阿沛老弟，到昌都有什么困难，尽管告诉我，我会支持你的，按老规定，你到昌都应拨给你250人的卫队，可现在这个节骨眼上，受过训练的兵员太少了，只能给你150人的卫队。”

“崔科代本前两天刚从黑河归来，能否调给我当秘书。”

“可以。”

1950年7月下旬，阿沛·阿旺晋美受命出任昌都总督，接替原昌都总督拉鲁·次旺多杰职务，达扎并让拉鲁辅助阿沛，共同指挥昌都地区防务。与此同时达扎通知噶厦抽调藏军第七代本的兵力，将一批大炮及部分武器弹药运往昌都。

为了实现真正意义上的“藏独”，西藏分裂分子企图凭借金沙江天险和横断山脉天然屏障，阻止解放军前进。藏军应变机构遂将其主力，第二、第三、第四、第六、第七、第八、第九、第十代本，民兵真伯拉、热杰代本及噶伦卫队共7000余人，布防于金沙江沿岸1000多公里的正面，以及江以西直至昌都700多公里的纵深地区。藏军具体布置是：第二、第六、第七、第八代本各一部和噶伦卫队集结昌都；第七代本之一部位类乌齐；第三代本，真伯拉、热杰代本位以申达为中心的牙要松多、国德、卡松渡、衣曲卡一带；第十代本位岗托、同普、江达一线；第九代本位宁静（芒康）、盐井地区，并临时在各地招募民兵，统归西藏地方驻昌都总督拉鲁·次旺多杰指挥，准备和人民解放军在昌都地区决一死战。

第七章
和平解放西藏与藏军改编

中共中央对西藏形势的分析

西藏地处祖国西南边陲，在国防上具有重要的地位，英帝国主义及其邻国，长期以来就妄图把西藏变成置于他们统治之下的殖民地。1949年7月，英美帝国主义利用国民党政权全面崩溃的政治形势，加紧进行策划“西藏独立”的阴谋，企图造成“独立”既成事实，阻止人民解放军进军西藏。以摄政王达扎为代表的西藏上层少数亲帝分裂分子，在印度驻拉萨总领事英人里查逊的策动下，制造了“驱汉事件”，派“亲善代表团”外访，成立所谓的“应变机构”，大肆迫害倾向祖国的进步人士和主张与中共中央通过和谈解决西藏问题的主和力量。使其西藏许多爱国志士纷纷上书中央，派人恳请人民解放军进军西藏。1949年9月8日，藏族干部桑吉悦西（天宝）在《人民日报》上发表文章说，“西藏是中国的一部分，任何反动派阴谋侵略与出卖西藏，都将遭到西藏及全国人民的反对而彻底失败。……9月26日，朱德总司令在解放全中国的三项庄严保证中，把解放西藏、台湾在内的全部领土列入了人民解放军的保证承诺书。”10月1日，中华人民共和国成立。蒋介石政权对大陆的统治宣告结束。西藏的爱国人士和广大藏族同胞强烈要求，驱逐帝国主义在西藏的侵略势力，早日实现国家的统一、民族的团结。以班禅额尔德尼·确吉坚赞为代表的进步势力，首先致电毛泽东主席和朱德总司令，祝贺新中国的诞生，表示拥护中央人民政府，并致电中国人民解放军第一野战军彭德怀将军，恳请进军解放西藏。接着，昌都地区芒康（宁静宗）县帮达多吉、夏格刀登和扎西朗吉会同格达·呼图克图活佛商议后，派柏志、汪嘉、蔡良到北京上书朱总司令，要求派解放军早日解放康藏人民。

1949年11月23日，毛主席和朱总司令复电班禅额尔德尼，表示嘉勉。电文指出："西藏人民是爱祖国而反对外国侵略的，他们不满意国民党反动政府的政策，而愿意成为统一的富强的民族间平等合作的新中国大家庭的一分子，希望全体西藏爱国人士一致努力，为西藏的解放和藏汉人民的团结而奋斗，中央人民政府和中国人民解放军必能满足西藏人民的这个愿望。"同日，毛泽东关于西南、西北作战部署的电报中指出，经营云、贵、川、康及西藏的总兵力为二野全军及十八兵团，共约六十万人。12月，毛泽东在去莫斯科的途中发出"进军西藏宜早不宜迟"的指示，同时致电彭德怀、贺龙、习仲勋、邓小平等筹划解放西藏事宜，确定解放西藏的时间，"争取明年秋季或冬季完成之"。

1950年1月2日，毛泽东由莫斯科致电中共中央、彭德怀并转刘、邓、贺，将进军西藏的任务赋予了西南局。西南军政委员会在重庆市成立，刘伯承任主席，邓小平、王维舟、刘文辉、熊克武、龙云等任副主席，格达呼图克图活佛等为委员。会后，刘伯承、邓小平同志仔细慎重地研究了人民解放军进藏的问题，决定以张国华、谭冠三所率的中国人民解放军第二野战军五兵团十八军为进藏部队，并向中共中央、毛主席报告了这个计划。

中共中央毛泽东主席于1月10日致电中共西南局刘、邓、贺，批准同意刘、邓进军西藏的计划，决定将解放西藏的任务交给十八军等部队，人民解放军第十八军军长张国华等同志到重庆接受解放西藏的任务。并要求部队务必于五月解放西康，促其内部分化。

1月15日邓小平、刘伯承、贺龙向张国华等传达了中央人民政府毛主席关于解放西藏的指示：充分利用国际上的有利形势（英、印、巴基斯坦、苏联等国承认中华人民共和国），进军西藏。

进藏部队要执行党的民族政策、宗教政策和做好统战工作。要争取上层，影响和团结群众保护爱国守法的喇嘛寺庙，尊重宗教信仰自由和风俗习惯。亲密团结这个民族，争取团结一切可以团结的爱国力量，集中打击帝国主及其忠实走狗——亲帝分裂分子。邓小平政委指出：坚决执行党的方针政策，对于我们进军解放基本具有决定性的作用和意义。到西藏去，就是要靠政策走路，靠政策吃饭，政治就是生命。必须紧密联系群众，依靠群众。要用正确的政策去扫除中外反动派的妖言迷雾，去消除历史上造成的民族隔阂和成见，去把康藏广大僧俗人民和爱国人士团结到反帝爱国的大旗下来。

为了维护中国领土的完整和统一，建设与巩固国防，驱逐帝国主义势力，加强藏汉民族的团结，扫除西藏人民政治、经济、文化发展的障碍。1950年1月18日，中央人民政府民族事务委员会召集各地来京的藏族人士、知识分子等座谈西藏问题，商定和平解放西藏问题的方针、政策。力求通过各种途径，把争取和平解放西藏问题的信息送往西藏，向西藏地方政府和上层人士申明大义，耐心启发教育他们摆脱帝国主义的羁绊，回到祖国各民族大家庭中来。朱德副主席在会上重申中央人民政府解放西藏人民的决心。座谈中，藏族人士纷纷痛斥帝国主义侵略西藏的阴谋，强烈要求迅速解放西藏。同日，刘伯承、邓小平向中央军委建议，由十八军从川康向西藏进军的同时，再由青海、新疆、云南各派一支部队向西藏进兵的部署。中央于元月24日批示同意。

1月20日，中央人民政府外交部就西藏亲帝分裂主义分子阴谋组织所谓“亲善使团”，出国进行叛国活动的问题发表谈话。发言人指出，如果拉萨当局背叛祖国，向外派出所谓“亲善使团”表明独立，我中央人民政府将不能容忍，并指出任何接待拉萨“亲善使团”的国家，均被认为对于中华人民共和国怀抱敌意。

1月24日，中央批准成立西藏工作委员会，张国华为书记，谭冠三为副书记，天宝、王其梅、昌炳桂、陈明义、刘振国等为委员，以加强对西藏统战工作的领导。刘伯承、贺龙、邓小平分别向西藏工委和所属部队传达了毛泽东、党中央对西藏历史特点和政治形势的分析，指示部队认真执行党的民族政策、宗教政策，尊重民族风俗习惯。并要求进藏部队、西藏工委切实做好统战工作，争取上层，影响群众。依靠班禅、喜饶嘉措、格达、帮达多杰、夏格刀登、平措旺阶等爱国进步力量，团结哲蚌、色拉、噶丹寺宗教上层僧俗官员，包括达赖喇嘛、摄政达扎等不同政见的人士，集中打击帝国主义及其亲帝分裂分子。中共中央根据西藏的形势和特点，作了具体的分析：认为西藏政教合一，宗教神圣不可侵犯，人民普遍信仰喇嘛教；达赖年幼，但在西藏仍有很高的威望；西藏上层有分化。三大寺（哲蚌、色拉、噶丹寺的堪布参政人员）和达赖喇嘛在某种程度上，内向是可能的。三大寺中的色拉寺，因“热振事件”而与摄政达扎派仇恨极深。亲帝势力虽然是少数，但很顽固，于是中共中央决定力争和平解放西藏，采取多种途径，团结依靠力主和谈西藏问题的民主力量。由于中国共产党的统战工作的深入影响和国际地位的提高，西藏地方政府上层各派势力开始转变、分化，使和平解放西藏的可能性增强。为此，中共中央西南军政委员会和西北军区都分别派出代表，利用各种关系和渠道积极宣传党的民族政策。

1月31日，班禅堪布会议厅致电毛主席和朱总司令，反对拉萨当局派出所谓“亲善使团”的背叛祖国的行为，要求“速发义师，解放西藏。”与此同时，中央批准成立以邓小平同志为第一书记、刘伯承为第二书记、贺龙为第三书记的中共西南局。西南局根据中共中央的指示和西藏的具体情况，提出了和平解放西藏的初步设想。

2月6日，中央军委令人民解放军进军西藏，准备统一祖国大陆。中国人民解放军驻四川、青海、新疆、云南的部队奉命接受了这一光荣任务。中国人民解放军总司令朱德向进军西藏的部队题词：“进军西藏，巩固国防，是光荣而伟大的任务”。同日，中国人民解放军第二野战军政委、中共西南局第一书记邓小平题词：

"接受与完成党所给予的最坚苦的任务，是每个共产党员，每个革命军人无上的光荣。"2月19日，中国人民解放军第二野战军司令员、中共西南局第二书记刘伯承题词："精细研究藏族同胞物质的思想的具体生活情况，切实贯彻执行共同纲领民族政策。"

2月中旬，中共中央军委批准了西南局派志清法师奔赴西藏，说服达赖集团脱离英美国主义的羁绊回到祖国大家庭中，要达赖本人或派代表赴北京协商解决西藏问题的办法和意见。

3月初，毛泽东、刘少奇、周恩来批准同意了西南局、西北局就解放西藏问题的方针、政策向中央的请示。批准派出原青海省副主席喜饶嘉措和西康省副主席白若·格达呼图克以活佛的名义为进藏代表；批准派出西康省"藏东青年自治同盟"领导人，中共地下工作人员平措旺阶（闵志成）开展对藏军的政治争取工作。并指示中央人民广播电台藏文播音内容着眼于做好对上层人士的政策宣传。

解放西藏的方针、政策的提出，有一个逐步形成的过程。5月西北局上报了六条建议，西南局上报了四条建议。根据建议中央归纳为"十条"政策，为此，西北局、西南局分别派出了两路劝和代表团前往拉萨。为了使西藏和谈早日成功，青海省人民政府副主席喜饶嘉措（藏族），于1950年5月9日在西安向达赖喇嘛发表广播讲话，敦促西藏当局速派代表赴京进行和平谈判。

西北"劝和团"受阻

5月，西北局派青海省副主席喜饶嘉措乔装秘密取道入藏，借以躲避藏军的盘查，但喜饶嘉措行至那曲不久，即被驻防长官帕拉·土登为登发现，按西藏地方政府命令，强行用武力驱逐出藏。

7月西北局、西北军区又组织了一个八人"劝和代表团"。团长为青海省塔尔寺当才活佛土登·居美诺布（达赖喇嘛的长兄），副团长是青海黄南州同仁县的先灵活佛噶登加措，同仁县隆务寺活佛夏日仓，秘书长为同仁县隆务寺强佐格来加措，西北联络站（共产党青海情报站）迟玉锐站长为秘书，迟的夫人程广惠为机要员和李铭、汪永德等为团员劝和代表团。该团持青海省副主席廖汉生致达赖和摄政达扎的信，以期劝达赖和西藏摄政王认清形势，摆脱英人羁绊，回到祖国大家庭中来，派代表到北京进行谈判。“劝和”代表团随青海寺庙朝圣者及商人一道从西宁向拉萨出发。

10月4日“劝和”代表团到达比索，比索头人得知消息立即向藏北总管朵噶·彭措饶杰报告。彭措饶杰一听这些人的来头，马上匆忙给噶厦发报。

原文称：“当才活佛、青海黄南的活佛，色里活佛、共产党男女二人以及报务员等六十多人，携带电台、有骡马骆驼等，自称‘协商和平’的人，已经到了比索部落。因此事紧迫重要，由藏北总管堪穷（即四品官土登桑布，朵噶·彭措饶杰系三品噶伦、藏军副司令。是临时派往藏北地区的总负责人）及僧俗官员等人，明日前往比索部落查处，待查清后上报详情。”

朵噶·彭措饶杰一面给噶厦报告情况，一面命总管堪穷带上几个人赶到“劝和团”住地。迟玉锐和夏日仓等人反复向他们讲解共产党的政策、讲祖国内地的大好形势，讲共产党和平解决西藏问题主张。但堪穷总管无论迟玉锐和夏日仓等人怎么讲，他口气强硬地坚决制止他们往拉萨前进一步，要求他们必须当天就往回走。迟玉锐便采用拖延办法，对堪穷说：“让我们考虑一下再作答复。”

堪穷同意让他们后天答复，便带着随从离开“劝和团”。10月19日，堪穷又来催迟玉锐他们往回走，不管迟玉锐、夏日仓、强佐怎么说都不行。

迟玉锐见没有办法，只好将以青海省廖汉生副主席的名义写给达赖和摄政王达扎的信交给堪穷，请他转给达赖及摄政王。提出等达赖决定后再确定往不往回走。堪穷同意迟玉锐的意见，并派人将信件立即送给朵噶·彭措饶杰。朵噶·彭措饶杰因等待噶厦复电，故未将这些信电传噶厦。

当才活佛虽然担任“劝和团”团长，但他是推不下青海省副主席喜饶嘉措的委托才不得不前赴拉萨的。他和一心一意帮助劝和的夏日仓不同，夏日仓天天帮助迟玉锐他们出主意想办法。而当才不愿意帮助共产党削弱他弟弟达赖喇嘛的势力，所以沿途想法要把“劝和团”的意图透露给噶厦，当迟玉锐他们受到阻拦后，他悄悄地写了封密信，派人偷偷送给藏北堪穷转给藏军副司令朵噶·彭措饶杰。并告知迟玉锐等带有电台，每天都在向西宁汇报情况，听取西宁的指示。

噶厦收到朵噶·彭措饶杰10月14日的电报时昌都战役已经开始，噶厦忙于应付昌都方面的战事，直到10月19日才给藏军副司令朵噶·彭措饶杰复电。

朵噶·彭措饶杰接到电报后，马上将几天来了解的情况和廖汉生来信及当才告诉的情况回电上报噶厦。然后，朵噶·彭措饶杰命令藏北堪穷严密监视“劝和团”行动，要没收他们的电台，使他们不能和西宁联系，以免节外生枝。

10月20日，堪穷气势汹汹地带一个班的藏兵，到“劝和团”住地，要没收迟玉锐他们的电台，当时迟玉锐正和青海通话，青海告诉他们：“昌都已经解放。（10月18日阿沛·阿旺晋美率部撤离昌都，19日解放军一五六团进入昌都，此时昌都战役还没有结束）把昌都已经解放的消息立即转告西藏当局。”

电报还没有收完，藏军就动手拉天线。程广惠设法与藏兵周旋拖延时间，让迟玉锐刚把电报收完，藏兵就把迟玉锐他们的电台、手枪全部收去。同时到处寻找密码本，没有找到，将一本英文字典误认为密码抢走。迟玉锐见没有搜走密码本，心里暗暗高兴，当时就把昌都解放的消息告诉堪穷和这些藏兵。

堪穷土登桑布听说昌都已经被共产党占领，凶相才消失，对迟玉锐他们的态度才有所缓和，回到驻地，立即派人给迟玉锐他们送来一袋大米和饲料，并同意他们前往黑河。但到黑河后堪穷无论如何也不让迟玉锐他们再往前走，以保护他们为名，在他们驻地派了几个岗哨，将他们严密监视起来。

当才活佛一到黑河根本不和“劝和团”住在一起，而是住在黑河郊外，与噶厦官员接触频繁。在这段时间，拉萨噶厦的高级官员们，注视昌都的动向，收到朵噶·彭措饶杰的电报后，根本没有时间给朵噶·彭措饶杰回电。直到10月21日，在昌都的阿沛·阿旺晋美派人分两路与解放军取得联系，并命令昌都地区藏军第三、第四、第八、第十等代本2700多人放下武器。噶厦见昌都已没有希望了，才回头考虑藏北方面“劝和团”的事，忙给朵噶·彭措饶杰复电，慌忙中连回报日期都忘了写。原电文是：

“我方原有的三千多名官兵在昌都落入共军手中，在我防守兵力不足的情况下，如共军从三十九族地区（指丁青、巴青、比如一带）截断北路，那么现在玉树的少量藏军将处于无援之地，看来反击的机会已经没有了，只有在守住现有阵地的条件下，曲强佐和孜本二人出面妥善解决‘劝和代表’一事为好。由当才活佛的密信中谈到，青海寺庙和回民也愿意和我们一起对付共产党，如果继续扣留夏日仓和先灵活佛，将使青海地区的寺庙对我们失望，因此，允许他们来拉萨，（他们）在拉萨朝完佛后，即令其返回青海，对于共产党男女及其随行人员留黑河，不利于控制其对外接触与通信，要以‘和谈’的名义，由官兵护送澎波至拉萨或普多经黑竹工卡送往穷结或其他地方。对其衣食给予适当照顾，但不准许与外界接触和通信，由一个班士兵看守。”

朵噶·彭措饶杰接到噶厦复电后没有立即让迟玉锐他们前往拉萨方向。那几天每天下雪，地上积雪一两尺深，路上无法行走。直到雪融化后，才让堪穷土登桑布去通知迟玉锐：“噶厦通知你们可以去拉萨，但因道路难行，人烟稀少，无处食宿，须要分期分批走。根据噶厦的指示，让夏日仓、当才活佛、先灵活佛、强佐格来加措等人先走。”并要迟玉锐他们比夏日仓等晚走三天。迟玉锐看出这是有意要把他们与代表团分开，使其起不到劝和的作用，便立即找到当才活佛，商量这个问题怎么解决。此时当才活佛神色不对，表情有些尴尬。迟玉锐看出其中有诈，立即找夏日仓和格来加措商量。迟玉锐估计他和程广惠可能到不了拉萨，决定请夏日仓活佛继续完成劝和工作，并要夏日仓活佛到拉萨后，设法与他们取得联系。

就这样迟玉锐几人与当才、夏日仓他们分开了。当才活佛到拉萨后撕开了伪装的假面具，一到拉萨后便经亚东逃往印度去了。夏日仓、先灵活佛等被送到拉萨后行动受到限制。噶厦规定他们不能随便到处乱走。迟玉锐他们是在当才、夏日仓等人走后第三天被一个班的藏兵以护送为名，经过七天时间被押送到山南乃东软禁起来。直到协议签订前夕，迟玉锐他们才摆脱噶厦政府的种种阻拦和监视到达拉萨。

格达活佛昌都遇害

4月，志清法师由成都启程，到德格后，受阻于金沙江（被藏军扣留）。6月，中共西南局提出了和平解决西藏问题的十项政策，其内容是：我军进军西藏是为了驱逐英美帝国主义势力，团结西藏人民，使西藏回归祖国；实行宗教信仰自由，保护爱国守法的喇嘛，尊重民族风俗习惯；发展语言文字，兴办学校；实行民族自治；各种制度暂不变更，原地方官员仍任原职；发展农业、工业，商业，改善人民生活；英美、国民党旧官员，只要脱离关系后不搞破坏，原则上不追究，仍可任原职；西藏改革，由藏族人民和藏方领导人共同协商解决；我军实行生产自给，买卖公平。并决定由天宝（桑吉悦西）将十条原文给格达和大金寺首领交换意见，批准格达为进藏代表。必要时也可由大金寺首领持文入藏谈判。

中央对格达活佛入藏十分重视，请天宝转告格达入藏的名义由他自己酌斟，凭其确定，且转告这是朱总司令和刘伯承的意思，听取反映并报中央。格达受命后，决定先于解放军进藏，再三请求组织批准他早日到拉萨去。他说："我曾在拉萨佛事多年，深知三大寺的内幕，各教派之间的斗争，有一些相识的宗教上层人士，我在拉萨获得格西学位，在僧侣中有一定的影响，我想以传经说法为借口，噶厦政府是不敢把我怎么样的。”对于格达的请求，刘伯承、邓小平向中央作了汇报。

中央在7月4日批示：“格达的意见是好的，决定格达为入藏代表先于解放军进藏。”7月10日格达以活佛的名义作掩护，率领西康省僧侣代表一行20多人从甘孜出发，巧妙地利用传经说法的方式，沿途宣传共产党的政治主张和民族宗教政策，把所见所闻的人民政协共同纲领中的民族政策，人民解放军纪律严明，秋毫无犯的动人事迹传播到广大藏民之中。

▶格达活佛生前在昌都。

7月24日，格达活佛到达昌都，帝国主义分子及其帮凶恐慌至极，百般阻挠格达活佛继续西行，以欢迎传经说法为名，借口申报噶厦政府，派人严密监视格达活佛的活动，不准其离开昌都去拉萨。由英人福特出面接待，诱逼格达活佛承认共产党是毁灭宗教的异信徒。昌都行政当局并要格达活佛在公开场合现身说法，进行辩经。格达活佛借机深入藏民和喇嘛之中，向他们宣讲人民政协共同纲领和共产党的各项政策主张，揭露帝国主义和反动帮凶对共产党的诬蔑和诽谤，并以自己的切身感受告诉听众：“……共产党主张民族自治，保护宗教信仰自由，尊重少数民族风俗习惯，这是确信无疑的，我十几年来的亲身感受，所见所闻就是一个例证。”格达的宣传和影响，使帝国主义分子及其帮凶的阴谋破产，整日坐立不安，深恐格达活佛到拉萨后，使更多的藏族同胞在他的宣传下觉醒。于是他们密谋设计毒害格达。

格达活佛生平介绍。格达活佛法名洛桑登增·扎巴塔耶，(1903–1950)。生于甘孜白利乡镇西底村一个贫民家庭，7岁被选定为白利寺的活佛，17岁到拉萨学习佛经，八年后获得喇嘛的“拉让巴格西”学位称号。他严守佛教戒律，作风俭朴，体贴群众疾苦，接济，收容难民、孤儿，深受当地藏族人民的爱戴和尊敬，在群众中威信极高。

1935年8月，张国焘擅自率领红军左路军和右路军一部南下，在川康边境受到蒋介石军队的阻击和围剿，转战数月，损失惨重，被迫向甘孜地区撤退。后来，中共中央撤销了张国焘的领导职务，红军得到重振，但全军处于断粮状态，形势危急。可是红军铁的纪律和奋斗精神却感动了在甘孜很有威望的格达活佛。他见红军缺粮，便带领甘孜等地藏族同胞积极支持红军，仅格达的白利寺一次就拿出青稞、豌豆等就有150多担，使红军渡过难关。他的行动受到朱德的赞赏。当红军在甘孜成立“中华苏维埃博巴（藏族）政府”时，朱德推荐格达任主席。开始格达不想当这个主席，朱德说：“博巴政府是为穷苦人民办事的，你不当主席叫谁当？谁能为博巴人民谋福利？”经过朱德多次真诚开导，格达终于答应就任博巴政府副主席之职。在此期间，他与朱德、刘伯承建立了亲密的关系，感情很深。带领甘孜人民全力支持红军，为红军的发展壮大起了很大的作用。为感谢他的支持，红军司令部发布了保护白利寺布告：

查白利喇嘛寺，联合红军，共同兴番灭蒋，应予保护，任何部队不得入内侵扰，违者严办，切切此布。

中国抗日红军

公历一九三六年四月十七日

中国工农红军朱德总司令对格达活佛用物力、人力支持红军，十分感谢地说：“这次你给了我们很大帮助，我感谢你，我们永远不会忘记的！希望今后仍然帮助我们。”

红军离开时，朱德把自己的照片送给格达作为留念。当时的布告和照片格达一直保存在身边。

红军北上抗日，曾留下了400多名老弱伤病员，格达组织群众多方保护，使他们免遭国民党反动派的残害。

1950年中华人民共和国成立后，格达从一个朋友那里看到中华人民共和国主席毛泽东和朱德总司令的挂像，知道红军革命已经成功，当时西康省尚未解放，格达便秘密派出代表（红军后代柏志、旺嘉等）绕道穿过国民党的封锁线，经青海到北京向毛泽东、朱德献旗致意，并恳请解放军进西康解放康藏人民。

4月底，天宝（红军北上抗日时任周恩来同志的书童，藏名桑吉悦西）与解放军一道来到甘孜。格达知道后便准备去见吴忠和天宝，但他还没有启程，吴忠和天宝就先到白利寺来拜望他，转达了毛泽东主席、朱德总司令以及刘伯承、邓小平、贺龙、李井泉对他的问候，感谢他当年对红军的支持。

格达一见吴忠和天宝这两位共产党英武的将军，心情非常激动。对吴忠和天宝两人说："朱总司令真是一位神将，当年红军离开甘孜时，他告诉我，红军15年左右一定要回来。今天你们果然回来啦，正好15年，朱总司令太了不起啦。我见毛主席的像，真是福人哪。"

吴忠和天宝的到来，朱德的形象在格达的心中一下又高大许多，他更加相信朱德，更加相信共产党，觉得难怪共产党能得天下，有朱德这种神人相助，有这种神人领导，怎么能不得天下呢？格达对吴忠和天宝说，他真想马上见到朱德总司令，问一问他怎么会算定红军15年会回来的；问朱德司令是不是像三国时的诸葛亮会算，说共产党都是些神人，我看你们两个相貌非凡，也不是等闲之人。于是热情地接待两人及其随员，并设宴招待众人。

送走吴忠和天宝后，他又将朱德是神人的话告知白利寺众喇嘛，说共产党、解放军里尽是神人，说今天来的吴忠将军我一看就是神将，解放西藏肯定能成功。于是首先动员白利寺喇嘛支持解放军，帮助解放军作渡江准备。

后来西南军政委员会成立，西南军区委任格达为委员兼西康省人民政府副主席和康定军政委员会副主任。

5月，在朱德的建议下，中国人民政治协商会议致电邀请格达到北京参加6月中旬召开的全国政协一届三次会议。当天宝把这个消息告诉他时，他对天宝说："我是非常希望见到毛主席和朱总司令的。但是目前西藏尚未获解放，实现祖国统一的愿望还没有解决，我怎么好就到北京去呢？我希望先到西藏去，向拉萨三大寺中以及地方政府里我的朋友们，宣传共产党的民族宗教政策，以及我的所见所闻，说服他们回到祖国的怀抱。等西藏和平解放以后，我再去见毛主席和朱总司令。"

天宝说："你还是先去开会，回来再为解放西藏努力工作还来得及的。"

可是格达始终坚持要解放西藏以后才去见朱德和毛泽东。

格达请求天宝转告朱德和毛泽东，决定先于解放军进藏，再三请求组织批准他早日回到拉萨去。天宝见格达这么坚决，便将他的这种想法汇报西南军区，西南军区又转告中央及军委。

对于格达的请求，刘伯承、邓小平向中央作了汇报。中央在7月4日对格达要求去拉萨批示：

（一）格达的许多意见是好的，望加注意。

（二）应鼓励格达本人准备去西藏，他所提出的名义和职权，望西南局考虑提出意见（最好试探他本人意见），报中央决定。

（三）望西南局即着手准备各种入藏布告（一般的、专人的、牧主千户的、喇嘛的）。

（四）宣传问题，应按《共同纲领》内容进行宣传，着重纲领的总纲部分，民族政策和外交政策两章（因西藏实际情况差别很大，暂时不要宣传其他内容）。夏日仓、当才等已启程赴藏，是否经过甘孜，望青海方面报告。如经过甘孜时，望西南局就谈判问题给他们更适当的指示。【摘自青海赴藏劝和代表团材料。原件在中央统战部】

朱德得知格达要求去西藏的消息后，马上给格达发报，劝他还是先到北京叙叙旧谊，参加政协会议以后再作决定。格达收到朱德的电报后非常激动，要吴忠和天宝再给朱德发报，重申初衷。朱德见格达这样坚决，终于同意他的意见，但要求他在安全有保障的条件下方可前往，出发后发现问题，也应立即返回，切不可冒险勉为其难。

格达得到朱德的允许后，兴奋异常，立即着手入藏准备。吴忠和天宝为了使他能正确地、有针对性地向西藏当局进行宣传解释，使劝和成功，两人尽全力给他介绍共产党的有关方针政策，特别是中央关于和平解放西藏问题的方针政策；将中央批准的十项政策逐条为他讲解。他们两人觉得格达此行所担风险不小，不但要和噶厦政府中的反动分子周旋，还要提防帝国主义间谍的暗算，便让他带八支卡宾枪以防散匪袭扰，格达非常高兴地收下了。吴忠和天宝考虑格达平时生活清苦，没有什么积蓄，准备资助他一些银元，以便进藏以后开支，格达却一个也不要。

7月10日格达以西南军政委员会委员、西康省人民政府副主席的身份，率领西康省僧侣代表一行20多人从甘孜出发，巧妙地利用传经说法的方式，沿途宣传共产党的政治主张和民族宗教政策，把所见所闻的人民政协共同纲领中的民族政策，人民解放军纪律严明，秋毫无犯的动人事迹传播到广大藏民之中。格达一行告别白利寺经德格朝拉山，渡过金沙江到达江达。藏军驻江达的德基（德格总管）兼代本嘎穷娃知道后，认为他是“中共特务”。命人转告格达，去拉萨和昌都要经朵基（昌都总督拉鲁·次旺多杰）批准，否则不准许前进。

格达根本不理这一套，不等朵基允许，越过哨卡继续往前走。嘎穷娃得报后，非常气愤，马上派一名协俄（相当于副排长）带领一个班的藏军追赶格达，藏军追上来后，用枪逼住格达，要他去见噶穷娃。格达的随从立即持枪护住格达，怒视藏军。格达命随从收起枪，心平气和地对藏军协俄说：“我本人要去昌都的原因早已说过，为的是西藏的佛教和众生的利益，别无其他，请你转告代本老爷。”

藏军协俄不管格达怎么说，始终坚持要他去见嘎穷娃代本。格达见给协俄说不通，考虑一会儿后便跟着他去见嘎穷娃。经过格达的劝说、开导，嘎穷娃终于同意格达前往昌都。

格达活佛被害的经过。格达7月14日到了昌都之后，借住在霍娃仓·松桑家，然后去拜访昌都总督拉鲁·次旺多杰，对拉鲁·次旺多杰阐明中国共产党按照历史的实际，人民的愿望，要使西藏回到祖国的怀抱，完成祖国统一的主张。格达说："党中央和毛主席派我来，我本人在中央政府的领导下，为佛教的昌盛，为发展西藏人民的亲密团结，尽最大的努力。我不辞万难，前来昌都，就是为了上述诸事能够得以顺利、圆满地解决，请您转告噶厦政府。如果你有不便，我决心亲自去拉萨，面见达赖，向噶厦陈述。"对于格达提出的问题，拉鲁·次旺多杰说要请示噶厦才能答复，要格达等候消息，格达只好在昌都等待。

格达自从见过拉鲁·次旺多杰后，天天追问噶厦同不同意他进藏。拉鲁·次旺多杰以噶厦未作答复的借口，拖住格达，不让他前往拉萨。几天后，格达不幸生病，后病情加重。即使如此，格达仍坚持要打电报给他拉萨的朋友，请他们设法帮助他到拉萨去，说："我死也不悔，但求到拉萨一见达赖。"

8月21日，格达吃福特给的药后，不久即腹疼、头疼，口吐黄水，鼻孔流血流脓，于第二天圆寂。死后全身乌黑，皮肤触手即行脱落。福特为了消灭罪证将格达尸体焚毁，建议将其随从人员押往拉萨。(此种说法，为随行人员所见所闻，因此军事史学上记载英人福特谋害了格达委员。)8月22日，格达在昌都不幸遇害。噩耗传来，全军上下无不悲痛，西南局、西南军政委员会、西康省、进藏部队怀着十分沉重的心情在重庆、甘孜白利寺分别举行了隆重的追悼大会，刘伯承以西南军政委员会主席的名义送了挽联："具无畏精神，功烈永垂民族史；增几多悲愤，追思应续国殇篇。"

西南军区司令员贺龙、政委邓小平写的挽词是：

"为和平解放西藏，惨遭帝国主义和反动分子毒害而光荣殉国的格达委员永垂不朽!"

十八军也在甘孜党代会上举行追悼会，徐谈庐代表统战部送了挽联。挽联是："为了真理，身披袈裟入虎穴，纵出师未捷身先死，堪称高原完人；求解放，手擎巨桨渡金沙，虽长使英雄泪满襟，终庆康藏新生。”十八军的干部战士听说福特是暗杀我西南军政委员、西康省副主席的凶手，进军西藏的全体将士愤怒的振肩高呼“打过金沙江，活捉英特务！”

杀害格达活佛的凶手福特被擒。1950年10月17日，解放军将昌都总督阿沛·阿旺晋美卫队及藏军2700余人全部压缩在洛隆宗朱古寺，在此发现了昌都电台台长福特，战士们高兴地说；我们终于活捉了暗杀格达的凶手。据原西藏军区联络处处长，后在中国人民解放军军事科学院任研究员的王贵回忆：“昌都解放，福特被擒，我和侦察科李奋科长等人去提审他，他是黄头发、蓝眼睛，27岁，穿着西藏贵族服装，戴狐皮帽。当时我是见习参谋，刘景丰当翻译，我在膝盖上作记录。李科长问了他的名字年龄后，说我们是不杀俘虏的。福特一个劲儿地哭。李科长问格达死的经过，他说拉鲁知道……几天后他被押到重庆。”他供认：“八月间，格达喇嘛由中共中央派来昌都，我得知他是去拉萨商谈解放，便告知拉鲁，不能让他去拉萨，要把他杀掉。”时任新华社随军记者郭超人拍下了他的照片。值此，有关西康省副主席、西南军政委员会委员、甘孜州白利寺主持格达活佛之死，在20世纪50年代至80年代间，中国人民解放军战史上记载称：凶手就是英人福特！

▶图为昌都总督电台台长福特在朱古寺被俘。

格达活佛遇害之谜揭秘。格达活佛之死是英国人福特投毒谋害的，应该说是毋庸置疑的，只是有一点很多人想不通。1951年10月，中共西南局把他释放了，经昌都、拉萨、日喀则遣返出境去印度，回英国去了。然而30多年后，福特又出现在中国土地上。1984年香港回归谈判他出任英方驻港撤军军事顾问代表，中英友好协会副主席。经过调查，中方更正了对他的定论，因此有关投毒谋害格达活佛之说，成了人们猜测的悬案。于是有人撰文谈格达是病故，但立即有目击者反诘，认为病死不可能有中毒症状。跟随格达的随从侍卫噶雪尼玛说是拉鲁害死了格达委员。但没有证据，于是有人又把凶手说成是新旧噶伦交替时刻，阿沛·阿旺晋美申称自己与格达之死并无牵连。由于格达活佛的遇害涉及西藏和平解放的史实重大问题定论，故不可能不重新提及此事，1987年当作者撰写《藏军的起义投诚及改编》时，再次带着这个疑点采访了时任西藏自治区政协副主席的拉鲁·次旺多杰。

开始我们就藏军编制、沿革等问题进行了解，拉鲁·次旺多杰副主席很热情地配合我们，谈得很热烈时，我用藏语说："拉鲁·次旺多杰主席，我冒昧请教您一个问题，就是格达活佛之死的问题，听你说过，你认为是病逝，然而病死不可能有中毒症状！也有人说，是你拉鲁·次旺多杰害死了格达委员。"他见我们用微型录音机暗录，很警觉地用汉语说："不必录音了，我们讲汉语吧。"真想不到拉鲁副主席汉语也和英语一样熟练！我们大家都开心地笑了。

一、有关病故之说。格达活佛到昌都后，我把他安排借住在霍娃仓·松桑家。住在我官邸的对面约一公里处，我很尊重他，其原因有两点：一个原因是，他获得过拉让巴格西学位，佛学造诣很高，受人尊崇。第二个原因是，他是摄政王达扎的学生，我不敢怠慢，故对他很热情，唯恐招待不周，我对侍卫和其他官员都说，活佛进出随便，要见我不要阻拦。他多次结合史实，说明西藏自元朝起，西藏就属中国领土的事实，并阐明中国共产党按照历史的实际，人民的愿望，实现西藏回到祖国怀抱，完成祖国统一。党的民族政策和尊重西藏人民信教，早已公诸于众。中央政府要用和平的方式解放西藏。为了实现这一目的，党中央为发展藏族人民悠久的文化，为保护好历史文物和古建筑，促进藏、汉人民的亲密团结，尽最大努力。在祖国内地，封建奴隶制度早已不存在了。但因西藏的三大领主如同内地对待民族资产阶级一样，实行赎买政策。这次我不辞万难，前来昌都，就是为了上述诸事都能得到顺利圆满地实施。他请我转告噶厦政府。我将他来此的目的和决心亲去拉萨及面见达赖喇嘛和摄政王的要求向噶厦作了汇报。

由于我听说过，他在甘孜当过红军政府的副主席，我便开玩笑说：你是共产党的说客，“中共特务”。

到昌都10天后，他就病了。我叫福特去看看他，因为他懂西医，他认为是风寒感冒一类的病，给他吃了阿司匹林，一个星期后就好了。他问我拉萨回电没有，我说还没消息。其实这时拉萨来了密电：设法阻止格达进藏，达赖面临亲政，现在局势严峻……我将后面的内容讲给格达听了。我说我报告了这里的情况，马上就有人来昌都，我任期已满，届时一起到拉萨去，格达活佛说只好在昌都久等了。

格达活佛有很高深的佛学造诣，获得过拉让巴格西学位，朝拜的人很多，他提出要去讲经说法，我也没阻止，福特也跑去听，而且还向他提出很多问题，不少人向格达献礼品，不久就听说他去世了，他曾腹疼、头疼，死后口吐黄水，鼻孔流血流脓，说明格达先前就患了重病，福特还专门去参加了他的火化仪式。

二、投毒暗杀。根据很多目击者证明，格达生前患过头痛、甚至可以说是重病，吃了一味强身救命补弱的“七十味珍珠”而病逝。当然我也认为这种观点不成立，根据格达的骨灰和症状判定，致死的东西应是砒霜之类的毒物，有点像“热振”、“佛公”之死因，据说有一种叫“阿格尔三十五”的毒药，很像格达中毒死后的症状。是谁把这种毒丸送去的？又有谁能接近他的身边呢，他的身边有八名身强力壮的康巴汉子，都配有清一色美式卡宾枪和二十响的快慢机手枪，没人敢明目张胆地对他下毒手。

“有人提出是你和福特设计陷害了格达。”

拉鲁说：“我不敢杀他！也不会下命令暗杀他。”

“我实话告诉你们。保护格达的几个保膘，都是清一色的美式卡宾枪，又是康巴壮汉，没有一个杀手接近得了活佛，再说，他又是摄政王达扎的得意门生，我哪有胆量下命令杀他，我认为：他是自己吃了一种药丸而病故的。”

“我记得格达生前服用了一种藏药，译成汉语叫“七十味珍珠”，它是由水银、黄金、珍珠等成分构成，主治风瘫、半身不遂、脑震荡、高血压、颠疯（俗称羊儿疯）……这种药是藏族贵族常用必备的药，很珍贵，服用时必须在凌晨两点，用法有规定，格达活佛胸前的宝盒中的这颗救生丸，是江孜某寺院一位主持从拉萨送给他的。”

“那么，江孜活佛送七十味珍珠的时间是什么时候？”

“正是新旧噶伦交换之时。”

“确切时间就在他讲经说法的时候！”

最后，问题归结到毒物。原来凶器是它——珠朱扎西（七十味珍珠，一颗伪装的毒丸），即：谁送的珠朱扎西，谁即是凶手。那么，是谁派遣的这个杀手？或许，这个杀手是否清楚这是毒丸？还是受人利用而误献这粒名贵的藏药给尊崇的活佛，迄今给我们留下了这个难解的谜。但是有一个十分重要的问题可以肯定：江孜某寺院的这位主持是达扎派遣的，达扎是杀害格达活佛真正的幕后元凶！

人民解放军进驻甘孜

迟玉锐等人的受阻、格达的遇害以及西藏地方上层中的亲帝分子企图继续用武力对抗人民解放军进藏，说明他们已经关闭了和平谈判解决西藏问题的大门。为此，刘伯承主席和邓小平政委将这一情况向中央作了汇报，中央和毛泽东主席果断地决定：一方面继续利用各种关系进行政治争取，一方面命令解放军在政治争取不成的情况下，拟于10月间进行昌都战役，粉碎西藏地方政府用武力阻止我军的企图，造成兵临城下，促其内部转变、分化，争取整个西藏问题的和平解决。

根据藏军的兵力部署，藏军战术及地形交通等情况，解放军估计在战役发起后，藏军行动可能：

1. 收缩兵力，扼守若干要点与我作战。

2. 就地分遣，扭打游击。

3. 发现解放军力量强大不可抵御时，其退路有二，一是经恩达、类乌齐西逃拉萨；二是经帮达、八宿西折拉萨或顺河南下逃往察隅。

因此人民解放军决心采取正面攻击，两翼夹击，迂回包抄、形成口袋，造成大军合围威逼之势，迫使其起义和投诚，并在战役中尽量避免和民兵作战，采取就地释放俘虏，发给路费等优厚政策和措施以求扩大政治影响，争取藏军放下武器。

1950年4月17日，云南进藏先遣部队进驻德饮。5月12日，由新疆进藏的部队进驻于田，8月1日召开誓师大会，随即新疆骑兵支队先遣连向阿里进发。7月24日，青海骑兵支队抵玉树。9月30日，进藏主力部队集结甘孜。完成了对西藏的钳形夹击包围。

人民解放军进驻甘孜、巴塘、金沙江以南后，在解放军强大的政治攻势和军事威慑之下，昌都藏军倍感处境危险。昌都总督拉鲁·次旺多杰不断收到人民解放军的信件、布告、传单。加之士兵逃亡，藏军各部军心动摇，厌战求和情绪与日俱增。拉鲁面对形势左思右想，主战？藏军武器落后、兵力不济，战斗力很差，“蒋介石八百万军队都被共军打得所剩无几，凭我们几千人的兵力，要打的话只能是螳臂当车。”况且我们与川边省、青海省过去年年开战，老百姓已饱尝战争痛楚，土地荒芜，无法供给打仗的粮草。虽说西藏地方政府主战势力一再声称：“穷山恶水能抵十万大军”，但这只能是纸上谈兵而已。主和？他怕上司怪罪他贪生怕死而因此失宠，经过仔细而慎重的考虑后，他采取了一种可推可退的办法。电告西藏噶厦政府，声称自己在昌都任期已满，夸大昌都局势险危，以加强边界防务为名，要求调派新任，借此摆脱困境。私下又给部下开了收文复函，以“已派遣孜本土登加布与孜本夏格巴赴京和谈，故昌都边界不得过早抵抗还击，以免扩大事态”的噶厦政府指令，签发给南盐井区欧珠贡嘎拉让总管布多，盘算着自己的退路，静观时局的发展。

阿沛·阿旺晋美由于在译仓军事会议上主和，受到主战势力的排挤，于1950年7月接命出任昌都总督，辅助原昌都总督拉鲁·次旺多杰共同指挥昌都地区防务。阿沛·阿旺晋美经过一个多月的闲游。于8月下旬才到昌都。在去昌都的途中，他深感此去上任是对自己的发落，满腹怨言，即和秘书崔科进行商量，到昌都后决不和共军对抗，这是因为他们听说在新疆、青海、甘肃、四川、云南等边省已集结400多万的人民解放军，而西藏只有近两万人的部队，要打的话，其结果是显而易见的，因此他认为和谈是解决边省问题的主要策略。

于是，阿沛于8月27日即与拉鲁向西藏政府联名请示："目前我们考虑对和谈可先进行接触，已让帮达热噶先去函联系，现昌都事态紧张，共军已到邓柯、巴塘，眼下我们究竟采取文武何策，尚待确定。"

8月29日阿沛又电告西藏地方政府，汇报他对昌都局势的看法："部队士气低落，民不聊生，有的县内仅有少数户还有糌粑，其余全以元根充饥、乞丐成群，景象凄凉"。藏军纪律松懈，诸代本各自行其事，不听命令。部队中的官兵抢劫事件时有发生，老百姓怨差税过重，抗差、抗税的事经常可见，民兵更是无人管束，经常欺诈百姓。于是阿沛私自下令撤销波密、洞洞竹卡的民兵700余名，处罚民兵代本热杰，接着又撤销硕打洛松（洛隆宗、边坝、硕般多）的民兵组织，力图紧缩开支，减轻民众负担，客观上为解放军进藏减轻了压力。拉鲁见阿沛和自己的意见心照不宣，大有取而代之之势，乘机以此机会电告噶厦，以二噶伦共驻昌都不便指挥，两总督共事增加老百姓负担为由，告诉阿沛向噶厦请示愿到洛隆宗二线督阵，组织第二防线，变相辞职，盘算着如战局不利，主和失败，与他拉鲁毫无相干，可退可推，与己无损。阿沛看出拉鲁的心迹，既然主和意愿已定，也不想挽留他。拉鲁认为目的已达到，感激溜之大吉，把昌都的烂摊子扔给了阿沛。

藏军第九代本团宁静起义

9月，人民解放军主力部队进入甘孜待命，中共地下工作人员平措旺阶受西藏工委之命，利用曾在藏东青年自治同盟中的老关系，随一五七团先头部队进入巴塘、金沙江沿岸，调查了解藏军内部情况，以便利用各种关系进行争取瓦解藏军的工作。平措旺阶先是通过藏军第九代本德格·格桑旺堆的好友巴塘医生强曲（原在九代本中当过医生，汉名黄世杰）寄去了西南军政委员会、西南军区司令部颁发的进军西藏的各项政策及宣传三大纪律、八项注意的传单和布告。平措旺阶又通过夏格刀登的关系，从甘孜给藏军第九代本团长德格·格桑旺堆去信(格桑旺堆系德格人，和降央白姆沾亲)，向他说：“共产党军队是解放全国受苦受难人民的，是各族人民的军队，纪律严明，不拿群众一针一线。今天的解放军就是13年前路过甘孜的红军，那时的情形我想你听说过，他们对我们藏族亲如兄弟，并对我施恩甚重，委以重任。我相信只要你们放下武器，与人为善，不和解放军对抗、回到祖国的怀抱中来，解放军是决不会伤害和虐待你们的。”

7月16日，人民解放军前线指挥官郄晋武团长、杨军政委分别以藏汉两种文字写信给昌都总督拉鲁噶伦、驻防申达的藏军第三代本牟霞团长，阐明解放军进藏宗旨，信中说：“本军奉中央人民政府毛泽东主席、朱总司令之命令，进驻边疆是赶走帝国主义势力，保卫和巩固中华人民共和国国防，希望你们派出代表前来和我军商谈，以求达到和平解放昌都之目的。”并希望拉鲁和西藏当局“以国家利益为重，不要成为出卖国家和人民利益的历史罪人”。

8月初，巴塘先遣党委在苗丕一书记，陈竞波、平措旺阶副书记的领导下，分别又给委员夏格刀登、曾却扎、冉宪生等作了明确的分工，着重调查金沙江西岸方面的情况，了解藏军各代本的军事实力及其内部思想情况、作战特点，利用过往商人，放牧群众为人民解放军提供情况，把党的统战工作的方针、政策渗透到藏军内部。

炮声震撼竹巴笼，格桑代本作抉择。1950年10月6日下午七时，解放军各路部队分别向藏军六个据点同时发起了进攻，当夜解放军五十二师前指指挥部队（十八军五十二师炮兵连、骑兵侦察连、一五四团和青海骑兵支队）在副政委阴法唐、参谋长李明、青海骑兵支队队长孙巩，政委杨军的率领下隐蔽渡江西进，执行远距离迂回包抄任务。10月7日，中国人民解放军全面突破金沙江防线。南路五十三师一五七团于7日拂晓由牛古渡、角登、竹巴笼渡口渡江，8日强渡成功，9日清晨三营与竹巴笼守军交火，经过三个小时的激战，消灭竹巴笼守军20余人。战斗结束后，各分队沿子顶、莽岭，经古树村向宁静县进发。

10月9日，基松岗守军连长贡嘎赞吉派人骑马火速向驻宁静第九代本（团长）德格·格桑旺堆报告：“竹巴笼已遇共军，防守失利。”德格团长和营长贡布等商量后，立即派骑兵下达命令，“竹巴笼已经失守，在基松岗未失利之前，所有官兵立即撤回代本本部，固守宁静。”晚上八点，代本秘书侠吾多杰报告德格：“基松岗守军不召自回，肯定也是失守了，我们驻在宁静太不保险了，趁共军还没到来，我们赶快逃吧。”德格镇定后说：“先别慌，马上发报给总督阿沛，等他的回电再说”。

10日晨，德格的秘书侠吾多杰逃跑，德格把营长贡布训责了一顿。正在训责时，宁静县长玛恰突然闯了进来，对德格说：“大哥，我们现在逃走吧，怎么样？”德格看了玛恰的神态说：“大难当头，你我都是以噶厦恩赐为生的政府官员，临阵脱逃是要受罚的呵！”玛恰认为德格太自信，执意要打，连连说好，就悄悄地溜走了。

11日晨，德格的佣人格夏尚未进门就报告说：“宁静县长玛恰已经逃走了。”德格和一营长贡布气得说不出话来。不一会，盐井贡嘎拉让总管阿曲派人报告说：“驻多卡地方守军已被消灭。”德格正准备执笔向昌都报告情况，宁静甫拉地方头人达本强曲又进来说：“汉兵已到附近，不能再犹豫了，应该立即逃走才是。”德格火了，固执地说：“慌什么？边界上还布有守军，还未报来任何情况，你要走就走吧，我要等待他们的消息……”

正在这时，基松岗驻军连长贡嘎赞吉和士兵及家属陆续到来，连长贡嘎赞吉进门就扑倒在地叩拜长头：“竹巴笼据点被共军炮弹击中，部下死伤惨重，我们实在无法抵抗下去，请团长老爷看到佛爷的分上，为死伤的兄弟和可怜的家属作主吧！”此时一营长贡布走到德格跟前为连长说情，并建议马上召开一次紧急会议，其实各头人早已聚集在外，会议在德格驻所举行。会上贡嘎赞吉首先发言：“共军人强马壮，武器精良。共军攻打竹巴笼时，我在山上念了三遍救度佛母破敌法都无法阻挡共军，看来共军有神威相助，我们怎能和神兵战斗？是决一死战，还是逃走或投降？请团长老爷酌情决定，鄙人完全听从命令。”营长贡布接着说：“死拼，我们肯定失败。是逃走？有两条路：一是去拉萨，可是去拉萨的扎西达桑桥因多卡地方失守，已被共军堵住；二是去昌都，我们都带着妻子儿女，行动困难，恐怕走不了多远就被共军赶上，我想此时昌都肯定会有更多的共军，总督阿沛至今仍无回音。我们何去何从，请团长老爷设想一个万全之策。”其他头人只是呆呆地望着德格，德格沉思片刻说道：“我们本是承蒙甘丹波章政府（即西藏地方政府）恩赐为生的，理应以身殉职。但眼下实难完成任务，逃也没处逃，打又打不过。要逃走么，无非是朝拉萨、昌都两地跑。要去拉萨，需经扎西达桑桥，而此处想必在多卡地方失守时已被堵住，无法通过。若去昌都，昌都必然会有更多的解放军包围。如果逃向别的地方，也许在我们还未赶到之前，那里就失守了。况且我们还带着妻子儿女，行动困难，实在难以逃脱。因此，不管怎样考虑，都没有与对方议和更好的计策。但同意否，请你们认真权衡。”众头人纷纷回答说：“如何办好，请代本老爷做主！”“如果联系议和，该由谁去合适？”德格说道：“这个问题你们不必担心，如果同意议和，可以由我亲自去联系。”

德格决定去议和后，并挑选了精干的随行人同。命侍从拉扎、尼玛次仁，士兵俄罗白玛三人与他前去。他们把随身长枪换成手枪，备好马匹，整装待发。这时德格想，尽管俗话也说“只要服归敌人手下，会像孩子那样受优待，并曾听说过许多解放军的好话，但却不知究竟怎样。也许会把我们赶往内地或送到巴塘一带。又想，万一如此，藏币在这些地方不能流通，便叫侍从驮上两“大卓”（驮在马背上的褡裢）麝香，以备遇到困难时派作用场。这时，达本台曲过来阻拦说：“您绝对不能去，需要人去，可以让我们去。”德格说：“联系和解没有危险，不要紧。”正要出发时，如本贡布说，他愿意同行，德格答应了。还有一个名叫贝卡的英国人系不久前从巴塘来到这里，要求路经西藏回国，报告朵基后，让其等候西藏地方政府批文，当时暂住在德格处。他说他懂得汉语，愿意同去翻译。德格觉得带个英国人去，也许能避免对方怀疑，就把他也带上了。他们一行由代本驻地出发，猜测在哪里能遇见解放军，就往哪里走。

他们来到代本驻地下面的一处旷野时，遇到堪巴龙寺孜巴活佛，他问德格："老爷去哪里?"德格答："去找解放军联系和解。"他听德格这话，一把抓住他的马缰绳，劝阻说："您这样去怎么担起生命危险？要去，可由我们去。"德格回答："这次必须我亲自去。"说罢，就和他分了手。

11日下午3时许，藏军第九代本德格·格桑旺堆等一行在宁静宗城外70华里处，离古树村30华里的地方遇见解放军先遣小分队。由巴塘籍战士平措指引，会见了解放军宣传股长张克宇、藏语翻译格桑平措。晚上8时格桑旺堆一行在古树村旁一顶临时搭起的班用帐篷里会见了五十三师一五七团政委冉宪生，接着进行了谈判。

冉政委和气地招呼格桑一行坐下后，问道："你们来此，想谈什么事?"格桑旺堆回答说："我是来联系和解的。"格桑平措翻译成汉语，英人贝卡也跟着用英语重复了一遍。这时冉政委对贝卡说："你是做什么的？我们内部谈判，不需要外国人参加，请你回你的住地去。"贝卡答应着，立即出去了。然后冉政委又说："我们的谈判，用藏语还是用英语进行?"格桑旺堆说："用藏语。"于是双方进行了正式谈判，解放军五十三师一五七团参加谈判的有冉宪生政委，宣传股长张克宇，翻译格桑平措、方扎西。藏军第九代本团参加的有：九代本德格·格桑旺堆，一营长贡布，侍从扎西、尼玛次仁。

格桑旺堆说："我是藏军第九团团长，驻防宁静地区。眼下贵军已渡过金沙江，进入这一带，我本人只是奉命驻守防区，既没有同国家开战的能力，也没有与贵军较量的念头，因此今天特来商议和解。在这以前，发生了一些你们路经我驻军防区，向你们开枪抵抗事件，责任全在我身上。现在请贵军直入我团所在地——宁静，我已下令部下放下武器，打开了城门。"

冉政委听完后说道："你深明大义，选择了一条光明大道，我代表全体指战员向你表示热烈的欢迎，全国人民也会欢迎你们，欢迎你们站到人民这边来，回到大家庭之中。你还有什么要求，请提出。”

格桑旺堆说：“一、保障部下全体官兵的人身安全，照顾他们的衣食住行。二、我有三个子女，请保送到内地学习，关照他们的未来和前途。三、允许我做一个普通百姓。”冉政委说：“保证起义投诚人员的人身安全是我党的一贯政策，照顾和妥善解决好他们的衣食住行是我们分内的责任；关于子女的送学问题，我们将优先加以考虑，关照他们的未来和前途是我们共同的责任；贵先生的工作问题，我们将作妥善安排。你讲得很好，明天我们一道进驻你的团部。”

谈判结束后，已过深夜12点，翻译格桑平措把德格一行送到古树村里，按照领导的吩咐，告诉当地的群众仍按原噶厦政府的规矩接待代本，并宣传了有关政策。

12日下午3时许，冉政委把谈判经过情况向五十三师副政委苗丕一作了汇报，随即进驻宁静县城，收集了连长以下人员的全部武器。德格·格桑旺堆团长派人寻找失散的藏军，解放军接洽前来起义的人员达343人。同日，苗丕一将德格·格桑旺堆的情况上报十八军军部。

16日，西南局和十八军军部对九代本工作作了明确指示，定性为起义，要求格桑旺堆通电起义。经过冉宪生、张克宇和翻译平措对格桑旺堆耐心宣传民族政策，进行思想工作后，格桑旺堆于10月18日致电西南军政委员会主席刘伯承转告北京中央人民政府毛泽东主席、朱总司令，表示愿意接受领导。电文如下：

> 西藏人民在帝国主义及反动当局的长期统治压迫下，深受痛苦，无法解脱。解放军这次进军西藏的目的，已由各地亲友谈话知悉，是为了帮助西藏人民从帝国主义侵略势力下解放出来，使西藏人民回到中华人民共和国的大家庭中来。决不像满清政府和国民党反动派那样想统治西藏，实行大汉族主义；并且风俗习惯均依西藏人民的要求和需要办理，将成立民族自治政府。以前我们对于帝国主义侵略西藏深以为

恨。但我们西藏地广人稀，文化落后，又加以帝国主义的挑拨离间，无力反抗其侵略势力。中央人民政府、人民解放军为解除西藏人民痛苦，驱逐帝国主义的侵略势力而进军西藏。这只有人民解放军为兄弟民族得解放，才有这样的帮助，其他是不会的。因此，我们毅然脱离反动阵营，回到自己的大家庭中来，与解放军携手合作，为本民族的解放，为解放西藏人民而奋斗。目前，更希望西藏所有官兵速与解放军合作，为巩固西南国防、保卫世界和平而奋斗。务盼其他藏军别走歧途。现在我们所见到的解放军的纪律、政策和以往听到的一样，内心极为高兴，觉得我们走的路是唯一正确的路。并希望在各位首长的领导下，努力学习新知识，为人民事业而奋斗。

达当（第九）代本（团）德格·格桑旺堆及全体官兵

十月十八日于宁静

同时西南军政委员会主席刘伯承于10月18日下午致电第九代本全体官兵，表示慰问，勉励该部官兵力求进步。电文如下：

格桑旺堆先生并转第九代本全体官兵：

你们深明大义，毅然高举义旗，站到人民方面来，使宁静（芒康）得以和平解放，人民生命财产免遭无谓的伤亡和损失。闻讯之余，甚为欣慰，特电慰问。并希力求进步，以自己的模范行动，号召藏军官兵站到中华人民共和国的大家庭中来，积极协助人民解放军胜利解放西藏，使藏族同胞早日摆脱帝国主义势力的侵略，逐步地建设西藏成为幸福的乐园，并巩固西南边防。

西南军政委员会主席刘伯承

十月十八日于重庆

10月20日，人民解放军五十三师副政委苗丕一来到九代本团部，传达了党中央、毛主席对九代本爱国起义行动的表彰，赞扬了德格的起义之举，鼓励其不断进步，努力学习，为革命工作。

接着，格桑旺堆收到了班禅行辕计晋美，德格土司管家夏格刀登，巴塘的格桑益西等发来的贺电贺信，格桑旺堆倍受感动，于是积极主动向察雅拉让总管卡果活佛和其他活佛、僧侣和群众大力宣传共产党的方针、政策，解放军宗旨和优良传统，解放军关心人民疾苦等，从而消除了他们对解放军的误解，促使卡果活佛前来宁静，会见了解放军五十三师副政委苗丕一，与人民解放军建立了良好关系，使得察雅民兵500余人，在10月24日受其感召全部投诚。

阿沛·阿旺晋美朱古寺倒戈

昌都新旧噶伦的“文武”争执。阿沛·阿旺晋美到任昌都后，即和拉鲁·次旺多杰商议如何解决昌都所面临的紧张局势。拉鲁·次旺多杰在门口谦让寒暄一阵，和阿沛并排进入屋内，卫队在院外肃立，两噶伦坐定后，阿沛与拉鲁就目前昌都的局势进行了交谈。电台台长福特和双方的秘书在座。

拉鲁说：“最近赤汉共产党向全世界宣称，扬言要解放佛教圣地西藏。驻守在各要隘边卡的藏军纷纷呈来报告，共军的兵力在增加，有迹象表明共军要进攻昌都。总的看来，防御的任务是艰巨的，需要充足的弹药，各防区此间正在进行战斗准备，同时我已下令在当地征用民兵，全面防守未曾懈慢。

阿沛说：“但是面对共军集结的大量军队，对这次究竟从根本上采取文武哪种方针为宜，你我能否果断决定？我建议还是到各防御点视察一下，再作决策报噶厦。”

拉鲁说：“在不缺乏武器的情况下，现若能确实安排好后援部队，趁共军未站稳脚跟，采取武的方针为何不可，消灭他们，收复被占的土地。前报共军只有百余人抵达玉树，雪达（襄钦地区）仅有部队不足千人，从这个方向敲击他们，挫挫他们的锐气是可能办到的。无非是困难的大小而已。”

“汉方派来的和谈代表格达活佛已死，肯定共产党军队会来进行报复而派来大量的部队，我们到时候只能为防守本土不惜进行任何斗争，总之准备不惜牺牲个人生命报效政府，无可靠的后援，则很难估计最后的结局，我对此甚为担心。”阿沛接着说“如果采取文的方针，那会怎样呢?”

“前几天，帮达热噶对我呈报了保证誓书，他认为可以通过他的兄弟帮达多吉进行汉藏和谈问题，表示若对西藏政府有益则愿去洽谈。假若和谈进行不符合我方要求则可停缓，至于是停滞还是继续进行谈判再待上级指示而行。”

接着拉鲁拿出一大叠共产党发表的文告，和谈十项条件。

“我们考虑目前可对和谈进行接触，让帮达多吉去函联系，至于眼下究竟采取用文武何策，上报噶厦，待确定。”

崔科将谈话的要点译成电文，请二噶伦签字后，叫福特发往拉萨。

“明日我们到各防区视察一下，了解各代本情况如何。”阿沛说。

“我看不必了，新旧噶伦同时在此会打扰百姓，实无益处，我的任期已到，我已将所需粮饷和武器，组织第二防线的计划向噶厦报告了，可能会批下来”拉鲁说。

拉萨方面噶厦政府收到阿沛和拉鲁的电报后，然巴噶伦手执电报念道：“目前我们考虑对和谈可先进行接触，已让帮达热噶先去函联系，现昌都事态紧张，共军已到邓柯、巴塘，眼下我们究竟采取文武何策，尚待确定。”

然巴噶伦接着向摄政王汇报：“新任昌都基巧阿沛于本月16日安抵昌都，新旧二位噶伦进行了会晤，原任介绍了整个藏军布防情况，新任则从目前和长远考虑，认为和谈是上策，总之他们能从政教长治久安，进行考虑和商讨，各抒己见，我认为都是有道理的，但究竟采取文武何策，他们一时拿不定主意。”达扎说：“鉴于尚未得知彼方采取文武何策，故我方是否先采取文武兼益的办法，待汉方行动，届时再酌情采取适当的对策系重要之举。就新旧二位留走问题如何是好，拟从办事方便考虑协商可尽快给以批复，通过帮达多吉联系谈判之事，若有回音，希尽快上报。”

“粮饷和武器马上办理，告诉他们，以后仍会随时提供，文武各项

▶西藏解放前夕昌都地区无人照顾的藏族儿童。

事宜务希认真负责。”达扎手捻着佛珠说。随后令人将武器库中的山炮和轻重机枪等从库房抬出，藏军押解着奴隶把整箱整箱的弹药往马队和牦牛身上驮载运往昌都。

阿沛视察防区，撤销民兵组织，惩罚热杰代本。9月，阿沛在卫队的护送下开始了对防区的视察。沿波密，经通达到申达藏军第三代本部视察，途中经都兰都、衣曲克宗时，两个集镇的头人纷纷上书阿沛，状告临时征调的民兵，横行乡里，强拉民夫，征抢牛羊，麦田无人收割，老弱病残妻儿无人照应，请老爷做主，放他们回家，阿沛看到这一凄凉景象，下令撤销波密宗民兵组织，身扛土枪和佩藏刀的民兵一个个向阿沛老爷叩长头表达谢意。

行至面达时，正遇民兵热杰代本率领一帮民兵抢劫，面达乡官家的牛羊被洗劫一空，他的女儿达桑梅朵站出来指责，被热杰代本抢入屋里强奸，面达乡官泪流满面向阿沛控告热杰，阿沛下令将他捆绑。热杰挣脱绳子从怀中掏出牟霞代本给的免死牌，呈示阿沛，崔科秘书将免死牌交给阿沛，“这种免死牌，清乾隆时代才发给六个，大胆奴才，你怎么会有?”

“回禀老爷，这是我妹夫牟霞代本给我的。”

“死罪可免，活罪难饶”，阿沛说。卫士又将热杰捆起，一道押往第三代本驻地。

申达藏军第三代本防区：阿沛一行来到牟霞代本驻地，藏军第三代本按礼接待阿沛，火炮五响，全体官兵列队迎接，吉夏长号齐吹，阿沛惊讶，初到昌都，拉鲁都没有这么讲排场，在这里却受到了如此礼仪，他高兴不起来。

牟霞说：“我代本团是藏军的精锐部队，武器精良，凭这支部队共军休想从我这里通过。”

阿沛说：“三代本的隆重礼仪和款待我心领了，不过热杰犯了罪，又拿了你的免死牌，我想你该知道怎么处理。”

热杰被押到阿沛跟前，热杰跪趴在地上，告知上有老母，下有妻儿，请求不要杀他。

牟霞也一边求情，大敌当前，用人之际，免他一死吧，他命令手下将热杰抢来的牛羊退还乡里，将其龟头割去，戴罪立功。

阿沛本想撤销这支民兵组织，看到牟霞这样处理，也只好作罢。

阿沛一行离开申达，折回洞洞竹卡，沿途看见一批民兵挖野菜，吃元根，民兵代本平措达瓦远远看见阿沛，令其部属全部原地不动趴下，他向阿沛报告，士兵逃跑增多，现也不足400人。当他抬起头来时阿沛一看，原来是一位五六十岁的老头，即下令解散回家，众民兵高兴得哭起来，趴在地上一个劲儿地给阿沛叩头。

回到昌都，阿沛下达通知，撤销洛隆宗、边坝、硕般多等地所有民兵，派差役火速送去。

昌都总督官邸：阿沛沿金沙江进行防务视察后，将自己此行所见所闻向拉鲁说：“现我肩负文武之职，使命重大，只有和谈才是根本，否则内战一打，伤财害命，于庶民于佛教大业百害而无一益。”拉鲁说：“应该把这些记下来向噶厦汇报。”

崔科随即把阿沛的看法写成电文，征求阿沛和拉鲁的意见。拉鲁淡淡地苦笑。“这些情况我都了解，就以你的名义上报吧”。

诸噶伦：

通过实地防务视察，我们新旧总管共同认为，对玉树发起攻击采取武力收复失地的问题，最好放弃。这里需要说明如下：原昌都总管拉鲁先生虽说是以仁爱护哺属下民众，但因时代混浊，众生薄命，这里有的宗内民户多已破落，仅有七八户还有糌粑，其余全部以元根为生，到处乞丐成群民不聊生，景象凄凉，无法向当地民众征调粮食，即按这样长期备战下去，就即使没有共军进攻，其局面也维持不了一年，在这样的情形下，本人受上官之命前来肩负文武之职，理当全力效劳，但是从目前的情况看，我建议应停止进攻，最好汉藏双方和谈解决，如果这样不行，也首先应从边境撤出所有部队。

另外，对背叛政府的扎什派和热振派为藏族的坏人，暂不予理睬的方针，执行这一办法虽有七个月的时间，如果有利于局势的稳定，争取流落庶民，作好他们的生活安排，不傲慢对待他们，这些人亦能心向我们，团结合作，在这种情况下，即使要采取一些武装行动，可能有点效果，对内对外应采取何种方针较为有利？这里仅说明一下个人的浅见而已，这绝非是为了贪图功利，也非为今后的失误寻找借口。我以为：最好请派人以公开身份或暗中来昌都视察百姓疾苦，这不仅使政府能了解真情，而且亦有利于制定今后的方针。康巴人喜新厌旧，待原总管返回拉萨后便知，本人肩负重任，因此，不能不详叙真情，请上官宽恕，并请指示。

昌都总管阿沛

阿沛又将自己亲自下达命令撤销波密、洞洞竹卡的民兵700余名，处罚民兵热杰代本的事向拉鲁讲，拉鲁说："你是上面派来的，对全局情况了解，你想怎么干，就怎么干吧。"说着拉鲁将刚收到的噶厦电报交给阿沛。

二位驻昌都噶伦：

你们于七月二十日、二十八日先后共同上报的电报收悉，因两位上报涉及的问题关系重大。经呈报摄政王和西藏会议讨论，作出了盖有四枚印鉴的决议。关于收复失地并攻占玉树之事，曾在佛像前占卜的结果是象征着吉祥，但我们没有及时下达命令，现在二新旧总管电告了昌都地区百姓的疾苦，现在的情况已经发生了变化，共军已经到了边境，大批的军队已陆续到达，而共产党驻新德里大使新近到达后，与我驻印度的“强佐”和“孜仲”有过接触，对方要求避免对“和谈”造成障碍。但是，如果受到共军攻击则应予以坚决回击，并依照占卜所示，乘机尽力收回失地。目前应作文武两种准备。到底眼下采取哪种抉择，达扎不能作出肯定答复。同意二位总管商谈的意见，旧总管拉鲁及随从职员可返回拉萨。凡属抚哺昌都民众，消除边境祸患，维护边境安宁，以及为此而进行协商等事，均由新总管肩负其责，报批下达指示。目前新总管手下应选择能干的官员，至于僧俗官员的任命，可按阿沛噶伦的意图上报任命，请电报名单后，再审批任命。新总管噶伦阿沛就如何安抚民众，恢复边境安宁，商讨出适宜的办法，但要遵照西藏会议的意见认真执行，不得更改！切切！

拉鲁走后，阿沛坐镇昌都，即与新任官员商研，实现和谈主张，派遣勒参玉嘎前去邓柯联系和谈。并把帮达热噶和解放军接触，解放军进藏宗旨、和谈的时间、地点、内容、方式、人员等具体问题请示上报噶厦政府，着重说明要挽救昌都及拉萨的命运只有和谈。

“……即按目前这样长期备战下去，就是没有共军进攻，其局面也维持不了一年。本人衔命前来，肩负文武之职，职当全力效劳。但从目前情况来看，应停止进攻的策略，汉藏双方最好和谈解决。如果不行，也应先从边境一带撤出所有部队。”

并表明心迹，申称主和。

“绝非为了贪图功利，亦非为今后的失误寻找借口，因本人肩负重任，故不得不汇报真情，请予指示。”

电报发出后，拉萨诸噶伦并没采纳他的建议，回电指示：

“撤军不放心，和谈之事尚待噶厦会议决定。”

阿沛陷入苦恼之中。为了民族存亡，宗教大业，阿沛忍辱负重，作出了和谈的决策。于是与新任官员商研，实现和谈主张，派遣勒参玉嗄前去邓柯联系和谈。并把帮达热噶和解放军接触，解放军进藏宗旨、和谈的时间、地点、内容、方式、人员等具体问题请示上报噶厦政府。

“关于通过和达多吉进行汉藏和谈之事，此行仅仅是帮达多吉转交了共产党的信件，共产党方面主要是想了解西藏政府有无和谈意图，但绝非他是中间主要调解人，因此我要他继续，并对他说：关于谈判的内容，谈判的地点，开始谈判的方法，及西藏政府的代表等问题，只有等请示拉萨后方能答复，政府要作答复时，目前只能是原则地试探一下，在谈判没有正式举行之前，有关（谈判）结果的利弊不要透漏出来。这里所有各地边境地段已集结大量的共军，还扬言将有更多的军队陆续到来，估计西藏八、九两月为最紧要的关头。即使对文武根本方针定不下来，可否首先停止发动攻击收复失地。如果不能立即作出决定，将影响我们每日应采取的文武对策，请迅速予以明确指示。在这里我要郑重说明：要挽救昌都及拉萨的命运只有和谈！即按目前这样长期备战下去，就是没有共军进攻，其局面也维持不了一年。本人衔命前来，肩负文武之职，理当全力效劳。但从目前情况来看，应停止进攻的策略，汉藏双方最好和谈解决。如果不行，也应先从边境一带撤出所有部队。因本人肩负重任，故不得不禀报真情，请予指示。”

噶厦回电：

“汉藏谈判能否成功，难以预料，撤军是不可能的，究竟用文还是动武，形势未见明朗，而且关系重大，我们还要作进一步研究，现所需军饷已批准，立即发出”。

昌都战役打响，阿沛面临抉择。10月7日凌晨，解放军分别渡过金沙江、怒江、澜沧江，打响了昌都战役。战役开始时，作战部队全部渡过金沙江，守江藏军向昌都狼狈逃窜，吴忠的部队全力追击。一五六团在郭堆战斗中缴获一部分马匹，组织了一支10人侦察小分队。10月16日，这支侦察小分队由参谋长张青莲和政治处翻译曾珠郎杰（藏族）率领作为一五六团尖兵，走在该团最前面，在海拔5000多米的兰多以北的小乌拉山口，追上了藏军三代本的主力部队。

藏军都穿着藏装。一五六团的侦察兵们只是和日本兵、国民党兵打过仗，都知道当兵是穿军装。他们追上藏军却没有认出藏军。可是藏军一眼就看出他们是解放军，一下把他们包围起来。他们十个人分散抗敌，虽然侦察小分队武器好，战斗经验都非常丰富，但还是寡不敌众，除三人突围外，其他全部被藏军打死。藏族翻译增珠郎杰也被打死（增珠郎杰虽为藏族，但家在康定，对藏军不了解，也不知道藏军穿什么军服）。

突围出来的三个人跑回来后向团长王立峰报告了情况，王立峰立即将这个情况报告吴忠。吴忠一听又是栽在牟霞代本手里，气得将电报摔在地上，他想不到竟在弱小的藏军面前连栽两次，而且都是栽在牟霞手里。吴忠立即命令王立峰，要迂回包围藏军，如果他们逃跑，要不惜一切代价追上毫不留情地全部歼灭他。

王立峰接报后，率一五六团全速奔驰追赶上去。他们赶到小乌拉时天色已近黄昏，藏军几百人还在小乌拉山口的正斜面休息，一五六团赶到山下了他们仍然无所谓，一动不动地躺在地上。

王立峰经过勘察，小乌拉正面山势险恶，侧翼难以迂回，藏军居高临下，如从正面强攻必定遭受重大伤亡，吴忠赶到之后，根据王立峰报告的勘察情况没有立即命令攻击，而是命令军炮兵营快速赶上来。吴忠要用大炮轰晕它，然后一举歼灭三代本。

藏军知道自己的地形有利，对山下聚集了这么多解放军毫不恐惧，除哨兵外，都开始搭篷准备露营。

第二天早上，军炮兵营和一五六团炮兵连的几十门大炮在山脚下摆开，藏军见解放军不进攻，光摆这么多的炮，仍不惊慌，根本没有要离开这里的意思。

炮兵准备完毕后，对山上的藏军用夹叉法进行试射，弹着点一会儿远，一会儿近。藏军以为解放军的炮根本打不准，像小孩一样在山上又跳又闹，有的脱下裤子“哦哦”乱叫，有的还吹起法号讥笑解放军。试射完毕，转入效力射，指挥员一声令下，炮弹一排排地呼啸着在藏军营地爆炸，帐篷炸得满天飞，他们这才知道解放军大炮厉害，不等解放军的步兵发起冲锋，便急忙上马向昌都方向逃窜，吴忠见藏军又跑了，命令部队要衔尾疾追，决不放走牟霞。但是因为藏军是骑马，解放军是徒步，还得要携带枪支弹药，加上一五六团初到高原，对高原气候还不适应，连走路都要喘气，怎么能与藏军比跑？

吴忠气急了，他决不能让三代本再次跑掉，一定要追上去包围歼灭之，他命令部队：“咬紧牙，跑死也得追上藏军第三代本。”

但最终他失望了，毕竟人始终跑不赢马，让三代本牟霞的部队跑回昌都。吴忠望着随烟尘渐渐消失的藏军，怒发冲冠。

10月16日，进攻昌都的解放军左路部队侦察营、工兵营及五十四师炮兵在团长王大月的率领下，向驻岗托防区的十代本发起攻击。在觉雍以西三十里处歼灭藏军100余人后，迅速向昌都攻击前进。

担任正面主攻的五十二师一五五、一五六团在国德、小乌拉、申达与藏军发生战斗，歼敌三代本一部，17日攻占洞洞竹卡、又歼敌一部后向昌都疾进；进攻昌都的我军右路部队五十二师一五四团，师骑兵连执行迂回任务，从邓柯隐蔽渡江后，经玉树西南与青海骑兵支队会合，出其不意地迅速南下，长驱500余公里，抢占昂曲河上的甲藏卡后，进占西北要隘类乌齐，歼敌七代本的一部并迫使七代本山炮连就地投诚，最后向恩达进击，切断了昌都藏军逃往拉萨的退路。

10月17日，昌都城内一派慌乱，官员头人喇嘛忙碌着收拾财物，藏军差役纷纷告急，防区失守，一份告急公文送到总督府，崔科向阿沛报告，宁静第九代本官兵全体归降解放军，阿沛获悉九代本起义，各防区均已被攻破，阿沛立即召集在昌都的30多名僧俗官员开会，面对昌都即将失守的问题进行商议，研究是停止抵抗、放弃昌都，还是投诚解放军等问题。他说：现在摆在我们面前有两条路，一、是向解放军投降，还是抵抗解放军进驻昌都？二、是放弃昌都向后撤退，还是与拉鲁的第二防线汇合？请大家考虑。会中多数官员主张撤退，勒参玉嘎、帮达热嘎和阿沛主张起义。

但是牟霞代本怒容满面，紧握拳头在桌上猛击，大声吼叫："丈夫还未死，就要去嫁人吗？我不赞成讲和。"弄得会场气氛十分紧张，由于武官长期受反动宣传影响，对共产党的政策抱着疑惧乃至反对的态度，大家面面相觑，无人发言，会议只好以一些模棱两可的发言，了结了这个不愉快的会议。当天下午阿沛又叫金中·坚赞平措向拉萨发完最后一封电报，请噶厦政府以万名将士官兵的生命财产为重，采取和谈方针为好。

散会后，各代本自做主张开始溃退。次日早晨9点，阿沛带着文武官员70余人和电报台长福特一起离开，没有人指挥，向昌都以西的朗达，洛隆宗方向撤退。19日下午，解放军一五六团先遣营进入昌都城，次日在昌都至俄洛桥之间截住行动迟缓的阿沛管家金中·坚赞平措及佣人格勒和仲科马亚，经解放军耐心细致的思想工作，金中提供了隐藏化装的两名印籍报务员并收缴了他们的武器和电台，并说阿沛和僧俗官员的家属等人绕道前往洛隆宗。

向西撤退的阿沛文武官员和卫队行至拉木措后山脚下，探路的藏军报告解放军已到拉贡阿朵，阿沛得知后即下令停止前进，在无法西去洛隆宗和类乌齐、昌都又进了解放军的情况下，崔科决定找一个偏僻而又相对安全的地方暂且躲一躲。由于对道路不熟悉，又恰好赶上黑夜，所以他们猜测着向朱古寺的大概方向跑去。半夜来到了一座小山脚下，就迷失了方向，他们一天一夜没合眼，都困得像喝醉了似的打起瞌睡来了，仆人干脆把马拴在树旁睡觉，等天亮后判明了方向时再继续赶路。第二天上午到了朱古寺。阿沛一行到达朱古寺时，大小喇嘛都还在，但两小时后，小喇嘛都跑掉了，不知道这是什么意思。在朱古寺休息后，阿沛把桑嘎堪穷等分为一组，沿着昂曲河寻找解放军联系，另派加荣其加、仔仲赞巴为一路，到拉贡——郎达方向去寻找解放军联系。

此时，藏军第三、第七、第八代本和其他代本的首领们失守防地后也纷纷逃到了朱古寺。满山遍野的藏军汇集到朱古寺周围，藏军代本纷纷向阿沛报告各部失守的情况，阿沛命令各部原地休息，四品以上僧俗官员到朱古寺等待商量对策。

朱古寺起义过程。21日上午阿沛召集文武官员商定。阿沛说："我早就说过，要和他们和谈，你们都不赞成，这不，退路都被堵住了。听说解放军正从拉麦向朱古寺开来"。僧俗官员一致表示听从阿沛的决定跟解放军进行和谈。阿沛又告诫诸代本，千万不要向解放军开枪射击，以免招惹不必要的麻烦，影响和谈。于是派了两名僧俗官员前去同解放军联系。孜仲洛桑觉典（僧官）、吉恰·扎西多杰俗官主动答应前去。行前阿沛吩咐他们说："你们一定要找到解放军，遇到了就告诉解放军，朵基总管和我们文武官员现都在朱古寺，阿沛派我们来向你们表示归顺。现在我们不能利用武力，要和平解决，请和我们一起到朱古寺去，保证你们的安全，同时也要求你们不要开枪射击。贵军到了再同总领事进行谈判"，"藏巴拉懂汉语一道前去。"

21日中午，解放军侦察连长张宽率部进入朱古寺谷道东口。

此时太阳正临头顶，两位代表和翻译策马迅速离开了朱古寺，往拉麦方向走。到了半山腰时，孜仲罗桑觉典从怀中护身符里拿出灵物给大家吃，他本人也吃了，说："吃后可刀枪不入，僧官常用。"此时翻译藏巴拉因害怕哭得很厉害。

他们继续向上走，到了山顶时看到山下沟里两边都是解放军的步兵，正向山上爬来，于是就在木棍上挂着哈达向解放军摇动招手。张宽连长发现山半腰有藏胞摇哈达，即令部下上去接应，热情招呼他们过来，阿沛派出的代表下马徒步走到解放军跟前。僧俗官三人下来后，俗官吉恰·扎西多吉说："我是阿沛派来联系起义的，我们要见你们的大官。"翻译藏巴拉译成汉语。

张宽连长回答说："我可以代表，有什么事可以告诉我去转告。"

吉恰·扎西多杰又说："我们阿沛在朱古寺等候，我可以带你们去，听说解放军优待主动归顺的人，不知是真是假。"

张宽连长说："只要你们不抵抗，我们当然可以保证。"

吉恰·扎西多杰接着说："我临走之前，阿沛已下令所有藏军不准开枪。我们特来接你们到朱古寺。"

藏巴拉一字不漏地转达了阿沛对他们的（上述）吩咐。解放军听后带着微笑对他们说："如果这样的话，很好！"并递给了藏巴拉香烟和糖果，对和谈代表非常客气。他们三位骑着马，解放军战士徒步一同朝朱古寺走去。

▶1950年10月24日，阿沛·阿旺晋美主动命令昌都总督卫队及藏军第三、第八代本团2700余人在朱古寺起义。图中镜头是阿沛义举后随军记者郭超人补拍的，以表示朵基文武官员及藏军官兵向解放军投诚。

一路上，解放军说："这次阿沛选择了和平的道路，还派你们来联系，这是可喜的事情。本来我们都是兄弟，我们来西藏的目的就是把西藏从帝国主义的政治阴谋中解放出来，回到祖国大家庭中来；再说我们也是为西藏人民服务来的。所以，你们不必有其他过多的顾虑"。

接着又郑重其事地对藏巴拉说："等一会儿见到阿沛时，我们绝不会开枪的，如果阿沛手下的藏军向我们开枪射击，我们在迫不得已的情况下是要进行还击的，如果这样，你们几个也不会有便宜的事。"

他们听了这些话后，私下商量后认为，刚才解放军说得多好，本来他们离开朱古寺之前说好了在解放军来到之际，任何人不得开枪，然而有些人不明智开了枪的话，不仅我们两人性命保不住，而且任务也不能完成，将是最遗憾的事。因此心里很是着急，商量准备由一人先回去向阿沛转告解放军的话，并请阿沛再给诸代本下达“要严禁发生事故”的命令和采取行之有效的措施。他们把这些想法告诉了解放军首长，张宽连长说：“对，你们两个留一个跟我们同去，一个先回去告诉你们总督阿沛。”

僧官罗桑觉典让吉恰·扎西多杰回去，他和藏巴拉同解放军一道前行。吉恰·扎西多杰快马加鞭迅速向朱古寺奔去。

为了防止意外，扎西多杰走后，张宽连长命令部队取小道抢占朱古寺两侧山口的各个要点。

尼玛堆前：藏军伤兵此时正在向天祈祷，看见解放军到来，惊慌失措开枪报警，侦察连即进行射击，阻止藏军骚乱，同时向藏军喊话：“你们被解放军包围了，逃不了了，我军宽待俘虏，放下武器就有生路。”

藏巴拉、罗桑觉典顿时感到解放军并不清楚藏军的传递通信方式，深感事情搞糟了，于是大声喊叫：“阿沛老爷说不能开枪！”

慌乱中的藏兵纷纷操枪，崔科迅速带领两名侍卫奔过去，大喊：“不准胡来”，及时将藏兵的枪缴了，侍卫欲拔枪击毙这个藏兵，“不能再开枪”，崔科大声说，于是侍卫执鞭抽打，制止骚乱。

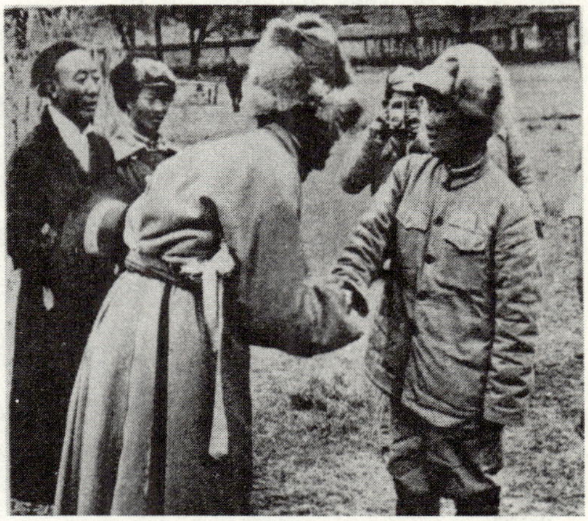

▶图为王其梅在昌都原噶伦住地会见阿沛。

满头大汗的扎西多杰回到朱古寺后上气不接下气地对阿沛说：“老爷，我已经把解放军带来了，尽管你已经下了不准开枪的命令，但是还是有人开了枪，请你再下一道命令，任何人不准向解放军开枪，以免把事情弄糟。”

阿沛立刻给诸代本和身边的人员下达命令："解放军已在附近，即将来这里，任何人不准向解放军开枪，以免发生事故，代本各管其兵，不得乱来。"

崔科吩咐各代本营连下级军官各管其部，每人颈部均挂哈达，把枪集中起来。代本以上军官到阿沛住地集中待命。太阳偏西时，张宽率侦察连来到了朱古寺，以阿沛为首的所有文武官员都出来迎接。张宽连长到阿沛住处（朱古寺庙内）住宿，其余解放军也都在周围住下。解放军战士将英国人福特捆绑到寺中屋内看管，阿沛和僧俗官员都回到自己的住处。正要休息时，从昌都急速赶来两名解放军敌工情报部干事，向张宽传达首长指示，请将阿沛和四品以上文武官员明日上午送到昌都，其他藏军等候处理，藏族干事向阿沛传达此项决定。夜里，解放军三四个人手拿蜡烛在庙内悄悄地巡逻。

清晨，东方一轮红日冉冉升起，满山遍野的藏军，枪械一捆一捆地集中在各山凹、沟边。张宽带领阿沛和代本一行向昌都走去，刚走到山口，此时阿沛派出的另一路代表桑嘎堪穷带领一五四团政委杨军率部赶到，骑兵支队队长孙巩下命各分队控制了东西山口要道及藏军聚集地带的各个要点。为防止意外，各部留下二人负责指挥部队。

孙巩支队长、杨军政委分别带警卫请阿沛回到朱古寺进行和谈，昌都总督阿沛·阿旺晋美及属下四品以上的僧俗官员10余人参加了会议，杨军向他们讲明了当前的形势和解放军进藏的政策，希望藏军全部放下武器，走祖国各民族团结统一的道路。阿沛及在座的官员均表示同意，并同时表明了起义的愿望。孙巩和杨军没有表态，只因当时英籍昌都电台台长福特及藏军第三代本牟霞也在场。

阿沛说："本人及在座官员的防身手枪是否可以不缴？"孙巩同意不收缴。

阿沛说："只要解放军不向拉萨进攻，我可担保西藏噶厦政府派出和谈代表。"杨军政委、孙巩支队长答复："可以。"

谈判结束后，藏军按指定地点送交了武器。此日，藏军2700余人全部主动放下武器。

次日，随军记者郭超人（后任《人民日报》主编、中国新闻出版总署署长）拍摄了藏军上交武器和阿沛签字的电影镜头，以表示朵基文武官员及藏军官兵向解放军投诚。双方在友好的气氛中度过了愉快的两天。在朱古寺停留的日子里，解放军动员藏军士兵根据自己的意见确定走留，发给路费遣返回家，藏军士兵愿回家的都领了20块大洋的路费（按起义人员对待）和粮食，各自走上了还乡之路。尔后，排以上军官，第三、第八、第十代本的四个主官，昌都总领事阿沛和四品级的僧俗官员被送到了昌都斯托塘（原昌都总督官邸）；其余四品以下官兵和职员都集中在昌都附近俄洛桥的原藏军兵营，然后集中学习。

▶在朱古寺随阿沛主动放下武器的第三代本、第八代本部分军官。

西南局、西藏工委根据党中央的方针政策，制定了一些较为优厚的具体政策，要求人民解放军对朱古寺主动放下武器的藏军采取以诚相待、高度热情的态度，妥善安排他们的食住，予以面对面的座谈方式，严禁侮辱和虐待，从而打消了藏军高级官员的顾虑。

阿沛和僧俗官员一行到达昌都后，受到了十八军五十二师王其梅政委的热情欢迎，他赠给阿沛一面五星红旗，并进行了热情的接待，召集他们开了一个座谈会。

王其梅陈述了为什么要解放西藏的理由：主要是把西藏人民从帝国主义势力下解放出来。在这以前，双方发生了一点小小的战争，解放军死了人，藏兵也死了人，这是非常痛心的事，说着说着，他就流下了眼泪。大家很受感动。在王其梅政委和吴忠师长等人的具体工作努力下，阿沛·阿旺晋美和文武官员备受感召，主动联名向西藏地方政府致信，要求西藏地方政府立即脱离英美影响，速派代表到昌都或北京就和平解放西藏事宜进行谈判，并在信中积极宣传共产党的方针、政策、主张，人民解放军的进藏宗旨，派金中·坚赞平措和桑林火速骑马呈报噶厦。该信的内容是：

康区总管阿沛、湛德等三人，第三、第八、第十、第五代本的全体文武官员共四十余人联名启奏。

正如九月七日内所发的电报内容：五日夜间，第三代本在"久兄"受到共军袭击之后，汉军又于七日上午抵达昌都附近，在难守阵地之时，住昌都官员们讨论是否先暂时放弃阵地而撤退的问题时，大家一致同意弃城撤退的意见。正当八月上午大多数官兵抛下阵地准备单身逃跑时，仁钦一带已失守，上述五代本已被共军包围，无路可逃。因此，回到"朱噶"的第三代本的两个代本和第十代本的残余官兵，以及第八代本的几个代本官兵集中在一起时，文武官员们都像风烛残年的人，毫无生机。这样，官兵们都投了降，把所有的公私武器上交了。

共党政府对所有士兵及其十二岁以上的子女每人发给路费五个大洋和三个人（一组）送一匹马。还宣布愿意回家的可以回去。这样，士兵当中有一半以上都回家了，政府对他们给予了极大的帮助。政府还保证，不损害定本（排长）以上文武官员的生命、财产，其奴仆的费用由政府来供给。还通知官员们暂都到昌都来住。现在我们还在昌都，在吃住各方面都很关心，暂脱离了危险。

现在主要说的是，从在这儿的解放军文武官员、王其梅、吴忠两位的口气和整个形势来看，内地人民解放军进藏的指示，是和内地人民代表大会商议后所决定了的，并且最近已决定从康区进军西藏。但是，内地人民政府进军西藏的主要方针是：对西藏最好用和平谈判的方式来解决西藏问题，而无须用战争。然而，和平谈判之事我们西藏方面无人理睬，故不得不用战争来解决西藏，我等官兵投降（起义）之后，藏汉之间初步有了接触，进行和平谈判，要求共军撤到仁昌一带，我等且成为抵挡百万大军（此系夸大其词）的城墙暂时扭转了藏方受难的局面。

现在，西藏问题必须通过和平谈判解决，共党政府的基本政策是，内地蒙、汉、满、藏、回五个民族相互平等外，各民族区域建立民族自治，主要工作人员由本民族来承担，各民族居住地区决不允许大民族欺负小民族。特别是对西藏仍继续由达赖喇嘛陛下执行政教合一的政策，陛下的左右大小官员继续担任原职不变、宗教、寺院、寺庙等都要受到保护。不改变西藏的政治和军事制度，各军队改名为边防军。对西藏人民进行教育，帮助西藏人民发展农业、牧业、工业、经商等。若今后西藏的政治、政策，人民的各种利益等问题要进行变革的话，由西藏人民，各级领导干部共同讨论，并一致同意之后才作决定。信仰宗教，尊重各地的风俗习惯。对以前与美、英两国有关系的人不追究任何责任。并把西藏人民从长期受英国、美国的侵略统治和蒋介石反动统治中解放出来，建立新的西藏自治区。一心帮助藏族人民过幸福生活和发展事业外，别无他求。以前，在西藏传言的共产党要把达赖喇嘛陛下的政教权力都收回，损坏寺庙，不准信仰宗教，人与人之间没有等级与大小之分，私有财产都没收、生活、田地都要平均，劳动者不得食等，都是英、美、蒋从中造谣，挑拨的，而并非事实。

现在，藏汉和平谈判之事，如果有不利于西藏方面的问题，应该明确地指出其优缺点，共产党方面绝不是接受或不允许提异议的。敦请噶厦政府认真考虑并作出决定。我等手下的四十名官员绝对保证共产党方面以后不出现变卦或者施加压力等不守信现象。事实上，从印度派出代表到北京去进行和平谈判是有先例的，在此我们不必多讲。我们想，经康区派代表到内地去进行和平谈判方能解决问题。如果从拉萨不便派出代表，就请在十一月八日之前，把和平谈判的意图、条件、要求等告诉我们，我们一定为了自己的政教和藏族人民的利益，赴汤蹈火，毫不动摇地完成重任，倘若不愿藏汉和平谈判，那么无疑问，共军很快就会攻进西藏，其军队之人数、军纪、作战经验等方面，用我们的力量是抵挡不了的，要是这样的话，不仅达赖喇嘛陛下，全藏族人民受苦外，连牛马都要深陷苦海里。因此，敦请您们多多考虑，千万不可轻举妄动，为将来之国土而想为谢。

最近，（解放军）进军昌都时，从“究、差罗、玛康、哓托、斯达、仁钦铁桥、曾桥”等七个地方同时进攻，我等文武官员。牢记噶厦政府之重任，为了国家之江山，与共军进行交涉，想尽办法抵住其兵。望政府为将来国家之领土、人民之幸福，有何打算或有何意图及指示，请速派专人来送函。

昌都现以解放为名，决定建立新的委员会。要选六名副主任，他们把我任命为第一副主任。为了近日藏汉间的团结，暂时委曲求全。另外，若不久共军为解放拉萨而进军圣地的话，望请陛下及官员们千万不要用什么武力来阻挡，这样会伤亡很大又一事无成。敦请选用最佳方法与共军进行谈判为谢！

这封信写好后，40多名僧俗官员签名画押。阿沛建议由熟悉昌都情况的官员金中·坚赞平措去送信，王其梅、吴忠也表示同意。

阿沛的义举奠定了西藏和平解放的基础。昌都战役的结束，藏军的起义和投诚，扩大了共产党解放军的政治影响，加强了汉、藏民族的团结，为整个西藏和平解放奠定了基础。西南局、西藏工委根据党中央的方针政策，制定了一些较为优厚的具体政策，要求人民解放军对起义投诚的藏军采取以诚相待、高度热情的态度，妥善安排他们的食住，予以面对面的座谈方式，严禁侮辱和虐待，从而打消了藏军高级官员的顾虑。在王其梅、吴忠等人的具体工作努力下，阿沛·阿旺晋美和文武官员主动联名致信，要求西藏地方政府速派代表商议和平解放西藏事宜，终于促使西藏地方政府同意派出以阿沛·阿旺晋美为全权首席代表，和土登列门、桑颇·登增顿珠、拉乌达热·土丹旦达、凯墨·索安旺堆为代表的代表团，前往北京就和平解决西藏问题进行谈判。

有关阿沛派往拉萨送信的金中·坚赞平措，他为我提供了他到拉萨的一段情节。“因为我熟悉当地情况，解放军的民运干部要我协助他做群众工作。十几天后，解放军主要领导人之一王其梅与阿沛总管商议后，派遣我和嘎准桑林巴·平措多吉前往拉萨，向达赖喇嘛、噶厦呈送重要公文。我们快马加鞭，日夜赶路。马跑累了，又支不到差马时，就身背马鞍，徒步前进。就这样，仅用了十六个昼夜赶到了拉萨。

途经拉日廓，我亲自向拉鲁噶伦呈送了阿沛总管给他的公函。当时在拉日廓住有三大寺的七十多名武装喇嘛（僧军），其中有的喇嘛横眉怒眼，气势汹汹。我恐怕他们生事，惹出麻烦，未敢接触。

有几个江达宗的百姓，向我们打听拉日廓的“塔尔卓军营。”所谓“塔尔卓军营”，就是驻扎在拉日廓的藏兵，这些藏军误把西贡拉山上的一面飘动的经幡，当成是解放军的军旗，便惊慌失措地传播解放军已占领了西贡拉山。

我们抵达工布帕拉山西侧的仁青林时，接到噶厦的一份公文，命令我们火速赶到拉萨，立即去噶厦，切莫延误。我们一到拉萨，就去噶厦。噶厦除噶伦外，其他官员和随从都在诵经广场。他们一见我们都流露出悲喜交集之情。有的人对我们不辞劳苦，日夜兼程，从遥远的昌都携带公文安全到达，完成了重要任务，表示慰问；也有人则不以为然，对我们横加指责。

我们遵照礼仪，向噶伦然巴、索康和代理噶伦土登绕央行过报到礼，呈上昌都总管阿沛呈给达赖喇嘛和噶厦的公文。噶伦们像往常一样平静，谈笑自若；对我们却视如贵宾。他们急不可待地询问昌都的情况、解放军的动向和官员多少？“解放军是一百万还是四百万？”“解放军最大的官是几品？”“有没有一品大员？”等等。我们回禀：解放军究竟有多少人，不得而知。但他们的军纪严明，不住民房，不要老百姓支差，还为群众做好事，受到群众赞扬。至于此次来的大官是几品，我不敢乱说。我还汇报了解放军向昌都推进时，我们按当时的军情和路程算，共军至少还要两三天他们才能进抵昌都城下。不料，就在当天晚上，解放军突然出现在我们面前！这时众噶伦听后，“阿啧啧！阿啧啧！”连声惊呼，并且说“敌人像钢铁般坚硬，而我们则像糌粑一样松软。”索康噶伦询问了昌都总管全体官员的近况，并且说：“阿沛·阿旺晋美受苦了，我们并不责怪他，我们的军队太糟糕，确实不能上阵。如今只好耐心等待，世界形势总会起变化的。这次有劳二位将阿沛噶伦的报告及时送到噶厦。任务完成得很好，现在你们可以安心休息几天了。”随后，噶厦派人送来酥油、糌粑、面粉和氆氇等给我们，以示慰劳。

孜仲·平措和噶仲桑林巴商议将阿沛和40多名文武官员签名画押的信面交噶厦二位司伦后，二人经研究，并向达赖喇嘛陛下禀报，达赖说：“总管大阿沛为了圣教之发扬，国家之江山，把个人生死置之度外，尽心尽责，使我深表敬佩。”司伦报告说：“从昌都的解放军官员，王其梅、吴忠的谈话和根据各方面情况分析，内地人民解放军进军西藏已决定无疑，而他们的基本宗旨是不用武力，而是用和平谈判来解放西藏。昌都一战是康藏无人与他们进行和平谈判，故他们不得不用武力进攻西藏。现在尽管康区一带已初步与共军进行了和平谈判，仁、昌等地共军已停止了进军，藏方暂转危为安，和平解放西藏要举行和平谈判是内地五个民族共同讨论所决定的。”

藏军司令凯墨·索安旺堆接着说：“最近共军突然袭击我住边坝军队，其言行不一，以藏汉和平谈判为名，实则用欺骗和武力侵犯我领土。关于藏汉和平谈判之事，汉方能否守信用，请速派人来噶厦政府。”

达赖说：“将我们的意见告诉大臣噶伦阿沛，文武官员们要左右协助，同舟共济，与汉方进行和平谈判，若遇不妥之处，请派速差来函。”

紧接着西藏会议讨论了阿沛等人的信件，内容如下：

我们色拉、哲蚌、噶丹三沛大寺及全体僧俗官员组成的西藏会议提议如下：

（在这次会议上）宣读和讨论了原昌都总管噶伦拉鲁给“噶厦”的电报，内称：在共产党的煽动下，康巴人已投降，第七代本以及其同驻防的一排藏兵返回昌都，洛隆宗民众于十一日投诚，据传“雪多”地方亦相继失守云云。

根据以上情况，我们不仅逐步丧失了土地，而且拉萨危在旦夕。为此请按前上呈书所言，大救主必须离开拉萨赴往别土，诸噶伦应分成拉萨噶厦和在外噶厦的做法不定改变。另外，我们不得不采取有力的措施，阻挡敌军开赴拉萨，为政教尽力，我们三大寺，政府全体僧俗职员以及各属下，各活佛头人等尽一切力量，乃至各自的生命予以支持。去年年底“强佐”与“孜本‘是否赴往汉区，曾在佛像前占卜的结果预示“去为上策”，但当时未能成行。现在事态已经变成了难以收拾的地步，再赴汉区不仅名利两损，丢失土地之外，很难与共产党政府达成和解。可否根据外事局报告中所说按印度政府给森纳沙布（印度驻拉萨领事）指示，制订方案，或者对派不派代表之事，在神前占卜，请求考虑决定。

另藏北总管噶伦多卡通报噶厦的情况中说：“接到阿查头人的报告，内称三名安多活佛和共产党迟先生及主仆四人抵彼处，自称向达赖喇嘛与诸噶伦呈送信件。三名活佛与共产党主仆暂于那英噶伦多卡瓦处作为人质严加看守。”

另请噶厦公开宣布：“在撤出驻昌都的共军和安全放回昌都总管阿沛及其随从官员以后，才能举行和谈。”

总之，像目前政教处于极端危机的紧急情况下，令我们开会讨论，只能是贻误时间，今后制定有关文武方针，不必召开集会，向佛主请示后，请噶伦决定，不管产生何种后果，而西藏会议不提异议、追究责任。

于是嘎厦在是否派代表到北京或昌都进行谈判进行卜卦，其结果是“走为上策”。

金中·坚赞平措不久被嘎厦派回到昌都，他回忆那时的情形说：藏历十一月十一日，我起床很晚正在酣睡，嘎准桑林巴一下闯进屋子里，神情紧张地叫道：“还不起床，大事不好！今天凌晨达赖喇嘛已经离开拉萨去亚东了！”

金中·坚赞平措一下怔住了，好长时间回不过神来。他又委屈地说：“如今又要我俩回昌都，人家会责怪我们惹是生非！”

他说：“这与我们无关，我们又未曾朝见过达赖喇嘛。”

过了几天，接到噶厦的通知，叫他们去布达拉宫听候传达命令。噶厦宣布：达赖喇嘛巡幸亚东，噶厦随同。任命大堪布罗桑扎西和孜本鲁康娃为司曹，代理摄政职务；噶厦方面由代理噶伦土登绕央、香卡娃·居美多吉二人主持政务；决定与中央人民政府举行商谈关于和平解放西藏的办法，任命噶伦阿沛·阿旺晋美为和谈全权首席代表，任命堪穹土登列门、四品官桑颇·登增顿珠为代表，由陆路经昌都前往北京。

不久，达赖任命堪仲拉乌达热·土丹旦达、扎萨凯墨·索安旺堆为代表，假道印度前往北京。接着，噶厦命令金中·坚赞平措和桑林巴陪同土登列门和桑颇·登增顿珠到昌都。给他和桑林巴每人发给藏银600平，作为购买马匹和其他费用。

他俩在离开拉萨前夕，带上50两藏银去向代理摄政鲁康娃报到辞行。鲁康娃滔滔不绝地讲了许多。从头到尾归结起来只有两点：“一切为了佛教的兴隆”；“红汉人欺人太甚。”

鲁康娃一再嘱咐，一定要把两位代表安全护送到昌都；噶厦委托你们代发给留住昌都地区的僧俗官军营连级以上军官的救济金（每人藏银60平）一定办好（二人到昌都时，解放军已经给这批人发放路费遣返还乡了）。

嘎厦政府叫金中坚赞平措给阿沛的回信是：

智勇双全的昌都总管大臣阿沛敬阅：

去年十二月十一日派四名快速邮差送来的急件和拉鲁大臣其中包括王主任寄来的信件，以及十二月二十七日崔科秘书汇报的情况等，我们已汇报给两位司伦，并从亚东经噶厦禀报于达赖喇嘛陛下。

近来驻防在雪达南部、穷部顶赛等地的军人风声鹤唳，先后失守。在这生死关头，大臣您不计个人安危，为了发扬达赖喇嘛陛下救护雪域众生之命运的光辉业绩，付出了极大的代价、绞尽了脑汁、想尽了办法，与驻昌都官员耐心协商，使昌都的土地没有再退让，在暂为安宁的同时，为了陛下的宏业，没有私心杂念，考虑到今后西藏不管处在战争与和平什么样的状况，昌都的一切都由西藏政府来解决，使昌都的土地没有再失。因此，此圣地的所有僧俗都面对阴险奸诈的强敌面无惧色，仍举行了和过去一样的大法会。前来拜佛信教的各地僧俗也比往年任何时候都多，并且大法会的盛典开得相当的隆重。

关于藏汉和平协商之事，一部分从亚东经新德里至北京，阿沛为全权代表。有关任命、内府印鉴及两位司伦的信件分别派专人送去。

1951年元月，通过阿沛等人的多方努力，西藏地方政府终于同意派出以阿沛·阿旺普美为全权首席代表，和土登列门、桑颇·登增顿珠、拉乌达热·土丹旦达、凯墨·索安旺堆的代表团，前往北京和平解决西藏问题举行谈判。

当时，谈判代表团到昌都时，至甘孜的公路尚未完全修通，他们只好骑马到德格后再乘汽车。从昌都出发时，由十八军前指平措旺阶委员一直陪同，抵达甘孜后，由敌工情报部阿乐部长陪同。沿途受到了当地党、政、军领导的热情欢迎和接待。

阿沛一行从成都搭飞机到达重庆时，西南军区政委邓小平等首长亲临机场迎接，亲切地慰问他们。

原国民政府西康省主席刘文辉到机场迎接并讲了话。在场的人感到，像刘文辉这样的大军阀，只要坚决跟着共产党的路线、政策走，都能在政治上获得新生命。

1951年4月22日，西藏地方政府和谈代表团抵达北京时，周恩来总理亲临车站欢迎。1951年5月1日，毛泽东在宏伟的天安门城楼上检阅庆祝“五一”劳动节的游行队伍。代表们看见了毛泽东主席激动万分，金中·坚赞平措回忆这段情节时说：“我仿佛见到了真神。”

中央人民政府与西藏地方政府和谈代表经过反复协商后，终于达成《关于和平解放西藏办法的协议》（即《十七条协议》），于5月23日在北京举行了隆重的签字仪式。中央人民政府全权代表李维汉，西藏地方政府全权代表阿沛·阿旺晋美在《关于和平解放西藏办法的协议》和附件上签字。5月24日晚，毛泽东主席设宴招待参加和谈的代表和西藏地方政府官员。

▶阿沛·阿旺晋美一行受到西南局第一书记邓小平同志的欢迎。

西藏军区成立及藏军改编

中央决定成立西藏军区。为了贯彻执行《协议》，进一步开展工作，在中国人民解放军第十八军进驻拉萨以后，驻藏部队首长经与西藏上层人士充分协商，报经中央人民政府和中央军委批准，决定成立西藏军区。1952年2月10日，由四川、青海、云南、新疆会师拉萨的中国人民解放军各部队代表，及西藏地方民族军团参加了在拉萨孜仲林卡举行的西藏军区成立大会。会上，中央人民政府驻西藏代表张经武同志代表中央宣布西藏军区成立，任命张国华为司令员，谭冠三为政治委员；阿沛·阿旺晋美为第一副司令员，朵噶·彭措

▶1952年2月，中共中央决定成立西藏军区。阿沛·阿旺晋美（右一）为西藏军区第一副司令员，朵噶·彭措饶杰（右二）为西藏军区第二副司令员。

饶杰为第二副司令员，昌炳桂为第三副司令员；范明、王其梅为副政治委员；李觉为参谋长，刘振国为政治部主任。并且张国华司令员代表西藏军区作了《关于进军西藏的初步总结和西藏军区今后任务的报告》。

张国华司令员根据西藏当时的实际情况，在报告中明确指出，今后西藏工作的总方针是：慎重稳进，坚决执行《十七条协议》。人民解放军进驻国防要地的工作还要继续进行，国防建设还要进一步加强，公路修建还要继续努力。为实现慎重稳进的方针，在各项工作中，要大力开展上层统战工作，坚持团结，反对分裂；争取站稳脚跟。西藏军区的具体任务是：

一、根据《十七条协议》第十五条之规定，保障《协议》全部实现，建设国防，巩固国防，驱逐帝国主义势力出西藏；

二、鉴于西藏地方物产不丰，交通困难，群众生活贫穷的实际，为建设繁荣的新西藏，减轻西藏人民负担，组织驻藏人民解放军进行生产建设；

三、积极创造条件，逐步将西藏地方军队改编为中国人民解放军，使西藏地方军队成为中华人民共和国国防武装的一部分。

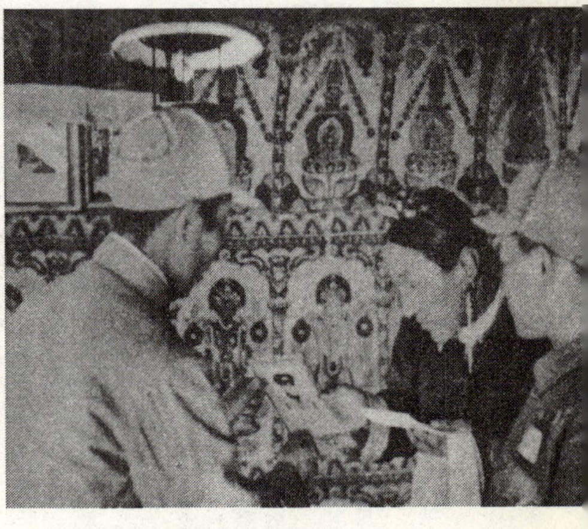

▶中国人民解放军五十三师给驻日喀则藏军代本赠朱总司令和毛主席像。

根据上述方针、任务，西藏军区采取了如下几项主要措施：

一、组织后方部队五十三师、五十四师及工兵、汽车部队继续修筑川藏公路，运输支前。

二、为减轻西藏人民负担，凡人民解放军驻地有生产条件的，都进行了开荒生产。据统计，全区部队在执行筑路、营建、运输等繁重任务的同时，1951年底至1952年初共开荒1.6万余亩。军直机关、分队于10月26日到达拉萨后，在11月下旬，即由谭冠三政委率领，抽调机关、分队70%以上人员到拉萨西郊开荒，经过17天的奋战，共开出荒地2200亩。

三、为了解决部队的运输补给困难，便于分散就食，军区党委决定军直机关及西北独立支队大部和一五四团三营共约3000余人驻防拉萨。五十三师部分机关、分队及一五四团团直和二营共约1600人驻防江孜；一五四团一营及西北独支支队一部约600人驻防日喀则；五十二师师直机关率军炮兵营共计2600人驻防太昭、则拉地区；一五五团团直机关率两个营驻防沙丁、桑达、奔滚三线，组织运输，维护交通；一五五团一个营驻防隆子。上述各部队均就地开展统战工作和开荒生产的任务。

四、为解决藏汉语言不通的困难，决定成立西藏军区藏语文训练班（1952年下半年改为西藏军区藏语文干部学校），聘请西藏爱国分子担任教员。抽调年轻干部、战士88人学习藏语。为藏军今后改编储备干部。

五、发动干部、战士为西藏人民群众做好事。助民劳动，如担水、扫地，放电影，为群众免费治病，参加发放无息农贷等。影响群众，以消除民族隔阂。

▶西藏军区成立时，藏军仍着英式服装。驻藏代表张经武与达赖喇嘛商议：为执行协议中的军队条款，西藏地方民族军必须易旗和换装。

六、鉴于历史、民族、宗教等原因，改编藏军的工作，条件尚未成熟，对藏军的改编，只是按照《协议》的要求，作为一种长远任务，并决定暂缓进行。

上述几项主要措施，都是为了巩固国防，建设边疆，减轻群众负担，增强民族团结的具体措施。至于《协议》中规定的其他改革措施，由于当时的客观条件所限，只能视客观条件具备后逐步加以实现。此时的藏军仍按清朝政府的军事定例，所不同的是服装、军旗作了变更，供给参照人民解放军实施配给，由西藏军区派出干部到每个连队教唱爱国歌曲。

中央军委实施藏军改编。1951年5月23日在北京签订的，中央人民政府与西藏地方政府《关于和平解放西藏办法的协议》中第八条规定："西藏军队逐步改编为人民解放军，成为中华人民共和国国防武装的一部分。协议附件《关于人民解放军进驻西藏的若干事项的规定》中，第三、第四、第五、第六条规定："人民解放军向西藏进军期间。西藏现有军队仍在原驻地或原驻地附近地点维持治安，待人民解放军到达后，由西藏军区司令部进行统一部署和必要的调整；人民解放军进入西藏之后，成立西藏军区，统一领导和指挥西藏境内的一切武装部队；军区司令员、副司令员和政治委员，统由中央人民政府委任；西藏现有军队，应有计划有步骤地改编为人民解放军及达赖喇嘛的警卫部队和一定数量的公安部队，现有各地征调的民兵，得予逐步复员；西藏现有军队既已同意改编为人民解放军，其所需武器，中央人民政府允许将昌都战役中人民解放军所缴获的武器予以发还，并酌予必要补充。"根据协议，西藏军区成立后，对西藏地方民族代本军进行整编。

1952年2月10日，中央军委撤销中国人民解放军第十八军建制，批准成立西藏军区。任命西藏地方噶伦阿沛·阿旺晋美为西藏军区第一副司令员，任命西藏地方噶伦朵噶·彭措绕杰为第二副司令员。西藏军区成立后，对西藏和平解放时尚存的十一个代本团约9300人进行了精减，遣散6000余人的老弱病残者，保留了比较精良的藏军第一代本、第二代本、第三代本、第四代本、第五代本、第六代本、第九代本，七个代本约3300余人。藏军的驻防地不变。就在西藏军区成立的下午，在罗布林卡内，达赖喇嘛、张经武代表和西藏军区领导及嘎厦要员、僧俗官员一道观看藏戏，达赖歌舞团表演了藏戏《文成公主与松赞干布》，身着英式服装的藏军担任警卫。晚上藏汉军民联欢，汉族歌舞、秧歌；藏族弋桩、堆谐，拉萨一片欢腾。此时，中央驻藏代表张经武与达赖喇嘛商议：为执行协议中的军队条款，西藏地方民族代本军必须易旗和换装。原驻防地不变。达赖同意这个决定。

2月11日上午开始，张国华司令员宣布藏军脱下英式服装改穿米黄色藏装，换掉"雪山狮子旗"，授予西藏地方民族军，第一、第二、第三、第四、第五、第六、第九代本中华人民共和国国旗，藏军换掉雪山狮子旗，脱下英式军装、头盔，换上米黄色藏袍后。在拉萨北郊接受检阅，第一代本官兵换上粗尼黄军装列于队前，广场红旗招展，庄严瞩目。

盛大的阅兵式开始，中国人民解放军进藏各部队依序通过主席台，步兵、骑兵、炮兵、车辆……然后藏军表演开始，火炮六响，长号齐吹，换装后的藏军各代本骑马列队通过主席台，步兵扛着轻重机枪通过主席台，步兵肩扛乌筒枪通过……。每队藏军代本手持中华人民共和国国旗，至始揭开了藏军改编的序幕。

西藏和平解放之后，党中央、毛主席十分关怀藏军的改编和改造工作，曾明确指示：要用一切努力和适当的办法，争取西藏上层集团

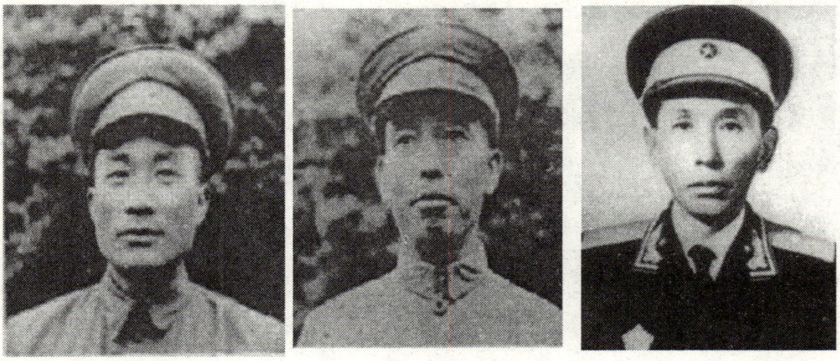

▶图为中国人民解放军西藏军区司令员张国华（左）、西藏军区政治委员谭冠三（中）、西藏军区第一副司令员阿沛·阿旺晋美（右）。

的大多数，孤立少数坏分子，达到不流血地在多年内逐步地将改革西藏军队的政治目的顺利实施。中央军委之所以要暂缓成立西藏军政委员会和改编藏军。是根据西藏的客观实际情况，目的为进一步增进汉藏民族的了解，争取西藏地方政府与中央人民政府的关系进一步加强，以求循序渐进保障协议的顺利实施。1952年5月，乐于泓征得藏军达赖警卫团长的同意，通过西藏军区副司令员阿沛·阿旺晋美给西藏噶厦建议，由西藏军区文工团定期每周给藏军教唱爱国歌曲，并从军区各机关抽调500名干部在西藏军区干校学习藏语，以便加强对藏军的改编改造工作。

1956年5月，中央军委授予阿沛·阿旺晋美西藏军区中将副司令军衔，9月，国务院总理周恩来发布命令，贺龙元帅亲自授予朵噶·彭措饶杰西藏军区第二副司令员中将副司令军衔。西藏军区则代表国防部授予藏军第一代本彭措扎西上校团长，藏军第二代本扎白·多杰才旦、

桑颇·登增顿珠中校团长，藏军第三代本奴马·敏久多吉中校团长，藏军第四代本朵噶·索朗多杰中校团长，藏军第六代本俊巴·才仁多吉中校团长，中国人民解放军昌都军分区副司令第九代本德格·格桑旺堆大校兼该团团长。正当这项改编工作有待深入时，西藏上层中的反动分子进行了百般阻挠，藏军改编工作未能彻底进行。

1959年3月21日，藏军大部分参与了西藏地方上层反动分子组织的武装叛乱，根据中央军委指示，参加叛乱的藏军全部被解除武装。仅仅只有藏军第九代本进行了改编。

藏军第九代本团编入人民解放军

藏军第九代本在宁静（芒康）起义后，经过教育，提高了思想觉悟，正式编入中国人民解放军。1950年10月12日，解放军南路部队苗丕一和一五七团政委冉宪生，指派张克宇、鲁洪波、高松等以党代表的名义到藏军第九代本工作。其主要任务是宣传共产党的政策，做好格桑旺堆的思想工作，调查藏军军官情况，收缴武器，进行改编前的筹备工作。张克宇、鲁洪波、高松在对九代本的改造中，严格执行并按照党的政策对待起义投诚人员，以热情诚恳的态度接近上层、采取了慎重缓进，不伤和气，照顾面子，不公开揭露，多个别教育的方法，耐心细致，循循善诱，通过上层人物的关系调查了藏军第九代本的群众基础，并使当地群众了解和相信中国共产党的民族平等的政策，消除了历史上对大汉族主义的疑虑和对立情绪，造

▶1954年去北京参加国庆五周年庆祝活动时，德格·格桑旺堆作为昌都地区参观代表团团长与首任党代表张克宇留影。

成了互助友爱团结合作的良好气氛，从而启发提高藏军官兵的思想觉悟，帮助他们克服散漫的旧作风。党代表还经常召集排以上干部谈心开会，加强政治形势、爱国主义及三大纪律、八项注意方面的教育，严格请销假制度，禁止赌博、酗酒等，赏罚分明纯正军纪，逐步深入地开展了争取、团结、改造起义官兵的思想政治工作方针。参加整训工作的领导同志，和藏军同吃同住同劳动，尊重藏民族的风俗习惯，积极改善藏军的生活，提高其待遇，倡导官兵平等、废除藏军等级森严、官兵悬殊不平等的观念。同时针对藏军军事素质差、文化水平低等情况，注意选择优秀青年到内地进行专门训练学习，以便将来返藏工作。讲解一些浅显易懂的道理，重申中国人民解放军宗旨，揭露帝国主义在中国的侵略罪行，激发藏军官兵的爱国热忱，使藏军思想觉悟、业务训练有了明显的提高。

1951年3月12日，五十三师领导和一五七团政委分别到九代本团部进行改造、整编的工作总结。他们赞扬了藏族干部在工作整编中吃苦耐劳的进取精神，为积极宣传党的方针、政策所做的成绩，号召参加整训的干部要以党的利益为重，进一步关怀藏军，虚心学习他们质朴的优点及诚恳的态度，帮助他们提高思想觉悟和业务水平而倍加努力。

经过半年多的整顿、训练、改造，1951年5月，藏军第九代本奉命改编为中国人民解放军昌都警备区第九步兵团，德格·格桑旺堆任中国人民解放军昌都地区警备区副司令兼该团团长。同月，第九步兵团调驻昌都俄洛桥、唐嘎定一线，隶属昌都人民解放委员会领导，担负警卫和军垦工作。7月，昌都解放委员会正式派出党代表。从1951年始至1970年止，党先后派出刘建修、李丛伟、耿继州、刘正湘、宋继琢、闵志彬等同志在该部任党代表。

人民解放军中的七位藏族将军

朵噶·彭措饶杰（1903–1957），男，藏族，西藏拉萨人，曾任西藏地方孜康办事员、噶厦秘书、西藏地方警卫代本、藏军总司令。二品噶伦官员。1952年任中国人民解放军西藏军区第二副司令员。1955年9月，国务院周恩来发布命令，贺龙元帅代表中华人民共和国国防部授予他中将军衔。

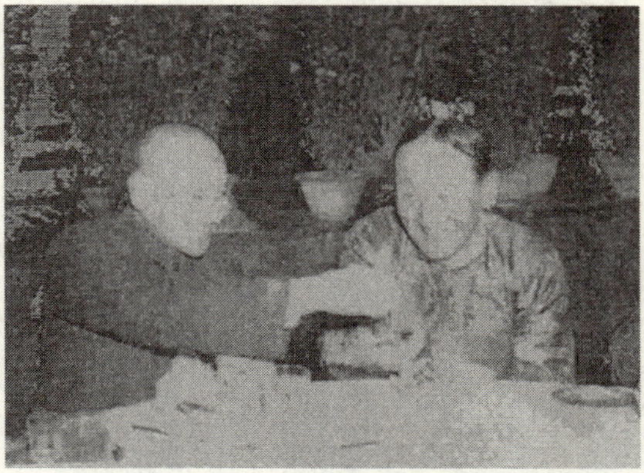

▶1953年，朵噶·彭措饶杰率西藏代表团途经重庆到北京参加国庆庆典。图为邓小平宴请朵噶。

1950年任噶厦应变藏军司令部指挥藏军司令兼藏北总管。带领藏军第十六代本团主官夏格巴·洛桑顿珠及官兵500人到那曲设防，阻止人民解放军进藏。1951年7月14日护送达赖和中央代表张经武从亚东仁青冈到拉萨。朵噶积极拥护《十七条协议》，为和平解放西藏，协助人民解放军进驻拉萨和边防要塞做了不少工作，密切了西藏军区、西藏工委和噶厦政府之间的联系。1952年3月中旬，西藏伪人民议会密谋闹事，包围了张经武的住所，当他得知包围张经武住所的藏军是他的儿子索南多杰代本时（藏军第四代本团长）朵噶顿时火冒三丈，气愤地说："（甲瓜热……藏语有大粪、狗屎之意，爬那炯！即：滚开的意思）臭小子简直是胡闹！赶快让他们撤走！"1953年1月17日随周恩来总理就中印边界问题进行谈判，于1954年4月29日在北京签订《中华人民共和国和印度共和国关于中国西藏地方和印度之间的通商和交通协议》。同年6月，他受到毛主席、邓小平等党和国家领导接见。他把倾听的教诲和内地参观的感受通过中央广播电台向全世界广播并告知西藏同胞及家人。1953年10月，他作为西藏代表团团长，前往北京参加国庆四周年庆祝活动。为进一步化解达赖和班禅之间的隔阂做了有益工作。

1956年4月，陪同陈毅元帅庆祝西藏自治区筹委会成立，全程陪同陈毅在藏一切活动，并当选为委员。1957年藏历年间为庆释迦牟尼诞辰2500年，在日喀则途中因劳累过度患脑溢血病故，终年54岁。

阿沛·阿旺晋美，男，藏族，1910年2月生，西藏拉萨人，曾任西藏地方政府民事法官、孜本（审计官）、朵麦基巧（昌都总督，噶伦三品官）。1951年为西藏地方政府到北京谈判首席全权代表，同中央人民政府签订了《关于和平解放西藏办法的协议》。1952年至1959年任中国人民解放军西藏军区第一副司令员，后曾任西藏自治区人民委员会主席，全国人大常委会副委员长。现任全国政协副主席。1955年9月被中共中央军委授予中将军衔。

▶图中从右至左为阿沛·阿旺晋美、朵噶·彭措饶杰、桑颇·才旺仁增、凯墨·索南旺堆。

桑颇·才旺仁增，男，藏族，1903年生，西藏拉萨人，原任西藏地方政府三品官员。1952年任西藏自治区筹备委员会常委，1958年任中国人民解放军西藏军区副司令员兼藏军总司令，同年被中华人民共和国国防部授予少将军衔。1959年当选为西藏自治区政协副主席。1973年在拉萨因病去世。

凯墨·索南旺堆，男，藏族，西藏拉萨人，曾任西藏地方政府色郎巴·嘎淳，藏军第二代本，当巴等职。噶伦三品官，热振时任西藏地方政府扎萨（财务总管）。1947年任藏军总司令，1951年被派作赴北京和谈代表。1955年曾被中华人民共和国国防部授予少将军衔。1956年曾任西藏自治区筹备委员会常委。1959年参加藏军叛乱，1976年病死国外。

此外，1988年8月，我军恢复军衔制，中共中央军委授予了西藏军区部队的三位藏族高级军官为少将军衔。他们是杨世喜少将，四川甘孜州藏族，53岁；刘永康少将，四川甘孜州炉霍县藏族，55岁；嘎玛泽登少将，四川甘孜州德格县藏族，53岁。这新一代三位藏族将军，是西藏部队数百名藏族指挥官中的佼佼者。他们曾就读西藏干部学校、西南民族学院，并在南京政治学院、北京军事院校等地深造，参加过西藏平叛和中印自卫反击作战。

起义部队的作用与贡献

藏军第九代本起义后，中共中央多次下发文件指示给以关照，中共西藏工委、中共西南局也下达了相应的指示。西藏工委明文规定藏军起义部队保持原番号不变，起义投诚官兵的生活待遇一律与解放军相同对待；西南局暨十八军指示：要求加强对起义的藏军第九代本（步兵团）进行新中国形势，解放西藏前途等方面的教育，认真做好党的民族政策和宗教政策及人民解放军性质方面的宣传，妥善安排其家属，设法保障九代本的供给，在对九代本的军事训练中，注意培养青年，并选送到内地进行专门学习。

1950年11月12日，西藏工委副主任平措旺阶率部从巴塘去昌都，途

▶图为中国人民解放军昌都警备区第九代本步兵团欢迎十八军首长到部队检查工作。

经宁静（芒康），特同德格·格桑旺堆见面，赞扬他的起义举动，希望他继续努力为革命工作。

1951年初，十八军副政委王其美在昌都接见了昌都总督原噶伦阿沛·阿旺晋美和德格·格桑旺堆，并肯定了他们的义举。4月，十八军军长张国华、政委谭冠三、参谋长李觉、政治部主任刘振国率指战员抵达昌都，专门召集第九代本起义官兵在昌都司托塘（昌都藏军兵营）

▶图为中国人民解放军昌都警备区第九代本步兵团。德格·格桑旺堆为警备区副司令兼团长，党代表张克宇。

旧礼堂举行了授奖大会。李觉参谋长在会上讲了话，颁发了奖品。会后，李觉参谋长听取了格桑旺堆团长的汇报，对起义后留下的干部战士给予鼓励，并进行了“兵贵精”的重要讲话，坚定了起义官兵为祖国统一、建设新西藏的决心和意志。藏军第九代本改编为中国人民解放军后，官兵在政治上、生活上得到了优厚的待遇，营、连、排军官及士兵除享有解放军同等待遇外，战士的家属也按月得到生活的补贴，全体官兵无不感激共产党的无微不至的关怀和照顾。4月8日，西藏致敬代表团赴北京，德格·格桑旺堆为昌都地区代表团团长，在北京受到毛泽东、刘少奇、周恩来、朱德等国家领导人的接见。在代表团路经重庆时，西南军区司令员贺龙接见了他们，西南局书记邓小平、刘伯承还单独接见了格桑旺堆并询问九代本官兵的生活情况，有什么困难和要求，勉励其继续前进，搞好工作。会见后赠给九代本军号、锣鼓等文娱器具。

30多年来，中国共产党对起义投诚人员的关怀和照顾始终如一，特别是中央1979年关于落实起义投诚人员的有关政策的指示下达后，各级党委高度重视，认真切实做好起义官兵的各项工作，彻底纠正了历次政治运动中的冤、假、错案。原来定过级的，恢复原级；未定级的重新定级；没有工作的安排工作；家属有要求的，尽量考虑并优厚照顾；对起义官兵尚能工作的，分别当选为各级人民代表、政协委员；不能工作的作退休安置，遣散后未发工资的根据不同情况全部补发、或给予补助。到1985年底为止，全区应该落实政策的人员全部解决，有关遗留问题也作了妥善处理。

藏军第九代本在共产党的教育下，经过整编、改造，政治觉悟大大提高，参加起义的大多数官兵热爱共产党、热爱祖国、热爱社会主义，在军垦生产中，在平叛剿匪中，在民主改革中，为西藏和平解放和建设事业作出了应有的贡献，为西藏自治区树立了一面爱国主义的光辉旗帜，团结进步的榜样。1951年4月27日，中国人民解放军第九步兵团遵照上级指示，驻扎昌都俄洛桥、唐嘎定进行军垦开荒，他们克服种种困难，用简陋的原始工具从事翻地、铲土，并开通了一条从朱古寺到俄洛桥全长27公里的水渠，解决了创业初期的水源问题。当时吃的代食粉，住的是帐篷，条件极为艰苦，但是在干部战士及家属们齐心协力、不辞劳苦的10多年努力，已开垦荒地1300多亩，办起了昌都第一个最大的综合农场。生产的粮食除了自给外，每年都向国家上交粮食、酥油、肉食、蔬菜，最好的年景上交额仅粮食可达10多万斤。除此之外，该团还向驻藏部队所在地方选送了优秀官兵72人，成为一支建设西藏和保卫西藏的骨干力量。1959年西藏平叛时，中国人民解放军第九代本步兵团除老弱病残看守营房和继续生产外，其余干战全都踊跃报名，分配到各部队参加平叛斗争。1962年中印自卫反击战中，选送到内地步校和西藏步校的藏族青年及九代本步兵团的年青战士，全部奔赴前线。他们在参加生产和平定叛乱、中印自卫反击战中，立场坚定，旗帜鲜明，英勇顽强，为保卫祖国领土的完整和巩固西南边陲作出了贡献。据不完全统计，他们当中立三等功的就有120人次，被授予二等功臣的有次仁巴旦、加措、罗加、索朗多吉等。为此，逃到国外的叛匪对九代本起义人员刻骨仇恨，曾多次扬言要斩尽杀绝九代本官兵，但历史证明，九代本官兵所走的路是正确的，搞分裂的人是没有出路的。1962年正值国家经济困难时期，九代本官兵积极主动开展增产增收。休假的干部战士主动把节余的粮票、粮食全部上交，肉食绝对不领，靠打猎补充，一套军服穿了又穿，几年中为国家节约粮食10多万斤，服装近千套。藏军第九代本于1951年8月，正式成为中华人民共和国国防武装力量的一部分。中国人民解放军昌都警备区成立，德格·格桑旺堆被任命为副司令员兼昌都警备区第九步兵团团长。1954年，西藏军区王其梅副政委代表国防部授予德格·格桑旺堆二级解放勋章。1956年5月，国防部授德格·格桑旺堆大校军衔，其他藏军起义投诚人员也授予了相应的军衔。

1984年10月，自治区统战部，西藏军区政治部联合举办藏军起义33周年纪念大会，邀请了在拉萨的起义人员参加了纪念活动，西藏军区任勇同志赞扬了格桑旺堆和参加起义的全体官兵的33年前的义举，肯定了他们为和平解放西藏、建设西藏所作的历史贡献，并向因工殉职和因病去世的起义官兵表示沉痛的哀悼，向他们的亲属表示慰问。参加纪念活动的起义官兵无不备受感动，一致表示，愿以有生之年，为西藏的社会主义建设，贡献自己的毕生精力。

第八章
藏军参加叛乱与藏军撤销建制

美国中央情报局支持“藏独”

美国军方介入“藏独”源于1947年，出于称霸全球的野心和掠夺殖民地经济利益的欲望，美国借印度独立后英殖民统治势力退出了亚洲历史舞台的契机，乘机加紧了渗透。美国谍报人员汤姆斯·罗威尔、托马斯父子等急忙向美国战略情报局暗示，可乘此机缘填充这个“空白”，他们提供了怎样渗透西藏进行军事援助的各种方案，美国战略情报局认为“陆地不行只有空投”，此举迎合了西藏少数分裂分子的阴谋，摄政王达扎幻想独立梦，急令藏军画白线，等待空援。驻四川的美军“飞虎队”招募曾在缅甸作过战的国民党抗日“远征军”执行秘密使命，通过“驼峰之线”到达拉萨，然而这次空投在接近拉萨上空时，发生了“空难”爆炸，机毁人亡！是谁破坏了这个“军事援助计划”？这个谜案引发出后人许多联想和猜测。我们应向这次空难的英雄之举赞叹：“生当做人杰，死亦为鬼雄。”

▶图为美国战略情报局在西藏使用过的电台。

1947年下半年，美国战略情报局急于巩固托尔斯泰之行建立起来的立足点，不顾美国国务院的反对，于11月30日，从重庆送给西藏拉萨一套无线电转播设备和军用物资，达扎命令藏军在拉萨北郊用石灰画了一个很大的圆圈，可是“空援”一直没有等到。飞机在拉萨附近坠毁，机组全部人员丧生。【据查证：1942年周恩来派遣王少春同志，在国民党二十四军刘文辉部任电台台长，联络点设在雅安。他的电台曾侦破过这一情报。证实有这个“空难事件”。但他直接受周恩来指挥，其主要任务是策反刘文辉起义，单线联系。因此不可能知晓执行这一特殊使命的情报内幕。另据国民党国防部二厅（作战）厅长郭汝槐证实，驻四川的美军“飞虎队”，曾招募在缅甸作战过的国民党抗日“远征军”执行秘密使命，通过“驼峰之线”到达过拉萨，但早在1943年美国空军就试图开辟“驼峰之线”，援助在缅甸作战的国民党抗日“远征军”。具体情况不清楚。另据国共两党第一、第二次合作时期材料显示，国民党军统局情报五处中70%是中共地下党员，受我党敌工情报部李克农指挥，是否是“重庆”谍报人员，或国民党军统局派人从中毁机，只能作为是一种假设，然而这一事件是客观存在的。】

随着第二次世界大战结束后美国在世界范围内的崛起，美国逐渐取代英国成为怂恿西藏独立的幕后黑手。美国与西藏地方政权的接触始于1942年，当时美国战时情报负责人、人称“中央情报局之父”的威廉·多诺万建议美国国务院利用国民政府修建连接中印、穿越西藏的中印公路的机会，以勘察线路为名，派遣美国战略情报局特工伊利亚·托尔斯泰（列夫·托尔斯泰的孙子，以下简称伊·托）上校和布洛克·多兰上尉潜入西藏，向十四世达赖递交了罗斯福总统的亲笔信和一些小礼物，并在接下来的三个月时间内广泛收集情报，并会见了许多西藏地方政权上层人士。

西藏争取美国的军事援助计划始于1943年10月，当时西藏的“财政部长”孜本夏格巴派出了一个“商务代表团”。想在国际上获得承认独立的“商务代表团”到了内地，并去了印度、美国和英国，于是美国陆军战略情报局派出了伊·托，对西藏军事援助计划的情况进行了调查。

伊·托1943年之行的结果表明，美国陆军战略情报局所做的分析报告是：显然中国人声称对西藏拥有主权，但西藏人对中国人持敌对态度，要求独立，请求进行军事援助，国民政府是会反对这一计划的。由于在西藏没有粮库，背夫必须背上自己的粮食，一个苦力从印度经西藏到中国旅途中耗费的粮食，比他背的东西还要多，故这个计划是无法实现的。

中国外交部抗议托尔斯泰和多兰“已经答应美国支持西藏从中国独立的愿望”，美国不得不再次申明保证承认中国对西藏的主权，同年（1943年）美国对英国的关于承认西藏可与其他国家交换外交代表的建议给予了否定，提出：

“美国政府铭记不忘对中国政府早就有过公言，中国对西藏拥有主权并早就声言中国宪法把西藏列为中华民国领土的组成部分，对这两种声明美国政府从来没提出过异议。”

1946年，杜鲁门政府向西藏地方政权提供了一批可供发报的发电机。尔后伊·托和多兰曾暗示上司，美国可以绕过中国政府支持西藏，（当贯穿缅甸的雷多公路成了一天可作为通往中国道路的时候，“空援”计划是可以考虑的。于是有了1947年“拉萨空难”这一事件。这一情报被国民党国防部二厅察觉，通过外交部照会美国）美国空中援助计划失败后，军援改为假道印度。

关于这次空难的记载，藏文资料中只记载了达扎摄政王，急令藏军在拉萨北郊画白色的大圆圈，作为空投的标记。此间国民党驻拉萨情报站曾有营救热振计划，被英国情报局截获告知达扎，国民党将派飞机轰炸拉萨，营救热振……

发生在1947年11月30日的拉萨“空难”事件，正值印度独立以后，英国殖民势力退出的间隙，抗日战争胜利两周年之际，那么，是谁制造了这次“空难”，是“天意”还是“人为”，它成为了永远难以破解的谜。

1948年2月，在伊·托引见下，“藏独”代表人物夏格巴极力想会面艾森豪威尔。此西藏“商务代表团”在美国一呆就是十个月，妄想再次获得脱离中国达到独立的阴谋，他们拒绝使用中国护照，然而中国驻美的顾维钧大使坚持认为，如果西藏代表团要晋见杜鲁门，必须有国民政府的人在场，美国对此表示同意，西藏代表团只好放弃不见总统。1949年，夏格巴再次劝西藏政府允许广播员罗威尔·托马斯父子访问拉萨，请其父子想办法弄清楚，一旦西藏遭到中共的进攻时，美国能否给予援助，托马斯父子虽然作了许多同情的宣传，并尽力劝说美国官员去保护西藏，而西藏方面得到的答复却是：美国要是给了西藏军援，美国就要对支持西藏独立负责，由于政治上的原因和后勤上的原因，这是美国不愿意干的。

1949年8月，罗威尔·托马斯父子迫于无奈，只好从印度方向购进八百驮武器和军用电信器材，由我国亚东进藏。1949年底，西藏地方政权在英国特工福克斯的帮助下，利用这些设备建立了“西藏广播电台”，传播“藏独”舆论。当中华民国政权即将崩溃时，美国突然改变过去承认西藏是中国一部分的态度，开始秘密支持西藏地方政权的“独立”要求。1950年，美国政府从对新中国的情报专款中拨出3000万美元作为留给西藏和台湾的“应急准备金”，1950年上半年，一批美国枪支弹药经由印度加尔各答运入西藏，用以对抗中国人民解放军进驻西藏。同年11月1日，美国国务卿艾奇逊公开诬蔑中国解放本国领土西藏的行动是“侵略”；同月，美国指使他国在联合国提出干涉中国西藏的提案，但这个阴谋并没有得逞。

▶1959年3月，英人福克斯在拉萨从事策动叛乱活动被抓获。

1949年12月底，青海、四川、云南等省已基本解放。但是，帝国主义和亲帝分裂分子却不甘心失败，妄图负隅顽抗，阻止人民解放军进军西藏。调派藏军主力7000余人，布置于金沙江西岸和昌都周围的交通要道设防，抽调藏军500余人加强那曲防务，并征集富裕户子弟千人，组成两个步骑兵团，任命卡纳、郭卡尔进行军训，以此作为藏北的援兵。他们又勾结英特福克斯，福克斯认为此是分裂西藏脱离中国的大好时机，急忙写信给藏军司令凯默·索安旺堆，令其调整藏军兵力部署，破坏道路、桥梁，构筑工事、埋设地雷，以阻击解放军进藏。他在信中说："去年九月，我给藏政府的建议中曾提到过，共军在西藏作战是非常困难的。为了阻止共军迅速到来，要破坏道路、桥梁及各要隘，对一切重要的防地，可涉水的河流及一切可能对共军造成危害的地方，都埋上地雷。虽然现在与你们友好的各国还没来援助……但根据目前的情况分析，现在部署还来得及。"

美、英等国政府虽然表面对新生的中华人民共和国表示支持，但其情报机构却在暗地积极从事参与策动西藏叛乱，他们除培训叛乱武装特工人员及多次空投武器弹药外，还积极策划达赖叛逃。其英特福克斯曾在藏军第二代本（团）中担任过一年的军事训练教官，并负责在拉萨的特工人员组织，1959年3月，福克斯在拉萨从事谍报活动，化装成藏民混迹在示威人群中，3月20日在拉萨被捕。

平定西藏叛乱过程

西藏和平解放后，西藏地方政府中一小撮反动上层和分裂主义分子，对解放军进藏、成立西藏军区，提出逐步改编藏军等，都表示坚决反对。他们趁驻藏人民解放军立足未稳，粮食补给困难之机，对驻藏人民解放军进行了种种刁难。首先搞粮食封锁，其次是严禁当地群众向驻军售卖柴火、蔬菜等，企图把解放军困死、饿跑。

在西藏军区同西藏地方政府的第一次联席会议上，当西藏军区领导提出西藏地方政府应按《十七条协议》向驻藏解放军出售粮食时，司曹鲁康娃竟对解放军指战员饿肚子的情况幸灾乐祸，狂妄地说："饿肚子比打败仗更难受吧！"并无理提出将已获得解放并建立了解放委员会的昌都地区交还西藏地方政府管辖。张经武代表、张国华司令员等首长当即对鲁康娃的这种蛮横态度加以严厉的驳斥，并对他耐心地进行说服教育。但他们始终以"西藏产粮不多"为借口，拒绝为解放军筹措粮食。在缺粮的情况下，驻拉萨的军区后勤人员饿着肚子到拉萨西郊开荒，刨出一些麻芋子。这种块根植物，根部圆圆的，形似土豆，但毒性很大。人饿急了什么都想吃，有的同志便拣起麻芋子吃起来。一吃下去，马上满嘴麻木，接着咽喉红肿，好几个被送到医院抢救。为此，军区司令部、后勤部还联合下达了禁止乱食麻芋子和有块茎植物的通知。军区党委鉴于这种情况决定，一面组织由四川边境至拉萨的牦牛运输，一面组织部队开荒和生产自救。另外，动员部队尽最大的努力节约用粮、用柴，渡过难关。在这关键时刻，拉萨等地区的一些爱国上层人士，自愿卖给解放军部分粮食，使部队的粮食困难略有缓和。西藏的反动分子，见用封锁粮食的办法把解放军饿不跑，又使出了新的花招。

▶中央政府代表张经武。

1952年元月13日，司曹鲁康娃召集西藏地方政府的官员在原“外交局”二楼上开会，会上作出了“采取武装行动，把解放军赶跑”的决定。随之组织了所谓“人民会议”，在拉萨发动了武装骚乱。公开提出反对成立西藏军政委员会和改编藏军。3月31日，伪“人民会议”以请愿为名，纠集1000余人，突然包围了中央人民政府驻西藏代表张经武的住宅桑都仓，并在四周的屋顶上架起机枪，一伙骚乱分子，荷枪实弹，布满街头，派出所谓“人民代表”向张代表请愿，提出“解放军撤出西藏”，“西藏的会议制度不能改变”等反动要求，并要张经武代表立即作出答复。

在这严重的时刻，张经武代表驻地除少数工作人员外，只有一个警卫班。为了避免武装冲突，张经武代表一面布置警卫班和工作人员严密警戒，并严令不准开第一枪；一面让伪“人民会议”分子选出几名代表进入桑都仓，陈述意见。同时立即派人请来了西藏地方政府的全体噶伦，本着有理、有利、有节的原则，对他们进行了说服教育工作。严正指出，这次骚乱，是有人在背后唆使的。参加骚乱的群众是不明真相而被人利用的，他们没有责任。张代表责成他们立即妥善处理这一事件。否则，因此而引起的严重后果，由西藏地方政府承担。然后张代表对伪“人民会议”分子进行了说服教育和说理斗争。让他们留下请愿书，听候答复。到当天下午，包围桑都仓的人群大部分渐渐散去，但仍有少数武装人员对桑都仓进行监视。

为进一步制止伪“人民会议”的非法活动，4月1日，张经武代表给达赖喇嘛和噶厦的全体噶伦写了一封信，正式要求他们制止骚乱，解散伪“人民会议”。这封信的原文如下：

全体噶伦转达赖喇嘛先生：昨日（3月31日），在拉萨市发生了反动组织的非法活动，经我们调查了解和拉萨市长等官员的证实，得知参加该反动组织的分子，其中除有化装的喇嘛和拉萨的流氓外，还有全副武装的藏军官兵参加。反动组织的所谓“拉萨解放大队”，秘密布置在我的驻地（桑都仓）周围，企图搞军事骚动。由于我人民解放军高度的克制和严密的军事防范，以及全体噶伦的协助，幸免了一场流血事件，这是好的。但我必须指出：这些反动分子的非法活动，绝不是偶然的，而是怀有重大阴谋的个别人物有计划有组织地在幕后支持。这种非法组织及其非法活动，不仅完全违背了达赖喇嘛拥护《十七条协议》的诚意和搞好民族团结、建设新西藏的愿望，并且是破坏《协议》、反对祖国统一的罪恶行为，若不立即予以有效制止，势必给西藏人民带来严重的不良后果。为此，请您迅速下达命令，解决以下几个问题：

一、即刻命令所有西藏地方部队（包括您的警卫团），从即日起，一律各回各营，严加约束，不得任意外出参加任何非法组织及非法活动，并立即履行《十七条协议》中规定的加强民族团结教育；不得挑拨离间；不得对人民解放军抱敌视态度。

二、立即命令三大寺（包括其他寺院）在拉萨市的所有喇嘛和化装的喇嘛，即日起各回各寺，并责成各寺堪布严加约束，具结保证，不得任意离寺走出，惹是生非。

三、立即命令解散所谓“人民会议”，所有参加人员各回各家，则不予追究。对所谓“人民代表”，可留住噶厦，听候接见，待与全体噶伦听取其意见，加以讨论后，再予以答复。

四、请即命令噶伦与西藏军区磋商，联合发出布告，严禁一切破坏民族团结和违背《协议》的非法活动，并保证维持拉萨治安，保障商民人等恢复正常营业，以安人心。

中央人民政府代表

张经武

一九五二年四月一日

张经武代表的这封信发出后，西藏军区与西藏地方政府经过充分磋商后，联合发出了维持拉萨治安的布告。4月2日，朗孜辖墨本(维持拉萨市区治安的官员）召集全市有房产的业主讲话，规定：每晚8时起至次日晨5时为戒严时间。军民人等不准随便活动；不准造谣生事；不准秘密集会或有不轨行为等。但是，朗孜辖墨本的上述讲话，不过是说说罢了，并未认真执行。因伪“人民会议”有司曹鲁康娃和罗桑扎西在幕后支持，所以伪“人民会议”的非法活动不但没有停止，反而更加猖獗。其具体活动有：

▶1952年3至4月，拉萨地区不断发生割断电话线、夜间枪击解放军驻地和哨兵、袭击解放军外出人员、打骂解放军卫兵的事件。

一、4月2日，伪“人民会议”代表100余人继续在布达拉宫前面的印经院开会，声言“要继续组织请愿，不达目的不罢休!”并唆使伪“人民会议”分子继续包围张经武代表的住宅。张代表虽多次请噶厦的噶伦到桑都仓研究解决办法，但商定的办法始终未能执行。

二、大造攻打解放军的舆论。散布："藏历三月十四日，攻打解放军"；"噶厦已与三大寺订盟约，定于三月三日（即4月27日）联合攻打解放军"；"司曹鲁康娃打了卦，卦上显示'决不向解放军认输！一定要打下去！'"等等。

三、在制造散布"攻打解放军"舆论的同时，司曹鲁康娃和罗桑扎西背着达赖喇嘛，将驻扎在江孜的炮兵团（藏军第六团）于1952年4月8日调到拉萨。

四、有些贵族官员经营的商店蓄意抬高粮价。青稞每克（百斤）价上涨到藏银70两，还造谣说："粮价涨价，都是解放军把粮食买光了。"但知道内情的群众却说："解放军公平交易，不亏商民，这是贵族粮店有意抬高粮价，盘剥解放军的钱财。实在太没有良心！"

五、在司曹鲁康娃和罗桑扎西及伪"人民会议"的煽动下，拉萨地区不断发生割断电话线、夜间枪击解放军驻地和哨兵、袭击解放军外出人员、打骂解放军卫兵；在街上拦阻解放军、抗膀子、吐口水；侮辱女同志；偷盗解放军物资等事件每天都有。据统计，仅三四月份，上述不法行为即发生100余起。由于解放军指战员受过严格的纪律教育，遵守军区的各项规定，从未与之计较，所以这才使事态未能扩大。

六、向在西藏干部学校担任藏语文教师的爱国人士发递恐吓信。信中骂他们是妖魔，要他们"当心脑袋！"一些不法分子在街道上向他们吐口水、打石头，要他们立即停止到西藏干部学校教课。有一天，在大树下给学员上课的藏语文老师噙着眼泪说："同学们，今天我万分难过！我不能和同学们一起学习了。因为往返途中很不安全，只得暂时不来校教课。我希望这不是最后的一课！"老师说到这里，学员都流下了伤心的眼泪。从那天起，西藏干部学校被迫停了课，学员回到了军区司令部。

为防备敌人发动武装袭击，西藏军区决定调炮兵营进驻拉萨，命令一五五团一营自隆子日夜兼程赶到拉萨。与此同时，军区驻拉萨机关、分队，修筑了部分防御工事，司令部、政治部、后勤部机关之间，挖了交通壕，规定严禁人员外出，以免遭受无谓的牺牲。

那段时期拉萨很不安定，尤其在夜间，不断听到枪声。面对越来越严重的形势。张经武代表提出：如果不及时采取果断措施，伪“人民会议”的不法分子，必将闹出更大的乱子来。为力争和平解决伪“人民会议”的不法行动，我必须亲自去布达拉宫，面见达赖喇嘛，向他陈述事态的严重性和为了防止局势的恶化，要求撤销伪“人民会议”的幕后策划者——鲁康娃和罗桑扎西二司曹职务的意见。

当时的布达拉宫，布满藏军和武装喇嘛，两个司曹也经常在达赖身边。张经武代表只身前往布达拉宫向达赖提出撤销的要求，显然是非常危险的。但如果不去，听任这种局面发展下去，其后果更是不堪设想。西藏工委和军区领导对张经武代表去布达拉宫一事，进行了充分的分析研究，认为此行可能出现以下几种情况：

一、鲁康娃、罗桑扎西等有可能下毒手，将张经武代表杀害，如果这样，西藏地方政府就一手制造了流血事件，鲁康娃、罗桑扎西即在政治上完全陷于被动，人民解放军可以一举歼灭西藏上层反动集团和伪“人民会议”的所有不法分子。

二、鲁康娃、罗桑扎西等将张经武代表软禁在布达拉宫，同时向驻拉萨的解放军发动进攻。这样，西藏反动上层就自绝于人民，人民解放军将被迫进行自卫反击。

三、达赖喇嘛接受撤销鲁康娃和罗桑扎西职务的要求，这样，伪“人民会议”分子在拉萨掀起的骚乱即可和平解决。

根据上述分析，估计出现第一、三两种情况的可能性不大。最有可能的就是第二种情况。但这只是当时的主观分析，没有绝对的把握。军区党委和西藏工委权衡利弊，从大局考虑，最后作出了同意张经武同志前往的决定。张经武下定了冒生命危险，前往布达拉宫的决心，他坚定地表示：“不论出现何种情况，去布达拉宫向达赖喇嘛当面讲明中央的态度和我们的立场，是完全符合‘有理、有利、有节’的原则的。这样，既可以争取团结达赖喇嘛和教育西藏人士，也有利于广大藏族群众的觉醒。我们一定要做到仁至义尽，坚持和平解决的原则，坚决不打第一枪。万一反动分子发动武装挑衅，那么被迫进行自卫还击时就更加有理、有利。这次进布达拉宫，我有牺牲的可能。即使牺牲，也是为了革命，为了西藏人民的解放，为了换得西藏政局的长久稳定，我想也值得、也光荣。但是，我们也不能把问题尽向坏处想。根据西藏历史记载，清代驻藏大臣有78任，被杀害的只有一任。那是清朝乾隆十五年（1750年）的事。当时藏王珠尔默特那木扎勒谋叛，企图割据西藏。驻藏大臣设计将珠尔默特那木扎勒杀了。只因当时清朝在西藏没有驻军，驻藏大臣傅清和副大臣拉布敦也同时遇难。从此以后，清朝在西藏派驻了军队，就再没有发生过谋杀驻藏大臣的事件。现在我们有解放军驻在拉萨，我作为新中国中央人民政府驻西藏的代表，去向达赖喇嘛表明中央的态度，量他们不会冒天之大不韪将我杀害；再说，量他们也没有这样的胆量。我估计软禁的可能性较大。如果我一时回不来，我将在布达拉宫宫顶，与达赖一同观看同志们自卫反击的情景，我预祝同志们反击作战的胜利；而同志们反击作战的胜利越快，我平安返回的可能性就越大。”张经武代表发言时，沉着、果断、刚毅而乐观，不时发出爽朗的笑声。

参加会议的同志对张经武代表的发言和他对西藏历史的熟悉，都表示佩服和同意。但军区首长和同志们对张经武代表的安全总是不放心，为防止分裂分子孤注一掷发动武装进攻，军区首长命令军区机关、部队和炮兵营的指战员都作了充分的战斗准备。

1952年4月19日早晨，张经武代表从他的住宅桑都仓准备前往布达拉宫。这是一个晴朗的上午。拉萨的四月天虽有些寒意，但柳树枝头已开始吐青，小草也冒出嫩芽，张国华司令员、谭冠三政委、王其梅副政委、李觉参谋长等军区首长都以严肃的神情，等候张代表出发的消息。一阵沉静后，电话铃终于响了，桑都仓打来了电话，说是张经武代表带了一名翻译、两名保卫干事和一个警卫班，已离开桑都仓去了布达拉宫。

李觉参谋长急忙把作战部（处）长叫出作战室，对部（处）长说：“张代表已经出发了。现在交给你一项重要任务；马上带上一具望远镜和一支信号枪，到西面广场小河边等候，如果张代表在布达拉宫发生意外或被扣留，跟随他的保卫干事即会从布达拉宫顶上朝南的中间窗口里伸出一面红旗或发射三发信号弹。这时，你也要发射三发信号弹，作为我们部队发起反击的信号。事关重大，希望你认真观察，千万不可疏忽大意！”

军区作战部（处）长心情更加紧张。一阵小跑奔到小河边，集中全部注意力，用望远镜一直瞭望着布达拉宫的每一处地方。倏地，盯见张代表到达布达拉宫山下，留下警卫班，带着翻译和两名保卫干事，从东门走进了布达拉宫。这时，他的心被提了起来。时间过得很慢。瞭望久了，作战部（处）长举望远镜的手也酸了，眼睛也模糊了，但一点也不敢松懈。总怕错过那不愿意它出现而又极为关键的一刹那。时间一分一秒地过去了。布达拉宫的窗口上既未发现红旗，也未发现打出信号弹。部（处）长非常焦急。时间越长，部（处）长的想法越多，令人万分担忧！

▶藏军第四代本团围攻西藏军区大院。

突然，从布达拉宫东门内走出一个身影，接着又走出三个人，部（处）长兴奋地擦了擦眼睛，再次仔细观察。当断定是张代表平安地从布达拉宫出来时，内心真有说不出的高兴。部（处）长急忙奔到作战室，大声报告：“张代表从布达拉宫下回来了。”

张国华司令员、谭冠三政委、李觉参谋长等首长都点头会心地微笑。接着，张国华司令员说：“代表总算平安地回来了，但问题是怎样解决的，详情还不得而知。通知部队继续保持警惕。”

约一小时后，张经武代表从桑都仓打来电话，说是经过说理斗争，达赖喇嘛已同意将司曹鲁康娃和罗桑扎西撤职。正义上升，阴霾消散，胜利的喜悦浮现在大家的脸上。

1952年4月26日（藏历水龙年三月二日），达赖喇嘛发布命令撤销鲁康娃、罗桑扎西两人的司曹职务。少数分裂主义分子受到沉重的一击。伪“人民会议”的非法活动因此由公开转入了隐蔽。

西藏伪“人民会议”。“人民会议”是西藏分裂分子，发动叛乱，对抗中央人民政府的工具。它的前身为1950年12月达赖喇嘛及主要官员出走亚东时，阿乐群则为抵制西藏解放，以保护达赖为名，而建立的私人卫队。该卫队由阿乐群则等70多家商人发起，向亚东噶厦提出申请，要求率众隆重出迎达赖。亚东噶厦准予他们迎至拉萨远郊，并将他们作为“人民代表”编入迎接达赖喇嘛的仪仗序列。值此“人民代表”以合法身份出现在迎接达赖喇嘛的队伍之中，一时名声大噪。1951年底，“人民会议”在德吉林卡开会，立誓请愿，成员有40~50人。1951年7月16日，中央人民政府代表张经武到达亚东会见达赖喇嘛，促成达赖返回拉萨。这支卫队回拉萨之前宣称：“为了宗教和众生的幸福，而立志不移”，“粉身碎骨在所不计，永不反悔，我们像兄弟一样，生死同当，并向神宣誓，内部的事，不向外泄。”豪言壮语并不能掩盖这些上层贵族为权力而争斗的目的。到达拉萨后，他们乘机打起反对《十七条协议》，破坏汉藏团结的分裂旗帜。

“人民会议”代表这块招牌确实蒙骗了许多藏民，它得到司曹鲁康娃·泽旺绕登的支持，1952年3月他们发起了请愿活动，组织反动武装解放大队，甚至蒙骗了藏军。3月中旬，西藏伪人民议会闹事，包围了张经武的住所……这些所谓“人民会议”代表包围中央代表驻地、外事处、银行和阿沛先生的住宅时。中央顾全大局，坚持团结，反对分裂，本着有理有节的说服态度促成达赖喇嘛撤销两司曹之职务，解散了“人民会议”。然而，噶厦暗中包庇鲁康娃等分裂分子，让其潜逃出境，继续从事分裂活动。“人民会议”事件后，鲁康娃借朝佛名义前往印度，以噶伦堡为据点，策划并指挥康藏分裂势力的叛乱活动。

“人民会议”并没有因被取缔而停止非法活动。噶厦中的少数分裂分子仍然暗中支持。1953年，阿乐群则、钦绕旺秋等人聚集在阿乐群则家，密谋再组“西藏人民会议”。

1954年7月，中央政府通知达赖喇嘛赴京出席全国人大第一届会议。阿乐群则等人为了阻止达赖赴京与会，公开宣布再组“西藏人民会议”，煽动请愿，反对中央的决定。同时，夏格巴等境外的分裂分子在噶伦堡也成立了“西藏国民大会”，里外呼应，一起进行分裂阴谋。

1955年，中央政府决定在川、青、甘、滇等省藏区试行民主改革。藏区的封建农奴主包括一些寺庙喇嘛堪布，深感改革触动其既得利益与统治地位，强烈反对改革。他们以文、武两手抵制中央的改革政策。阿乐群则等人在拉萨以伪“人民会议”名义，搞静坐、请愿，张贴标语，轮番纠缠中央驻藏代表，以所谓“和平手段”反对改革。

1956年初，分裂分子在外国势力和台湾当局的支持下，在康巴地区举行了大规模叛乱，以武力破坏西康民主改革。1956年，印度举行释迦牟尼涅槃2500年纪念大会，特邀达赖出席。境内外的分裂势力又乘机进行滞留达赖于国外的分裂活动。

达赖的两个哥哥嘉乐顿珠和土登·居美诺布从美国赶回印度，与鲁康娃、夏格巴等分裂势力汇合，力劝达赖流亡印度，居留于噶伦堡从事“藏独”活动。夏格巴甚至企图在达赖于1957年元月访问加尔各答时，用汽车劫持达赖到美国领事馆。对此，周恩来总理亲自访印进行工作，才使尼赫鲁许诺不支持“藏独”势力。周总理还两次与达赖进行长谈，坚定了他回国的立场。

▶1955年6月，达赖参加全国第一届人大会议归来受到拉萨军民欢迎。

达赖赴内地出席第一届全国人大会议后，于1955年6月返回拉萨，阿乐群则又掀起请愿活动。他以迎接达赖为名，呈送了“汇报与请愿书”，要求恢复“人民会议”的地位，反对筹备成立西藏自治区。11月17日，中央政府驻藏代表责成噶厦明令宣布“西藏人民会议”为非法组织，并将阿乐群则等分裂首领逮捕，其嚣张气焰受到沉重打击。

1957年2月初，达赖一行返藏，国内外分裂分子企图利用达赖访印，逼其流亡印度搞“藏独”的阴谋未能得逞。从此，西藏反动上层在西藏各地秘密拼凑叛乱组织，四处截击汽车，暗杀汉族干部。经过一段串联、酝酿活动后，1958年4月20日，由邻省窜入拉萨的近5000名叛乱武装的头目及藏军，哲蚌、色拉、噶丹三大寺的代表秘密聚会，结成同盟，将所有武装力量统一于“曲细岗珠”组织之内。他们正式签订了同盟书，各自承担了将来叛乱时所担负的任务。

▶拉萨叛乱分子对西藏爱国人士进行劫掠、烧杀。

5月，在西藏上层集团的策划、支持下，原“伪人民会议”的骨干又组成了“曲细岗珠”。这个反动组织的企图是，要使西藏及川、滇、甘、青等省藏族聚居的地区独立，即成立“大西藏国”。这一组织成立之后，以向达赖献“金宝座”为名，展开大规模的捐献活动。年底，西藏噶厦大幅度的调整区划、机构及领导人员，委任了一批分裂主义分子担任宗本（县长）、基巧（相当专员）等职务，以强化其反动统治。“曲细岗珠”还得到帝国主义和外国反动派空投、陆运武器弹药等物资援助。7月20日，“曲细岗珠”组织的“卫教军”，在拉萨以东仅80余公里的争莫寺伏击了解放军的一辆运输汽车，打响了在西藏噶厦管辖区武装叛乱的第一枪。而后，又在麻江、贡噶、扎朗等地伏击解放军车辆。解放军有10人被杀害，伤残20多人。

1958年下半年，非法的“西藏人民会议”召开会议，全面策划武装叛乱。7月28日，阿乐群则、多吉巴桑等人以藏区（卫藏、康巴、安多）人民的名义，向全世界185个非共产党国家与地区散发了反对“中国侵略西藏”的决议书。境外的分裂势力在美蒋特务的支持下，以噶伦堡为基地，成立了“西藏自由同盟”、“西藏福利协会”等反动组织，出版《西藏镜报》，鼓吹“独立”，策划分裂活动。1959年初，武装叛乱逐步升级，叛乱分子以及“人民会议”的骨干成员，不仅袭击解放军，而且对藏民也劫掠、烧杀，强迫他们反对中央人民政府。

▶图为1959年3月10日拉萨街头发生游行示威活动。

拉萨叛乱纪实。1959年3月10日，拉萨的叛乱事件终于爆发。那年的春节刚过，西藏各地仍披着银装，寒风凛冽，藏族同胞沉浸在新年的愉悦之中。在这样喜庆的时刻，一场叛乱正在酝酿着。3月10日上午8时许，拉萨街头突然一片混乱。“到罗布林卡去保护如意至宝（达赖喇嘛）吧！汉人要把他劫走了！”。这些哭喊声，对坚信佛教的藏族人民无疑是莫大的冲击。他们怀着那份忠诚之心，惶恐不安地向罗布林卡涌去。分裂分子妄图以保护达赖为名，包围罗布林卡。武装叛乱的帷幕终于揭开了。

这场叛乱是有预谋的。事情的经过是这样的，按照藏族传统习俗，每年藏历十二月二日是“破九”，在布达拉宫举行“破九跳神大会”。破九跳神大会“这天（阳历2月7日），中央驻西藏工委秘书长郭锡兰和西藏军区副司令员邓少东应邀前往布达拉宫。

达赖喇嘛在他的卧室会见他们：“听说西藏军区文工团在内地学习回来后，演出的新节目很好，我想看一次，请安排一下。”

郭锡兰和邓少东应允下来。郭锡兰告诉达赖：“这事很好办，只要你确定时间，军区可以随时派出文工团去罗布林卡进行专场演出。”

达赖喇嘛微微一笑说：“去罗布林卡不方便，那里没有舞台和设备，就在军区礼堂演出，我去看。”郭锡兰和邓少东把此事通知全体噶伦等西藏地方政府的主要官员。

3月9日，达赖喇嘛决定次日去军区看文工团演出，他通告全体噶伦说："噶厦官员明天不用到罗布林卡了，可直接去军区礼堂等我。达赖喇嘛这样的安排不同寻常。一般来说，参加如此活动，噶厦的官员都应先到罗布林卡，然后随达赖出行。据阿沛·阿旺晋美的回忆，他就觉得会出事。不出所料，3月10日上午出现了前文提到的那一幕。西藏上层反动集团利用达赖到军区看文艺演出之机，发动了叛乱。西藏噶厦的警察代本侈巴·才仁罗吉带着武装警察和"卫教军"荷枪实弹，在市内大街小巷吆喝穿梭，强迫每家至少派一个人到罗布林卡，阻止达赖到军区看戏。并且宣传各种谣言："军区要毒死达赖喇嘛"，"军区准备了直升飞机，要把达赖喇嘛劫往北京"等。群众把罗布林卡围的水泄不通，达赖根本不可能去看戏。与此同时，叛乱分子还袭击了爱国人士帕巴拉·索朗加措，并将其遗体系于马尾，鞭马拖尸，"示众"达两公里，惨不忍睹。

达赖喇嘛给谭冠三的第二封亲笔复信（影印件）。

叛乱分子在市区游行，呼喊"西藏独立"、"汉人滚出去"、"你们不滚出去，我们也有力量赶走你们"等口号，张贴"西藏独立自主政教合一的国家"、"从今天起，我们西藏怎样独立自主，完全由我们自己决定"等反动标语。发生这样的恶性事件，身为噶伦的索康、柳霞、夏苏三人却对中央代表谎称："噶厦事前不知道达赖喇嘛要来军区看戏，这是由于达赖喇嘛的近侍机构、三大寺堪布和僧俗官员反对达赖喇嘛去军区看戏，事态发展到使噶厦无法控制的地步。"

中央驻藏代理代表（中央代表张经武赴京开会，谭冠三将军代理其职）、军区政委谭冠三严正指出："今天的事件显然是有预谋的行动。要下令保护达赖的安全，严惩凶手、抚恤、慰问死伤者。"索康等不顾中央的决定，于罗布林卡召开"西藏人民代表会议"，并且决定"西藏独立了，西藏人民站起来与中央决裂，为西藏独立而战斗到底。"

他们集结三大寺1400多喇嘛和武装叛乱分子，进入罗布林卡，把达赖置于了武装包围之下。

1959年的西藏叛乱，阿沛·阿旺晋美先生作为历史的见证人，为此发表过专题文章，揭露事件真相。达赖集团方面也曾发表过文章，歪曲事实。

有关这段史实，我认为，中共西藏自治区党史资料征集委员会编的《中共西藏党史大事记》，对事件经过描述得比较准确。为我们揭开了叛乱的疑云，现摘录如下：

3月9日，噶厦指示拉萨市民请愿，要求达赖不去军区看戏。9日夜晚，拉萨朗子辖（市政府）墨本（市长）洛卡娃·泽旺仁增根据噶厦的反映，向拉萨市民说：达赖喇嘛要到军区赴宴看戏，汉人准备在宴会上毒死达赖。因此，每家都要派人去罗布林卡向达赖请愿，要求达赖喇嘛不要去军区。同日，阿沛·阿旺晋美向工委反映，反动分子阴谋挟持达赖逃走。阿沛·阿旺晋美获悉，噶伦柳霞·土登塔巴、功德林扎萨、帕拉副官长等人正阴谋挟持达赖逃走，其步骤是先向他灌输汉人要灭宗教、杀活佛的谣言，力促他自动设法逃走；如不奏效，则在拉萨搞点暴乱，利用我机关部队自卫的机会，强制达赖逃走。

3月10日，西藏地方政府反动集团发动全面叛乱。这天是达赖确定到军区看戏的日子，工委、军区已作好准备。早晨，拉萨市民开始向罗布林卡涌去，11时，商店纷纷关门，群众抢贮饮水，并传出谣言说："军区要毒死达赖喇嘛"、"军区准备了直升飞机，要把达赖喇嘛劫往北京"等。12时左右，爱国进步人士帕巴拉·索朗加措（即现在全国政协副主席的帕巴拉·格列朗杰的哥哥）在罗布林卡门外被叛乱分子打死。叛乱分子将帕的尸体绑在马尾巴上，藏军骑在马上，拖尸到市内游行示众。同时，上千人手持小白旗在街上游行，呼喊"西藏独立"、"汉人滚出去"等口号。接着，西藏卸任噶伦、军区副司令员桑颇·才旺仁增在罗布林卡大门前被叛乱分子用石头打伤，汽车被打坏。下午3时左右，噶厦的索康、柳霞、夏苏三个噶伦到军区，向谭冠三政委谎称，他们事先不知道达赖要来军区看戏，现在事情的发展使他们无能为力，达赖已肯定不能来军区看戏了。谭冠三政委严厉斥责索康等人，指出今天的事件是有计划的阴谋活动，责令噶厦立即制止这一叛乱活动，保护达赖安全，追查事件主谋人，查办杀人凶手，并向工委、军区报告处理结果。与此同时，叛乱分子在罗布林卡召开“人民会议”，100多个“代表”参加，会上公开提出“西藏独立”问题，并决定：由索康、雪苦巴、噶章·洛桑仁增等人领导“西藏独立”运动；在自治区筹委会机关工作的藏族官员，从11日起，不许再去办公；抽调哲蚌寺、色拉寺喇嘛各15名担任罗布林卡警卫；调部分康区叛乱分子进驻罗布林卡担任达赖的警卫。同日，叛乱分子张贴“独立”布告。叛乱分子以“西藏僧俗人民”的名义，在拉萨大街上张贴布告，声称“西藏是独立自主政教合一的国家，从今天起，我们西藏怎样独立自主，完全由我们自己决定”。同日，叛乱分子到印度驻拉萨领事馆要求保护叛乱分子12名“代表”去印度驻拉萨领事馆，声明西藏历来就是“独立国”，从今天起就正式搞起“独立运动”，要求印度给予“保护”。印领事馆竟公开接见叛乱代表，收下“独立声明”，并答允转告其政府。同日，谭冠三政委写信给达赖喇嘛。中央驻西藏代理代表（当时中央驻藏代表、工委书记张经武与军区司令员、工委第一副书记张国华均在北京）、军区政治委员谭冠三，在西藏上层反动集团公开叛乱后，写信给达赖喇嘛。信是通过内部上层关系送的。

敬爱的达赖喇嘛：

您表示愿意来军区，这是一件很好的事，我们表示热烈的欢迎。但是由于反动分子的阴谋挑拨给您造成很大的困难，故可暂时不来。

此致敬礼并祝保重

谭冠三1959年3月10日

3月11日，达赖喇嘛致中央驻藏代理代表、西藏军区政治委员谭冠三将军一信，信的全文如下：

亲爱的谭政委同志：

昨天我决定去军区看戏，但由于少数坏人的煽动，而僧俗人民不解真相追随其后，进行阻拦，确实无法去访，使我害羞难言，忧虑交加，而处于莫知所措的境地。您毫不计较，送来的信（按：这是指谭冠三将军10日致达赖喇嘛的信）出现在我眼前时，顿时感到无限的兴奋。

反动的坏分子们正在借口保护我的安全而进行着危害我的活动。对此我正设法平息。几天以后，情况安定了，一定同您见面。您对我有何内部的指示，请通过此人（指阿沛·阿旺晋美）坦率示知。

达赖喇嘛亲笔呈

同日，谭冠三将军致达赖喇嘛信，全文如下：

达赖喇嘛：

现在反动分子竟敢肆无忌惮，公开地狂妄地进行军事挑衅，在国防公路沿线（罗布林卡北面的公路）修了工事，布置了大量机枪和武装反动分子，已经十分严重的破坏了国防交通安全。过去我们曾多次向噶厦谈过，人民解放军负有保卫国防，保卫国防交通安全的责任，对于这种严重的军事挑衅行为，实难置之不理。因此，西藏军区已去信通知索康、柳霞、夏苏、帕拉等，请他们通知反动分子，立即拆除一切工事，并撤离公路。否则由此引起恶

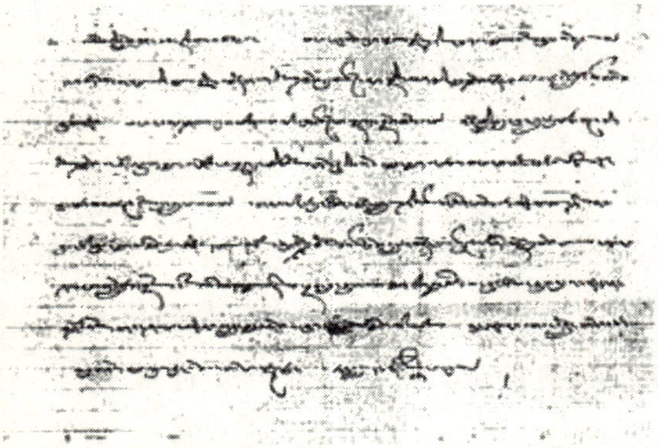

达赖喇嘛给谭政委的第三封亲笔复信（影印件）

果，完全由他们自己负责。特此报告，您有何意见，亦请尽快告知。

此致敬礼并祝保重

谭冠三1959年3月11日

同日，拉萨叛乱活动继续发展。白天，叛乱分子在罗布林卡举行“人民会议”。会上决定：凡参加会议的人员均按班、排、连组织起来；对18~60岁的男性进行登记，凡适合作战的一律参加；三大寺立即组织“先锋队”；在自治区筹委会的汉人机关工作的藏人，限3月11日前登记悔过，凡不前来悔过自首者，必将严处。夜间，噶厦派人分赴工布、彭波、山南、江孜、曲水等地噶厦命令，命令各地组织武装，迅速赶到拉萨，保卫达赖。同日，中央发出《关于上层公开暴露叛国面貌之后应采取措施》的指示。《指示》指出：你们应切实作好坚守防御的一切措施，随时准备迎击敌人的进攻。西藏永远是中国的西藏，任何反动力量都改变不了这个事实，如果反动派叛国，中央将采取坚决的行动予以平定......

当天，总参谋部电示西藏军区：“在敌人向我进攻之前，应严守自卫立场，不先打第一枪，以争取政治主动”。

3月12日，达赖喇嘛写信给谭冠三政委：

亲爱的谭政委同志：

昨天（按即3月11日）经阿沛转去一信，想已收到了。今早您送来的信收到了。反动集团的违法行为，使我无限忧伤。昨天我通知噶厦，责令非法人民会议必须立即解散，以保卫我为名而狂妄地进驻罗布林卡的反动分子必须立即撤走。对于昨天、前天发生的以保护我的安全为名而制造的严重离间中央与地方关系的事件，我正尽一切可能设法处理。今天早晨北京时间8点半钟，有少数藏军突然在青藏公路附近鸣了几枪。幸好没有发生大的骚乱。关于您来信（按：这是指谭冠三将军11日致达赖喇嘛的信）中提的问题，我现在正打算向下属的几个人进行教育和嘱托。您对我有何指示的意见，请知心坦率的示知。

达赖12日呈

同日，中央转发毛泽东对西藏叛乱问题的指示。中央转发毛泽东11日在武昌就西藏上层反动集团公开叛乱问题的电报中指出：西藏工委目前策略，应是军事上采取守势，政治上采取攻势。目的是分化上层，争取可能多的人站在我们一边；教育下层，准备群众条件。如果达赖及其一群逃走时，我军一概不要阻拦，无论去山南，去印度，让他们去。

同日，叛乱分子召开“西藏独立国人民会议”。会议在布达拉宫前的印经院召开，除“僧俗官员代表”外，并有八九百武装叛乱分子，以“人民代表”名义参加会议。会上选举噶伦索康、大喇嘛绒郎色、堪仲土登降秋、孜本雪苦巴、孜本凯墨等五人为会议领导人。在会上决定调整达赖警卫的负责人（实为叛乱武装指挥），拉鲁·策旺多吉为总领头，另有吞巴、喇嘛拉、夏江苏巴、帕拉（达赖的副官长）。

3月13日，叛乱武装总部下令全藏各地组织叛乱。设在罗布林卡的叛乱武装总部以“西藏独立国人民会议”名义，向各宗、奚谷（县、庄园）下达命令，命令说：“为了反对共产党和获取西藏独立的武装斗争的胜利，所有18~60岁的男人，都必须自带武器、弹药、食物，立即赶来拉萨，不得迟缓”。“如果对宗教事业不负责任，贪生惜命者，定将依法惩处”。

当天，拉萨朗子辖（市政府）在市民中对18~60岁的男子进行登记。噶厦从布达拉宫下面的军械库中取出炮12门，机枪30挺，运往罗布林卡装备叛乱分子。

3月14日，噶厦召集妇女开会并到印领事馆请愿。噶厦在布达拉宫下面召集300多名妇女开会，叫嚷“独立”。另有几百名妇女到印度、尼泊尔驻拉萨领事馆请愿，要求支持，保护“西藏独立”。而后又上街游行，高呼“汉人滚出西藏”、“西藏要独立”等口号。15日，又有300多名妇女到印度驻拉萨领事馆请愿。

3月15日，谭冠三将军致达赖喇嘛信，全文如下：

敬爱的达赖喇嘛：

您11日、12日两信均敬悉。西藏一部分上层反动分子所进行的叛国活动，已经发展到不能容忍的地步。这些人勾结外国人，进行反动叛国的活动，为时已久。中央过去一向宽大为怀，责成西藏地方政府认真处理，而西藏地方政府则一贯采取阳奉阴违的态度，实际上帮助了他们的活动，以致发展到现在这样严重的局面。现在中央仍然希望西藏地方政府改变错误态度，立即负起责任，平息叛乱，严惩叛国分子。否则，中央只有自己出面来维护祖国的团结和统一。您来信中说，对于"以保护我的安全为名而制造的严重离间中央与地方关系的事件，我正尽一切可能设法处理"。对于您的这种正确态度，我们甚为欢迎。

对于您现在的处境和安全，我们甚为关怀。如果您认为需要脱离现在被叛国分子劫持的危险境地，而且又有可能的话，我们热忱地欢迎您和您的随行人员到军区来住一个短期，我们愿对您的安全负完全的责任。究竟如何措置为好，完全听从您的决定。另外，第二届全国人民代表大会第一次会议已决定于4月17日举行。特此告诉您。

此致敬礼并祝保重

谭冠三1959年3月15日

3月16日，达赖喇嘛写信给谭冠三政委：

您15日的来信，方才3点钟收到，您对我的安全甚为关怀，使我甚感愉快，谢谢。

前天藏历二月五日（公历3月14日）我向政府官员等的代表70余人讲话，从各方面进行了教育，要大家认真考虑目前和长远的利害关系，安定下来，否则我的生命一定难保。这样严厉地指责之后，情况稍微好了一些。现在此间内外的情况虽然仍很难处置，但我正在用巧妙的办法，在政府官员中从内部划分进步与反对革命的两种人的界限。一旦几天以后，有了一定数量的足以信赖的力量以后，将采取秘密的方式前往军区，届时先给您去信，对此请您亦采取可靠的措施。您有何意见，请经常来信。

达赖16日呈

3月16日至17日，叛乱武装向我拉萨运输站连续射击。聚集在罗布林卡的叛乱武装16日突然向青藏公路拉萨运输站连续开枪射击。运输站处于罗布林卡、药王山、布达拉宫等叛乱武装据点的半圆形包围中，是叛乱集团之间的一个咽喉。17日，聚集在罗布林卡北侧的叛乱武装又向运输站射击，并向运输站的油库、碉堡发射炮弹30余发。该站经济警察曾惠山擅自以六零炮向敌还击炮弹两发，落在罗布林卡北围墙以北的200~300米处。

此后，西藏上层反动集团和外国反动派即以此两发炮弹大做文章，歪曲事实，说这两发炮弹促使达赖逃跑，企图掩盖达赖出逃真相。

与此同时，叛乱集团同印度噶伦堡反动中心秘密联系。叛乱集团以“西藏独立国人民会议”名义，16日从拉萨通过印度领事馆电台给逃亡印度噶伦堡的原噶厦孜本、反动组织“西藏幸福事业会”领导人夏格巴发去密电一封，声称：藏历二月一日（公历3月10日）西藏独立国已经成立，请向大家宣布，并请于3月18日到刚渡（锡金首府）听电话。噶伦柳霞、堪仲土登降秋等去布达拉宫金库取出大金砖一块，象牌金币50枚、金螃蟹两只、金钟一个、印度卢比14.1267万盾。供叛乱之用。

同日，叛乱集团又以“西藏独立国人民会议”名义，给噶伦堡夏格巴发密电一封：二月一日（藏历）西藏已经宣布从汉人红色共产党的强权之下起而成立独立国家，请向印度政府、佛教会议、联合国报告，立即派代表到西藏调查观察，以设法谋求其支持。

3月17日，达赖及随员出逃。达赖及其随同人员索康、柳霞、夏苏三个噶伦，达赖经师林仓、副经师赤江，代理基巧堪布噶章，副官长帕拉，达赖的母亲、姐姐，一代本彭措扎西（黄国桢，达赖之姐夫），二代本扎西白惹，四代本多卡色和随同家属及担任警卫的两百名藏军共约600余人，于17日夜晚10时左右逃离拉萨。

中央军委下令解除藏军武装

3月10日以后，西藏上层反动集团的叛乱活动继续发展，局势日趋恶化。此时，西藏上层叛乱集团开始积极准备出逃，噶伦柳霞等从布达拉宫金库中，取出大量印度卢比及金砖金币，征集骡马、鞍具，并向罗布林卡集结。

平息拉萨地区叛乱。3月18日，叛乱分子宣读达赖签署的一份文件。叛乱分子在罗布林卡召开“人民会议”，由新任叛乱武装司令堪穷达热在会上宣读达赖17日签署的给叛乱武装各司令转全体人民的一份文件。文件称：“西藏过去是独立国家，目前汉藏团结已处分裂之际，为了设法保全生命，并使佛教、政治不致受损，我本人和负责政治的重要属僚们，不得不暂时逃走；人民会议的文武官员之间要互相研究商讨，设法求得汉藏之间的关系能够通过和平谈判缓和下来；僧俗人民和各地官员应接受各武装司令共同的指挥。”这天，叛乱分子以“西藏独立国人民扩大会议”名义，在拉萨大街上贴出布告，责令所有在我机关、企事业单位工作的藏族干部、工人和学校的教师、学生等所有领取“汉人薪水”的人，从即日起，不得前去工作。

3月19日，工委向中央报告达赖逃走和我对当前情况处理意见。工委在报告中说，经过查实，达赖同一批上层反动分子已于17日晚上逃走。但目前留在拉萨的少数反动上层还没有正式公布达赖出走的问题，而是在政治上继续迷惑我们，在军事上加强准备。

同日，班禅额尔德尼复电工委、军区确保日喀则安全，共同粉碎叛乱。工委曾将拉萨叛乱情况向班禅额尔德尼作了通报，班禅在复电中说，西藏反动分子最近在拉萨的反动活动的叛国叛人民的严重问题，他们从暗中支持和纵容叛乱分子，到正式公开地进行叛国活动。请工委注意反动分子突然地、全面地武装叛乱。在日喀则，堪厅和分工委、人民解放军一贯是团结的，有密切联系的。我已指示堪厅，现在更应继续和分工委、解放军加强团结，密切合作，作好准备，确保日喀则市区安全，共同粉碎和镇压武装叛乱。

3月20日，叛乱武装向我发起全面进攻，我军对拉萨叛乱武装进行反击。凌晨3时40分，叛乱武装在罗布林卡西南拉萨河然巴渡口附近，首先向我军控制该渡口的一个连开枪射击，随即全市叛乱武装向我驻拉萨的党、政、军机关和企事业单位发起全面攻击。叛乱武装数百人在猛烈炮火掩护下，向我青藏公路拉萨运输站接连发起三次冲锋，均被我民兵连（80名职工）打退。盘踞小昭寺的叛乱武装出动1000余人向我建筑工程处进攻，并一度攻进院内，被我建工处的一个民兵排英勇击退。叛乱分子并向自治区筹委会外事处、人民医院、人民法院、人民检察院、气象处、贸易公司、邮电局、西藏日报社、新华社西藏分社等10多个单位发起猛烈进攻。

晨5时，谭冠三在军区召开紧急会议，会议认为，达赖逃走后，留在拉萨的叛乱武装力量逐渐减少，而不是增加，为了防敌继续向山南转移，我应立即对叛乱武装进行反击。于是确定使用现有机动兵力，于10时向敌发起反击。军区随即将上述决定报告中央军委。

▶解放军攻占叛军重要据点药王山。

9时30分，军委电示：“拉萨打响，达赖逃走，对解决西藏问题不是坏事，目前作战方针应是：尽力设法控制要点，阻止敌人向北向南逃走的通路，全力抓住敌人在拉萨市区，勿使其逃走，以便主力到达，然后聚歼”。

10时，我军在炮火配合下，开始向盘踞在拉萨市区的叛乱武装进行作战，首先攻占敌人重要据点药王山，截断市区敌人外逃通路，卡断罗布林卡与市内的联系。

18时，军委电示，药王山攻下后，如果叛军继续在拉萨市区作战，我应逐步攻克可能攻克的叛军据点。遵照军委指示，我军又以多路向罗布林卡发起攻击，经过短促激战，迅速攻占叛乱武装的指挥中心。随即，部队转移，对市区进行合围。同日，中央电示工委暂不把达赖放在叛国头子之内。中央电示指出：“噶厦集团公开叛乱，达赖逃跑，叛乱武装攻击我军据点，西藏政治局势完全明朗，这是极好的事。但

▶1959年3月22日，拉萨市区的叛乱全部平息。22日拂晓，大昭寺叛军投降。

是对于达赖逃跑暂不向外宣布，暂时不把达赖放在叛国头子之内，只宣传叛国头子挟持达赖。同日，西藏军区发布布告，号召西藏广大僧俗人民协助人民解放军讨平叛逆。

3月21日，我攻克拉萨市区叛乱武装各据点。上午，我军对市区叛乱武装进行反击。经过激战，我军攻占了小昭寺、木鹿寺、恩珠·公布扎西住宅等敌据点。然后，对大昭寺之敌，进行喊话，政治争取。同日，军委指示解除西藏各地藏军武装。军委电告西藏军区，西藏噶厦已在拉萨叛乱，所有藏军均应解除武装，勿使一个漏网。

3月22日，拉萨市区的叛乱全部平息。拂晓，大昭寺叛军投降。接着，

布达拉宫之敌也打出白旗。至此，拉萨市区的叛乱全部平息。

藏军参加叛乱事实：1951年5月23日，中央人民政府和原西藏地方政府《关于和平解放西藏办法的协议》在北京签订。这一协议从签订以后，西藏上层反动集团和原西藏地方政府中的反动分子就百般进行阻挠和破坏，使这一协议中的第八条规定“西藏军队逐步改编为人民解放军，成为中华人民共和国国防武装的一部分”，没有能够实现。原西藏地方政府却在兵员和装备上非法地进行了扩充，把这一支军队用来作为反对中央人民政府和人民解放军的工具。

西藏和平解放时，藏军（保留六个代本团）的官兵总共不过1400多人，但在解放后的八年中西藏地方政府竟将这支军队扩充了一倍以上。据查，1952年6月，据不完全统计，原西藏地方政府一次就征集了500人，将在昌都战役中被人民解放军歼灭的三代本重新恢复。1956年，原西康地区进行民主改革以后，一小撮农奴主发动武装叛乱，原西藏地方政府也在这时候大肆征兵：仅1956年，一代本增加了250多人，二代本增加了250多人，三代本增加了240人，共计增加740多人。1957年，一代本又增加200人，二代本和三代本各增加300人，四代本增加100人，共计增加900人左右。1958年五代本又增加250多人。除去逃亡的士兵外，直到1959年3月10日前为止，藏军总数超过了3000人。

与此同时，原西藏地方政府还不断从国外运进军火，其中大部分是自动武器和重型武器。如果以1954年藏军的装备和1958年的装备进行比较，则一代本增加迫击炮八门，增加轻机枪44挺、冲锋枪200支、步枪300支；二代本增加迫击炮六门、山炮八门、其他炮八门、轻机枪44挺、冲锋枪50支、步枪200支；三代本则增加了其他炮14门、重机枪四挺、轻机枪20挺、冲锋枪32支，步枪100支；五代本增加步枪25支；六代本增加迫击炮二门、山炮八门、其他炮22门、重机枪五挺、轻机枪120挺、冲锋枪298支、步枪625支。四年中，共增加装备一倍多。

为了拒绝改编藏军，原西藏地方政府在1956年竟召集了六个代本的中上级军官，秘密举行“代表会议”，专门讨论如何向中央人民政府进行顽抗的具体措施。“代表会议”在原西藏地方政府主持下还通过了一份准备和煽动叛乱的“宣誓书”。这份“宣誓书”说，“近来用所谓根据协议及对西藏有好处为借口，要对西藏进行很多改革（注：1956年4月，达赖喇嘛和班禅额尔德尼在自治区筹备委员会成立大会上提出要求进行民主改革）”，其目的是要“毁灭旧有的一切良好制度”，“因而召集了一二三四五六代本的如本（按：相当于营长）和甲本（按：相当于连长），以政教为重，用数天时间，进行详细的讨论”。“宣誓书”接着提出：“我们官兵之间不应该有所分裂，必要时许诸前世的命定，各兵营不要走漏风声，不管对内对外，都要不顾牺牲，一心一意，同舟共难，永不违反誓言。”

在原西藏地方政府和上层反动集团的操纵下，藏军一直是向中央人民政府和人民解放军进攻的急先锋。在1958年，藏军有组织地几次拦路阻劫解放军，袭击解放军岗哨，非法逮捕汉族工作人员，向中央驻西藏机关鸣枪示威。在集会和出操时，藏军甚至狂妄地升持所谓“西藏独立国”的“雪山狮子旗”，呼喊“西藏独立，赶走汉人”等反动口号。

当原西藏地区和青海的少数叛乱分子在西藏境内开始武装暴乱以后，原西藏地方政府除为叛匪筹划粮草，安排地盘外，还不断从藏军中抽调炮手、机枪手、号手和一部分下级军官，携带武器充实叛匪队伍，这些人后来大都成为叛匪中的骨干分子。据不完全统计，在1958年下半年中，驻扎在拉萨地区的二代本即为叛匪调去258人，四代本调去37人，一代本调去九人，六代本调去八人，共计为叛匪补充了312人。

藏军在原西藏地方政府的统治下，忠诚地保护农奴主的利益，残害西藏人民。西藏解放后，他们恶性未改，整日酗酒打闹、一切吃喝用度，完全由驻地人民供应，稍不如意，就打人骂人。西藏人民还要负担藏军的极其沉重的“乌拉”（差役），足本（班长）以下的每人可以支一至三头牛。“协敖”（排长）支三匹马、四头牛，“甲本”（连长）支五匹马、八头牛，“如本”（营长）支八匹马、十二头牛，“代本”（团长）支十二匹马，二十头牛。每一次藏军换防驻地时，后面都跟着一支庞大的乌拉队伍。自己带有马匹的藏军虽然实际上并不需要乌拉，但每次都把规定的乌拉数目由农、牧民折成现金偿付。

藏军和帝国主义有密切联系，过去西藏军队大部分装备是英帝国主义及其他帝国主义供给的，藏军的操典和战术是仿英国式的，甚至军官发布的一些口令中也有英语。统治藏军的高级军官，大都是英帝国主义和其他外国反动派训练出来的。他们忠心耿耿地甘愿为帝国主义充当走卒。藏军“马基”凯墨·索安旺堆（叛匪首领便是英帝国义一手培养起来的走狗，他是叛乱的主要策划者索康·清格勒的叔父，西藏大农奴主之一）年轻时便受过英国的军事训练，1938年以后担任英帝国驻西藏办事处的招待官，1945年又率领所谓的“亲善使团”到印度进行叛国活动。1950年当人民解放军奉命进军西藏时，凯默·索安旺堆又竭力强迫达赖喇嘛往印度逃跑。1955年初，凯默·索安旺堆曾指派心腹藏兵20多人组成秘密组织，专门监视爱国进步人士和曾去内地参观学习的官员们的行动。

从1959年元月起，在帝国主义和外国反动派的指使下，藏军更加猖狂地进行背叛祖国的活动。2月14日，藏军将青藏公路局职工二人捉去，戴上脚、手铐监押了七昼夜，企图以保卫达赖喇嘛的安全为名制造发动叛乱的借口，经中共西藏工委和西藏军区严厉指责和反复交涉才放回。2月21日以后，藏军数次在中共西藏工委和中央驻拉萨机关的大门口和周围地带架设机枪进行挑衅。

在原西藏地方政府和上层反动集团指挥、策划下，这一支一贯欺压人民的军队解放后反动性质毫无改变，并终于在3月19日夜间向我人民解放军和中央驻拉萨机关发动了全面进攻，公开走上了背叛祖国的罪恶道路。

“四水六岗”卫教军的终极

西康叛乱。西康因民主改革和土地改革等政策触及了土司制度，剥夺了贵族、喇嘛及领主的利益。他们对解放农奴、分田地、收缴武器、征粮征款等一系列工作极为不满，这些贵族利用家丁和私人武装进行阻挠和暗杀工作队，与新生的共和国政权相对抗。1957年6月，解放军开赴四川甘孜，开始了平息昌太地区叛乱的准备工作。

7月，甘孜东谷以仁青康珠、牛西为首的叛乱股匪约300人伏击解放军骑兵。解放军于7月下旬奔袭合围，穿插分割，于达瓦村和东谷喇嘛寺全歼了该股匪。

8月20日，解放军参加昌太地区平叛。昌太位白玉中区，系以义敦县长曲麦多吉、新龙县长甲日尼马等为首之集股叛匪，共约2400余人，1400余枝枪，以胁迫昌太牛和村百余户人家，约1300余人为主要力量。解放军实施多路合围，歼其一部。叛匪遭解放军打击，纷纷逃窜，解放军即展开追击，匪无立脚喘息之机，化整为零，四处流窜，分散隐蔽。8月下旬，解放军对白玉中、南区之昌根寺、依里寺、仲依寺、麻绒实施反复清剿。9~10月，在昌太、白玉地区捕歼叛匪，出击六次，至11月，大、小战斗共40余次，歼匪1300余人，缴获各种枪支600多，基本平息了昌太地区叛乱。在昌太作战的同时，甘孜大金寺也掀起了叛乱。叛匪企图策应，被解放军一直属炮连围困该寺，开展政治攻势两个多月，该寺亚机活佛等投降，交出300余支枪。

1958年3月，康南叛匪20股，约3700余人，活动在约四万平方公里、12万余人的地区，组成了以丁容阿称为首的五路民团，组织严密。成都军区决心以七个团十九个营之兵力，在严密封锁金沙江沿线以后，首先平息理塘、雅江、稻城三县结合部及巴塘东南之叛乱，尔后转至其余地区。4月15日，解放军进入重点叛区，于理塘之格木寺、德巫、木拉及协巫以北展开，从西线对巴塘东区，对恶巴曲批，段象贤为首之叛匪分进合击。8月24日基本平息了康南叛乱，保证了民主改革的顺利进行及东巴公路继续施工。

1959年4月中旬，解放军向康北石渠进剿。石渠县24个部落，四座寺庙，5000余人，系畜牧区，面积约两万平方公里。6~7月，已聚集叛匪部落28个，全县集股叛匪共4800余人，2400余支枪。该区有青海等邻区逃来叛匪、血债分子1200余人，与当地土司头人勾结。4月20日，解放军开始围歼石渠叛匪，由甘孜经申扎科北上至舍卡中多打滚牛场一线展开，围歼长须贡马、汪布柯、温波扎尼、漫波扎恩之匪。叛匪察觉，企图逃窜，解放军即分路寻歼，先后在4900高地、那同、尼火格马、阿斗等地与匪接触，匪依托复杂地形、巨石垒壁掩护与解放军顽抗。双方逐石反复争夺，子弹打光后拼刺刀，进行肉搏，终于歼灭该匪。7月中旬，解放军骑一团围歼盘踞色达西部以仁真登珠、旺充郎加为首的几股叛匪，随后划区清剿，寻歼逃敌，在大则寺、吉龙寺、汪惹、甲伦寺等地集中牛场，组织发动群众，收缴枪支。

1958年七八月间，窜至盐井地区的叛匪活动频繁，9月，宁静地区普巴本、扎巴喇嘛等，勾结外区窜入的叛匪，进行骚扰。至此，康区、四川、青海、云南、甘肃等地叛匪向西藏境内聚集。

西藏叛乱的源头主要是由青海、西康、云南、四川地区的藏居地“四水六岗”引起的。1958年，川、青、甘、滇等藏族地区的漏网叛匪5600余人陆续逃到西藏山南地区，企图乘西藏暂不改革之机，借助达赖集团庇护。在山南地区，这伙人成立了“四水六岗”（四水即：金沙江、澜沧江、怒江、雅江；六岗即：擦瓦岗、芒康岗、麻则岗、木雅绕岗、色莫岗、泽贡岗）卫教军。它原是西康（现属四川）。理塘叛匪头子恩珠仓·贡布扎西合并了川、青、甘、滇和部分西藏地区叛乱分子以后组成的。

所谓“四水六岗”卫教军，即：四川理塘恩珠仓·贡布扎西、甲把仓·桑培派（实力最大）；四川德格夏格·郎加多吉派；四川甘孜以大金寺喇嘛为主的直乌康巴派；昌都地区（芒康、左贡、察隅）芒左桑松派。开初，他们各自行动，并未联合。达赖集团为利用这些叛乱武装抗拒改革，遣密使孜本·郎色林同恩珠仓·贡布扎西、夏格·郎加多吉等人秘密组成了“曲细岗珠”反革命组织，统一了各派叛匪势力。1958年4月，公开以“曲细岗珠”名义向达赖献“金宝座”，取得了达赖对筹组“卫教军”的支持。继而恩珠仓·贡布扎西等便在山南地区四处活动，扩充实力。同年8月，在哲古宗（现在的措美县）召集了有27个地区的叛首会议，正式打起了“卫教军”的旗号，由恩珠仓·贡布扎西任总指挥，夏格·郎加多吉、甲马·桑培等任副总指挥。设立了司令部，下辖四个机构，按地区编成35个连队，实力约1100人。“噶夏政府”除抽调部分藏军、三大寺庙反动喇嘛充实“卫教军”外，又派孜本·郎色林前往山南策划全面叛乱。在此期间，美、印也不断向山南地区叛匪空投特务、电台和武器弹药，大大助长了叛匪的反动气焰。

1959年3月，达赖集团全面发动武装叛乱失败后，人民解放军一举荡平山南匪巢，恩珠仓·贡布扎西率残部逃入印度。逃印之初，印度当局将他们武器收缴后，分别运往加尔各答、大吉岭、穆苏里等地进行集训，部分老弱残匪留至边境地区充当外逃边民筑路队的工头，“卫教军”的组织也暂时解体。

▶1961年，四水六岗反动组织在训练。

1960年初，恩珠仓·贡布扎西在美、印的支持援助下，在大吉岭设立叛匪总部，打着达赖的旗号集结外逃叛匪，又从外逃群众中诱骗了一些青壮年，并送到尼泊尔北部的木斯塘地区重新武装，恢复了“卫教军”组织。复建之初期，编成四个机关，14个连队，一个警卫队及后勤供应机构共1800余人（其中70%是原“卫教军”成员）。1963年后，又从尼泊尔、印度收编了一些外逃残匪，发展到2500余人，建立了较完善的指挥和后勤机构，准备了一批美式武器，进行了较为正规的军事训练，成为一支国际反动势力豢养的反华别动队。

“卫教军”重建初期，大部分是由康（定）巴（塘）外逃分子组成，上层匪首多系四川地方实力派，他们在“卫教军”中培植亲信，发展个人势力，企图摆脱“流亡政府”的控制。原“卫教军”总指挥恩珠仓·贡布扎西曾要求改造“流亡政府”，并要“达赖只管宗教，不应过问政府事务”。贡布扎西死后，由巴巴益西继任总指挥。巴巴益西摆脱“流亡政府”控制的企图比恩珠仓·贡布扎西更明显，扬言“要靠自己的力量打回西藏去”。巴巴益西的行为引起了达赖集团的不安。为了拉拢巴巴益西，1966年达赖集团授予巴巴益西上将军衔，但无济于事。1968年，达赖等人以扩充实力为名，派其心腹旺堆带领20余人渗入“卫教军”；1969年8月，达赖又提升巴巴益西到“流亡政府”任治安总长助理为名，任命旺堆取代巴巴益西的职务，夺取巴巴益西的兵权。巴巴益西在去达姆萨拉途中自知上当，又返回木斯塘，从“卫教军”中拉出部分亲信，同时搜罗多股散匪，实力达300余人，同旺堆多次发生火并，企图夺回权力，但都未能得逞。旺堆人多势众，巴巴益西自知斗不过，率部向尼泊尔境内地区转移，另树一帜，从此，逃到尼泊尔境内的叛匪“卫教军”旺堆、巴巴益西两派各驻一地，互为仇敌。

旺堆为了巩固内部，清洗亲巴巴益西叛匪，加之在旺堆、巴巴益西分裂过程中又有部分叛匪潜逃，使得“卫教军”的实力大减。致使旺堆、巴巴益西两派的实力加在一起，只有1500人。

1963年，“卫教军”向尼泊尔境内渗入初期，由于尼泊尔政府国防力量薄弱，无力阻止武装叛匪向尼泊尔内境进发；在外部又屈从美国、印度的压力，因此，对于叛匪利用其国土骚扰我边境地区，采取默许态度。当时，叛匪为了立住脚跟，在尼泊尔境内的活动也有所克制，同尼泊尔政府的矛盾尚不明显。随着“卫教军”势力的增长，在尼泊尔境内的不法活动逐渐增多。叛匪强占尼民草场、土地、水源和民房；敲诈勒索尼民的牛羊，甚至谋财害命，强奸妇女；强购粮食，造成当地粮价猛涨，有时达三四倍；垄断皮毛，使尼商、尼民获利微薄；阻挠尼民来我境进行小额贸易，造成当地物资短缺；毒打传播我境内消息的尼民等等。无恶不作，严重地侵犯了尼民、尼商的利益、威胁了尼泊尔群众的生命安全，引起了当地群众的强烈不满和反抗，对逃尼匪的所作所为痛恨已极，曾多次联名向尼泊尔政府请愿，要求把叛匪赶出尼境。在尼民群众的要求下，尼军出面干涉制止叛匪的不法行为。但叛匪根本不把尼军放在眼里，同尼军发生武装冲突，曾打死尼军士兵多人。1973年元月，叛匪布穷等人伙同不明身份的尼泊尔人，捣毁了尼泊尔巴杰普阿的警察分局。此外，据说叛匪还一度同尼泊尔反对党“大会党”勾结，企图颠覆尼泊尔政权。这就对尼泊尔政权构成了直接威胁。尼泊尔政府越来越感到，驻尼泊尔叛匪问题如不加以解决，终为心腹之患，遂下定了解决叛匪问题的决心。

从1973年，尼泊尔政府开始对叛匪采取了一些措施，如在巴布和综地区增设警察哨所，对违法乱纪的叛匪实行罚款和关押；规定叛匪要领取身份证，无身份证者不许通行，以控制其活动；又规定外国机构不得直接向“西藏难民营”提供援助，所有援助必须交尼泊尔红十字会具体发放；还规定不许外国公司在尼境经营出口贸易，并把达赖集团在尼境经营的地毯厂中的20%的股票买了下来，这就从经济上卡住了“卫教军”的脖子。同时，加强了对外逃藏民群众的控制，切断叛匪同外逃群众的联系，使“卫教军”更加孤立。在国际上，尼泊尔政府看到同我国建交和改善关系的国家越来越多，原来与叛匪有联系的国家，都逐步断绝了关系，封闭了办事机构，停止对叛匪的援助。尼泊尔政府唯一担心出面干涉的国家就只剩下印度了，为了不使印度找到借口，事先就向印度政府打了招呼。尼泊尔政府为彻底解决叛匪问题做了一系列周密考虑和准备。1974年尼泊尔政府正式宣布：“西藏难民要么返回中国去，要么交出武器，遵守尼泊尔政府的一切政策、法律规定，在尼泊尔境内和平定居”。

巴巴益西知道自己的力量单薄，难以抗拒尼泊尔政府的指令，同时也要借助尼泊尔的力量打击旺堆派，以报仇雪恨。所以，开始就表示愿意接受尼泊尔政府的要求，于1974年8月交出了大部分武器，并表示愿意就收缴武器同尼泊尔政府合作，为尼泊尔军警当向导、侦察及报告旺堆情况，得到了尼泊尔政府的好感和信任。尼泊尔政府为了利用旺、巴矛盾进行分化瓦解，发给了巴派叛匪身份证，首批被安置在兰坦、加德满都、特里苏里一带和平定居，并拨给一些土地、草场和安置费。

旺堆当面表示赞同尼泊尔政府的要求和安置意见，背后却在收缩阵地，集结兵力，调整部署，频频召集首领举行会议，商量对策；并向尼泊尔政府提出“收缴武器不要使用武力和限制时间”、“在三年内分三批交出武器”、“尼泊尔政府每年拨给三百万卢比的无偿贷款”等无理要求。同时旺堆又在部下中散布说：“叫我们交出，就是叫我们死……我们决不投降”，“若尼泊尔政府动武，我们就上山打游击”。还于木斯塘以外的卡米营地囤积了7.2万多公斤粮食，打算与尼泊尔长期对抗。

达赖集团不甘心这股武装被缴械，1974年4月，派其“外交部”长助理拉姆次仁（汉名白成金）化装潜入尼泊尔境内，企图同旺堆密谋策划，在行至博克拉时被尼泊尔警察逮捕。达赖集团见阴谋暴露，随即又派治安部长平措扎西（汉名黄国桢）同尼泊尔谈判，尼泊尔政府当场揭露其阴谋，并坚持要“卫教军”缴械的要求。但旺堆拒不接受，继续负隅顽抗。

尼泊尔政府度其军力，本想和平缴械，但由于旺堆的顽抗，迫使尼泊尔政府不得不付诸武力。1974年6月，下令六十六个警察哨所和二十二个机动小分队集结待命，作好战斗准备。6月29日，出动飞机向旺堆指挥部驻地松波地区散发敦促交出武器的通令，7月上旬，又向旺堆发出交出全部武器的通牒，同时增兵宗沙巴。7月底，尼泊尔围剿主力第三旅向木斯塘附近的楚姆卡姆推进。此时，尼泊尔政府于木斯塘地区集结了陆军、警察部队达2000多人，封锁了全部山口、要道和桥梁，并不断向旺堆放冷枪，打死打伤部分叛匪。在此种情况下，达赖集团慌忙再次派出代表同尼泊尔方谈判，答应交出武器，并到松波“卫教军”指挥部劝其缴械。在尼泊尔军四面包围下，旺堆内部发生了动摇，陆续有500多人被迫投降，少部分潜逃。

旺堆见势不妙，于1974年8月23日，率警卫队40人企图经我西藏阿里普兰县逃入印度，遭西藏普兰县公安中队阻击，被打死一人。旺堆又率部折回尼泊尔境，9月11日，于尼泊尔境的丁喀地区被尼泊尔军伏击，旺堆等三人被当场击毙，其余匪众趁黑夜逃往印度。据不完全统计，尼军缴获了各种枪826支、子弹10.01万发、炮四门、炮弹190发、手榴弹588枚、各种电台29部、火箭炮四具、炸药35包、充电机一部、子弹匣182个。尼泊尔政府将以上缴获的武器装备运至加德满都举办展览会，邀请尼泊尔和外国驻尼各界人士参观。比兰德国王还向围剿叛匪的有功军、警部队和人员颁发了奖品、勋章。

尼泊尔政府收缴了逃尼泊尔叛匪“卫教军”的武器后，划给定居点，采取大分散、小集中的办法予以安置。旺派叛匪近1000人（包括家属、小孩近500人）分15个点被集中安置在博克拉一带。其中大部分人成为地毯厂的工人，或以开荒种地、小手工业、做小生意为生。因博克拉是尼泊尔的著名风景区之一，来此游览的外国人较多，所以也有少数人在这里开饭馆、旅馆、茶馆、买卖比较兴隆。因以前这些人多在尼境为非作歹，尼民对他们怀恨至今尚存；尼泊尔政府对他们也有戒心，在其周围建立了警察哨所，以监督、限制其活动。巴派叛匪被集中安置在加德满都、兰坦、特里苏里和夏布如一带。因缴械时比较顺从尼泊尔政府，所以财产没有受到什么损失，较之旺匪的日子好过。

现驻印度和我国边境印占区的藏军称为“国民自卫军”，也称国外武装藏人，编入“印藏特种部队”。

中央政府对达赖及参与叛乱藏军的态度

达赖叛逃。1959年3月9日西藏叛乱前夕，阿沛·阿旺晋美向西藏工委和西藏军区汇报，噶伦柳霞·土登塔巴、功德林扎萨、帕拉副官长等有阴谋挟持达赖逃走的企图，其具体步骤是：先向达赖灌输汉人要毁灭宗教、杀害活佛的谣言，尽力促使他自动设法逃走，如不奏效，则在拉萨搞暴动，利用我解放军驻拉萨机关部队自卫反击的机会，强制达赖逃走。

同一天，西藏自治筹备委员会委员、爱国人士帕巴拉·索朗降措将获悉噶厦政府准备叛乱的情况，向西藏工委和西藏军区也作了汇报。西藏工委和西藏军区根据所掌握的噶厦准备叛乱的情况，将驻藏解放军部队进行了调整，作好一切准备，并将这一情况向中央作了汇报，只要中央下令，就立即歼灭一切叛乱武装。

3月10日，叛乱发生以后，中央人民政府驻西藏代表，西藏军区政治委员谭冠三写信给达赖喇嘛，通过阿沛·阿旺晋美秘密转交达赖。谭冠三给达赖写信的同时，将西藏叛乱情况向中央军委作了汇报。

同日，西藏叛乱爆发后，苏联为了帮助中国共产党中央及时了解叛乱情况，控制他们发射的第三颗人造卫星，连续不断地在拉萨上空划过，及时将西藏叛乱情况和叛匪动向告知中国共产党中央，这一行动一直延续到平叛结束。

3月11日，谭冠三收到中央的指示：“西藏永远是中国的西藏，任何反动力量都改变不了这个事实，你们应切实作好坚持防御的一切措施，随时准备迎击敌人的攻击。”同时，总参谋部又指示：“在敌人向我进攻之前，应严守自卫立场，不先打第一枪，以争取政治主动。”

根据中央及总参的指示，谭冠三命令所有部队和民兵在没有接到反击命令之前不许开枪。

3月12日达赖又给谭冠三写回信，谭冠三于3月15日日对达赖11、12两日的来信给予复信，达赖收到谭冠三的信后，于16日给谭冠三写了回信。

谭冠三收到达赖的信后，正准备等待机会迎接达赖进住军区，但3月17日深夜，达赖和索康等人却在罗布林卡附近朝南渡过拉萨河，一路上没有受到任何阻碍，顺利地逃到山南，26日抵达隆子宗。其实，噶厦的叛乱集团哪里知道，当时谭冠三的部队早已作好一切准备，对拉萨早已形成合围之势。谭冠三准备了警卫营的一个加强连由朱秀山带领，同时还有一个装甲连，只要中央指示阻截噶厦出逃人员，那么他们不会有一个能离开拉萨半步。

毛泽东针对达赖集团策动的暴乱，一直把它视为人民内部矛盾，所以对达赖的叛逃没下令阻击。“不要阻截他们，天要下雨，娘要嫁人，随他去吧！他会后悔。”这是毛泽东下的命令。

3月11日，毛泽东在湖北武昌就西藏上层反动集团公开叛乱问题给中央、西南局、西南军区、西藏工委及西藏军区的电报中指出：“西藏工委目前的策略，应是从军事上采取守势，政治上采取攻势。目的是分化上层，争取可能多的人站在我们一边。教育下层，准备群众条件。”电报还指出，如果达赖及其一群逃走时，我军一概不要阻拦，无论去山南，去印度，让他们去。有了毛泽东的命令，谭冠三部署在拉萨周围的部队官兵们，在清晰的月光下，坐在战壕沿上，抱着枪，目送达赖集团渡过拉萨河，仓促逃往山南方向。

就在毛泽东指示西藏工委对达赖外逃不要阻拦的同时，中央及中央军委电转调遣一三四师及其他配属部急速汇于格尔木，并令张国华立即赶到格尔木，率一三四师等入藏部队从藏北入藏，进行大迂回合围拉萨，要谭冠三牵制住拉萨叛乱之敌，严禁乱出击，以免打草惊蛇，要稳住拉萨叛匪，并给叛匪“解放军在拉萨力量不强，完全能将解放军一举歼灭”的错觉，促使全藏区叛匪汇集拉萨“汇歼拉萨解放军”的错误判断。然后将叛匪彻底歼灭于拉萨。

张国华接到指示后，于3月20日和秘书党雨川一道，从北京乘飞机前往格尔木，准备实施围歼计划。达赖出逃后，未随达赖出逃的拉鲁·次旺多杰等人于1959年3月18日，在罗布林卡召开了“西藏独立国人民会议”。会上宣读了达赖17日签署的给叛乱武装各司令转全体人民的一封信，称西藏过去是独立国家，目前汉藏团结已处于分裂之际，为了设法保全生命，维护佛教权力、政治利益免受损失，达赖本人和负责叛乱武装集团领导机构，加紧军事准备，打开了布达拉宫军械库向叛乱人员发放武器弹药。3月19日，聚集在拉萨的叛乱武装就达7000人左右，控制了罗布林卡、药王山、布达拉宫和市区的大昭寺，对驻拉萨的党、政、军机关形成分割包围态势。

▶1959年3月22日，在拉萨参与叛乱的藏军被缴械。

3月20日凌晨3点40分，叛乱武装向驻拉萨党、政、军机关发动了全面的武装进攻，集中炮火轰击军区大院。上午10时，谭冠三命令驻藏人民解放军发起反击。当时解放军驻拉萨兵力不足一个团，以机关后勤警卫组成了约10个步兵连的兵力，在炮兵和机关民兵的配合下，对叛乱武装进行了分割、穿插、迂回和包围。谭冠三、邓少东、扶延修、李觉等人，在藏军炮火不断轰击军区大院的情况下，进入地下作战室，进行反叛乱指挥。当日下午4时左右，彭德怀给谭冠三发来电报，他担心敌我力量对比悬殊，如果发生正面武装冲突，我方很可能会出现被动局面，所以不同意谭冠三打，要谭冠三依托堡垒、战壕、掩体就地抗争，同时尽力缩小防区，等待内地增援部队进藏解围。

中央军委给谭冠三电转了毛泽东的战略意图，并告知张国华已于当日乘飞机前往青海省格尔木。谭冠三接到彭德怀及中央的电报后，急得头上直冒汗。他认为彭德怀打乱了毛泽东的战略计划，将给西藏的局势带来很大的困难。用什么办法来减少损失呢？唯一的希望就是反击取胜。但是胜与败此时他已不能把握，所有拉萨的部队已全部投入反击，他手中一个机动兵都没有。谭冠三焦灼万分地问秘书冯文才："情况怎么样？"冯文才说："部队已投入全面反击，上面情况还没有什么变化。"谭冠三起身到观察口，头伸进窗洞，眼睛望着地下室外面。

各战区战况良好，捷报一个接一个地传进地下室，谭冠三紧皱的双眉展开了一些。他让冯文才根据反击情况，将拉萨的战况电告中央，说他已命令开始反击，战斗进行得非常顺利，药王山已被夺下，我军已基本控制了拉萨局势。张国华到达格尔木后，刚和一三四师取得联系，就收到军委电报，得知谭冠三已先于中央指示之前反击叛乱，他根据中央的指示立即前往拉萨。平叛部队则暂集于格尔木，等待中央下一步作战指示。

收到谭冠三电报后，彭德怀立即将谭冠三已提前反击的情况电告毛泽东，毛泽东立即电告中央改变计划，要谭冠三无论如何要彻底消灭拉萨叛乱之敌。军委即给谭冠三回电"同意反击"。

收到军委的电报，谭冠三脸上露出笑容，他要求部队加快反击速度，命令司政后机关和作战分队一样全副武装进入掩体、战壕，连西藏工委机关的工作人员也配发武器投入战斗。经过两个昼夜的激战，摧毁了藏军司令部，俘敌4000余名，缴获长短枪8000多支，轻机枪81

挺，炮33门，子弹千万发。基本上平息了拉萨的叛乱。拉萨叛乱之敌大部分被歼，少数逃到各地，与各地叛匪一道进行叛乱活动，除拉萨外，西藏各地叛匪也很猖獗。军委又命令格尔木及内地赴藏部队立即进藏，配合西藏部队平叛。

3月28日，周恩来总理发表声明，谴责西藏地方政府上层反动集团撕毁《十七条协议》、进行叛乱、分裂祖国的罪行。命令西藏军区彻底平息叛乱，解散西藏地方政府，解散西藏地方民族军。由西藏自治区筹备委员会行使地方政府职权，任命班禅为自治区筹备委员会代理主任委员职务。就在西藏上层当局叛乱期间，以阿沛噶伦为代表的爱国人士始终一直坚决站在中央政府一边，反对叛乱。而叛国分裂集团首恶分子索康、柳霞等却裹胁着达赖奔向了流亡印度的歧途。

▶1959年3月31日，达赖逃离拉萨，奔向印度，走上了分裂祖国的道路。

3月29日，达赖和索康、柳霞等600余人，从罗布林卡附近南渡拉萨河逃往山南后，沿途各地都有叛乱武装警戒接应。达赖等人到隆子宗后召开群众大会，由噶伦索康·旺清格来代表达赖宣布西藏已经“独立”，宣布成立“西藏临时政府”，决定以隆子宗为临时首府，企图以雅鲁藏布江为屏障，以印度为后盾，赢得国际支持，进行长期的叛乱活动，谋取西藏独立”。会上任命了鲁康娃和洛桑扎西为司伦，以西藏独立的名义向各宗、谷发布命令，要求僧俗人民遵守“临时政府”的一切法令，为争取西藏独立而斗争。但是，人民解放军迅速平息了拉萨叛乱，挥师南下，很快击溃山南的“四水六岗卫教军”。达赖集团企图作长期抵抗的计划成为泡影，于是在3月31日那天，达赖率众越过“麦克马洪线”，逃抵印占区。达赖一行进入印度占领区后，印度政府派外交部司长梅农专程至达旺迎接达赖，待之如贵宾。从此，十四世达赖喇嘛走上了流亡印度的道路。达赖逃往印度后，将鲁康娃留在西藏主持“政务”。

4月8日驻藏部队挥师南下，分东、中、西三路，渡过雅鲁藏布江，对山南地区的叛乱武装开展扫荡，同时进藏平叛部队会同驻藏部队在黑河等地发起了向叛乱集团的进攻。历时两年，终于消灭了噶厦政府分裂祖国、搞西藏独立的全部武装力量，彻底平息了这次叛乱。

中央人民政府对待藏军问题，一直是作为人民内部矛盾来处理，采取了有利、有节的斗争。可是达赖及叛逃者，无视国家的宽宏和忍让，公然走上了背叛祖国的道路。1959年4月8日，达赖一行抵达印度提斯普尔后，当日即由印度外交部官员向记者散发了用英文书写的“达赖喇嘛的声明”，其中指出中国对西藏的“宗主权是汉人强加在西藏人身上的”。显然达赖的声明表明，他本人已经走上了分裂国家的“藏独”之路。4月22日，达赖宣称：“西藏过去是独立国家，目前汉藏团结已处于分裂之际；为了设法保全生命并使佛教、政治不致受损，我本人和负责政治的僚属们不得不暂时出走。”达赖一行逃离拉萨，奔向印度，走上了分裂祖国的道路。他们抵达印度穆索里后，再次以达赖的名义发表西藏独立声明。4月24日，印度总理尼赫鲁在此会见了达赖喇嘛。

1960年7月，在印度的达拉姆萨拉召开“首届西藏人民代表会议”上，达赖宣布成立西藏流亡政府，并将1959年3月20日定为“西藏人民起义日”。

1960年初，叛乱集团聚集在穆索里正式成立了“流亡政府”，达赖组成了流亡噶厦及其下属机构。不久，达赖将流亡大本营迁到印度西北部喜马偕尔邦康拉县达兰萨拉镇，这里遂一直成为达赖流亡集团的大本营。9月，流亡集团在达兰萨拉召开第一届“西藏人民代表大会”，公布了“宪法”，宣告成立“岗钦吉雄”即“大雪国政府”，也就是所谓的“西藏流亡政府”，同时宣布达赖喇嘛为“国家首脑”。这次大会标志着“西藏流亡政府”的正式成立。

“流亡政府”成立40多年来，在达赖喇嘛的精神支持和实际主持下，颁布了所谓“宪法”，选举了所谓的“人民会议”和“内阁”，并在国外成立了以达赖喇嘛名义的驻外办事处。它企图借达赖喇嘛的影响，在流亡藏人中甚至在藏区鼓动起分裂的潮流，在国际上则利用时机与国际反华势力勾结，闹起“藏独”宣传，谋求某些支持。对于达赖集团分裂祖国的行为，中央人民政府坚持教育、劝告的原则，采取有利有理的回击。达赖出走的多年里，中央一直保留着达赖的全国人大常委会副委员长一职，并对他的出逃的性质问题一直用“挟持”和“裹胁”二字，作为人民内部矛盾处理。真诚希望他迷途知返。

然而五年过去了，他不仅没有回来，相反在分裂道路上越走越远。1964年12月17日，国务院第151次会议，不得已作出《关于撤销达赖职务的决定》。决定指出：达赖在1959年发动叛国的反革命武装叛乱，逃亡国外以后，组织流亡伪政府，公布伪宪法，支持印度反动派对我国的侵略，并且积极组织和训练逃亡国外的残匪骚扰祖国边境。这一切都证明他早已自绝于祖国和人民，是一个死心塌地为帝国主义和外国反动派作工具的叛国分子。国务院根据西藏地方人民的要求，决定撤销达赖的西藏自治区筹备委员会主任委员和委员的职务。

多年来，中央对待参加叛乱的藏军，采取了极其从宽的政策。1973年元旦，西藏自治区革命委员会、中国人民解放军西藏军区发出通告：对曾参加叛乱外逃的藏族同胞（藏军）投诚归来的政策。投诚归来是爱国的正义行动。祖国人民对这种行动是欢迎的。不问其过去罪恶大小，不论其职务高低，一律不咎既往；一律实行不杀、不关、不判、不斗；个人所带私人财物，不予没收；有贡献者立功受奖；政府保障生活和就业，根据自愿妥善安置，并保证其宗教信仰自由。“西藏独立”不容讨论，这是中央政府对达赖喇嘛的一贯政策，希望他放弃分裂，回到爱国统一的立场上来。

1978年12月28日，中国领导人邓小平在会见美联社记者时说，“达赖可以回来，但他要作为中国公民”，“我们的要求就一个——爱国，而且我们提出爱国不分先后”，表明了中央政府欢迎达赖喇嘛回归祖国的态度。

1979年2月28日达赖喇嘛派代表回国与中央政府进行接触。3月12日，邓小平在会见达赖喇嘛的代表时明确表示："欢迎达赖喇嘛回来，回来以后还可以出去。"对于中央政府同达赖喇嘛方面谈判的问题，邓小平明确指出："现在是以西藏作为一个国家与中央对话，还是西藏是中国的一部分来讨论处理一些问题？这是个现实问题。""根本问题是，西藏是中国的一部分，对与不对，要用这个标准来判断。"为了通过谈判，促成达赖喇嘛及其追随者放弃分裂主张，回归祖国，中央政府进行了种种努力。自1980年以来，中央领导人多次接见了达赖喇嘛派回的代表，多次重申中央对于达赖喇嘛的政策。只要达赖放弃"独立"，不搞分裂，随时欢迎他回来。

1985年中央人民政府发布大赦令：对参加西藏叛乱的藏军首要人员全部释放，给予住房和优厚待遇、组织其全国参观旅游，并安排到区市县政协工作。

1988年至1992年，胡锦涛同志任西藏自治区书记期间，中央制定了更为优惠的政策，大力发展文化教育、农牧经济建设……恢复传召法会等宗教民族政策，开放对国外藏胞回国探亲，国内亲友出境实行来去自由的政策，藏族同胞回国定居者，自治区政府领导都亲自安排，倍为关怀。

迄今中央人民政府还是希望达赖能回来……

撤销中国人民解放军昌都警备区第九代本番号

按军事游戏规则讲：凡起义的部队其番号建制不变，待遇不变，于是，中国人民解放军中有了奴隶制军队建制部队——中国人民解放军西藏军区昌都警备区第九代本步兵团。然而中国军事高层领导知晓这一确切消息，是来源于苏联塔斯社的报道。1969年时任中央军事委员会副主席的林彪一度对藏军十分感兴趣。可调查的结果是：该军事民族统战成果是刘伯承、邓小平、贺龙的杰出典范。出于政治原因？还是其他因素？这支部队在1970年4月以奴隶制军队与人民解放军性质相悖等理由，经总参、总政和成都军区、西藏军区下令撤销了解放军第九代本步兵团，至此中国藏军走完了178年蜿蜒曲折的历史征程。

有关藏军第九代本步兵团撤销的过程，源于一则外电报道。当时的时代背景是：1968年，苏联屯兵百万于中苏边境，中苏双方就珍宝岛问题打响了中苏边境争端的第一仗，与此同时，双方开展对敌舆论宣传工作。苏联塔斯社驻新德里记者报道，发表了一篇仇视攻击我人民解放军的广播，引起了中共高层军事部门的特别关注。

据当时中共中央情报部监听室的同志回忆：苏联驻新德里记者报道的内容是：在中国西藏东部，迄今仍存在着一支中共藏族建制部队，这支部队非工非农、非军非民，多少年来一直忙碌着军垦，毫无战斗能力。在中国的东北、内蒙古、新疆等地也存在着类似的建制部队，虽然他们实行供给制，但生活待遇很低下，其原因是，他们大多数是从旧政府中解放过来的部队……国防部把这则报道录放给军委、中央领导听。

奴隶制军队与人民解放军性质相悖。据时任九代本步兵团第四任党代表（也称军代表）高松在日记中记载："在贯彻'九大'会议精神

▶图为1955年实行军衔制前，中国人民解放军西藏昌都警备区第九代本步兵团排以上军官上政治教育课。

中，有关人员提出，解放军第九代本步兵团的建制与中国人民解放军建军的原则和性质相悖，九代本建立是在1921年，比解放军创建还早

六年，与中国共产党创建人民军队的宗旨不相符，这是撤销中国人民解放军西藏昌都警备区第九代本步兵团建制的根本原因之一，它是在林彪主持军委工作时撤销的。于是我根据这一情况推断，林彪副主席肯定会建议撤销藏军第九代本步兵团。”

总参、总政研究撤销中国人民解放军西藏昌都警备区第九代本步兵团建制，并不是一个特殊的范例，凡是从国民党部队起义投诚过来的部队番号，同样在这次撤销工作中，也随之遭致撤销的命运。与此同时被撤销建制的还有新疆、内蒙等地原国民党部队番号。

撤销解放军第九代本步兵团。有关当时撤销解放军第九代本（团）的原始档案材料，因昌都档案馆遭受意外火灾，已无法了解当时的具体情形。为此我们在1986年采访了当时在解放军第九代本（团）任最后一任党代表的耿继州同志（采访时任四川省武警总队司令）据他讲：“九代本奉命被撤销是在1970年2月，是执行总参、总政和西藏军区下达的命令，撤销中国人民解放军昌都警备区第九代本步兵团的理由是，据说在当时中央军委领导的心目中，藏军九代本的官兵年龄偏大，且带家眷，还有一个特别原因，是因为藏军大部分参加了1959年的反革命叛乱，藏军改编未能彻底进行，再则国民党起义投诚部队都没有保留建制，因此起义的第九代本也没有保留部队番号的必要。”

关于藏军九代本如何改编成为人民解放军的问题，我们在南京征集到了当时在解放军第九代本（团），任藏军九代本第三任党代表的高松同志工作的日记，他介绍说：藏军改编工作很困难，组织纪律性不强，爱酗酒，着装随便，穿不惯制式军装，军训时老是习惯半边衣袖不穿，招致多次批评，后来许多人干脆不领军装！有时集合时慢得很，他们自己开伙食，又有家属小孩，很不好管理。

另据作者在1986年对尚还健在的历史见证者进行采访时，解放军第九代本步兵团仅剩下四名官兵和家属，她（他）们集体撰文写了这段改编工作的经历：《我们起义后的贡献》，并谈到昌都俄洛桥第九代本步兵团全体官兵听说要撤销部队建制，有的祈祷，甚至有的出现过自杀的念头。妇女儿童一片哀忧（他们的担忧并不是没有原因的，分裂分子说他们是叛徒，他们参加过平定西藏叛乱、对印作战和维护当地治安，再说当时的待遇不好，政策没有良好的保障，顾虑是有的）。撤销建制时，历届党代表和原藏军第九代本团团长德格·格桑旺堆（时任西藏自治区文教厅副厅长）回到昌都做思想政治工作，张克宇、高松、耿继州等同志也前去做藏军的政治思想工作，为他们解除疑虑，劝其安心工作。整个撤销建制在8月份才完成。

中国藏军大事记

649年（贞观二十三年） 唐高宗授松赞干布为驸马都尉，统率西藏军队最高将帅的亲军称号。由他建立了第一支由藏族人组成的酋长式的军事组织，依照汉制军队进行了编组。全藏设五个如钦（头领），下设分如（分头领）十个，每分如辖四千出兵户，另加卫队一千户，每个分如设如本（营）二名。但当时的军队无系统训练和固定编制，一般以如钦为军事领袖，平时住在家里，外遇时由部落头领统一发令集中赴战。统一后的西藏，战时可征集兵力40万人之多，军队已形成代本制雏形。

1287年（至元二十四年） 元朝以门达为首的官吏已在西藏沿途设立了31个玛甲姆（兵站）；朵堆（指甘肃、青海上部）七个，朵麦（指甘肃、青海下部）九个，前藏四个，后藏七个，阿里地区四个。兵站下设若干分站，仅从甘肃武威到西藏日喀则间的分站就有70多个。清朝政府统治时期，又在西藏沿途增设300多个兵站，并在打箭炉（现康定）铸造兵器，为在藏驻军提供军械，并以打箭炉作为屯兵大本营，督催运解粮饷及调派官兵的后方基地。

1369年（洪武二年） 朱元璋招降元代旧官管招兀即尔为“乌斯藏都指挥同知”，统领在藏蒙古驻军，以后又委班竹尔藏卜为乌斯藏都指挥使。

1653年（顺治十年） 爱新觉罗·福临册封五世达赖，正式确定达赖喇嘛（博学者）的封号和政治地位，并命令固始汗派兵平息西藏各地叛乱，遣返大部分蒙古骑兵，令其退回青海游牧，留驻部分兵力，驻扎在西藏日喀则、拉萨等地。

1713年（康熙五十二年） 康熙帝册封五世班禅罗桑益喜为“班

禅额尔德尼”（大学者）的封号，要班禅协助驻藏大臣拉藏汗管理西藏地方事务。

1727年（雍正五年） 雍正在西藏设正副大臣二人，第一任驻藏大臣是副都统玛拉，帮办大学士僧格，同时在拉萨、日喀则留驻川陕清兵2000，归驻藏大臣指挥，“以资镇慑”，防止西藏内变反清。又在昌都留驻滇军1000人作为“声援”，命令驻藏大臣每年带兵出防腾格里海（藏北的南木错湖），防止准噶尔部落（克什米尔）入侵。以后，为了加强西藏防务，解决兵员不足，令颇罗鼐训练藏族骑兵万人，步兵1.5万人。

1732年（雍正十年） 雍正帝告诉军机处大臣：“西藏驻扎牟兵，本为防护唐古忒，以防准噶尔贼夷侵犯，迩来贼夷大败，唐古忒兵亦较前气壮。今藏中无事，兵丁多集，米谷钱粮，虽给自内地，而唐古忒人等不免解送之劳。”遂将驻藏军队1.7万人缩减到2000，且规定三年一换。

1751年（乾隆十六年） 驻藏大臣原四川总督策楞，副都统班第等人根据乾隆帝“西藏地广强兵，事权专一，唐古忒应多立头目，以分其势”的批示，将颇罗鼐训练的藏军2.5万余名缩减至2000名，设立代本四名（后藏三名，阿里地区一名），筹建了代本制军队，以后驻藏大臣又根据西藏的具体情况钦定了《酌定善后章程十三条》，其中规定代本为保护达赖喇嘛及办理兵马事务的四品官，决定在阿里地区增设代本一名，并确定代本的权益，颁给免去死罪的文书。

1792年（乾隆五十七年）九月 清朝乾隆皇帝利用清军战胜廓尔喀侵略的军威得到西藏各阶层人士感激的有利条件，遂将西藏事务进行了一次比较彻底的整顿。指示驻藏大臣福安康等人，“必当妥立章程，以期永远遵守。”福安康根据乾隆皇帝指示，在经过扎什伦布寺时，给七世班禅转达了皇上的旨意，到拉萨后又向八世达赖强白嘉措提出，得到了他们赞同。于是次年福安康等人会同达赖方面掌办商上事务的济洗呼图克图，噶伦和班禅方面的札萨喇嘛等人，共同议定了《钦定藏内善后章程》二十九条，文中作出了关于西藏建立地方部队的规定。

1792年（乾隆五十七年）十一月 西藏藏族正规军成立，始为藏军的正式建军。《章程》第四、第五、第六、第七条中规定："呈请大皇帝批准，成立三千名正规军队，前藏、后藏各驻一千名，江孜五百，定日五百。以上兵员由各主要地区征调，每五百名兵员委一代本管理。"藏军"额定人数为三千一百六十二名，并驻清军一千四百五十名，设驻藏游击都司守备官一名，统率藏汉军队，由驻藏大臣直接管理指挥。清军和藏军分驻拉萨、日喀则、江孜、定日"。清军担任教官，汉藏军队共同担负西藏防务。藏军自成立后，由原来主要防御藏北的准廓尔（克什米尔）及西南的廓尔喀（尼泊尔）侵犯，由驻防羊八井、黑河一线及定日，聂拉木改驻以定日，江孜为主要防区，防止英、印军队入侵；因江孜、定日为进入西藏腹心的要道地区，故清朝政府派重兵把守。克隆、聂拉木等地则以巡视而不驻兵；藏军驻拉萨、日喀则各1000名，以防西藏内变反清。

1841年（道光二十一年） 森巴人侵入阿里，占据了芒人域的补人寨，森巴人逐步侵入到马法木错南岸，当时国内正值鸦片战争期间，清朝政府无兵派往西藏，只能将藏军派往前线单独作战。驻藏大臣调派了噶伦才丹多吉和代本比喜，率领藏军第二、第三代本团1300人，前往阿里进行反攻。清朝政府对这场战争极为重视，特命驻藏大臣将存放在拉萨武器库房的12门劈山大炮交给藏军使用，"以资攻剿"。阿里自卫反击作战是藏军成立后，单独进行的一次抗击英帝国主义侵略的战役，道光二十二年（1842年）冬，阿里地区降大雪，藏军乘冰天雪地利用森巴人不敢外出的有利条件，以12门劈山大炮和连环枪进行反击，森巴军大败，大头目倭色尔（森巴军头领）在炮火中阵亡，森巴军被藏军杀死200余人，俘虏800余人，并把森巴军一直追到西藏与拉达克边境，阿里失地全部收复。

1841年（道光二十一年）底 应清政府紧急征调命令，驻康藏清制藏军代本（团）参加了中英鸦片战争。由藏军第六代本（团）组建的2000人的"虎头军"经过三个月的长途急行军开赴了前线，于公元1842

年2月，参加了江苏浙江沿海阻击战，虎头军每次战斗冲锋在前，几经战，藏军将士血染疆场，全部壮烈牺牲。当地群众为了纪念他们，将每位藏族官兵的辫子剪下，送回嘉绒（今四川阿坝州汶川县三江乡）修筑了“辫子坟”以寄哀思。

1846年（道光二十六年）底 清军机处及驻藏大臣善琦将西藏军队实行“藏汉分理”，即：西藏代本制部队移交西藏地方管理，汉族绿林军仍隶属清廷。原属中央直属的“代本军”军费拨款改由西藏地方供银，原川“绿林军”满汉部队仍由朝廷供给，史称“藏汉分理”。

1888年（光绪十四年）3月20日（藏历二月初七日） 英军约四五百名，开始向隆吐山藏军防线进攻，西藏地方民族代本军第一次正面抗英战争爆发。这次战役发生在隆吐山口，故名隆吐山之战。

1904年（光绪三十年）4月 英国“划界”“通商”受阻，强行动用武力迫使西藏地方签约。驻扎西藏边防的藏军设卡阻拦，英军侵入西藏重镇江孜，于是西藏民族代本军与英军的殊死顽强的苦战爆发。

1912年（民国元年） 清川军钟颖部发生内讧，拥护共和的与赞成帝制的展开斗争，继而演变成清军与藏军的矛盾。此时因反对清朝廷增兵西藏以行“改革藏事”逃往印度的十三世达赖，一变仇英而为亲英，借用英、印的势力返藏执政。在英帝国主义的操纵下，达赖委任达桑占堆为卫藏总司令，组织万名藏军攻击各地清军。清军不战自败、变卖枪支、被遣返内地。接着藏军奉命驱逐了清驻藏大臣，并将藏军清制的六个代本扩充为10个代本。按照藏文字母顺序排例部队番号。每代本500人，将二代本和警卫代本增至1000人，兵力共约6500人，在英国人的帮助下，设立马基康（司令部）统一指挥、管理、训练部队，服装均仿效英国军队。至此，西藏军队由清军体制而转为仿效英、印。藏军驻防由江孜、定日移向黑河、工布江达及昌都一线，以防汉军再次入藏。

1923年（民国十二年） 达赖下令成立拉萨警察局，聘请印度大吉岭警察局长连颠士（英人）任总办，印度孟加拉警卫长官孟伸（印籍）为帮办，开设警察训练班，但连颠士、孟伸野心窃夺拉萨市政权，引起西藏广大人民不满。达赖渐感完全投靠英帝国主义势必后患无穷，着令连颠士、孟伸回印度，解散由他们组织的警察人员，另外抽藏军250名，由藏族人龙霞任总司令，绕噶厦为警察总办，维持拉萨市区治安。

1912年—1932年（民国元年至民国二十一年） 藏军屡次与川军争夺地界（由工布江达至岗妥）发生冲突。藏军与青海省马步芳部、西康省国民党二十四军刘文辉部发生战争。藏军把边界推向丁青、岗妥、江达、昌都、察雅、芒康、竹巴笼、盐井、北至索宗，黑河等线。在英帝国主义的武器装备武装下，藏军连战告捷，并在战争中不断扩编，由10个代本增至14个代本。到1950年西藏和平解放前夕，藏军已扩成17个代本，共1.75万余人。并将其主力部队，军队总兵力2/3强的藏军，布防于金沙江沿线，企图阻止人民解放军进军西藏。

1949年7月8日 西藏地方政府在英帝国主义分子里查逊等人的策动下，藏军截断拉萨与外界电信联络，通知国民党驻拉萨办事人员撤离拉萨，并封闭汉人学校，驱逐在藏的汉人。

1949年9月8日 《人民日报》发表藏族人士桑吉悦希（天宝）的《西藏全体同胞，准备迎接胜利的解放》一文。文章强调指出，西藏是中国领土的一部分。警告英印等侵略者赶快停止对西藏的一切侵略活动，并号召西藏全体同胞起来，坚决反对英印反动分子的阴谋，准备迎接胜利的解放。

1949年秋 正当中国人民解放军向大西南进军之际，昌都地区宁静县帮达多杰，夏格刀登和张西朗吉同格达活佛商议后，派代表柏志、汪嘉、蔡良到北京上书朱德总司令，要求解放军早日解放康藏人民。（1936年红军北上抗日，在甘孜建立了第一个甘孜藏族苏维埃政府，邵式平任主席，格达呼图克图任副主席，夏格刀登任军事部长，帮达多杰任财政部长）。

1949年10月1日 中华人民共和国成立。班禅额尔德尼·确吉坚赞在青海致电毛主席和朱总司令，祝贺新中国诞生，表示拥护中央人民政府，希望早日解放西藏，并致电中国人民解放军第一野战军司令员彭德怀将军，恳请进军解放西藏。

1949年11月23日 毛主席和朱总司令复电班禅额尔德尼，表示嘉勉。电文指出：“西藏人民是爱祖国而反对外国侵略的，他们不满意国民党反动政府的政策，而愿意成为统一的富强的民族间平等合作的新中国大家庭的一分子，中央人民政府和中国人民解放军必能满足西藏人民的这个愿望。希望全体西藏爱国人士一致努力，为西藏的解放和藏汉人民的团结而奋斗。”

1950年元月8日 西南军政委员会在重庆成立。刘伯承任主席，邓小平、王维舟、刘文辉等任副主席，格达呼图克图等被选为委员。

1950年元月10日 人民解放军第十八军军长张国华等同志到重庆接受解放西藏的任务。

1950年元月15日 刘伯承、贺龙、邓小平向张国华等传达了中央人民政府毛泽东关于解放西藏的指示：进藏部队要执行党的民族政策、宗教政策和做好统战工作。要争取上层，影响和团结群众保护爱国守法的喇嘛寺庙，尊重宗教信仰自由和风俗习惯。亲密团结这个民族，争取团结一切可以团结的爱国力量，集中打击帝国主义及其忠实走狗——亲帝分裂分子。邓小平政委指出，坚决执行党的方针政策，对于我们进军解放基本具有决定性的作用和意义。到西藏去，就是要靠政策走路，靠政策吃饭，政治就是生命。必须紧密联系群众，依靠群众。要用正确的政策去扫除中外反动派的妖言迷雾，去消除历史上造成的民族隔阂和成见，去把康藏广大僧俗人民和爱国人士团结到反帝爱国的大旗下来。

1950年元月18日 中央人民政府民族事务委员会召集各地来京藏族民主人士，知识分子等座谈西藏问题。朱德副主席在会上重申中央人民政府解放西藏人民的决心。座谈中，藏族人士纷纷痛斥帝国主义侵略西藏的阴谋，强烈要求迅速解放西藏。

1950年元月20日 中央人民政府外交部发言人就西藏亲帝分裂分子阴谋组织所谓“亲善使团”出国进行叛国活动发表谈话，说：如果拉萨当局背叛祖国，向外派出所谓“亲善使团”表明独立，我中央人民政府将不能容忍，并指出任何接待拉萨“亲善使团”的国家，将被认为对中华人民共和国怀抱敌意。

1950年元月31日 全国政协藏族代表桑吉悦希（天宝）发表谈话指出，西藏是中华人民共和国的一部分，任何反动派阴谋侵略与出卖西藏，都将遭到西藏及全国人民的反对而彻底失败。班禅堪布会议厅致电毛主席和朱总司令，反对拉萨当局派出所谓“亲善使团”的背叛祖国的行为。要求“速发义师，解放西藏。”

1950年2月6日 遵照毛泽东主席“进军西藏宜早不宜迟”的指示，中央人民政府，人民革命军事委员会命令中国人民解放军进军西藏，解放藏族同胞，统一祖国大陆。中国人民解放军驻四川、青海、新疆、云南等部队接受了这一光荣任务。同时，贺龙同志亲自筹划进军西藏的准备工作。西南军区成立了支援司令部，抽调了工兵、辎重部队和空军担任筑路和运输任务。

1950年2月13日 以陈子植为司令员、陈竟波为政委的进藏先遣支队从四川驻地出发，为后续部队主力开辟道路。

1950年2月15日 中共西南局，中国人民解放军西南军区暨第二野战军司令部联合向奉命进军西藏部队发出政治动员令，指出：“进军西藏，解放西藏人民，完成统一祖国的大业，不准帝国主义侵略我们祖国的一寸土地，保卫和建设祖国边疆的任务，是十分光荣的。”要求进藏部队“亲密团结西康、西藏地区的同胞，忠实地执行共同纲领规定的民族政策，严格执行三大纪律，八项注意。”

1950年3月28日 人民解放军进藏主力部队在四川乐山进行进军西藏誓师大会。进藏部队先后从四川、青海、云南和新疆等地出发。

1950年4月25日 解放西藏的中国人民解放军第十八军五十二师在师长吴忠同志的率领下进驻甘孜。

1950年5月9日 青海省人民政府副主席喜饶嘉措在西安向西藏达赖喇嘛等广播，望速派遣代表赴京进行和平谈判。

1950年5月11日 格达委员致电朱总司令，说西藏有和平解放的条件，并愿意亲自去拉萨说服达赖赞同谈判和平解放西藏，请示中央军委给以任务。我党地下工作人员平措旺阶也说藏军中亦有可争取者，中央军委指示平措旺阶即回西藏，格达呼图克图准备进藏，并转告中央人民广播电台藏文播音内容应着眼于上层工作。

1950年6月2日 西南局根据朱德总司令、刘伯承同志的意见，将争取上层工作十条指示给天宝同志和格达委员，派格达委员为入藏代表，并指示以此十条向藏方有关方面谈判。

1950年6月中旬 西北局派出西北联络站干部迟玉锐任青海寺院"劝和"代表团秘书，其爱人程广惠为机要员，随同青海省塔尔寺活佛当才·土登居美诺布（达赖的哥哥）为团长，同仁县隆务寺活佛夏日仓，大通县先灵活佛噶登嘉措为副团长和青海寺庙朝圣者及商人一道从西宁启程去拉萨，随同前去的还有同仁县隆务寺强佐格来加措秘书长、李铭、汪永德等，准备劝说达赖和西藏地方政府认清形势，坚决摆脱帝国主义和外国反动派的羁绊，派代表同中央进行商谈，以制定和平解放西藏的协议。

1950年7月10日 西南军政委员、西康省副主席格达呼图克图为和平解放西藏问题离开甘孜赴拉萨。

1950年7月12日 由新疆进藏部队某部进驻于田、云南进藏先遣部队进驻德钦。

1950年7月16日 进驻甘孜先遣部队指挥部郄晋武，杨军写信给昌都总督拉鲁·次旺多杰，阐明我军进藏宗旨，及我军纪律，规劝拉鲁派代表与我军洽谈，力求和平解放昌都。

1950年7月24日 格达活佛抵达昌都。

1950年7月24日 青海骑兵支队抵达玉树。

1950年7月27日 刘伯承在西南军政委员会首次全体委员会上报告西南区的工作任务时指出，解放西藏，巩固西南国防是西南区的主要任务之一。

1950年7月30日 进藏部队十八军五十三师一五七团在苗丕一率领下抵达巴塘。进藏主力部队集结甘孜。完成了对西藏的钳形夹击包围。

1950年8月22日 格达活佛在昌都惨遭亲英势力分子谋害。

1950年8月29日 新疆骑兵师先遣部队抵达改宗。

1950年9月22日 参加解放西藏的人民解放军第十八军在甘孜举行解放昌都誓师大会。

1950年10月7日 人民解放军分别渡过金沙江、怒江、澜沧江，打响了昌都战役。

1950年10月11日 解放军先遣部队一五七团宣传股长张克宇、翻译格桑平措在芒康（宁静）以南的古树村接待藏军第九代本德格·格桑旺堆、侍从拉扎、尼玛次仁和如本（营长）贡布、英人贝卡士兵俄罗白玛等一行。下午，该团政委冉宪生同志与其正式洽谈。随后九代本全体官兵向党中央毛泽东主席致电，表示率部举行爱国起义。

1950年10月18日 西南军政委员会主席刘伯承致电给德格·格桑旺堆及全体官兵，电文如下："你们深明大义，毅然高举义旗，站到人民方面来，使宁静得以和平解放，人民财产免遭无谓的伤亡和损失。闻讯之余，甚为欣慰，特电慰问，并希望力求进步，以自己的模范行动，号召藏军官兵，站到中华人民共和国的大家庭中来，积极协助人民解放军胜利解放西藏，使藏族同胞早日摆脱帝国主义势力的侵略，逐步地为建设西藏国土成为幸福的乐园，并巩固西南国防。"同日下午8时，向西北逃窜之第七代本残部120人，在类乌齐向解放军缴械。

1950年10月19日 人民解放军五十二师一五六团先遣营进入昌都，昌都遂告解放。

1950年10月20日 昌都总署机关和四个代本及其卫队，逃至朱古寺，我一五四团和青海骑兵支队将其合围，昌都阿沛·阿旺晋美派僧官罗桑觉典，俗官吉恰·扎西多杰，翻译藏巴拿，主动同解放军联系，并在我军政治工作争取之下，阿沛·阿旺晋美下令藏军各部共2700余人主动放下武器。

1950年10月24日 察雅民兵500余人在我民族统战政策的感召下，向我军投诚。

1951年元月2日 昌都地区解放委员会成立，阿沛·阿旺晋美、帮达多杰、平措汪阶、德格·格桑旺堆等当选为副主任。

1951年4月5日 藏军第九代本奉命调驻昌都俄洛桥，接受昌都解委会领导，进行整编工作。

1951年4月22日 阿沛·阿旺晋美率领西藏地方和平谈判代表团一部离开昌都至北京。

1951年4月29日 中央人民政府全权代表李维汉等和西藏地方全权代表阿沛等在北京开始谈判和平解放西藏问题。

1951年5月24日 毛主席宴请西藏代表团代表班禅额尔德尼·确吉坚赞和阿沛·阿旺晋美。

1951年8月 中国人民解放军昌都地区警备区成立，德格·格桑旺堆任副司令兼中国人民解放军第九步兵团团长。

1952年2月10日 中国人民解放军西藏军区成立。张国华任司令员，谭冠三任政委，阿沛·阿旺晋美、朵噶·彭措饶杰任副司令员，范明、王其梅任副政委。次日，逐步实现改编藏军的协议。

1952年4月8日 德格·格桑旺堆作为昌都地区藏族代表赴北京参观。

1955年9月 国务院周恩来发布命令，贺龙元帅代表中华人民共和国国防部授予西藏军区第一副司令员阿沛·阿旺晋美中将军衔，授予西藏军区第二副司令员朵噶·彭措饶杰（兼藏军总司令）中将军衔。

1956年4月 西藏军区供给藏军第一代本全体官兵解放军制式服装，并授该代本达拉·彭措扎书上校军衔。授予藏军第二代本桑颇·登增顿珠，扎白·多吉才旦二人中校军衔。授予藏军新任第三代本奴马·敏久多吉中校军衔。授予藏军第四代本朵噶·索郎多吉中校军衔。授予藏军第六代本俊巴·才仁多吉中校军衔。西藏军区代表中央军委授予西藏军区昌都警备区副司令员兼任藏军第九代本德格·格桑旺堆大校军衔。

1956年11月12日 西藏军区昌都警备区在礼堂隆重举行中国人民解放军第九代本步兵团授衔典礼。全体官兵按人民解放军待遇一视同仁，所不同的是职衔实行品位制。

1959年元月起 在帝国主义和外国反动派的指使下，西藏地方政府上层反动集团更加猖狂地进行背叛祖国的活动。2月14日，藏军将青藏公路局职工二人捉去，戴上脚、手铐监押了七昼夜，企图以保卫达赖喇嘛的安全为名制造发动叛乱的借口，经中共西藏工委和西藏军区严格指责和反复交涉才放回。2月21日以后，藏军数次在中共西藏工委和中央驻拉萨机关的大门口和周围地带架设机枪进行挑衅。并终于在3月19日夜间向我人民解放军和中央驻拉萨机关发动了全面进攻，公开走上了背叛祖国的罪恶道路。

1959年3月28日　周恩来总理发表声明，谴责西藏地方政府上层反动集团撕毁《十七条协议》、进行叛乱、分裂祖国的罪行。命令西藏军区彻底平息叛乱，解散西藏地方政府，解散西藏地方民族军。由西藏自治区筹备委员会行使地方政府职权，任命班禅为自治区筹备委员会代理主任委员职务。

1970年2月12日　昌都军分区根据总参、总政和西藏军区的指示精神，决定撤销中国人民解放军西藏军区昌都警备区第九代本步兵团。撤销工作从1970年4月11日开始，至1970年8月2日结束。

附　录

《酌定西藏善后章程》十三条

乾隆十六年（1751年3月）

汉文原本照录：

一、应查照旧例，添放噶隆。查西藏向例，办事噶降，原系四人，内除噶降布隆簪双目失明，又被珠尔默特·那木札勒革退，现存者系班第达、策楞旺札勒、色裕特塞布腾三人。班第达已钦奉特旨，仍以公职办噶隆事务，毋庸另议外，其策楞旺札勒、色裕特塞布腾、于逆党变乱之前，均为珠尔默特·那木札勒故为调遣他处，并未在藏，不但平日并无过犯，不知叛逆情形，且原系奉旨所放之噶隆，仍应照旧留办噶隆事务。所有隆布簪一缺，应选放深晓黄教一人，公同办理一切，庶于僧俗均有裨益。但查得现在噶隆内，班第达系公爵，其余均系奉旨赏有札萨克头衔，今添设喇嘛一名，若不赏给名号，似于体制未符，应奏恳天恩，一律赏给札萨克大喇嘛名色，庶得以公同办理。

二、噶隆办理事务，应在公所。查旧例噶隆会办事件，原有噶沙之公所衙门，自颇罗鼐后，各噶隆均不赴公所，俱于私宅办事。又舍官放之旧呢尔、笔七格齐等员不用，各将私人任意添放卓呢尔等种种官员，故致罗布藏札什等得以专擅，任意纠合。今噶隆业已照例补放，自应遵照旧例，遇有应办事件，俱赴公所会办。所有私行添放之官，尽行裁革，仍应用官放之卓尔呢等员办事。凡地方这些小事务，众噶隆秉公会商，妥帖办理外，其具折奏事重务，并驿站紧要事件，务须遵旨请示达赖喇嘛并驻藏大臣酌定办理，钤用达赖喇嘛印信，钦差大臣关防遵行。倘嗣后噶隆内，仍有各怀私见，并不遵照章程办理者，准各噶隆公同举报，以凭参奏治罪。

三、补放碟巴头目等官，不得任意私放。查各处碟巴等官，有管理地方、教养百姓之责。自珠尔默特·那木札勒乖张用事以来，各将私人指名，混行补放，并不前往，仅差一家奴，赴彼代办，扰害地方者甚多，于民生大属无益。嗣后凡遇补放碟巴头目等官，噶隆等务须秉公查办，公同禀报达赖喇嘛并驻藏大臣酌定，俟奉有达赖喇嘛并钦差大臣印信文书遵行。其现任内，如有家奴代办者，概为撤回，另行补放。至珠尔默特·那木札勒被诛后，凡属逆党，均经公班第达遣人换回，但系一时仓猝，暂行补放。如有人地不宜，应行调换者，亦秉公举出，禀明达赖喇嘛并驻藏大臣，另为选放。

四、官员革除治罪，应酌定章程。查旧例凡选放碟巴等官，均系择其根基深厚，明白妥协之人，如有不能办理事务，或任意犯法者，自应秉公治罪。乃珠尔默特·那木札勒妄作威福，不论贤愚，擅将克辜之旧人，抄没革除，以致是非颠倒，怨声载道。嗣后凡碟巴头目等官，遇有犯法，或应抄没，或应革除，噶隆、代本等务须秉公查明，分别定拟，请示达赖喇嘛并驻藏大臣指示遵行。

五、派选坐床堪布喇嘛，应照旧例遵行。查旧例各寺堪布喇嘛，均由达赖喇嘛查看庙宇之大小，选择喇嘛之贤能，酌量派往。自珠尔默特·那木札勒任事以来，意任意私自补放调换，不容达赖喇嘛主持，甚属不合。嗣后各寺之堪布喇嘛，或遇缺出，拣选派往，或人不妥协，应行调回，均应由达赖喇嘛酌行，噶隆等不得仍照旧陋夫，专擅办理。其喇嘛中遇有犯法者，噶隆等亦应秉公禀明达赖喇嘛，请示遵行。

六、冗员宜行淘汰。查旧例，达赖喇嘛前如有卓呢尔、商卓特巴、曾本、随本各官名色。续因颇罗鼐封王以后，亦照达赖喇嘛，添设各官名色。今噶隆并非王爵，若仍照此添放多官，不但非分，亦属僭越不合，应查明革除，只应于公所设立卓呢尔二人，率领原设之仲意、笔七格齐等办理公务。

七、代本应添设一员。查旧例，噶隆办理地方事务，代本管理兵马，防范卡隘，今应仍旧，各专责职。但后藏地方甚小，而原设代本三名；卫地甚大，而仅设代本一人，一遇差遣病假，则地方各兵，无人管束。即为代本达里札达什，被珠尔默特·那木札勒并颁给敕书。将来或有不遵奉达赖喇嘛，并犯法不能办理地方，应行革职者，亦由达赖喇嘛会同勒差往哈拉乌苏，去后卫地无管兵之人，以致逆党罗布·藏札什，得以肆纠合，扰乱地方。今应再行添设一员，共为管理，即或遇有差遣，卫地尚可存留一人，弹压地方，护卫达赖喇嘛。嗣后凡遇调遣兵马，防御卡隘，均应遵旨，听候达赖喇嘛并驻藏大臣印信文书遵行。代本等仍不时留心地方，如遇有应行防范事宜，亦即禀明钦差大臣指示遵行。至后藏之原代本章罗金巴，查系无辜，被珠尔默特·那木札勒意欲侵害，私行革除之人，应仍调取管理后藏代本事务，以示昭雪。

八、噶隆、代本应请颁给敕（任命）书。查噶隆、代本均系护卫达赖喇嘛，办理兵马之大员，责任甚重，应各请颁敕书一道，以昭信守，以重体统。除现有并添设之噶伦、代本，均查取花名，造册送部，奏请颁发外，嗣后遇有缺出，驻藏大臣商同达赖喇嘛拣选应放之人，请旨补放，仍报部一驻藏大臣参奏，革除后，原颁之敕书，一体撤回缴部。

九、藏属人民，应禁止私占。查旧例，全藏人民均属达赖喇嘛所属，按地方之大小，人户之多寡，各有一方差徭，以供黄教佛事，但任意侵占，又复市恩于私人，滥行赏赉者甚多。遇有偏爱者，竟擅给免差文书；偏憎者，则种种加派，以致百姓苦乐不均。噶隆、代本等，应即公同查照旧档，如实因有功于地方而劝赏者，毋庸缴回外，其自珠尔默特·那木札勒办事以来，任意无故私之人民，均应秉公查出，禀明达赖喇嘛，撤回仍归公用。其滥行发给之免差文书，亦应查明撤回，仍令其照旧当差。凡一切加派之差遥，亦应禀明达赖喇嘛，概行减免，俾百姓苦乐得均。倘遇有出力有功，应行酌赏之人，噶隆、代本等，即秉公禀明达赖喇嘛并驻藏大臣，酌定赏给遵行。

十、乌拉牌票（公差、介绍信、公函、证明等），应禀请达赖喇嘛颁给。查旧例，所有达赖喇嘛差役，均由地方百姓供应。自颇罗鼐、珠尔默特·那木札勒任事以来，旧例废弛，凡噶隆、代本人等，差人前往西宁、打箭炉、巴尔喀马、阿里等处地方买卖交易，均私出牌票，一切食用乌拉，均取资于各该地方，以致百姓差徭加倍，苦累不堪，因此而致流离失所者甚多，此风亟应革除。嗣后噶隆、代奔等买卖差遣，不得擅行私自牌票，即遇公事有必需乌拉之处，务禀明达赖喇嘛发给印信遵行。其随时在附近处应役者，仍着噶隆了票办理。

十一、达赖喇嘛仓库存贮对象，应禁止私动。查旧例，原仓储巴专管，遇有公事动用，噶隆等禀达赖喇嘛，代为经理，开取封闭，俱以达赖喇嘛印信封皮为凭。自颇罗鼐、珠尔默特·那木札勒父子任事以来，任意私自取用，不但不禀明达赖喇嘛，竟至达赖喇嘛取用一哈达等物，亦不能主持，甚属不合。嗣后应查照旧例，仓储巴仍遵奉达赖喇嘛印信封皮办理。其零星日用对象，仍令仓储巴经理外，遇有公事动用，噶隆等必须公同请示达赖喇嘛遵行。私行动用，永行禁止。

十二、阿里、哈拉乌苏等处地方，甚关紧要。查拉乌苏接连青海、阿里与准噶尔接壤，派往驻扎人员，必须拣选妥帖可信之人，庶于地方有益。且向索选择根基深厚，素有名望之人派往，应请达赖喇嘛选择遣派，仍将所派人员咨部，奏恳圣恩，赏给号纸，以资弹压，以昭信守。

十三、达木蒙古，应遵旨安插。查该蒙古，前经颇罗鼐奏请，由该王差遣管属。自珠尔默特·那木札勒被诛后，伊等因无人管辖，竟尔潜回达木。该蒙古等原属无罪之人，向系游牧为生，与唐古忒情形迥异。即遵旨询及本人，亦情愿归回达木，听候差遣，自应仰体皇仁，善为安顿。从前原系编为八个佐领，惟是该头目等所有名号，或称宰桑，或称台吉，均颇罗鼐、珠尔默特·那木札勒混行加给职衔行，于体制亦有不符，应酌定将现有之着目八人，均授为固山达名色，属下仍选择八人授为佐领，再选八人授为骁骑校，俱照例给以顶戴，递相管束，俱归驻藏钦差大臣统辖。每佐领派人十名，共八十名，驻藏以备差遣，并护卫达赖喇嘛。其食用口粮，仍照旧例，向达赖喇嘛仓上支取。一切调拨，均依钦差大臣印信文书遵行，噶隆、代本等不得私自差遣。一切革除补放，俱由驻藏大臣商明达赖喇嘛施行。每年查察该蒙古内如有勤劳恭顺者，酌加奖赏；倘有不遵法度者，严加惩责。至现在藏地蒙古，因本地毫无牲口养赡，向住藏内以资糊口之数十户，应查明存案，准其留藏，以资养生，庶各蒙古所有约束，均得仰沐天恩矣。”

《钦定藏内善后章程》二十九条

乾隆五十七年（1792年农历十二月）

汉文原本照录：

（一）关于寻找活佛及呼图克图灵童问题，依照藏人例俗，确认灵童必问卜于四大护法，这样就难免发生弊端。大皇帝为求黄教得到兴隆，特赐一金瓶，今后遇到寻认灵童时，邀集四大护法，将灵童的名字及出生年月，用满、汉、藏三种文字写于签牌上，放进瓶内，选派真正有学问的活佛，祈祷七日，然后由各呼图克图和驻藏大臣在大昭寺释迦佛像前正式认定。假若找到的灵童仅只一名，亦须将一个有灵童名字的签牌，和一个没有名字的签牌，共同放进瓶内，假若抽出没有名字的签牌，就不能认定已寻得的儿童，而要另外寻找。达赖喇嘛和班禅额尔德尼像父子一样，认定他们的灵童时，亦须将他们的名字用满、汉、藏三种文字写在签牌上，同样进行，这些都是大皇帝为了黄教的兴隆，和不使护法弄假作弊。这个金瓶常放在宗喀巴佛像前，需要保护净洁，并进行供养。

▶存放灵童名字的金瓶。

（二）为求西藏永远安乐计，今后由邻近各国来西藏的旅客和商人，需要进行管理，如果他们安分守己，遵守地方例俗，可以准其照旧经营商业，但是所有来往商人，必须进行登记，造具名册呈报驻藏大臣衙门备案。准许尼泊尔商人每年来藏三次，克什米尔商人每年来藏一次，各国商人无论前往何地，须由该管主脑呈报驻藏大臣衙门，按照该商人所经过的路线签发路证，并在江孜和定日两地新派官兵驻扎，各国商人经过时，须将路证拿出检验。如有外国人要求到拉萨者，须向各边境宗本进行呈报，并由驻江孜和定日的汉官进行调查，将人数呈报驻藏大臣衙门批准。该外国人到拉萨后，需要进行登记并受检查。派驻各地的汉官及文书等人员，如有贪污受贿等行为，一经发现即予惩办。由不丹、哲孟雄（现锡金）来拉萨办理朝佛等事的人员，也同样需要呈报。外国人返回本国时，也由各地宗本加以管理并进行检查。达赖喇嘛派往尼泊尔修建佛像或去朝塔的人员，由驻藏大臣签发路证，如逾期不能返回，由驻藏大臣另外行文给廓尔喀王。这样办理既可澄清边务，也对西藏有利。

（三）西藏章卡（市场所流行的一种硬币）历来掺假很多，今后政府应以纯粹汉银铸造，不得掺假。并依旧制，每一章卡重一钱五分，以纯银的六枚章卡换一两汉银。本来六枚章卡只等于九钱银子，所差一钱银子即算为铸造费用。“章卡”正面铸“乾隆宝藏”字样，边缘铸年号，背面铸藏文。驻藏大臣派汉官会同噶伦对所铸造之章卡进行检查，以求质量纯真。以前尼泊尔铸有假章卡，藏政府也铸有假章卡，现规定其比价一律为汉银一两换一百枚，并决定以后不得再私自铸造。凡尼泊尔及西藏所铸章卡之设有掺假者，一律以上述比价为标准，以后不得非议。所铸新章卡如有掺杂锡、铁等假料而被发觉时，所有由汉官及噶伦委派之孜本（俗官）、孜仲（僧官）等管理人员以及工匠人等，一律依法应受严厉处分，并依所铸假银币数目加倍罚款。

（四）以前前后藏都没有正规军队，用时临时征调，不仅缺乏作战能力，并且造扰人民，为害很大。这次呈请大皇帝批准，成立三千名正规军队：前后藏各一千名；江孜五百名，定日驻五百名，以上兵员由各主要地区征调，每五百名兵员委一代本管理。以前西藏只有五个代本职位，这次增加兵额，应依新增人数，增加代本名额。前藏代本即由驻拉萨游击统辖，日喀则、江孜、定日各地代本，由日喀则都司统辖。所有征调的兵员，应填造两份名册，一份存驻藏大臣衙门，一份存噶厦。以后如果发生缺额，即依名册补充。以上兵员统为达赖和班禅额尔德尼的警卫。

（五）关于军官的职位，按照这次的编制，代本以下设十二个如本，每一如本管二百五十名兵员，如本以下设二十四名甲本，每一甲本管一百二十五名兵员，甲本以下设五名定本，每一定本管二十五名兵员。以上人员由驻藏大臣和达赖喇嘛挑选年轻有为者充任，并发给执照。代本出缺时，由如本中升补；如本出缺时，从甲本中升补，以下类推。贵族出身的军职人员，也要从定本、甲本逐级提升，不得任意升迁。按照旧例：平民只能升任定本，不能上升，今后应依照其学识技能及战功逐级升迁，不得歧视。如有违犯军纪的事情发生，即予严惩。

（六）以前征调兵丁，不发粮饷武器，系由各兵丁自备，一旦用完，即行潜逃。今后每年每人应发粮食二石五斗，总共为七千五百石。上述粮食仅靠前后藏的田赋收入不够支付，故以沙玛尔巴、仲巴呼图克图的田产，以及丹津班珠尔之子目居索南班觉所呈缴的五个庄，总共收入青稞三千一百七十石，作为补充。如还不够支付，即将沙玛尔巴桑坚班的什物尽行变卖，以补不足，这样每年就可收入青稞七千五百石，用以发给各兵员应发的粮饷。另外受征调的兵员，由达赖喇嘛发给减免差役的执照，这样更可使兵员知道他们的照顾，以增进他们的战斗情绪。各代本因为已经有了达赖喇嘛拨给他们的庄园，就无需另发薪饷。各如本每年应发三十六两银子，各甲本二十两，各定本十四两八钱，总共两千六百两银子，由藏政府交给驻藏大臣，分春秋两季发给。兵员粮饷也分春秋两季发

▶图为清朝代本军使用的火枪，在冷兵器时代，藏军一半军人配属火枪，可见当时中央对西藏边防的高度重视。

给，由甲本和代本负责，不得短少。

（七）关于军队装备：十分之五用火枪，十分之三用弓箭，十分之二用刀矛。前后藏各寺院如有剩余武器，给价予以收买，其用费由前被没收的沙玛尔巴牧场收入的酥油价值五百五十两中开支，弓箭、火药由政府每年派人前往太昭及边坝制造。各兵丁还要经常操演。

（八）达赖喇嘛和班禅额尔德尼的收入及开支，以前不经过驻藏大臣审核。由于达赖喇嘛和班禅额尔德尼全副精力贯注于宗教，不加细察零星事务，完全由他的亲属及随员等负责管理，难免不发生徇私舞弊等情事，所以这次大皇帝特命驻藏大臣进行审核，每年在春秋两季各汇报一次。一有隐瞒舞弊等情事发生，应即加以惩罚。

（九）此次廓尔喀侵犯藏地，西藏许多村落夷为废墟，人民饱尝痛苦，因此对于所属人民应大发慈悲，予以爱护，最近决定济咙、绒夏、聂拉木等三个地方免去两年的一切大小差徭。并免去前后藏所有人民铁猪年（藏历）以前所欠的一切税收。政府僧俗官员、各宗、谷负责人等所欠交税收也都减免一半。以上各项措施符合大皇帝爱护西藏众生的意志，对于前后藏人民造益不浅。

（十）驻藏大臣督办藏内事务，应与达赖喇嘛、班禅额尔德尼平等，共同协商处理政事，所有噶伦以下的首脑及办事人员以至活佛，皆是隶属关系，无论大小都得服从驻藏大臣。札什伦布的一切事务，在班禅额尔德尼年幼时，由索本堪布负责处理，但为求得公平合理，应将一切特殊事务，事先呈报驻藏大臣，以便驻藏大臣出巡到该地时加以处理。

（十一）噶伦发生缺额需要补任时，从代本、孜本、强佐中考察各人的技能及工作成绩，由驻藏大臣和达赖喇嘛共同提出两个名单，呈报大皇帝选择任命。噶伦喇嘛之缺额，从大堪布中提名呈请委任。代本之缺额从如本中升迁，或从边界宗本中提出两个名单，请选择委任。孜本和强佐之缺额，由业仓巴、协邦（管理刑事者）、噶厦大秘书、孜仲喇嘛（僧官）中选任。业仓巴和协邦之缺额，由雪第巴、拉萨米本、达本中选任。大秘书之缺额，由小秘书及噶厦仲尼中委任。大宗及边宗宗本之缺额，由小宗宗本中委任。小秘书之缺额，由武官甲本及其它适当人员中委任。各边宗及小宗宗本之缺额，由普通职员委任。过去各宗之僧官宗本，都由达赖喇嘛的随从中委任，他们多不能亲自到宗上任，而派代理人前往，这些代理人难免不发生贪污敲诈情事，因此今后所有代理人均由驻藏大臣选派，不能由孜仲喇嘛私自委派。噶厦的小秘书及仲尼，其职位虽小，但经常和噶伦一起工作，不谓不重要，所以须从俗官中挑选能力较强者充任之。最近改组造币厂，委任两个孜本和两个孜仲为管理人，如该人员发生缺额时，须由达赖喇嘛和驻藏大臣协商选任，所有以上人员，除噶伦和代本须呈请大皇帝任命外，其余人员可由驻藏大臣和达赖喇嘛委任，并发给满、汉、藏三种文字的执照。噶伦代本以下的人员和各个宗本，今后均按上述规定逐级升迁，不得逾规乱为。至于草官、卫士、糌粑管理人、帐篷管理人等，无关重要，可由达赖喇嘛自行派任。札什伦布的工作人员，都是僧人，过去没有规定品级，至少也要作一规定。今后强佐出缺时，须由索本喇嘛（管饮食者）和森本喇嘛（管寝室者）中补任。札什伦布辖区内村落较小，各边地亦无重要之宗、谷，所有强佐、索本、森本及宗本等，须依前藏之制度，由班禅额尔德尼和驻藏大臣协商委任。至于管理酥油、糌粑、柴火等零碎事务之无关重要人员，可依其技能之优劣，由班禅额尔德尼自行选任。关于“乌拉”等之派遣可依照旧例行之。

（十二）达赖喇嘛和班禅额尔德尼周围的随从官员，过去都是他们的亲属，如达赖喇嘛的叔父和班禅额尔德尼的父亲班丹团主，都是私人升任，又如达赖喇嘛之胞兄洛桑格登主巴，依仗势力多行不法。今后应依西藏各阶层及札什伦布僧俗人民之愿望，在达赖喇嘛和班禅额尔德尼在世时，其亲属人员不准参预政事。达赖、班禅圆寂后，如果还有亲属，可以根据他们的技能给予适当的职务。

（十三）驻藏大臣每年分春秋两季出巡前、后藏各地和检阅军队。各地汉官和宗本等，如有欺压和剥削人民的情事，即可报告驻藏大臣，予以查究。驻藏大臣出巡时，所有民间乌拉（差役）等，都得发给脚价，不得扰累番民，以示体恤。

（十四）西藏和廓尔喀、不丹、锡金等疆界相连，以前这些地方来人呈献贡物处理事务，达赖喇嘛写回信时，曾因格式不合及其他原因而发生纠葛，例如廓尔喀此行文交涉章卡一事，西藏方面没有谨慎从事，以致引起战争。现廓尔喀方面虽然表示悔改前非，归顺投降，但以后无论何种行文，都须以驻藏大臣为主，和达赖喇嘛协商处理。今后廓尔喀派人来见达赖喇嘛和驻藏大臣，其回文必须按照驻藏大臣之指示缮写，关于边疆的重大事务，更要根据驻藏大臣的指示处理。外方所献的贡物，也须请驻藏大臣查阅。不丹，以前皇帝曾加过封号，其宗教虽然不同，但每年派人向达赖喇嘛和班禅额尔德尼献贡，均不要加以阻挠，而应详细检查。外方人员来藏时，各边宗宗本须将人数登记，报告驻藏大臣，由江孜和定日的汉官进行检查后，准其前往拉萨。各藩属给达赖喇嘛等人的来文，须译呈驻藏大臣查看，并代为酌定回书，交来人带回。所有噶伦都不得私自向外藩属通信，即由外方藩邦行文给噶伦时，也得呈交驻藏大臣和达赖喇嘛审阅处理，不得由噶伦私自缮写回信。以上有关涉外事务的规定，应严格遵守。

（十五）西藏的济咙、聂拉木、绒夏、喀达、萨噶、昆布等地区和廓尔喀疆土相连，又为交通要道，须在济咙的日班桥，聂拉木的潘瞻铁桥，绒夏的边界等处树立界碑，限止廓商和藏人随意越界出入。驻藏大臣出巡时必须予以检查。所有尚未树立界碑之处，亦须迅速树立，不得因迟延而引起纠葛。

（十六）边界地区与外方连接，对于当地人民之管理，来往行人之检查，都属重要事务。过去知能较强之宗本多留拉萨供职，派知能较弱之宗本前去边界，难免耽误事情。今后边宗宗本均由小宗宗本及军队头目中选派，任满三年后考查成绩，如果办理妥善，驾驭得宜，记名以代本等缺升用，倘办理不善，立即革退。

（十七）西藏过去委任大小职务，均在贵族中选任，平民完全无份。自今新立规章，凡普通士兵如有知能较强并有战斗能力者，虽非贵族亦得升任定本甚至逐级升至代本。其他一切官职，可依旧例从贵族中派任，但如年龄过幼，亦不宜担任官职。因此规定小秘书、噶厦仲尼、小宗本等，年满十八岁之贵族子弟始可派任。

（十八）堪布为各寺院之主脑，应选学问渊博，品德良好者充任之。近查各大寺之活佛，拥有很多庄园，并因享有群众信仰，所献贡物者很多，再加经商谋利，贪财好货，甚不称职。现规定今后各大寺堪布活佛人选，得由达赖喇嘛、驻藏大臣及济咙呼图克图等协商决定，并发给加盖以上三人印章执照。至于各小寺堪布活佛之人选，可依原例由达赖喇嘛决定。

（十九）政府之所有税收，有以银两折交物品者，即照所定新旧章卡兑换之数，按新铸旧铸，分别折收，不得稍有浮多。至采买各物，亦须公平交易，不得苦累商民。

（二十）在济咙、聂拉木两地方抽收大米、食盐及各种物品之进出口税，可依原例办理，除非请示驻藏大臣同意，政府不得私自增加税额。

（二十一）西藏之税收、乌拉等各种差役，一般贫苦人民负担苛重，富有人家向达赖喇嘛和班禅额尔德尼领得免役执照，达赖喇嘛之亲属及各大呼图克图亦领有免役执照。各噶伦、代本、大活佛之藏民也多领得免役执照。今后所免役执照一律收回，使所有差役平均负担。其因实有劳绩，需要优待者，由达赖喇嘛和驻藏大臣协商发给免役执照。对新成立之兵员，由驻藏大臣和达赖喇嘛依照名册一律发给免役执照。兵员出缺时，须将所发免役执照收回。

（二十二）达赖喇嘛所辖寺庙之活佛及喇嘛，一律详造名册，并由噶伦负责将全藏各呼图克图所属寨落人户详细填造名册，于驻藏大臣衙门和达赖喇嘛处各存一份，以便检查。以后各寺喇嘛如有不领护照而私行外出者，一经查出，即惩办该管辖堪布及札萨等主脑人员。

（二十三）青海蒙古王公派人来藏，迎请有学问之活佛到家念经祈祷，有些固然是通过驻藏大臣，但有些是私自前往，因而不易查访。以后青海蒙古王公前来迎请西藏活佛，须由西宁大臣行文驻藏大臣，由驻藏大臣发给通行护照，并行文西宁大臣，以便查访。到外方朝佛之活佛，亦得领取护照，始得通行。如若私行前往，一经查出，即惩罚该管堪布及首脑人员。

（二十四）依照旧例，来往派遣人夫乌拉，皆由达赖喇嘛发给执票，流弊很大，噶伦、代本以及达赖喇嘛之亲属，都有私派乌拉用以运输食粮用物。今后各活佛头目等因私外出时，一律不得派用乌拉。因公外出时，由驻藏大臣和达赖喇嘛发给加盖印章之执票，沿途按照执票派用乌拉。

（二十五）对于打架、命案及偷盗等案件之处理，可以缘依旧规，但须分清罪行之大小轻重，秉公办理。近年来噶伦及昂仔、辖米本（拉萨市长）等，对案件之处理不惟不公，并额外罚款，还将所罚金银牛羊等不交政府，而纳入私囊。噶伦中还利用权势，对于地位低下之人，随便加以罪名，呈报达赖喇嘛，没收其财产者屡见不鲜。今后规定对犯人所罚款项，必须登记，呈缴驻藏大臣衙门。对犯罪者的处罚，都须经过驻藏大臣审批。没收财产者，亦应呈报驻藏大臣，经过批准始能处理。噶伦中如有依仗权势，无端侵占人民财产者，一经查出，除将噶伦职务革除及没收其财产外，并将所侵占的财产，全部退还本人，以儆效尤。

（二十六）每年操演军队所需之弹药，由噶厦派员携带驻藏大臣衙门之公文，前去工布地方制造，运至拉萨发给部队。以前，后藏番兵没有火炮，现从新造十四门火炮中调两门给后藏，以便在本军队操演时试验射击，其余都交给达赖喇嘛。

（二十七）过去噶伦及代本等上任时，达赖喇嘛照例拨给公馆及庄园，卸任时交回。近查有噶伦及代本已经卸任，而公馆及庄园仍由家属承受不交，政府又另外拨给。今后所有卸任之噶伦及代本，应交公馆及庄园移交新任，不得据为私有。

（二十八）依照原例，应该发给活佛及喇嘛之俸银，均有定时，近来多有提前发放情事。今后应按规定时间发放，绝对不得提前。希济咙呼图克图立即进行调查，如发现提前发给俸银，或未全部发放者，对负责人员予以处分。

（二十九）西藏各村落应交政府之赋税、地租以及物品，邻近各地

多派僧官催缴，较远者多派俗官催缴。近查僧俗官员和宗本中有少数

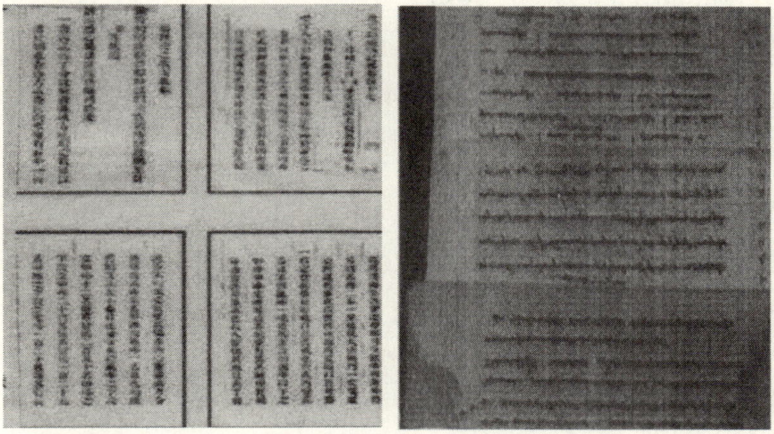

▶图为《钦定善后章程二十九条》（藏、汉文原本，现存拉萨大昭寺和扎什伦布寺内）。

坏人，将所收赋税地租不交政府而入私囊，致逐年积欠者甚多。甚有催收本年各项赋税时，强加给住地户负担者，以致苛捐繁重，民不聊生。以后强佐派人催缴赋税时，应按规定期限办理。僧俗官员及宗本等只准催清当年赋税，不得提前催收来年赋税。各村逃亡户之负担应予减免，俟该逃亡户还乡后照旧负担。”

清代从昌都到拉萨里程住宿站及西藏兵站统计

清代从昌都到拉萨里程住宿站

1. 昌都——俄罗桥——浪荡沟宿　共75里

2. 浪荡沟——拉贡——恩达宿　共160里

3. 恩达——牛粪沟——瓦合寨宿　共150里

4. 瓦合寨——麻利——嘉裕桥宿　共80里

5. 嘉裕桥——鼻奔山根——洛降宗宿　80里

6. 洛隆——曲齿——硕般多宿　160里。昌都至拉萨共计1500里，750公里14个住宿站。

清军在西藏设立兵站统计

1. 腾格那尔——塘口　10站
2. 拉萨——木鲁乌苏——西宁　68站
3. 玉树、卡伦往拉萨的东北　4站
4. 康定——拉萨　100站
5. 康定——昌都　39站
6. 昌都——类乌齐　29站
7. 拉萨——生根物角　31站
8. 羊八井——噶尔藏滑岔　20站
9. 拉萨——日喀则　14站
10. 日喀则——咱党小路到拉萨　12站
11. 拉萨——札什曲宗　17站
12. 松蕃出黄胜关至拉萨　24站
13. 两河口——青海托路程　25站

国民政府对藏军的调查

(1948年～1949年)

(1949年9月国民党国防部资料，以及1948年1月，国民政府驻拉萨办事处资料，仅供参考。)

(一) 军队组织。在达赖十三世时设马基（总司令之意）二人，总管全藏军队，营或团为战术单位，其主管称代本，每代本辖二如本，每如本辖二甲本，每甲本辖五定本（或协傲）。

(二) 兵力。1．全藏约有10营（一说16个营，）每营500人，1937年西藏政府宣布第一、第二、第三营每营增加500人，此为甲种编制。第一营实为500人，因发双薪故一般误认为1000人。四至第十营定额照旧（一说为600人），为乙种编制，全藏常备兵力约七八千人，且前有否增加尚无确悉，一般推断至多不过万人。2. 可能动员兵额，因西藏是宗教性极浓的地方，所以军事与宗教密切相关，寺庙中藏有枪支甚多，喇嘛经动员即可从军，散在民间的枪支也不少，据说可以动员兵额在万人以上。3. 康西各族头人均拥有土兵，硕督、洛隆宗、边坝三县民兵共7000人，德格土司夏格刀登为康西土司中之首要，武力情况未明。

（三）装备。据1949年9月统计：藏军约有野炮12门，山炮6门，迫击炮26门，机枪40挺，步、手枪库存约有3万支左右，据驻西藏办事处报告，藏军有高射炮机枪12挺，此项武器大多系用金银向英帝换来的，在金银不足的情况下，甚至以边界县份为抵押，但此项武器均系旧货，效力不强，据传，1949年藏政府自印度购入美剩余军火，轻机枪、卡宾枪1800支，又据西藏办事处于1949年9月4日在加尔各答所作报告，称约有600箱军火将运入西藏，自印度运入藏内弹药居多，一说为700箱。

（四）军事基地。康西之昌都为藏军驻康部队指挥中心，解放昌都，即西藏问题解决一半。拉萨为藏军司令部所在地，统一指挥在藏部队，盐井、德格、巴安、黑河、三十九族诸地均为据点，藏军为防止汉人侵入，故以金沙江为布防前线。

飞机场和兵工厂：玉树、大河坝、甘孜、理化、营官均有飞机场，但年久未用，藏军无飞机，拉萨有小型兵工厂一所修理武器。

（五）藏军兵力表。

番号：（噶当）第一代本、主官：帕拉。兵额：500人，装备：步机枪、炮。驻地：拉萨，为达赖警卫。

番号：（卡当）第二代本、主官：索康拉多、暇巴。兵额：1000人。装备：步机枪、炮。驻地：扎什城、黑河。

番号：（喀当）第三代本、主官：牟霞。兵额：1000人。装备：步枪、机枪。驻地：昌都、太昭、江孜。

番号：（咬当）第四代本、主官：崔科。兵额：500人。装备：步枪、机枪。驻地：昌都、察雅。

番号：（贾当）第五代本、主官：业母当噶。兵额：500人。装备：步枪、机枪。驻地：三十九族、色雅。

番号：（恰当）第六代本、主官：定庸。兵额：500人。装备：步枪、机枪。驻地：宁静。

番号：（甲当）第七代本、主官：德格巴。兵额：500人。装备：步枪。驻地：昌都。

番号：（惹当）第八代本、主官：加妥加布。兵额：500人。装备：步枪。驻地：昌都。

番号：（打当）第九代本、主官：夏格巴。兵额：500人。装备：步枪、炮。驻地：三十九族、类乌齐。

番号：（地当）第十代本、主官：瓶噶布。兵额：500人。装备：步枪。驻地：日喀则。

番号：（格当）警察兵、主官：（不详）兵额：250人。装备：步枪。维持拉萨治安。

西藏与国民政府的关系。（一）简史：自民国元年，第十三世达赖由印返藏，宣布自立以来，便以独立国自居。1914年，中英藏西姆拉会议，英人所订草约中仅规定中国对西藏有宗主权。自此以后，西藏与国民党政府的关系，实时续时断。1934年国民政府派黄慕松为专使入藏，致祭十三世达赖，西藏政府承认为我国民政府之一部分。1940年蒙藏委员会委员长吴忠信为十四世达赖坐床典礼，曾实行政治商谈，1941年4月1日，蒙藏委员会驻藏办事处宣告成立，但藏人表示不满。抗战胜利后西藏派代表到南京出席国民大会，参加国大主席团西藏代表团团长为丹桑批。1949年7月15日蒙藏委员会驻藏办事处撤出西藏。

▶九世班禅曲吉尼玛（1883~1937）。

噶厦（四大噶伦的组织）通知，根据西藏民众大会决议（所谓民众大会即僧俗大会，参加者即西藏贵族官吏，不能代表人民意愿）要办事处、电台、拉萨小学、气象测候所及国民党特工人员全部撤离西藏，上列人员经印度退出，至此西藏与国民党政府关系断绝。

（二）班禅十世。在政府驻藏人员被逐后，国民党政府企图用兵西藏，并欲利用班禅与达赖在宗教上无分上下的地位，扶持班禅取得西藏人民的信仰，进而一统西藏。班禅十世为宫保志丹，系于1949年在青海塔尔寺坐床，国民党政府曾设想以武力帮助十世班禅回藏的计划尚未实现（共产党军队解放青海后，原国民党政府建立西藏长官公署的有关人员把希望寄托给中国共产党）。

（三）国民党政府原驻藏人员。

1. 驻藏办事处：处长：陈锡璋。藏文秘书：李国霖。专员：刘毓琪、余敬德（留印）、邢书芝（兼拉萨小学校长）。科员：密慧（留印）。办事员：余西拉。

2. 西藏拉萨小学

校长：邢书芝。教员：白士桢、白士奇、马成文、春载阳、闵志成（即现任国家民委主任平措旺阶）。

3. 交通部拉萨电台

台长：席裕翼。技士：颜俊（兼国防部保密局工作）。

4. 中央气象局拉萨测候所

主任：曹翼（兼保密局工作）。解放后，在重庆市沙坪气象台工作，现居该单位第三宿舍，练习生：善化（兼拉萨小学教员）。

5. 国防部二厅人员

组长：江新西、江镇西（江新西胞弟）。两人均被逐后赴台，二人均为国民党中央军事统计局特工。

电务员：谭喜（兼拉萨小学教员）留印。

报务员：曾天才（现在台湾）、周铭（兼拉萨小学教员，现在台湾）。

组员：郝锡文（被逐后赴台湾）

6. 国防部保密局人员谭兴沛

组员：赵松南、冶生辉（现在台湾）、麻霞龄、郭达一（现在台湾）、侯国柱、王禄安（现在台湾）、罗望（兼拉萨小学教员）、汪藻（又名常希武，兼拉萨小学教员，现为拉萨市政协副主席）、甘文峰（现在台湾）、项怀楚（兼拉萨小学教员）。

（四）国民党被逐后的两件事。

1. 罗家伦与嘉乐顿珠密谈三次：

蒋介石政府在藏人员被逐后，仍为西藏和平统一问题不弃余力，曾电驻印大使罗家伦，命其与受着尼赫鲁优待的达赖十四世之兄嘉乐顿珠商谈。其要点为：西藏对外只能是一个中国，无论是国民党执政还是共产党执政。共产党要毁灭宗教就和他们决战，国军随时可以进驻西康。嘉乐顿珠时仅20余岁，即为国民党中央委员和国大代表。嘉乐顿珠说达赖十四世亲政后，大权尚在摄政及噶伦之手，但考虑到嘉乐顿珠与印度政府的关系密甚，命他亲自到印度外交部给尼赫鲁反映国民党的失利是暂时的，嘉乐顿珠和罗家伦通过努为，实属处境困难，无结果。

▶图为十四世达赖的二哥嘉乐顿珠，汉名黄国祯。嘉乐顿珠曾在国民党中央政治学校毕业，曾任国民党中央委员和国大代表。

2. 左仁极与拉鲁之谈话：

左仁极系驻蒙藏委员会派驻昌都的格木组调查员，在“七八事变”驱汉后，左仁极曾访西藏驻昌都噶伦拉鲁，拉鲁在西藏地方政府立场向左，有所解释对于蒋介石政府欲挽回颓局之企图并无补益，听说左仁极留在昌都直至解放，拉鲁当时年仅30余岁，为前藏军马基龙霞之子，为亲英首要人物。

西藏与帝国主义的关系。（一）简史：西藏在我国西南边疆，地连印度，印度成为英国殖民地后，英国对藏即不怀善意，野心勃勃。到19世纪后中期，西藏被英人渗透，原西藏属地锡金、不丹、克什米尔诸国沦为英国笼中之物。至此，英国把它作为侵入西藏的跳扳。1904年8月英兵入拉萨，1906年满清与英人订立《北京条约》，根据此条约中国只对西藏拥有宗主权，西藏成为英帝势力范围（此结论有误），西藏政教领袖达赖十三世为躲清政府通缉投入英帝怀抱。第二次世界大战后，英帝国主义感到不能兼顾西藏，美帝却乘机插入西藏。

（二）英帝在藏势力。1. 英国有自由贸易之特权，西藏对外贸易税几乎全额由印度政府控制下的锡金出境，货币以印度卢比为单位。在商务方面，西藏与英印关系是最密切的，英人运货入藏后可不纳进口税。2. 英国在藏有铺设电台、电线的特权，西藏邮电均控制在英人手内。3. 1915年西藏地方军队由英人训练，藏军行英军体制，江孜有军事训练团，由英人查里逊主办，多数藏军代本曾在此校受训，军火亦由英国供给，藏军用英语口令。4. 西藏的矿产由英国开发。5. 帕里宗、亚东、春丕、江孜、康马等地均有英国领事。6. 英国售于西藏无线电器材、1947年英人曾打算在拉萨设电台。因国民政府反对暂停。

（三）西藏与英人间的距离。由于英帝两次侵略西藏的历史原因，藏人对英人视之为宗教上之敌，比任何一个民族的仇恨还深，虽然上层对英帝国主义的枪炮和物资有所依赖，但要想统治其思想是很难的，如：英人所惯用的侵略工具——基督教在笃信佛教的西藏民间就毫无施展，前英帝欲在西藏拉萨设英文学校，因三大寺的强力反对而未果。

（四）英帝侵略康藏近况。近年，英帝在门达、旺宗至察隅一带收买藏人作奸细，设无线电台、修军火库、建兵营，并企图修亚东自萨地途经昌都至拉萨等公路，现已成萨地亚东至察隅一段，此段土地肥沃，系密西贵族所居，现汉人不能进入，据闻我国版图近年被英帝侵占，南北已达纬度之距离。1949年7月国民党驻藏人员被逐后，印度承袭英人衣钵有侵吞西藏之计划。

人民解放军西康省军区对藏军的调查

（1950年材料）

一、藏军编制。西藏军队的编制，现仍沿清代的兵役制度，虽在数量上由六个营扩编为10个营，10营中依照兵额的多少，分为甲、乙种编制，甲种编制每营兵额1000名，乙种编制每营兵额500名，每营设带兵长官（代本）一人，甲种营增设代本一人，由达赖从贵族中选拔充任。在以前，代本的提升应向清廷保委，凡设两个代本之营对外有正副之分，对内指挥部署权力完全相等。如分驻两地时，则各自指挥其分领的部队，代本官叙四品。代本以下设如本（营）二人，如本辖二甲本（连队），甲本辖三协敖（排，定本），协敖辖四脚本（班），脚本带兵10名。在各营之上设有总指挥的马基二人，一僧一俗（1949年增加到六人），会同主持。马基官居三品，受噶厦的指挥监督。昌都另设噶厦，以噶伦一人，或扎萨一人，兼任军政督办，官为三品，并直接受拉萨噶厦的指挥节制。

二、藏军的训练。西藏各营下级军官，如“甲本”“协敖”等，多数不知军士。士兵的训练多数由结黄（英办江孜教官）担任。此等教官，多系噶厦在平民中选出优秀的士兵派往江孜学习者，故操法完全依照英国，口令亦用英语。各营设有军乐号手（藏人最好排场，各营有军乐队人数20余人），其操典仿自英国与印度。“结黄”因系平民出身，地位虽等于“协敖”，但向来不为重视。因此对于士兵战术科目训练颇不负责，而士兵在入伍的时候，略经一度操练之后，即不再有所训练或学习。在太平无事时，一般士兵往往遣回原籍，根本不受管训，甚至有不着军服任意在外嬉游者，军纪之差，由此可见一斑。至于学科训练，更无成效之可言。带兵者不明战术，战备和治军要点。而士兵亦缺乏军事常识的教育及训练，军事学院无专着，即选择的军事书籍也很罕见。由此可见藏军关于军事学科战术学科及军事素养三方面都非常落后。

三、藏军军官的委任。西藏社会分僧侣、贵族、平民、奴隶四个阶级。按照惯例，非僧侣贵族不得任四品以上的官职，故藏军中平民出身者，虽有劳绩，战功亦只能升到“汝本”为止，至于代本一职，均由噶厦在僧侣贵族中挑选委任，其任用军官的标准，向来不重才能，而重家庭。因为需要衡量其财产是不是相当于所部领武器的价值（例如在战争中，武器有损失要照价赔偿），没有等量财产很难有较高职位，至于其人是否熟识军事，则在其次。各营的“汝本”亦系由噶厦委派，最为接近士兵的中级军官，平时则很少变动，因此有任职10年之久，年龄多在40岁以上者。这部分是藏军中的骨干（甲本以下）。各代本有自由升擢及贬降下级军官与士兵之全权，其升降标准一半由于本身的功罪，一半由于长官的好恶，故下级军官与士兵，多以其妻妾颜色奉承上级，以此换来荣幸者，这也是藏军中的奇怪现象。

四、藏军的军饷制度。1. 粮饷——钱粮并发，噶厦规定士兵每月一份。每份为藏钱四两四钱（约合大洋一元）青稞一斗，酥油三业（每业约二两），茶三业，白土（稞麦的碱）一合，（一合为半升），盐一升，脚本所得的与士兵相同，协敖得二份，甲本得三份，如本得五份，代本系用年薪制，代本一年薪俸藏银28品至36品（每品藏钱50两，一品约合银币11元）。僧侣二人司令（马基）年俸60品。士兵军饷，往往积压数月不发，遇粮缺时，一并折合藏钱，折价拯抵。2. 军用品——士兵的枪械、子弹及黄色制服一套，均系公家备置，其它如军用电话、医业、运动器具，操练器械等均无设备，军马自备，自食，即使士兵用食的器皿：如碗、罐、锅、瓢等也均由各人自备。

五、藏军作战实力。1. 兵种性能——除第六代本为炮兵团外，其它代本团为步、骑、工、炮等兵种混合编成，因无专门训练，训练很难发挥效能，虽有炮兵一营，因无精干的炮科人才，又无新式大炮设备，效力也很小，因此藏军只利于零星的散兵式作战。如果化整为零，利用地形分散游击，也未可轻视。2. 士兵的战斗能力——优点在于身强力壮，不畏风雪，善登高山，耐长途跋涉，更有土产马匹的帮助，行军时所有粮食，被褥、服具武器等均能随身行动，饥则火烧一壶茶，糌粑调酥油佐以肉干；睡则不论何时何地，蒙上皮毛褥铺底，虽卧雪窟中，亦无病无痛，官兵的射击准确，不论掷石、打枪均易命中目标，每遇作战中，子弹耗尽时，即以鹅石子击敌，效力亦等于枪弹（鹅石子系用牛皮代一根，中夹一石，一手紧握一端用力转动，顺势放出，可以击死虎豹，牧人皆随身带一根，用来保护牲畜），由此可见一般士兵射击技术甚佳，只因训练不够，约束不严，故难发挥效力。

六、藏军之战术特点。藏军虽缺乏军事训练，但亦有其战术特点：1. 藏军讲究夜战，注重偷营和夜袭；2. 善于利用地形和森林，常以滚木雷石取胜；3. 在作战中，常在四周烧野火以迷人，使你不易辨别他的方向或主力之所在；并喜实行精神战术到处狂吼，藉以壮大其声势，使你难知其虚实；4. 善于利用严寒之气候作战，汉人怕冷，他则不怕冷，借严寒之天气进行袭击；5. 藏军作战时随身自带干粮，不用埋锅造饭，行动比汉军方便（汉人则需埋锅造饭）。6. 善于利用引诱战术，即用少数部队来引诱，并作佯败，待你深入后，则用迂回包围断汉军之后路，再进行围攻，故在进军中应特别严密注意两侧的侦察警戒，加强搜索，不应孤军深入，并加强通信联络。

历任藏军总代本、司令官及部分团以上军官简历

历任藏军总代本、司令官。

堪穷强巴丹达：总代本。坚色郎康擦绒·达桑占堆：副总代本。孜本赤门·洛色旺杰：副总代本。（总代本系1912年任命，强巴丹达任职为1912年~1915年）

擦绒·达桑占堆：总司令。玉拉·丹巴次旺：副司令。（藏军司令部系1915年后成立，此第一任）

门堆巴：总司令。玉拉·丹巴次旺：副司令。（藏军1927年任职情况，此第二任）

君巴色：总司令。玉拉·丹巴次旺：副司令。（以下以此类推）

龙夏·多杰次吉：总司令。郎噶娃：副司令。

孜仲丹巴降央：总司令。郎噶娃：副司令。

格桑楚臣：总司令。郎噶娃：副司令。

格桑楚臣：总司令。札萨凯默·索南旺堆：副司令。

江金罗保·洛珠格桑：总司令。凯默·索南旺堆：副司令。

多卡娃：总司令。凯默·索南旺堆：副司令。

1950年西藏地方藏军应变机构司令部：凯默·索南旺堆：总司令（1955年9月授少将军衔）。桑颇·才旺仁增：副司令（桑颇·才旺仁增1903—1973，拉萨人，1958年任西藏军区副司令兼藏军总司令，同年8月授少将军衔）。

朵噶·彭措饶杰：总司令（朵噶·彭措饶杰：1903年~1957年，拉萨人，曾任西藏军区副司令，1955年5月授中将军衔）。南木林·班觉晋美：副司令。仲译钦保·阿旺郎杰：副司令。拉马达热·土丹旦达：副司令。索康·旺清格来：副司令。仲译钦保·阿旺查巴：副司令。孜本凯默·次旺顿珠：副司令。夏格巴·洛色顿珠：副司令。

堪穷达热娃·多阿塔青：总司令。雪贵巴·江央凯珠：副司令。夏格巴·洛色顿珠：副司令。功德林扎莎·绝色江村：副司令。堪穷·格桑阿旺：副司令。绕格夏色：副司令。拉恰·拉丁色：副司令。

1959年2月叛军任职情况：拉鲁·次旺多杰：总司令。夏江雪巴·阿旺罗桑：副司令。堪穷·罗桑丹增：副司令。堪穷吞巴·强巴凯默：副司令。帕拉·多吉旺杰：副司令。

藏军部分团以上军官简历。（1953年材料）总司令：马基古桑子。简历：俗官。官居“扎萨”三品，1900年生。姓名：凯墨·索安旺堆，是老索康的亲兄弟。他们原弟兄五人，现仅剩二人。以入赘凯墨古桑子家与孜本古桑子姐结婚，故名。曾任卓尼（噶厦西藏地方政府的传令官，主管交际、公文、传递等于汉人的副官）、雪弟巴（拉萨县政府负责人）、切尔帮（司法处）负责人，曾任浪孜厦密本（市长）、黑河宗代本等职。在大金寺事件中任第二代本团长时，由于另一代本鲁囊之战他不战而退被指控，遂后被撤职。后任拉萨市长。1936年随格桑活佛赴青海，专访十四世达赖。1939年返藏后任英驻藏办事处招待员，不久即因功提拔为扎萨，后又旋升为盐茶局局长，1950年任藏军马基（司令）（以后任职情况，详见人民解放军中的藏族授衔将军）。1947年曾任伪国大代表赴南京，其妻也随往（其妻病夭上海）。和平解放西藏协议签订前，他随达赖进亚东后，被派任赴北京和谈代表（由亚东取道由印进京）。我先遣支队进抵拉萨时他负责招待。他有子女各二，一子为喇嘛，一女名央娜，颇有学识，死于南京。另一女叫凯墨小姐，招女婿结婚已生四子，女婿供职藏政府。其另一子现任索康噶伦。

社会关系：他是老索康之弟，现康索噶伦是他的侄子，康索家出生豪门，家庭有玉贵之称。他妻兄凯墨·仁米喜（即孜本古桑子）现任孜本，也曾被选为国民党人大代表。即现任达赖身边的赤绛活佛，也为其妻兄。他居住在察绒宅右侧，家有一姘头年20岁，女的常宿于古桑子家，因女是贫民无能为其娶归。她也经常与京帮商人合伙经商。

政府态度及思想情况：此人性情固执狡猾，有流氓气息，但用心颇深，个性与相貌相似，做事有计划，只是不如老索康练达，亲英派。热振事变时，藏政府恐国民党驻藏办事处有所行动，曾派他携金赴南京考察相机贿赂。

西藏和平解放后，他自己认为地位不高，得不到我方重视，表现消极态度，西藏军区成立时，他感到无职位而失意，对《协议》持两面态度。

第一代本团长：帕拉色。简历：帕拉色又名多吉旺堆，俗官四品，1911年生，拉萨人，其祖上为原始酋长，与吞巴、多仁、多格瓦（饶噶厦）合称为西藏四大家族，原在江孜英国兵营学习军事，曾任五品勒称巴，管理达赖的马厩事宜，热振摄政时，任噶厦秘书，达扎摄政后提升为古松代本（达赖警卫团），他的身体魁梧，为西藏大领主之一，庄园极多，家财颇丰。

古松代本成立于1917年，共有步兵1000人，500人住罗布林卡，500人住日喀则，该团装备均冠藏军各代本之上，罗布林卡500人除步枪外，有轻机枪八挺，重机枪四挺，山炮和迫击炮各二门。故称为藏军中之劲旅。

社会关系：其兄帕拉堪穷任仲译靖波（布达拉宫副侍卫长即秘书长之官职），有一妹嫁前昌都噶厦（拉鲁任职期）噶仲、仁岗色、他家与康、藏盐原县、木礼土司、木礼活佛有关系，1940年木礼土司坎松典和木礼活佛到拉萨，木礼佛就居住他家有半年之久。也是亲英派，与索康噶伦、藏军马基古桑子关系密切。

政治态度及思想情况：为人尚精干忠厚，对部下善于施笼络手段，故一般士兵被其蒙蔽，而寄予很好的印象，他对我军入藏持反对态度，参与了鲁康娃筹划的伪人民会议阴谋叛变，因此有少数藏军曾大受影响而发生蠢动。

第二代本团长：扎西拉巴。简历：扎西拉巴又名多吉才旦，俗官四品，1928年生，西藏拉萨人，为贵族出生，为卸任噶伦（索康之子），后入赘于扎西帕拉家，曾任拉萨市长，1950年7月接替第二代本职务，原代本拉瓦多吉派往印度，为商务表代团团员，他出去后，一直无人担任其职，故噶厦让其担任其职。他身材魁梧，肥胖，国字脸，留须。

第二代本又称降觉马噶，创建于清乾隆五十七年（1792年），曾参加抗英战争，全军覆灭后又重建，原有藏兵1000人，1950年昌都战役时，该团留驻昌都给拉鲁担任卫队200人被解放军消灭。后经补充后，又有900人住拉萨北郊扎什伦布寺内，该团装备较好，步枪为英式，轻重机枪各四挺，山炮三门。

他为人尚忠厚，有一定才干。

第三代本团长：牟霞。简历：牟霞又名译旺敖布，四品官，1903年生，日喀则人，曾任藏军第三、第七、第五代本。1952年任日喀则基巧（总管）兼任代本。曾任藏政府税官、宗本等职，担任第三藏兵团长近10年，该代本创建于清乾隆五十七年（1792年），原住昌都金沙江沿岸辖兵800人，他曾两次伏击解放军小分队，被鼓吹为藏军中的精锐部队。1950年在昌都战役被全歼，本人也被俘。1951年被释返拉萨，藏政府认其作战有功予以嘉奖并提拔为扎萨，就任日喀则基巧（总管）。1958年因参加叛乱被捕，后病死于甘肃酒泉监狱。

社会关系：其父为寻访九世班禅主持之一，昌都解放后，他曾参加第一届昌都人民代表大会，因常住康境，与国民党刘文辉、左仁极时有来往，对内地情况略有所知，与藏政府主战派人物也有往来。

政治态度及思想情况：为人顽固阴险吝啬，贪财爱色手段毒辣，对其部队及居住地的百姓，尽欺压剥削暴力手段，故他的威信极高。

1950年春解放军逼抵金沙江沿岸时，他曾写信给解放军，以极端生硬的态度，诬蔑解放军进藏就是侵略，负隅顽抗阻止我军进藏。如用谩骂词语编成诗句，并威胁说，如果解放军再往前，必将杀得片甲不留，并将捕到的我方侦察人员破肚剖腹投入江中，昌都解放后，他暗地造谣说，解放军先给甜后给苦，一切都是假的。

1950年藏政府和谈代表土登列门到昌都时，他曾授意牟霞返藏时，将现有枪支散发到民间，准备第三次世界大战时再见机行事。他在返藏途中经丁青、索宗时沿途收容散兵，并一起造谣，对外宣布他是昌都解委会派其到亚东与达赖和谈的代表，如和谈成功，则解放军全部撤出西藏，一度引起该地区人民极度恐慌。牟霞代本在1950年10月，在朱古寺随阿沛和其他代本主动放下武器。然而他血债累累，罪恶滔天，我军并没杀他，而是严格忠实执行党的民族统一战线政策，用高度热情和诚恳的态度去对待，妥善招待，采用座谈的方式予以教育。按起义人员的规格发放路费、粮草释放他返回拉萨。在我们采访原十八军老首长时，涉及朱古寺阿沛义举中提出有牟霞在其中，老首长痛恨之极，说“他算什么起义，就是投降！”原成都军区郄晋武副司令员说：“第三代本牟霞是被我军追打到朱古寺的，无路可逃了，最高只能算投诚。”真可谓：一颗老鼠屎，坏了一锅汤。

第四代本团长：窝木龙。简历：窝木龙又名多吉南加，俗官四品，1908年生，四站路的老葛人。1946年辞职闲居，1950年在藏政府的积极备战下而又披挂上阵，任命为扎萨马噶代本。贵族出身，其父曾任代本，于1904年抗英战争中阵亡，窝木龙曾任日喀则基巧总管。他中等身材，微胖，脸黑蓄八字胡。

第六代本团长：噶穷。简历：又名赤郎顿珠，俗官四品，1903年生，藏南吉曲人，曾任宗本，1947年提拔为代本并兼任德基（总管）与牟霞同为代本，驻防同普、岗托，1950年昌都战役被我军俘虏，1951年3月同牟霞相随返藏，现任职不详。他善于交际，自私爱财、好酒，并有鸦片烟瘾，其妻子原是妓女，生有一子10余岁。1945年热振事变时因攻打色拉寺有功提拔为代本，对部下很刻毒，且脾气暴躁，经常打骂属下，威信极差，1950年昌都战役时他曾有必胜信心。

第七代本团长：崔科。简历：又名俄娃多吉，俗官，1903年生，原为门顿巴噶伦之子，后老催科与其妻失睦，相议离婚，后遂入赘崔科妻家，1938年即任代本驻防康区宁静盐井一带，1950年藏政府为抵抗我军进藏，将其调到丁青、黑河一线，昌都战役后他被歼一部，现有300人调往拉萨布鲁塘兵营，有机枪两挺。

社会关系：其弟门顿巴·仁希，现任职挂冷列空官员（管理大昭寺机关），其弟媳是纡妥扎萨女，所以和纡妥的关系极为密切。

第九代本团长：德格·格桑旺堆德格·格桑旺堆。男，藏族，祖籍西康德格国青县人（今四川德格县），1912年10月出生在西藏日喀则帕里县的一个贵族家庭，有姐妹四人，排行第三。祖父为德格国王（领主），有较大家业，其父为西藏地方政府官员。格桑旺堆1918年至1927年先后在拉萨达东私塾、江孜（原西藏地方政府）公办学校就读。1932年西藏地方政府组建贵族子弟学校训练部（编为十四代本，称仲札马嘎），格桑旺堆投入受训一年，1936年进入哲蚌寺读经书四年，1940年在孜康（西藏地方政府预备做贵族的培训学校，地址在布达拉宫下面）受训，1942年正式成为西藏地方政府官员并在外事机关工作。1943年受任为朵麦（昌都）基巧总督随从四品官。1946年受原西藏地方政府委派担任藏军第九代本（相当于团长，西藏地方四品官）。

1945年抗日战争胜利后，格桑旺堆作为祝贺抗战胜利的西藏地方代表团成员，到了内地，亲自目睹了祖国内地文化经济的发展。对国共抗击外国侵略的事迹印象较深、思想较为激进，渴望祖国统一。1950年，解放军进入甘孜地区，在共产党民族政策的影响下，德格向朵基报告，愿意前往与解放军联系和解，10月11日，他终于冲破阻力，在宁静率部光荣起义。受到西南局刘伯承通电嘉奖。

起义后，1951年1月任昌都地区人民解放军解放委员会副主任，同年8月任中国人民解放军昌都警备区副司令兼中国人民解放军昌都警备区第九代本步兵团团长，中国人民解放军昌都军分区第一副司令员，昌都专区支前总指挥部主任，全国人大民族委员会委员，西藏自治区筹备委员会委员，西藏政协委员，昌都专区政协副主席，昌都地区军事管制委员会副主任，1961年任西藏自治区筹备委员会卫生处副处长，1963年任西藏自治区筹备委员会文卫处副处长，1965年任西藏自治区人民（1966年后称革命）委员会文教厅副厅长、全国一、二、三、四、五届人大代表，全国五届政协委员，全国政协第六届委员会常务委员，西藏自治区政协副主席，西藏自治区三、四届人大常委会副主任，西藏自治区文联名誉主席等职，悉心致力于新西藏的建设，为增强民族团结，维护祖国统一，争取国外藏胞做了大量工作。1954年王其梅代表国防部授予他二级解放勋章。1955年被中央军委授予大校军衔。1984年1月6日在拉萨病逝，终年72岁，遗体按照藏族的习惯火化。

全国政协副主席、西藏自治区人大副主任帕巴拉·格列朗杰在德格·格桑旺堆同志追悼会上，高度赞扬了他参加革命30多年来，工作积极热情，为人正直，胸怀坦荡，表里如一，始终如一，在长期与党合作共事中肝胆相照、荣辱与共，对西藏的革命和建设事业提出过许多建设性意见，对挖掘、整理西藏宝贵的文化遗产，贯彻“古为今用”方针等方面作出了积极的贡献。

藏军一至十七代本编制、装备情况

（1959年材料）

一、藏军沿革。藏军成立于1792年（乾隆五十七年）十一月，由清朝大学士福康安将军平定吉都催岁金入侵西藏的廓尔喀（尼泊尔）之后，奏呈乾隆皇帝批准成立的一支地方民族正规军队。

最高军事长官为驻藏游击都司守备官，直属清朝驻藏大臣官辖指挥，根据《钦定章程二十九条》中规定，清军驻藏3450人，分驻拉萨、日喀则各1000人，江孜、定日各500人。藏军编制定额人数为3362人，设代本6名，如本12名、甲本24名，定本（协欧）120名，分驻拉萨、日喀则各1000人，江孜、定日各500人。使用武器为鸟枪、弓箭、长矛、大刀。藏军的管理、训练均按清军规范进行，教练大部分由清军中的军官派任（拉萨大昭寺内藏文版《钦定藏内善后章程》二十九条）。

道光二十六年（公元1846年）清驻藏大臣琦善，改旧制为藏汉分理，将藏军6个代本3000名士兵交给噶厦政府（西藏地方政府）直接管辖。1911年，内地辛亥革命爆发，驻藏川清军钟颖部发生内乱，拥护共和的和赞成帝制的展开斗争，藏内各地清军纷纷效尤，继后，清军的内乱演变成与藏军的矛盾，双方在色拉寺开火。英帝国主义乘机唆使在印度的十三世达赖策动西藏各地掀起反汉暴动。民国元年（1912年）4月，平民（坚色郎康擦绒·达桑占堆1912年~1915年为副总代本，1915年后为藏军总司令）达桑占堆在西藏各地组织上万名藏民、围攻在拉萨、日喀则、江孜等地的川清军，川军不战自败。达赖回藏执政后，将清军遣返内地，委任达桑占堆为藏军总代本，并将藏军扩充为10个代本，按照藏文字母的顺序排列代本番号，每代本500人，第一、第二代本各为1000人，共有兵员6500人。

1915年（民国四年），藏军司令部成立，藏军司令部（马基康）为藏军最高指挥机关，隶属噶厦政府管辖，司令部设在拉萨，军旗为“雪山狮子”图案。司令部下设颇康（供给局）、洛局康（训练局），设马基（司令）二人，一僧一俗，司令由噶伦（大臣）担任，副司令由扎莎（正三品总管寺庙负责人）或司令部下设的扎康（军械局）孜本（审计局负责人）担任。并设马仲（军事秘密二人），仲译（僧官文书）二人，书记员二人，办事员二人、通信员二人，客巴（清洁）定本（排长）一人，果最松卡（军火库）甲本（连长）二人，士兵十五人，另在司令部配有八名喇嘛从事全军念经事务，藏军司令部下设若干代本（相当团的编制）。其管理、训练、服装均仿效英军。自藏军司令部成立后，西藏上层统治者不断派贵族子弟及下属军官赴英、印学军事及购置军事装备，聘请英籍教官在江孜设立“仲扎马噶”（贵族教练部）训练贵族子弟及下级军官，从此，西藏军队由清军体制逐步转为仿效英、印。

民国十二年（1923年）达赖下令成立拉萨警察局，在拉萨市各区建立楼康（派出所）及各重要街设立岗哨，聘请印度大吉岭警察局长连颠士（英人）任总办，印度孟加拉警卫队队长江孟伸（印人）为帮办，开设警察训练班，后因年颠士、孟伸欲窃拉萨市政权，达赖撤其职，解散他们所组织的警察局，令其回印，重新挑选250名藏军为警察，由龙霞任警察局长、绕噶厦为警察总办。1952年噶厦政府因原警察是班禅的差民，怕心向班禅，不易控制，故予解散，改调藏军第六代本替换。

民国二十一年（1932年），藏军与青海马步芳部发生冲突，十三世达赖下令成立"仲扎马噶"，编为十四代本赴战，次年因达赖圆寂而解散。

1950年昌都战役期间，藏军正规代本扩增至十七个代本，约六个民兵代本，共计17500人，分驻金沙江沿线，昌都、拉萨、那曲等地。昌都战役中，藏军第三、第七、第八、第十代本（三代本为甲种编制，有两个团）被歼，第九代本起义，第二、第三、第四、第六、第十代本部分，第八代本大部分及昌都总督卫队等2700余人投诚，此役共歼敌藏军6100余人。1951年西藏和平解放后，尚有十一个代本（第一、第五、第十一、第十三、第十四、第十五、第十六、第十七）及第四代本、第六代本大部、第三代本残部共约9300人。1951年4月27日。藏军第九代本编入中国人民解放军，次年2月11日，按照中央人民政府和西藏地方政府签订的《关于和平解放西藏办法的协议》第八条款及附件规定："西藏军队逐步改编为人民解放军，成为中华人民共和国国防武装的一部分。"西藏军区张国华司令代表中央军委给西藏地方部队授国旗，并对藏军换装。中央军委任命阿沛·阿旺晋美为西藏军区第一副司令，原藏军总司令朵噶·彭措饶杰为西藏军区第二副司令。1952年西藏军区奉命将藏军进行精简整编，保留藏军3000人，1956年西藏军区给保留代本的第一、第二、第三、第四、第六、第九代本主官授军衔，1959年3月21日，藏军因参加全区性武装叛乱，中共中央军委宣布除藏军第九代本保留外，其余藏军解除武装。

二、藏军的编制和装备。藏军的编制，基本上沿袭清代体制，以品位确定官衔，代本为四品官，相当于团的编制，每代本率兵500百，公元1912年十三世达赖执政后，将代本分为甲乙两种编制，甲种编制兵员1000名，乙种编制500名，设立总代本统领部队，1915年改总代本为司令（马基），将第一、第二、第三代本编为甲种编制，其他代本为乙种编制。

藏军每500人委一代本管理，下辖如本（营长）二人，率士兵250人，如本下设甲本（连长）二人，率兵125人，甲本下设协欧或定本（排长）五人，率兵25人，定本下设久本（班长）二人，每班士兵10至12人。每个代本团中设有“华达”一人，（专门负责列队发号传达口令）系排级待遇，职务相当于副连，由士兵中优秀者担任，“墨加”二人（专门负责行政管理及排长的助手，有时也管训练），系排级待遇、职务相当于副排，“格更”（教员）若干人，负责文书工作，以上均由士兵优秀者拣选。另由噶厦门者康（西藏地方医务局）派往各代本医助二人。各代本配置军乐队，但无单独的行政组织，平时分散在各班，每日早晨集合赴郊外练习，逢节日或隆重仪式时则着古装，奏古乐、演藏戏。另有若干木、铁、银匠及裁缝等，为各级军官无代价的服务，无事时可请假外出做活。

藏军编制，第一、第三代本各为1000人，第二代本为1011人，其他代本为500人，也可根据需要而增减，但藏军因组织松懈、纪律不明，兵员常不足额，1957年9月，西藏地方政府决定藏军缺额增补后，各代本人数还是不够编制定额。下面是1950年至1957年的藏军代本编制装备情况：

第一代本，也称古松代本（意为警卫代本）。始建于1917年（民国六年），原编制为1000人，西藏和平解放后改编为500人，1957年增加到645人，其中士兵613人，代本一人，如本二人，甲本四人，定本26人。驻防拉萨西郊罗布林卡，负责达赖警卫，前任代本帕拉·多吉旺久，后任代本达拉·彭措扎书。1956年4月，西藏军区供给该代本全体官兵解放军制式服装，并授该代本达拉·彭措扎书上校军衔。第一代本在枪械、服装优于其他代本，该团配有山炮八门、重机枪四挺，轻机枪46挺，斯登式冲锋枪200余支，卡通英式步枪600余支，手枪若干。每次参加集会，士兵均着黄色粗毛呢英式制服，行于其他代本之前，各代本团长赴会时，一代本均排位首席，故有老大为尊的说法。

第二代本，又称降觉马噶（意为汉人所训练的部队），建于1792年（乾隆五十七年），故有阿玛噶之称（意为母亲代本）系驻拉萨步骑代本。原编制1011人，昌都战役被我歼其一部，1952年精减至700人，1957年9月增加到1023人，设正副代本，辖有如本四名、甲本、定本43名，士兵967名。该代本系藏军主力，配有山炮八门、迫击炮六门、大炮八门，转盘机枪12挺。马克沁重机枪四挺，轻机枪40挺，英式卡通步枪900支，斯登式冲锋枪40挺。过去各地总督的警卫由该代本派出，故曾派兵布防日喀则、黑河、昌都，解放前夕曾有一个营的兵力约250人担任昌都督办警卫。昌战中退至宗泽山全部投诚，该代本主官桑颇·登增顿珠，扎白·多吉才旦二人于1956年4月，被西藏军区授予中校军衔。

第三代本系步骑代本，建于1792年（乾隆五十七年），驻守日喀则。1950年10月前驻防德格、申达、金沙江沿岸、三十九族地区一带。原编制1000人，昌战中被歼，剩残部50余人。1957年重建，有军官41人，收罗士兵434人。该代本两名主官，牟霞·次旺仁增（曾在江孜英办兵营受训，1952年西藏噶厦认为牟霞在昌战中有“功”而提升为日喀则总督）和索康·拉旺多杰。该代本武器配备较为精良，配有各种火炮14门、重机枪四挺、转盘机枪四挺，加拿大机枪16挺，冲锋枪32支，各式步枪1000支。解放军渡金沙江时，该代本曾两次伏击我解放军尖兵小分队，故被鼓吹为藏军中的精锐部队，1950年10月在昌战中被人民解放军歼其大部，一部分在宗泽山投诚，余尽逃散。1956年4月，西藏军区授予新任代本奴马·敏久多吉中校军衔。

第四代本系步骑代本，建于1792年（乾隆五十七年），原为清朝驻江孜部队，原编制500名。西藏解放前夕，该代本布防三十九族、丁青一带。配有重机枪一挺、轻机枪九挺、转盘机枪一挺，冲锋枪15支，英式步枪500支。昌都战役时藏军代本为崔科·欧珠多杰。1956年4月，该代本团朵噶·索郎多吉被西藏军区授予中校军衔。

第五代本系步骑代本，建于1792年（乾隆五十七年），原为清朝驻定日部队，原编制500名，曾驻日喀则、定日等地，主要防止尼泊尔入侵。解放前夕，调防黑河一线，配有重机枪二挺，轻机枪40挺，各种步枪325支，代本为霞江雪巴·阿旺洛桑。1957年因西藏财政困难，该代本大部分被遣散，定日防地只有代本一人、甲本一人、定本五人和少数士兵共20余人。

第六代本为降觉代本（炮兵团），建于1792年（乾隆五十七年），原编制500人，驻防日喀则。昌战中布防类乌齐、三十九族、色擦一线。1950年昌都战役中被击溃，大部分逃至宗泽山，被人民解放军合围投诚。当时代本为廓乡巴，此代本名义上是炮兵代本，实际上只有小炮六门，却配有轻机枪十挺，冲锋枪15支，步枪400支，1952年该团改为步兵，驻扎拉萨市冲赛康兵营，担任拉萨市的警察任务，该代本有代本团长一人，汝本一人，甲本三人，定本15人，士兵357人。该代本担任警察任务期间，在拉萨市的几个主要街口，设四个槎康（派出所），每个槎康由一名定本和25名士兵组成，配有机枪一挺，英式步枪23支。此代本设有27个警察所楼岗，由士兵轮流日夜值班。1956年4月，该代本团长俊巴·才仁多吉被西藏军区授予中校军衔。

第七代本系步骑代本，建于1792年（乾隆五十七年），原编制500名，驻防类乌齐、三十九族地区，代本为普龙·扎巴次登，该代本配有重机枪四挺、轻机枪四十挺。1950年10月19日该代本山炮连在解放军骑兵冲击下，120余人就地投诚，缴获山炮二门，此代本配备英式步枪400支，山炮四门，1950年10月20日大部分退至宗泽山投诚，该代本昌都战役后全部遣散。

八代本系步骑兵，始建于1921年。原编制500名，驻防察雅，昌都一带，配有轻重机枪42挺，步枪500支，代本为恰热巴，1950年10月昌都战役中溃退到宗泽山全部被迫投诚，尔后就地溃散。

九代本系步骑兵，始建于1921年。原编制500名。驻防宁静、盐井一带，配有轻重机枪42挺，冲锋枪15支，步枪500支，代本为德格·格桑旺堆。其人曾在江孜英办兵营受训，谙英语。1950年10月11日在宁静率部起义。1951年5月，该代本改编为中国人民解放军西藏军区昌都警备区第九代本步兵团，1956年4月，西藏军区代表中央军委授予德格·格桑旺堆大校军衔。曾任西藏军区昌都警备区副司令员。

十代本系步骑兵，始建于1921年。原编制定额500名，驻防贡觉、邓柯一线，配有轻重机枪42挺，步枪500支，代本为定永·阿旺坚增。昌都战役中溃退至宗泽山，被人民解放军合围投诚后就地遣散。

此外，藏军从1932年至1949年又增加七个代本，但编制常不足额，使用武器也较差，一般配备刀矛，手枪，俄式长筒步枪及少量冲锋枪和机枪。

十一代本系治安部队，主要担任拉萨市警备任务，原编制500名，实有兵员300人，代本由一个甲本和一个密本（拉萨市朗孜厦的法官）代理，密本为擦狄。

（十二代本为虚设，藏语“十二”为“病”的意思，据王贵老首长对拉鲁·次旺多杰的调研表明，藏军实际为十六个团）

十三代本系步骑兵，原编制500名，但因逃亡等原因只有兵员400名，驻防嘉黎，拉萨地区，代本为康拉·卡恰德钦。

十四代本系步骑兵，1932年成立，1933年解散，解放前夕又恢复，合并于十三代本，兵员增至1600名，任命卡纳、夏江·索朗多杰为代本，该代本曾驻嘉须奔噶，后驻拉萨，1950年11月调入洛隆宗150名，企图组成第二防线，阻止人民解放军进军拉萨。

十五代本系步骑兵，原编制500名，曾驻巴达松多，后驻索克宗地区，代本为哈松·次仁多杰。

十六代本系步骑兵，士兵全由藏北牧民组成。原编制500名，而实有兵员400名，驻防日喀则，另一部驻黑河，代本为夏格巴·洛色顿珠兼。部队统一由藏北总管夏格巴·洛色顿珠指挥。

十七代本系步骑兵，编制为500名，驻防索克宗地区，黑河一线，代理代本为郭恰尔。解放前夕，十六、十七代本人数增至1896人。

藏军代本以上军官及藏军第九代本起义军官名册

藏军代本以上军官花名册。

拉鲁·次旺多杰：昌都总督（1950年9月离任）现任西藏自治区政协副主席

阿沛·阿旺晋美：昌都总督（1950年8月上任，1955年曾授中将，全国人大常委会副委员长）

雪古巴·多卡娃：藏北总管（国外）

拉巴达热·土丹旦达：那曲总督（已故）

夏格巴·旺秋德丹：黑河总督（国外）

帕拉·多杰旺久：第一藏军团长（曾任我西藏军区副司令）

噶拉·彭措扎西：第一藏军团长（1956年4月曾授上校团长）

扎白·多吉才旦：第二藏军团长（1956年4月曾授中校团长）

桑颇·登增顿珠：第二藏军团长（1956年4月曾授中校团长，现任区政协常委）

牟霞·次旺仁增：第三藏军团长（1958年病死于甘肃酒泉监狱）

索康·拉旺多吉：第三藏军团长（不详）

奴马·敏久多杰：第三藏军团长（1956年4月曾授中校团长）

崔科·欧珠多吉：第四藏军团长（曾任拉萨市长）

朵噶·索郎多吉：第四藏军团长（1956年4月曾授中校团长）

霞江雪巴·阿旺洛桑：第五藏军团长（国外）

廓乡巴：第六藏军团长（不详）

俊巴·才仁多杰：第六藏军团长（1956年4月曾授中校团长）

俊巴·阿旺白姆：第六藏军团长（不详）

普鲁·扎巴次登：第七藏军团长（现拉萨市政协副主席）

恰热巴：第八藏军团长（不详）

德格·格桑旺堆：第九藏军团长（1955年8月曾授大校副司令，1984年病故）

定永·阿旺坚增：第十藏军团长（不详）

擦狄：第十一藏军团长（拉萨市密本兼）

夏格巴·洛色顿珠：该团虚设（因藏语第十二含有病之意，故藏军团长那曲总管兼）

康拉·卡恰德钦：第十三藏军团长（曾任区政协委员）

卡纳：第十三藏军团长（不详）

夏江·索郎多杰：第十四藏军团长（不详）

多顿哈松·次仁多杰：第十五藏军团长（不详）

夏格巴·洛色顿珠：第十六藏军团长（不详）

郭卡尔：第十七藏军团长（不详）

注：藏军第十团成立于1932年，1933年撤销，解放前夕又恢复，合并为第十三代本。

藏军九代本起义军官名册。

德格·格桑旺堆：四品代本（团长）

贡布：五品如本（营长）；旺杰：五品如本（营长）

晋美洛年：六品门巴（医生）；贡嘎增庆：六品甲本（连长）；朗吉扎西：六品甲本（连长）

泽恩拉：六品甲本（连长）

巴桑次仁：七品门巴（医生）；扎西洛布：七品（后勤排长）；次欧：七品古松（警卫排长）

旺久：七品同当堪（号排长）

玉杰：八品同当堪（号排长）；索朗次仁：八品定本（排长）；扎西旺扎：八品定本（排长）

旺堆占堆：八品定本（排长）；罗贵：八品定本（排长）；强巴伦珠：八品定本（排长）

阿旺赤列：八品定本（排长）；巴桑罗杰：八品定本（排长）；扎巴：八品定本（排长）

次仁多吉：八品定本（排长）；桑珠：八品定本（排长）；泽旺俄珠：八品定本（排长）

以上军官，除旺堆占堆与巴桑次仁外，现在都已去世。旺堆占堆现任昌都地区政协委员，巴桑次仁现任区藏医院妇科医生。此表截至1950年10月起义时。采访调查截止时间为1987年4月。

中央人民政府和西藏地方政府关于和平解放西藏办法的协议

西藏民族是中国境内具有悠久历史的民族之一，与其他许多民族一样，在伟大祖国的创造和发展过程中，尽了自己的光荣责任。但在近百余年来，帝国主义势力侵入中国，因此也就侵入了西藏地区，并进行了各种的欺骗和挑拨。国民党反动政府对于西藏民族，则和以前的反动政府一样，继续行其民族压迫和民族离间的政策，致使西藏民族内部发生了分裂不团结。而西藏地方政府对于帝国主义的欺骗和挑拨没有加以反对，对伟大的祖国采取了非爱国主义的态度。这些情况使西藏民族和西藏人民陷于奴役和痛苦的深渊。一九四九年中国人民解放战争在全国范围内取得了基本的胜利，打倒了各民族的共同的内部敌人——国民党反动政府，驱逐了各民族的共同外部敌人——帝国主义侵略势力。在此基础上，中华人民共和国和中央人民政府宣布成立。中央人民政府依据中国人民政治协商会议通过的共同纲领，宣布中华人民共和国境内各民族一律平等，实行团结互助，反对帝国主义和各民族内部的人民公敌，使中华人民共和国成为各民族友爱合作的大家庭。在中华人民共和国和各民族的大家庭内，各少数民族聚居的地区实行民族区域自治，各少数民族均有发展自己语言文字，保持或改革其风俗习惯及宗教信仰的自由，中央人民政府则帮助各少数民族发展其政治、经济和文化教育的建设事业。自此以后，国内各民族除西藏及台湾区域外，均已获得解放。在中央人民政府统一领导和各上级人民政府的直接领导下，各少数民族均已充分享受民族平等的权利，并已经实行或正在实行民族的区域自治。为了顺利地清除帝国主义侵略势力在西藏的影响，完成中华人民共和国领土和主权的统一，巩固国防，使西藏民族和西藏人民获得解放，回到中华人民共和国大家庭中来，与国内各民族享受同样的民族平等权利，发展其政治、经济、文化教育事业，中央人民政府命令人民解放军进军西藏之际，通知西藏地方政府派遣代表来中央谈判，以便订立和平解放西藏办法的协议。一九五一年四月下旬西藏地方政府的全权代表到达北京。中央人民政府当即派全权代表和西藏地方政府的全权代表于友好的基础上举行了谈判。谈判结果，双方同意成立本协议，并保证其付诸实行。

一、西藏人民团结起来，驱逐帝国义侵略势力出西藏，西藏人民回到中华人民共和国祖国大家庭中来。

▶图为《关于和平解放西藏办法的协议》文本。

二、西藏地方政府积极协助人民解放军进入西藏，巩固国防。

三、根据中国人民政治协商会议共同纲领和民族政策，在中央人民政府统一领导之下，西藏人民有实行民族区域自治权利。

四、对于西藏的现行政治制度，中央不予变更。达赖喇嘛的固有地位及职权中央亦不予变更。各级官员照常供职。

五、班禅额尔德尼的固有地位及职权，应予维持。

六、达赖喇嘛和班禅额尔德尼的固有地位和职权，系指十三世达赖喇嘛与九世班禅额尔德尼彼此和好相处时的地位及职权。

七、实行中国人民政治协商会议共同纲领规定的宗教信仰自由的政策，尊重西藏人民的宗教信仰和风俗习惯，保护喇嘛寺庙。寺庙的收入，中央不予变更。

八、西藏军队逐步改编为人民解放军，成为中华人民共和国国防武装的一部分。

九、依据西藏的实际情况，逐步发展西藏民族的语言、文字和学校教育。

十、依据西藏的实际情况，逐步发展西藏的农牧工商业，改善人民生活。

十一、有关西藏的各项改革事宜，中央不加强迫。西藏地方政府应自动进行改革，人民提出改革要求时，得采取与西藏领导人员协商的方法解决之。

十二、过去亲帝国主义和亲国民党的官员，只要坚决脱离与帝国主义和国民党的关系，不进行破坏和反抗，仍可继续使用，不咎既往。

十三、进入西藏的人民解放军遵守上列各项政策，同时买卖公平，不妄取人民一针一线。

十四、中央人民政府统一处理西藏地区的一切涉外事宜，并在平等、互利和互相尊重领土主权的基础上，与邻邦和平相处，建立和发展公平的通商贸易关系。

十五、为保证本协议之执行，中央人民政府在西藏设立军政委员会和军区司令部，除中央人民政府派去的人员外，尽量吸收西藏地方人员参加工作。参加军政委员会的西藏地方人员，得包括西藏地方政府及各地区、各主要寺庙的爱国分子，由中央人民政府指定的代表与有关各方面协商提出名单，报请中央人民政府任命。

十六、军政委员、军区司令及入藏人民解放军所需经费，由中央人民政府供给。西藏地方政府应协助人民解放军购买和运输粮秣及其他日用品。

十七、本协议于签字盖章后立即生效。

一九五一年五月二十三日于北京

关于人民解放军进驻西藏的若干事项的规定

（一）中央人民政府派遣人民解放军进驻西藏，兵力为一个军左右，驻地为国防要点及交通要点。

（二）进军计划及驻军部署，由中央人民政府人民革命军事委员会根据当时当地实际情况，以命令行之。

（三）人民解放军向西藏进军期间，西藏现有军队仍在原驻地或原驻地附近地点维护治安，待人民解放军到达后，由西藏军区司令部进行统一部署和必要的调整。

（四）人民解放军进入西藏之后，成立西藏军区，统一领导和指挥西藏境内之一切武装部队。军区司令员、副司令员和政治委员，统由中央人民政府委任。

▶图为正在《关于和平解放西藏办法的协议》文本上签字的中央代表。

（五）西藏现有军队，应有计划有步骤地改编成为人民解放军及达赖喇嘛的警卫部队和一定数量的公安部队。现有各地征调的民兵，得予逐步复员。

（六）西藏现有军队既已同意改编为人民解放军，其所需武器中央人民政府允许将昌都战役中人民解放军所缴获的武器予以发还，并酌予必要补充。

（七）人民解放军驻西藏部队的经费，由中央人民政府供给。西藏地方政府协助人民解放军购买和运输粮秣及其他日用品。为国防建设的需要，修建飞机场、公路等需占用西藏人民私有土地或寺庙时，中央人民政府酌予补偿。

中共西南局处理昌都战役中投诚藏军和今后工作问题的指示

（1950年10月25日）

此次昌都战役（包括十军作战）获得圆满胜利，对于解决整个西藏问题打下了有力的基础。你们当前的工作是抓紧时机，善于利用俘虏或投降官兵及昌都地区地方力量，开展政治攻势，以争取和平解决拉萨问题。同时周密布置留驻部队的冬季工作，保证他们的供给，并从军事、政治、供给诸方面准备明年开春后进军拉萨。为此，请你们注意下列各点：

第一，加紧进行俘虏或投诚官兵工作，用高度热情和诚恳的态度去对待他们，严禁侮辱和虐待，注意他们的伙食。所有官兵都须经过七天左右的训练，主要根据我们的布告中所列的各项内容，解释我党及中央人民政府的民族政策，强调毛主席、朱总司令对西藏同胞的关怀，要求他们提出问题予以解答。训练之后一律发足够路费，分批释放他们回家，以便将我们的政治影响迅速散布到全藏人民中去。

第二，对于噶伦及代本等高级军官，尤应妥为招待，采用座谈方式予以教育和争取，以便他们回去影响拉萨政府，立即脱离英美影响，速派代表到昌都或北京商谈和平解决西藏问题。

第三，对于俘虏的英、印和其他外籍人员，应妥送甘孜，不得释放，亦不得虐待。你们应从他们的口中及对藏军官兵的调查中，了解他们的身份及帝国主义侵犯西藏的材料，迅速报告我们。

第四，尽快地筹备召集由各县上层人物组成的昌都地区代表会议，成立昌都人民解放委员会，委员名单由你们研究提出报来批准。

第五，留驻昌都、甘孜地区的部队数目，必须精确地加以计算，报告我们批准，主要是对运输条件及供应，不只是保证留驻部队的食用，还要准备明年春继续进军的需要。如果保障不了，可能影响继续进军的准备，此点请你们精细计算和考虑。

第六，请你们多多反映昌都方面的情况，以便及时地给你们以帮助。

中共西藏工委对处理昌都战役中俘虏的规定

（1950年11月1日）

为扩大我军政治影响达到瓦解藏军，根据西南军区指示精神，关于这次昌都战役中对藏军俘虏的处理，特作以下规定：

一、总的精神

用热诚的态度对待他们，严禁侮辱和虐待，注意他们的伙食，所有官兵都须经过七天左右的训练，主要根据我们的布告中所列的各项内容，解释我党及中央人民政府的民族政策，强调毛主席、朱总司令对西藏同胞的关怀，要他们提出问题予以解答，训练之后一律发给足够的路费分批释放他们回家，以便使我们的政治影响迅速散布到全藏人民中去，对于高级军官，应妥为招待，争取他们回去后影响拉萨政府脱离与英美的关系，达到和平解放西藏问题之目的；对于战争中俘虏的英印和其他外籍人员，以战俘看待，严密管押。对于生活，可以优待，待命处理，不得释放和虐待。应从他们来往中的文件及藏军官兵中，调查他们的成分及帝国主义侵犯西藏的材料，并对外籍人员之文件物品纸件，只字不得遗失，分毫不得动用。

二、具体的规定

（1）连以上军官，生活上予以照顾，并配给牲口，团级每人二匹至三匹，营级二匹，连级有私牲口者，暂给一匹，排以下军官及眷属，每三人配牲口一匹。（牦牛亦可）

（2）排以上军官（不分文武）分批集中昌都、江卡两地训练，待命处理，班以下官兵，应经适当教育后发给路费释放。战俘每人发给银洋三元，起义者五元，连以上军官及士兵眷属10岁以上者每人三元。

（3）营以上眷属暂不遣散（集中送昌都）其他眷属教育后发给路费释放。

（4）在俘虏中，可争取一些无眷属的青年作长期训练，以作将来成立藏族民族地方军队的骨干，但须视以后情况再行决定，目前不宜宣布。

（5）不论藏军何级官员，一律不准留武器，营以上私人自卫枪支登记保存，以后视情况处理。

三、民兵及喇嘛武装

对于民兵及喇嘛武装应很耐烦地大力进行政治争取工作，尽可能的避免和他们作战。对于投降民兵的枪支子弹，如系藏军所发枪支子弹，应一律收缴。如调查确是民兵私人枪支，应一律发还。如当时再用者，应将枪支号码登记清楚，以待调查清楚后再作处理，对于民兵战俘，应教育后就地释放。

藏军护卫达赖出行仪式

根据清朝政府《酌定西藏善后章程》的规定，藏军的主要职责之一，担任驻藏大臣和达赖喇嘛及噶伦的警卫。因此，藏军第二团为汉式部队，又称母亲代本。达赖喇嘛和驻藏大臣的警卫各为500人，噶伦的警卫为250人。藏军和清军各在拉萨驻有1000人作为护卫。在重大仪式和集会均要参加。

达赖喇嘛“琪久杰巴（大型）”出行仪式的规定。

一、历世达赖转世灵童被认定之后，从灵童出生地迎请到拉萨时要举行；

二、达赖灵童长到16岁时，迎到布达拉宫细平措大殿，登达赖宝座亦即坐床典礼要举行；

三、为达赖灵童取法名、剃度受戒；

四、每逢施主邀请达赖或举行盛大法会，例如一年一度大昭寺的一个月传大召活动，达赖喇嘛要于藏历正月十五日登上八角街法台讲经，为来自全藏各地的信徒摸顶、接受膜拜，聆听各寺格西为选拔“拉让巴格西”（西藏喇嘛教的最高学位，相当于博士学位）而举行的辩经活动，以及前往山南地区桑日朝拜琼果杰神湖时，都要举行“琪久杰巴”这种大型出行仪式。

此外，达赖喇嘛每年迁宫两次。一次是在入冬以前，从罗布林卡夏宫，迁到布达拉宫冬宫；一次是在入夏以前从布达拉宫，迁往罗布林卡夏宫，这两次迁宫，都要举行简单的出行仪式。平时去尧西（佛公府）或去哲蚌、噶丹和色拉寺作佛事等，一般是骑马或乘小轿车前往，而这两次迁宫，都要乘八抬金顶大黄轿。

举行第一种出行“琪久杰巴”仪式时，牵动面极广，而且排场十分隆重、威严。举行这种出行仪式，噶厦政府在拉萨供职的七品以上僧俗官员、三大寺活佛、堪布、执事、藏军代本（相当于团级）以上军官以及被历代皇帝册封的公爵、扎萨、呼图克图、台吉、仁细等各种爵位的（含卸任的）四品以上官员、少爷们必须参加，甚至连噶厦派到全藏各地任职的七品以上僧俗官员，也必须在达赖喇嘛出行仪式之前，赶到拉萨。总之，在大出行的行列中，凡在册的各级官员，一个也不准缺席，也不准替代。

▶图为国民党青海马步芳派军队护送十四世达赖灵童到拉萨。

不论上述何种仪式，在拉萨的藏军全体官兵，都必须预先出动，为达赖喇嘛下榻作为仪仗队守候；达赖喇嘛的近侍总堪布、索本、森本和曲本堪布、大喇嘛、仲泽钦莫（四位相当于秘书长的四品僧官）和卓尼钦莫（主持达赖出行政务的总管）、藏王（即摄政王）、司伦、正副经师、侍读官、众噶伦、乃穷护法神（即星相师）等，也必须护驾随行侯候。但骑马乘车或简单乘轿时，不在拉萨地区供职的僧俗官员，则可以不来。

达赖出巡时间：三月十八日，达赖每年从布达拉宫移居罗布林卡（夏宫），噶厦的僧俗官员和警卫代本，从布达拉宫到罗布林卡的路上，排队欢送。达赖到了罗布林卡以后，大家向达赖献哈达致贺。照例驻藏大臣次日要去看望达赖，彼此交换哈达。

六月十五日到七月三十日，为黄教的禁期（藏名叫作雅日霞西），在这一个半月以内，全藏黄教大小寺院的喇嘛，不准出外活动，蛰伏寺内，据说这一期间青草刚长出，地上昆虫很多，恐怕喇嘛出外踩死小虫，“有伤上天好生之德”。在这期间，达赖特派雅达一人，四出巡视，如果有违犯者，即予重惩。七月三十日期满，达赖下令解除禁令，喇嘛们才能出外活动。

▶藏军代本级军官在达赖出行中担任护卫。

八月初一起，达赖在罗布林卡举行沐浴礼，一共七天。为了祝贺沐浴礼，三大寺庙和噶厦官员又向达赖献哈达致贺。班禅和萨迦法王专门派人来送沐浴礼品。沐浴完毕后，驻藏大臣又要亲去看望达赖。

九月底或十月初，达赖从罗布林卡返回布达拉宫，和去时同样，噶厦全体官员、三大寺、警卫代本，又要排队欢迎，第二天，驻藏大臣又要去布达拉宫和达赖互换哈达。

藏军文武官秩品位及其他

文武官秩品位

一、前藏达赖喇嘛行政机构

1. 噶厦（办公处）：四噶伦，一僧三俗，四品，总管全藏行政、宗教、军事事务。

2. 噶伦下设仔本三人，俗官，四品，总司会计出纳。

3. 商上（办事处）：商卓特巴，僧官六人，四品，总司会计出纳。

4. 业仓巴二人，僧官，五品，主管粮务。

5. 朗仔辖二人，俗官，五品，专管拉萨市政。

6. 协尔帮二人，僧官，五品，专管司法。

7. 硕第巴二人，一僧一俗，五品，管布达拉宫附近藏民。

8. 达本二人，俗官，六品，管理马厩。

9. 大中译二人，一僧一俗，六品，掌噶厦处秘书事宜。

10. 卓尼尔三人，僧官，六品，掌噶厦文书交接。

11. 小中译三人，俗官，六品，掌噶厦文书表报。

12. 第巴若干，有僧有俗，七品，负责管门，管草，管薪，管账房，管牛羊等。

地方宗官（相当于现在地、县、乡三级）

1. 全藏设边宗宗本23人，均五品，有僧有俗。

2. 大宗宗本（地区总督）19人，均五品，有僧有俗。

3. 中宗宗本（县）59人，均六品，有僧有俗。

4. 小宗宗本（乡）24人，均七品，有僧有俗。

武官

1. 代本（团长）四品，下辖汝本，分甲乙两种编制，甲为1000兵员，乙为500兵员。

2. 汝本（营长）五品，下辖甲本，每汝本率兵250名。

3. 甲本（连长）六品，下辖定本，每甲本率兵125名。

4. 定本（排长）七品，下辖久本，每定本率兵25名。

5. 久本（班长）率兵10名。（其他设置详见本书藏军基本情况、九代本起义军官名册）

宗教机构

1. 译仓：承办宗教事宜的机构、设仲译钦波（秘书）四人，处理一切寺庙宗教事务，各寺庙又设堪布、仔仲等官。

2. 拉章：随侍达赖左右的僧官。

基巧堪布：即总管，三品，管达赖印信。

森本堪布：四品，达赖随身待卫。

苏本堪布：四品，管达赖饮食、盥洗。

却本堪布：四品，管达赖讲经、供养。

大小堪布：四品，达赖贴身服侍、传令缮写记录、翻译。

二、后藏班禅行政机构（协管全藏，主管后藏政教）管理机构

1. 札萨喇嘛罗门汗二人，僧官，四品，代班禅管理政务及扎什伦布财务。

2. 孜卡：二俗一僧，四品，掌管会计庶务事宜。

3. 大吉本：僧官，五品，管理马厩事务。

4. 大仲译：僧官，五品，管理文书事项。

5. 大卓尼：僧官，五品，管交洽、礼义、诉讼事项。

6. 大尼仑：僧官，五品，管理税收钱粮。

7. 巴本巴：僧官，五品，管理印玺签章。

8. 罗月：僧官，五品，管理扎什伦布寺僧众事务。

9. 雪第巴：僧官，五品，负责管门，管草，管薪，管账房，管牛羊等。

地方宗官

1. 大宗宗本（地区总督）：四人，三品。

2. 中宗宗本（县）：17人，四品。

3. 小宗宗本（乡）：16人，五品。

班禅卫队及武官

1. 四位代本（团长）四品，下辖汝本，分甲乙两种编制，甲为1000兵员，乙为500兵员。

2. 十二汝本（营长）五品，下辖甲本，每汝本率兵250名。

3. 二十四甲本（连长）六品，下辖定本，每甲本率兵125名。

4. 一百二十名定本（排长）七品，下辖久本，每定本率兵25名。

5. 久本（班长）率兵10名。（其他设置详见本书藏军基本情况）

宗教机构

1. 郎玛噶：堪布会议厅，由苏本、森本、却本等堪布组成，以札萨喇嘛为首。下设朗色康（内务处）、夏仔康（总务处）、译仓（秘书）等。

2. 拉章：班禅行辕（待从随员僧官）。森本堪布：四品，班禅随身侍从。苏本堪布：四品，管班禅饮食、盥洗。却本堪布：四品，管班禅讲经、供养。

（注：西藏是政教合一、军政合一的体制，地方四品以上的贵族，既可担任地方官，又可兼军事长官。僧侣既可担任地方官，也可担任军事官，故僧军在藏军编制中就不足为奇。）

藏军官兵阵亡殡葬仪式

西藏殡葬习俗特异，由于受佛教思想、奴隶制等级观念影响，藏军阵亡将士，分别按地域条件进行水葬、天葬、地葬、火葬的方式进行。金沙江、雅鲁藏布江流域主要采用水葬；藏北草原和高山石岩地带主要采用地藏、天葬；土葬很少见，土葬主要用于罪大恶极的人及患有传染疾病的人；塔葬专用于达赖、班禅的圆寂，对个别名望极高的噶伦、摄政王、堪布、活佛可进行火化后塔葬；有少数大活佛采用缩骨葬、然后塑金银铜之躯。现将西藏殡葬习俗逐一进行介绍。

▶图为天葬。

水葬。藏民把鱼视为菩萨。人死后将其分解成八大块抛入江河湖泊之中喂鱼，据说这样灵魂才能进入极乐世界。这种殡葬在藏区较为普遍，采用者多是平民，牧民及没有身份地位的人。在中国藏军隆吐山战役、昌都战役竹巴笼战斗中阵亡的藏军按此种风俗处理丧事。具体葬法是将死者尸体差人裹以平时所穿衣服，投入于水湖江中。

天葬。藏族人全民信奉藏传佛教。他们把人死后升天作为最大的愿望。这个过程由天葬师来完成。地点在天葬台上，天葬台大多设在距离寺院不远的山岗上。其主要过程是：藏人死后，停尸三天，然后由家人送往天葬台，一路不可回头，还要把一个红陶罐在路上摔破，表示放死者的灵魂升天。在天葬台，天葬师一边念念有词，将死者尸体洁身后，从尸体后脑部切入剥皮解剖，一边双手熟练地进行碎尸处理，骨肉剥离，再把骨头用石头砸碎，把肉切碎，并拌以糌粑。拌和酥油烧松枝为信号引来兀鹰，点燃几处糌粑火堆，请"神鹰"来食之，"神鹰"即秃鹫，秃鹫一见烟火，立即飞到天葬台上，先喂骨，后喂肉，其次肠肝等，待全部被兀鹰食去为大吉，只几分钟就可将碎尸抢食一空。此殡葬工序较为复杂，主要用于对建有功绩的将士及有身份地位的藏民。在江孜大战和平定廓尔喀叛乱中，清朝驻藏大臣，噶厦政府对作战有功的将士采用天葬仪式。

土葬。土葬在殡葬中一般不采用。认为土埋是下地狱，在中国藏军的若干征战中唯有平定廓尔喀叛乱中，福安康将军准予噶厦政府对罪大恶极的红帽活佛进行深埋三米，并规定永远不得转世，土葬还适用于麻风病和患有传染疾病去世的人。

地葬。地葬是将阵亡将士分尸后，弃之荒郊野外，喂虎、豹、豺、狼、犬食之为吉。

火葬。火葬是殡葬中较为高级的一种，主要对活佛和有名望的人实施。本文中，西康省副主席、白利寺主持格达呼图克图活佛遇害，藏军第九代本德格·格桑旺堆（中国人民解放军大校军衔）病故，均采用了火葬。火葬的方法是，将尸体放在木槽或铁板上，死者身上涂上酥油，下面置放柴木焚烧，僧侣为之念经超度亡灵。

塔葬。塔葬是西藏殡葬中的最高级别，历代藏王、达赖、班禅采用。在拉萨布达拉宫、日喀则扎什伦布寺有达赖和班禅的灵柩，塔棺有珠宝装饰的，有金银珠宝装饰的，很豪华。十三世达赖棺壁装饰用了上万颗珠宝，有猫眼、珍珠、翡翠、玛瑙、夜明珠、琥珀等。五世达赖的塔棺用金皮包裹，灵塔所用黄金就达11万两，还不包括无数珠宝、金灵塔葬系达赖专用，其他活佛圆寂后依地位分别用银、铜、泥质灵塔。

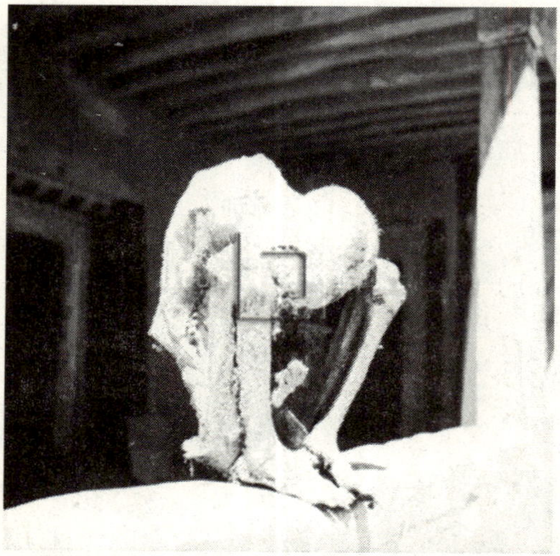

▶图为缩骨葬。

缩骨法葬。对佛教名望较高，且有成就的活佛采用的保尸方法。先将尸体净身后，用盐涂抹其尸，使之脱水，后涂香料，装入桶内，配药进行烟熏，待尸体干缩后，用金银溜浸。

西藏的殡葬制度被许多驻藏大臣视为有伤风化，现将西藏驻藏大臣和琳对西藏风俗的改革介绍一例：当时西藏发生天花病，传染很广，死人无数。驻藏大臣对此也做了一点好事，并在大昭寺门口竖了石碑。碑文上说："唐古忒遇有出病之人，视恶疮毒痈为尤甚，即逐至旷野岩洞，虽亲如父子兄弟夫妇，亦不暇顾，竟至百无一生者，深堪悯恻！予以藏北浪荡沟之处，捐资修平房若干间，俾出痘番民得以栖止，捐给口粮，派拨汉番弁兵，经理调养，全活者十有其九。僧俗既知痘疹非必不可治之病，因严谕后藏，劝令达赖喇嘛、班禅捐给口粮，作为定例。"

清驻藏大臣和琳（清朝乾隆时和珅之弟）曾企图改革西藏的天葬风俗，曾出过布告，并在拉萨、日喀则等地设立义冢。其布告中称："为严禁碎割死尸，以重人伦，以厚风俗事。照得父母养育之恩，与天地无二，……乃唐古忒番民相沿旧习，凡人死之后，残割肢体，喂鹰喂狗，或委弃水中，谓天葬、地葬、水葬，甚至将尸骨敲碎，和入糌粑，使鹰狗争食，此等行事，下同畜类！……嗣后如有人死，概不许割裂尸身，喂鹰喂狗，自己有庄田者，于本庄田内择地安葬，如无庄田贫民，由达赖喇嘛、班禅额尔德尼于前后藏拨出空地两三处，作为义冢公地，报官掩埋。倘有无知番民，不知悔改，一经本部堂查出，即令在藏文武官员将死者之子孙、凌迟处死，并将在旁助恶动手之人，正法示众。”但这一改革从后来的殡葬风习看来，未发生丝毫作用。

藏军军乐队

在藏军各代本中一般配置有军乐队，但它无单独的行政组织，平时分散在各班，每日早晨集合赴郊外练习，逢节日或隆重仪式时则着古装，奏古乐、演藏戏。常见的歌舞有：

果谐与锅庄。果谐是流行于前藏、后藏、阿里地区的一种圆圈舞。拉萨、山南、日喀则等雅鲁藏布江流域称这种舞为“果谐;”昌都、甘孜、阿坝、云南等藏区则称其为“锅庄”。果谐与锅庄，都是一种集体舞。跳时，大家手拉着手，臂连着臂，载歌载舞，顿地为节拍。在藏军表演中分班唱和。大家围着篝火，男一排女一排，又唱又跳，从午夜跳到天明。顿足为节时并且发出“休休休”，“曲曲曲”的节奏声。虽然跳的人多，但绝没有混乱的现象。

鼓舞与铃鼓舞。在西藏山南一带流行一种动作粗犷、刚健，个人表演技巧高超的舞蹈——鼓舞，藏语叫“卓”。跳舞的人，身穿彩色衣服，腰间挂着大鼓，挥动鼓槌，又进又退，步伐敏捷有力。同时，边舞边扭动脖子，博得观众喝彩。在三十九族地区和林芝地区及四川、云南藏族中，有一种铃鼓舞。男执铜铃，女持手鼓，绕圈走动，翩翩起舞。这种舞，动作十分强烈。当舞到高潮时，男子就像雄鹰一样单腿跨转，跃腾飞旋；女子一手执扁圆形鼓，一手拿槌，高举头顶转翻身子欢舞。这种铃鼓舞藏语叫“热巴。”它的技巧性较强，表演时情绪奔放，动作粗犷有力。与此相类似的鼓舞，在藏军的僧军中表演过，舞蹈者为寺庙组织的舞队。它源于笨教时期巫舞的变种，用其摇鼓作声，加上念咒独白，酬神驱邪，普度众生。舞者往往戴上面具，并且是在举行宗教仪式时表演这种舞蹈。

堆谐、勒谐。堆谐、勒谐是一种农牧区劳作表演的集体舞蹈。具有粗犷朴素的特点，有注重脚下功夫的踢踏舞，也有扣胸挟背的浪漫舞姿。勒谐、堆谐这种舞蹈形式主要流行在西藏，常见于铲土、打夯、垛麦等劳动中，边唱边配合手中的动作，与汉族地区的劳动号子相似。

▶图为表演藏戏。

有点区别的是，口中的歌须与手中的工具和脚下有节奏的动作协调一致。甚至在农牧区中，撒种、拔草、收割、捻羊毛、纺线、挤奶、取酥油等劳动也伴随歌舞。

藏戏。藏语叫“阿吉拉姆”，是藏区普遍流行的一个剧种。藏戏普及整个西藏、四川、青海、云南广大藏族地区，僧俗官员和群众尤为喜爱观看藏戏，逢隆重节日和重大仪式演出。

藏戏流派分为白面具旧派、蓝面具新派、独角戏。演出时，化装简单，除主要演员戴面具外，其他一般的演员都粉面红脂，没有复杂的脸谱。乐器简单，现代藏戏有剧本、舞蹈表演、因人定曲的唱腔，不同角色有不同的服装及面具，还有乐队伴奏和伴唱，是一套综合艺术。藏戏的传统剧目不少，但在二三百年的创作、演出实践中，有的被淘汰了，有的经过再创作提炼保留下来直到现在。主要剧目有八部，即《文成公主和尼泊尔公主》《朗萨唯蚌》《苏吉尼玛》《卓娃桑姆》《诺桑法王》《白马文巴》《顿月顿珠》《赤美滚丹》。这些就是人们常说的八大藏戏。当然，还有其他一些剧目，不过这八个戏是大多数剧团都演出过的、公认保留的剧目而已。

藏军刑法惩戒。西藏的违法犯罪主要分：杀人、偷盗、破坏山川湖泊、违犯禁猎令、触犯教规、拖欠高利贷息金、抗交定班租金、对官员不敬、延误乌拉差役、不服判决等。总之，凡是领主和头人及官员认为是违法的，就是“犯罪”。凡是犯了法的人，鞭笞后，戴上手铐或钉上脚镣，投入监狱。重刑犯坐“黑牢”。牢房一般设在地下的黑暗的地牢里，大小便只能在牢房里便溺，囚犯所吃的粮从所住驿站处的农牧民中征收。犯罪较轻的交给驿站看管。其间病死或受监卒无情勒索致死甚多。罪犯判决后，按案情大小犯罪轻重，或处以罚金、罚物、或罚牲口乃至没收全部家产，或施以鞭笞、挖眼睛、剁手脚、削膝

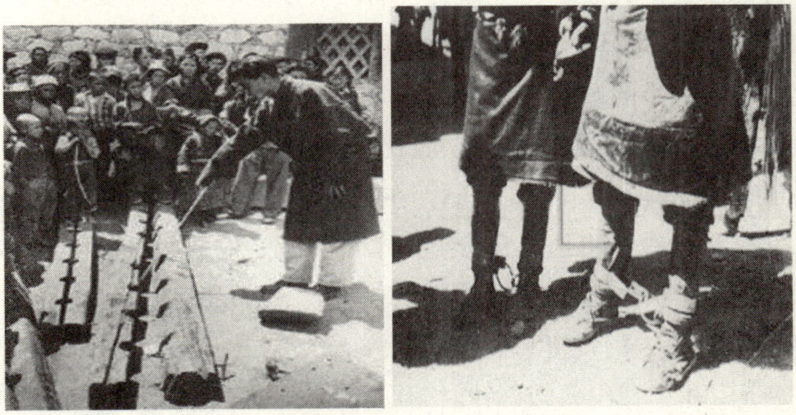

▶图为藏军刑法惩戒中使用的脚镣、脚枷。

盖、抽脚筋、站木笼、指缝钉竹签、沸漆淋背脊、割鼻子、耳朵、舌头……并且明令规定，在审讯施刑过程中，官吏审讯罪犯用刑致死亡不作追究，藏军官兵误杀老百姓，赔命金五分。

铁棒喇嘛。铁棒喇嘛为俗称，僧侣称之为协傲。凡在重大宗教仪

▶图为手执铁棒和鞭子的铁棒喇嘛。

式活动中，常见喇嘛手执铁棒和鞭子故而得名。协傲的产生沿于哲蚌寺习武僧侣较多，由寺庙主持对其有武功和德行较好的僧侣中选任，后各大寺沿袭。其职责为：在重大的法会期间起维护治安秩序，在重要的宗教领袖和摄政出行参加大型仪式活动中出现，有惩处违规或违犯礼义僧俗官员的政教特权。在西藏军民两次抗英战争中，铁棒喇嘛一度编入藏军参战，英勇顽强、表现突出，史称僧军。尔后在1915年至1959年间，藏军中仍有僧军编制，在藏军司令部中有15名喇嘛从事念武经、发密咒、占卜问卦，参与重大军事决策。他的职级与协俄、定本（排长）相同。另在各代本团中有“格更”（教员）五至八名，系久本（班长）待遇，专门负责军事训练及念经事务。

▶图为辩经时的场景。

格西佛学位。格西，意译为善知识，是在僧众大会中辩论佛教经籍考取的学位。按拉萨三大寺制度，分拉让巴格西、措让巴格西、多让巴格西和岭色巴格西等四级。格达活佛（甘孜藏族苏维埃政府副主席、西南军政委员会委员、中共西康省人民政府副主席）曾获拉让巴格西学位。

后　记

一

“千山万冈银蛇舞，群峰兀立刺破天”。这首诗是我在读中学的时候，地理老师向我描绘的西藏风貌的壮观景色，不管她是否去过西藏，但在我心中却充满了神奇与希冀，渴望有一天能到西藏饱览这绮丽的风光！也许是机缘。三年后，我追寻着青春夯实的信念与执著，入伍到了西藏的江南——林芝。13年的戍边生活，在我记忆里，林芝是天堂，她清秀，端庄、竣美，风景胜似我的家乡峨眉山。鉴赏过世界屋脊的人，再领略内地的山峦风光幽与秀、险与奇，相比之下真有点“会当凌绝顶，一览众山小”之叹。

林芝，莫非是峨眉山修道的白蛇娘子盗仙草的地方，我不得而知；林芝，莫非是大慈大悲的观世音菩萨修炼圣水的净地，我无从考证。然而她的的确确是如诗如画的仙境。平洁如镜的湖面，亲昵木呆的鱼群，风和日丽，鸟语花香，溪水清沁甘甜，上千年的古柏，要10多人才能围抱。放眼望去，远处山腰白云朵朵，浩瀚的原始森林，极目千里的层峦叠嶂；鸟瞰山峰，一颗颗白色的珍珠镶嵌在绿的林荫之上；山脚下，藏民族品字形棕白相间的屋檐升腾着袅袅炊烟。偶然间，山谷中传来一曲清脆悠然的牧歌，令人爽心。我们当时进藏虽然在阳历五月，但这里正是百花竞放的季节，桃花正在绿丛的腰间绽放，正如诗人所说“人间四月芳菲尽，山寺桃花始盛开，常恨春归无觅处，不觉转入此山来”。在西藏林芝，我整整生活了六个年头，几乎是我戍边生涯的一半。另一半呢？则是在阳光普照的拉萨。在圣城拉萨，我结识了许许多多的藏族朋友，有同学、有战友，还有同事。在这里，我圆了四年的大学梦，研修了藏族文学史和藏民族语言文字，为今后致力研究调查西藏地方民族军史料奠定了基础。西藏是歌舞的海洋，有很多节日，几乎每个月都有一个盛大节日，在众多以祭祀宗教的风俗祈祷中，以崇尚抗英英雄命名的却只有一个，这就是工布节。也许又是一种巧合和偶然的机遇，命运把我和西藏林芝县的工布节，以抗击英国军队的民族英雄——阿达尼玛兄弟紧密联系在一起。

由于我考入的是西藏大学，有比较扎实的古汉语、藏族语言文学、英语基础及相关军事知识，我被借调执行一项特别使命：主撰编写藏军史实资料《藏军的起义投诚及改编》。我接到命令后，对于编写藏军史料却大惑不解，心存许多疑问，编写史料，在绝大多数人的眼里，那应该是专家学者的事，即便是写军事史学，那也应该是亲身经历历史事件的当事者来编撰，凭资历、讲能力都不是我所能及的。关于藏军问题，事前我们心中谁都没有底。于是，在有关专家的指导下，就写不写藏军起义投诚这个专题的问题，进行了专门研究。会议最后达成共识："写史应该本着公正客观，实事求是，以惠后人的原则，写史既要为阶级利益服务，也要具有人民性，让中华民族子孙后代了解我国少数民族的历史，这是史学家应有的气度，藏军专题不好写，就写藏军起义投诚这个专题，但历史沿革，藏军基本情况必须了解，有关重大事件的结论，尽最大努力搞清楚，要以科学严谨的态度对待这个专题，形成权威性专著，以正视听"。

1986年，我率调研组开始了艰辛的调研和采访。昌都，据说是现存藏军资料比较集中的地方。是年8月，我率助手踏上调查的艰苦旅程。当行至西藏林芝时，恰遇通麦大塌方，冰湖爆裂，泥石流将蛇形盘山公路分割成10多节，巨大的石块和泥沙将这里的通麦大桥填平，形成40多公里的滩涂，我们无法通过。于是我们折转回拉萨乘飞机到成都，改行从二郎山去昌都，但又遇大雪封山。无奈之下，我们只好回返在西藏军区驻川办事处等待，心情焦急万分。不久，又接拉萨方面电话告知，昌都军分区发来电报，昌都档案馆发生意外火灾，全部资料被毁。鉴此情况，我们只好向联络处具实汇报。领导指示，可视情况返回，或作短暂休整，整个调查陷入一片茫然。

不顺的事接踵而至，时逢助手旺堆同志到成都不适应内地气候，拉肚三天，此时我想，如果留在内地继续搞调查，他的藏语文派不上用场，只好决定他返藏。助手张万成同志的未婚妻又发电报称病重，急着要回家探亲，顿时征集史料的工作陷入了困境。我抱着一线希望给旺堆布置任务说："你回去后在西藏档案馆，查阅1950年至1959年的所有藏文材料，有关藏军情节，全部翻译！万成呢，你也回家看看。送走两位同事后，我在川办遇见西藏军区赵显德副参谋长（西藏军区党史办主任，2003年病故）。他原是乐山驻军某师部首长，爱人在乐山市，我们相约一道回乐探亲。一路上，他向我讲述了原五十二师就是现时的乐山驻军，藏军第九代本步兵团就是该师一五七团联系接收起义和参与改编的。十八军当时也是从乐山出发到西藏的，他并答应赠送我一部一四九师战史。根据这条线索，我在乐山市发现了朱德、刘伯承、邓小平为进军西藏部队的题词。通过一四九师战史、五十军战史、十八军战史中有关昌都战役的史实，使我了解了不少人物。如：陈明义、陈子植、阴法唐、郄晋武、苗丕一、冉宪生、高松、张克宇等一大批尚还健在的十八军首长。不久，回到拉萨的旺堆同志也有重大突破，他告知原起义投诚的官兵已找到六名健在者，并和德格·格桑堆旺的夫人加央取得了联系，他联络了有关藏军方面的知情者，如：朱古寺投诚（起义）的金中·坚赞平措、原昌都总督拉鲁·次旺多杰及阿沛·阿旺晋美的儿子晋美处长等知情者和家属。我立即向成都军区联络部汇报了调研进展情况，部首长很高兴，鼓励我们继续努力。令人欣喜的是，我们从敌工情报部的调研资料中查到了昌都档案馆已遗失的材料。得知成都军区军事档案馆有封存的资料。随即去了灌县，当时军事档案馆的馆员都是些青年人，当过"知青"，对我们调阅解放军第九代本（团）的材料甚感稀奇，但凭着当过"知青"的哥们分上，他们同意"大海中捞针"，前提是，要求我们提供原件的文档文号，幸好我抄录了。在成都军区军事档案馆，我终于查找到了有关藏军的原始资料情况。1987年5月，我率助手走访了200多位原十八军领导，藏军官兵和参加起义投诚的当事者，收集整理了360多万字的资料，写出了编写提纲。总政联络部、成都军区联络部审查了有关资料和编写提纲。次年6月，第三次编审会议在昆明召开。总政联络部五处的领导听取了汇报，审查核定了有关资料内容和编写提纲。根据当事人和材料文献中的情况，我们提出了三个具体问题。

第一个问题是：对于阿沛·阿旺晋美在昌都战役中的义举，各种提法不尽相同，是起义还是投诚？我们收集的资料中有起义、投诚、主和、归顺、投降、主动放下武器等观点，各种说法不尽统一。第二个问题是：格达活佛有人说是病故，有人说是被英人福特所害，也有人说是另有他人毒害。第三个问题是：1950年2月，平措旺阶受中共中央情报部派遣时，电文中称平措旺阶是中共党员，据国民党情报部、国防二厅查寻情况看，及采访本人所说的入党时间、入党介绍人和史料中记载的情况资料不同。

总政联络部有关领导指示：一、编写加进国民党对西藏的政务管理，达赖在国外叫嚣得很厉害；二、应当肯定原国民政府驻藏办事处和特工人员所做的工作成就；三、客观公正反映史实，要学习司马迁，不要学左丘明，写史要经得起时间检验；四、你们提到的三个问题中，关于阿沛的问题，请专门写个报告给总政治部并报中央统战部。

1987年10月，由我主笔，张万成、次仁旺堆协助，强巴曲扎任编审，共同完成了藏军起义投诚及改编史料的撰写工作，受到了上级领导和新闻媒体的高度评价。1988年2月，《解放军报》头版头条报道了西藏军区政治部完成《藏军起义投诚及改编》一书的撰写情况，军报称赞此书填补了我国军史藏军史学研究的空白，《中国新闻社》在政治时事栏目以《中国藏军的秘密被揭开》为题，称资料中以翔实的论据叙述了中国历朝政府对西藏的政务管理、军事管理，以无可辩驳的事实阐述了西藏是祖国不可分割的一部分。成都军区《战旗报》评价，这部史料极具权威性，史料翔实，书中有关历史定论评价适中。

这则消息公布后，立即引起史学界的关注。中国军事研究院战史部王贵首长来到成都。首长说："我认为搞出这部史料的应该是我们的老同事，想不到是些毛孩子，后生可畏呵"。他就有关问题想与我面谈探讨，合写《中国藏军》一书，鉴于当时材料尚在征求意见阶段，部里没有同意这项规划。原国民党驻拉萨测候所职员兼拉萨小学教员、国民党中央军事调查统计局中校特工，时任西藏拉萨市政协副主席的汪藻（常希武）先生闻讯，特真挚感谢本文编者，他说我看了征求意见稿，书中真实地描写了国民党中统和军统人员的爱国人士为遏制亲英势力，在反对分裂，加强民族团结中，肯定了他们的功绩，使西藏独立分子的阴谋破灭，为祖国统一作出了应有的努力和贡献，想保存一本征求意见稿，并赠送了很贵重的礼物。我和编审因担心这样做不妥，便婉言谢绝了他的好意。汪先生似乎猜中了我们的担心，说："国民党和共产党在中华民族这个问题上本身就是一家人的事，两党也就是兄弟，祖国统一的问题应该是我们的内政，共产党不可能不用封建社会司马迁的《史记》、奴隶社会的《东周列国志》和春秋战国左丘明写的《左传》。写志应该本着'奇文共欣赏，疑义相与析'的态度。再说我也是藏军专题被采访的人员，我现担任拉萨市政协副主席，理所应当有一份征求意见稿。"当时我的回答是："我们印得很少，谨供有关领导审阅和存档，所以没有向所有采访人员和征求意见的同志赠送。"

二

藏军史料征集完成后，我与单位办理完所有交接手续，于1989年8月因身体原因离开了西藏。多少年来，我从未向任何人提起我参加过调研藏军的工作。直到2007年底，我才得知《藏军的起义投诚及改编》，早在1991年5月，文稿已录入中国文史出版社出版的《百万国民党军起义投诚纪实》一书。【《百万国民党军起义投诚纪实》下集·西南战区（雪山红莲——藏军起义投诚及改编过程纪实），中国文史出版社出版，1991年5月。续集《百

万国民党军起义投诚纪实》合订本，2001年5月。】

10多年过去了，许多人以为主编这个册子的人已经作古，给史学界留下了遗憾，也留下了很多尚待研究的问题。15年前，西藏军区党史办主任赵显德回乐山探亲时告诉我，藏军史料是我国军事史学的一项空白，希望我能继续研究，许多老首长生前也寄予了热忱的期盼，十分看重这个课题。10多年来，我根据老首长的愿望，思考着把奉命调查的藏军史料写成专著。但是，诸多因素又使我不得不暂时搁置，当我闻知一位又一位见证者和当事人相继去世后，一种强烈的责任感和使命感驱使我拿起笔，重新整理这段被人遗忘的史实，继续攀登这座高峰，努力完成这一未完成的历史使命。

怀着忐忑不安的心情，顶着困扰和疑惑写完这个专题。所谓不安是恐被这本书的“敏感性”和“复杂性”所累。何谓困扰和疑惑，皆因许多不解和嘲讽，诗人陆游曾经说过“位卑未敢忘忧国!”窃以为，这个重大题材，如果站在当事者的角度，以阶级斗争的观点来审视，它不会给国家带来什么新意。如果换一个角度思考，站在历史发展的高度、中华民族团结的伟大命题中去正视这段历史，承认这支民族军队的兴衰荣辱，所谓“西藏独立”的狂妄之说，便成了无稽之谈！现将潜心研究多年的藏军材料整理成中国西藏民族代本军史传，就以中新社报道所拟“中国藏军”为题，以感谢各位首长和亲身经历藏军起义、投诚、改编的老同志的关心和支持，并请关注这一历史事件的前辈们，不吝赐教。本文献给为西藏和平解放献身、维护祖国统一而作出贡献的英雄和志士们。

闭目掩卷，对于本书的问世，我并无过多的喜悦，倒是有一种默然的平静和伤戚。回首往事，那些熟悉的面孔、岁月煎熬的皱纹、满头银丝的前辈们，渐然清晰起来……然而，迄今绝大多数在我的记忆中，现已罩上黑色的边框！他们曾经热盼、曾经关切、曾经期待目睹这本书所产生的共鸣和庆幸，可惜未能如愿。值此书在国内出版之际，我将焚烧一本签名的《中国藏军》，告慰九泉之下、上天之灵：你们的所经所历、所见所闻，已成为历史的回响、历史的见证，已被载入中华民族的史册……

参考书目

1.《我在联邦调查局的三十年》（美）威廉·沙利文著，比尔布朗整理。新华出版社，1983年。

2.（英）麦克唐纳著：《旅藏二十年》；（英）鲍威尔著：《匕首与斗篷》；（印）b·m·考尔著：《谁是62年的罪人》；英·柏尔著：《西藏之过去与现在》；英·《外交部秘密活动记录》；日本·成田安辉著：《西藏通览》。（以上均为内部资料用书）

3.《英国侵略西藏史》（英）荣赫鹏著，孙煦初译，商务印书馆，1983年。

4.《英国谍报史》（英）理查德·迪肯著，乐爱妹、陈铁等译，世界知识出版社，1983年10月。

5.《达赖喇嘛传》牙含章编著，人民出版社，1984年。

6.《西藏文史资料》一至四期、《西藏党史通讯》一至八期，1981年12月至1986年11月。（内部资料用书）

7. 唐史、元史、明史、清史稿中有关西藏的记载摘要。

8.《驻藏大臣考》、《西藏六十年大事记》、《卫藏通志》，西藏研究编辑部著，西藏人民出版社，1982年。

9. 人民日报评论两则：《西藏是祖国不可分割的一部分》，1954年4月24日；《藏军是怎样破坏改编协议的》1959年3月29日。

10. 四川省乐山市图书馆数据：《明报》、《申报》中有关川军与藏军交战情况。

11. 解放军第二野战军及十八军军史、解放军第五十军战史、解放军第一四九师战史中有关西藏和平解放战例部分的参阅，引自1976年编修的军史稿。

12. 高松日记（高松：系中国人民解放军昌都警备区第九代本藏军团第三任党代表）、张克宇日记（张克宇：系中国人民解放军昌都警备区第九代本藏军团第一任党代表），上系1986年采访调查资料。徐淡卢日记，发表在《西藏党史通讯》一至八期。

13.《中央情报局与情报崇拜》维克·托马凯蒂、约翰·马克斯著，曹山、慕絮、知然译，生活、读书、新知三联出版社，1979年1月内部发行。

14.《西藏风土志》赤烈曲扎著，西藏人民出版社，1982年10月。

15.《西藏自治区概况》西藏人民出版社，1984年。

16.《清王朝与西藏》赵志忠著，华文出版社，2000年1月。

17.《中印关系中的西藏》—(1899年—1914年)（印度）苏奇塔·高希著，张永超译，西藏人民出版社，1987年。

18.《民元藏事电稿、藏乱始末见闻记四稿》西藏研究编辑部，西藏人民出版社，1982年。

19.《中央情报局人物志》（法）阿兰·盖兰著，何重译，群众出版社，1984年。

20. 《文史资料选集》国民党国防部参谋次长黄慕松进藏节摘，文史资料出版社，1984年1月。

21.《元以来西藏地方与中央政府关系档案史料汇编》中国藏学研究中心等编，中国藏学出版社，1994年。

22.《清实录·高宗实录》中华书局，1985年。